Unser
Weltkulturerbe

Unser Weltkulturerbe

Kunst in Deutschland unter dem Schutz der UNESCO

Herausgegeben von
Hans Christian Hoffmann, Dietmar Keller
und Karin Thomas

mit Beiträgen von

Detlev Arens, Günter Bachmann, Hermann Bauer, Christian Beutler,
Tilmann Breuer, Hans Caspary, Heinz Cüppers, Magdalena Droste, Peter Findeisen,
Bernhard Gallistl, Hans-Joachim Giersberg, G. Ulrich Großmann, Walter Haas,
Wilfried Hansmann, Michael Höllwarth, Christian Graf von Krockow, Andres Lepik,
Christoph Machat, Hans Müller, Henning Ritter, Franz Ronig, Bernhard Roseneck,
Paul Schnitzer, Friedrich Schorlemmer, Horst H. Siewert, Georg Skalecki,
Thomas Steinfeld und Thomas Veser

Inhalt

Vorwort

Als dieses Buch 1994 erstmals erschien, verzeichnete die von der UNESCO geführte Liste des besonders schützenswerten Weltkulturerbes für den territorialen Raum der Bundesrepublik Deutschland 13 Kulturdenkmäler. In weniger als einem Jahrzehnt sind – nicht zuletzt auch als Folge der Wiedervereinigung – zehn neue Nominierungen dazugekommen, so daß wir heute insgesamt 23 Kulturdenkmäler vorstellen können. 1996 wurde für Deutschland auch erstmals mit der Fossilfundstätte der Grube Messel ein Naturdenkmal zum Welterbe erklärt, das sich nicht durch außerordentlichen landschaftlichen Reiz, sondern durch seinen einzigartigen Zeugniswert für naturwissenschaftliche Forschungen auszeichnet.

Die Summe der von der UNESCO mit ihrem besonderen Schutzsiegel ausgestatteten Kulturdenkmäler schließt sich heute in der zeitlichen Abfolge ihrer jeweiligen Entstehung zu einer eindrucksvollen Geschichte der Kulturentwicklung in Deutschland zusammen. Das Spektrum reicht von der römischen Antike über Romanik und Gotik, mittelalterlichen und früh neuzeitlichen Städtebau, Barock, Aufklärung, Klassik, Romantik und Historismus bis zu gründerzeitlichen Industrieanlagen und den Werkstätten des Bauhauses, die dem künstlerischen Erbe des 20. Jahrhunderts angehören und über die nationalen Grenzen hinaus wesentlich zum internationalen Kunstdialog der Moderne beigetragen haben.

Es ist keineswegs zu übersehen, daß sich seit der Deklaration der UNESCO-Konvention zum Schutz des Weltkulturerbes vor gut einem Vierteljahrhundert erhebliche Wandlungen in der Denkmalpflege vollzogen haben. Konzentrierte sich die internationale Würdigung von Kulturdenkmälern als Schätze der gesamten Menschheit noch vor 20 Jahren auf durch Einzigartigkeit ausgezeichnete Kunst- und Bauwerke, so hat sich dieses Kriterium heute deutlich relativiert. Als 1995 mit den stillgelegten Eisenverhüttungsanlagen im saarländischen Völklingen ein Industriedenkmal in die Welterbeliste aufgenommen wurde, war man sich durchaus bewußt, daß hier die Denkmalwürdigkeit weniger in den materiellen Werten der Industrieruine als im uneingeschränkten Nachvollzug eines inzwischen historisch gewordenen industriellen Prozesses begründet ist.

Auch die Einschätzung restauratorischer Aufgaben hat sich innerhalb der Denkmalpflege gewandelt. Ein sprechendes Beispiel bietet der Dom zu Speyer, der – anders als die romanische Basilika St. Michael in Hildesheim oder der gotische Dom in Köln – keine gravierenden Schäden im Zweiten Weltkrieg davongetragen hat. Dennoch sind heute umfassende Restaurierungsarbeiten am Dom des fränkisch-salischen Kaiserhauses notwendig geworden. Denn durch Umgestaltungen und Ausmalungen des 19. Jahrhunderts, die man seinerzeit als restauratorische Maßnahmen infolge von Kriegsschäden des 17. Jahrhunderts vornahm, war die ursprüngliche Raumwirkung des Doms erheblich verändert worden. 1957 hat man lediglich durch weitgehende Ablösung der im 19. Jahrhundert aufgetragenen bemalten Putzschicht den mittelalterlichen Rohbau rekonstruieren können. Deshalb wirbt die Denkmalpflege zur Zeit für dringend erforderliche Sicherungsarbeiten und für Rekonstruktionen romanischer Fassungen mit dem werbewirksamen Fernsehspot: »Geschichte braucht Zukunft«. Dieses Motto beinhaltet in seiner programmatischen Dichte auch jene Zielsetzungen, die von der UNESCO mit der Deklaration national verwalteter Denkmäler zum international schätzenswerten Kulturerbe der Menschheit verfolgt werden. Die Aufnahme in die Welterbeliste soll herausragende Kunst- und Bauwerke vor Vandalismus und kriegerischen Angriffen schützen, ihre künstlerische Wertschätzung weltweit intensivieren und ein fundiertes Bewußtsein für geistes- und religionsgeschichtliche Prozesse fördern.

Vor allem der dritte Anspruch spiegelt sich beispielhaft in den zehn Neuaufnahmen wider, die in den neunziger Jahren von der deutschen UNESCO-Kommission erreicht werden konnten. Mit der mittelalterlich geprägten Stadt Quedlinburg, den Lutherstätten in Wittenberg und Eisleben, dem Dessau-Wörlitzer Gartenreich, der Wartburg und der Berliner Museumsinsel sind Denkmalensembles in ihrer übergreifenden Bedeutung gewürdigt worden, deren einzigartiger Wert stärker aus ihrem geistesgeschichtlichen Kontext als aus einer singulären Baugestaltung resultiert.

Daß die Aufnahme in die UNESCO-Liste keineswegs vor gewaltsamer oder schleichender Vernichtung schützen kann, hat nicht nur die Diskussion um die vom Smog bedrohte Akropolis und um die fortschreitende Abholzung tropischer Regenwälder zugunsten bodenschädigender Monokulturen in erschreckender Weise vor Augen geführt. Die Bombardierung der Altstadt von Dubrovnik konnte während des Balkankrieges ebensowenig verhindert werden wie die Zerstörung von zwei Millionen Büchern in der historischen Bibliothek von Sarajewo.

Vandalismus kennt keine Grenzen und hat die unterschiedlichsten Ursachen. Ebenso gravierend wie die Schäden kriegerischer Zerstörung sind die Vernichtungen durch sauren Regen oder durch Plünderungen und religiösen Fanatismus. In Afghanistan wurde das kostbare Statueninventar des buddhistischen Klosters von Hadda nach einem aktuellen Lagebericht der UNESCO von Mudjaheddin-Söldnern systematisch ausgeraubt und als Beute in alle Welt verkauft. 2001 haben die fundamentalistischen Taliban-Krieger – ungeachtet internationaler Proteste auch aus islamischen Bruderländern wie Pakistan – einen rigorosen Bildersturm auf die berühmten Buddha-Figuren von Bamijan betrieben, die als historisch einzigartige Zeugnisse der buddhistisch-hellenistischen Gandhara-Kunst Afghanistans auf der Welterbeliste der UNESCO verzeichnet sind.

Auch hierzulande gibt es den schleichenden Vandalismus, den zu verhindern Aufgabe und Zielsetzung der UNESCO-Konvention zum Schutz des Weltkulturerbes ist. So konnte man am Beispiel des Denkmalkomplexes der Schlösser und Parks von Potsdam-Sanssouci nach der Wiedervereinigung Deutschlands erleben, wie eine rein ökonomisch orientierte Bebauungsplanung am Glienicker Horn das auf Sichtachsenwirkung beruhende einzigartige Park- und Seenensemble Potsdams zu beschädigen drohte. Erfreulicherweise vermochte jedoch die UNESCO-Kommission mit der angedrohten Streichung Potsdams von der Weltkulturerbeliste den massiven Bedenken der Denkmalpflege in der internationalen Öffentlichkeit Gehör zu verschaffen. Denn als wichtigstes Kriterium für ihre schützende Aufgabe verzeichnet die UNESCO-Kommission nicht in erster Linie die Denkmäler selbst, sondern deren sichtbaren Zeugniswert für die Geschichte und das kulturelle Bewußtsein der Menschheit.

Grundsätzlich läßt sich für die Bundesrepublik Deutschland die Feststellung treffen, daß die Diskussionen um die Aufnahme bestimmter Denkmäler in die Welterbeliste zu einer breiten Unterstützung der Bewahrungsinitiativen in der Bevölkerung geführt haben. Als Folgewirkung kann man eine erhöhte Bereitschaft beobachten, viele der bereits verloren geglaubten Denkmäler in den neuen Bundesländern, zum Beispiel die zahlreichen alten Dorfkirchen Mecklenburg-Vorpommerns, durch Sicherungsmaßnahmen zu retten.

Im Jahr 2000 hat das International Council on Monuments and Sites (ICOMOS) einen ersten Weltreport über Denkmäler in Gefahr (*Heritage at risk*) herausgegeben und mit dieser Publikation auf die besorgniserregenden denkmalpflegerischen Zustände in vielen Ländern der Welt hingewiesen. Wir sind es gewohnt, in erster Linie an die massiven Zerstörungen durch Kriege, Raubgrabungen und Umweltverschmutzung zu denken. Michael Petzet, Präsident von ICOMOS, verweist aber mit Nachdruck auch auf die verheerenden Folgen des Massentourismus, der vielerorts die Kulturdenkmäler ausbeutet, ohne einen ernsthaften Beitrag zum Schutz und zur Erhaltung des Kulturerbes zu leisten.

In diesem Sinne will dieses Buch neben der faszinierenden Schönheit und lebendigen Geschichtsträchtigkeit der Weltkulturerbe-Denkmäler in Deutschland am konkreten Beispiel die denkmalpflegerischen Probleme und Gefährdungen thematisieren, die sich für historische Stadtkerne oder Ausflugsziele wie die Reichenau und das Dessau-Wörlitzer Gartenreich durch die Ansprüche der modernen Verkehrsplanung, des Wohnungskomforts, des Tourismus oder der städtischen Wirtschaftsinteressen auftun.

Karin Thomas

Hans Caspary

Die Aufnahme in die Liste des Kultur- und Naturerbes der Welt – Auszeichnung oder Verpflichtung?

Was ist das ›Kultur- und Naturerbe der Welt‹?

Der Schutz des *Erbes der Welt an Büchern, Kunstwerken und Denkmälern der Geschichte und Wissenschaft* gehört zu den in der Satzung der UNESCO festgeschriebenen Aufgaben dieser Organisation. Begründet wird dies damit, daß eines der Ziele der UNESCO sei, Wissen zu vermehren und zu vermitteln, daß dazu auch Wissen über Geschichte und Kultur gehöre und daß man die Denkmäler als eine der Quellen dieses Wissens schützen müsse (Artikel 1 Ziffer 2 Buchstabe c der Satzung vom 16. 11. 1945). Kulturgüter sollen also nicht um ihrer selbst willen erhalten werden, sondern wegen ihres Zeugniswertes. Wichtiger als diese etwas einseitige Betrachtungsweise ist, daß damit zum ersten Mal der Gedanke eines grenzüberschreitenden, weltweiten Denkmal- und Naturschutzes ausgesprochen worden ist, verbunden mit der Aufforderung an die Mitgliedsstaaten, sich durch Konventionen über die Verwirklichung dieses Gedankens zu verständigen.

Drohen den Kulturgütern Gefahren, dann muß nach Mitteln und Wegen gesucht werden, um ihnen zu begegnen. Die größte Gefahr sah man zur Zeit der Gründung der UNESCO in Kriegszerstörungen. Um sie künftig zu verhindern, wurde 1954 die ›Haager Konvention zum Schutz von Kulturgut bei bewaffneten Konflikten‹ verabschiedet. Ihr liegt ein relativ weit gefaßter Denkmalbegriff zugrunde. So sind in Deutschland 8000 Denkmäler zur Kennzeichnung durch das weißblaue Emblem aufgelistet worden. Wie wenig dieses Emblem im Ernstfall nutzt, hat der Konflikt im ehemaligen Jugoslawien schmerzhaft gelehrt. Es gibt sogar Berichte, daß die damit gekennzeichneten Denkmäler zur erklärten Zielscheibe des Kriegsgegners geworden seien; wenn diese Berichte stimmen, hätte die Haager Konvention das Gegenteil von dem erreicht, was ihr Ziel war.

Mit der zunehmenden Zerstörung von Umwelt und traditioneller Kultur vor allem in den Ländern der Dritten Welt traten dann die Gefahren in den Vordergrund, die das Erbe in Friedenszeiten bedrohen. Die Antwort hierauf war die Konvention zum Schutz des Kultur- und Naturerbes der Welt, die 1972 von der Generalkonferenz verabschiedet wurde und 1975 in Kraft trat, nachdem sie von zwanzig Staaten unterzeichnet worden war.

Konventionen sind unter Mithilfe der UNESCO getroffene Vereinbarungen zwischen Staaten zum Schutz von Werten, die zu erhalten in aller Interesse liegt. Das Kultur- und Naturerbe der Welt ist ein solcher Wert. Gemeint ist mit dieser Bezeichnung die Gesamtheit der von allen Völkern geschaffenen und uns überlieferten Kulturgüter sowie der ihrer Obhut anvertrauten Naturgüter. Von ihr sagt die Präambel der Konvention, daß der *Untergang jedes einzelnen Bestandteils eine Schmälerung des Erbes aller Völker darstellt.* Auf nationaler Ebene seien aber die Hilfsquellen oft nicht ausreichend, um diesen Untergang zu verhindern. Daher sei es *Aufgabe der internationalen Gemeinschaft als Gesamtheit, sich am Schutz des Kultur- und Naturerbes der Welt zu beteiligen, indem sie eine Unterstützung gewährt, welche die Maßnahmen des betreffenden Staates zwar nicht ersetzt, aber wirksam ergänzt.* Dies soll allerdings nur für die Teile des Kultur- und Naturerbes gelten, die *von außergewöhnlicher Bedeutung sind und daher als Bestandteil des Welterbes der ganzen Menschheit erhalten werden müssen.*

In den ersten Jahren war es daher die wichtigste Aufgabe des mit der Durchführung der Konvention beauftragten Welterbekomitees festzustellen, auf welche Kultur- und Naturgüter diese Wertung *weltweit außergewöhnlich* zutrifft. Das Ergebnis dieser immer noch fortdauernden Bemühungen ist die sogenannte ›Liste des Welterbes‹, die mittlerweile 691

Nummern umfaßt (Stand 2001). Die Konvention (Artikel 11.3) schreibt vor, daß die Eintragung in diese Liste der Zustimmung des betreffenden Staates bedarf. In der Praxis ist daraus ein Initiativrecht der Staaten geworden. Da die Staaten dieses Recht sehr unterschiedlich in Anspruch nehmen – einige kommen jährlich mit neuen Anträgen, andere überhaupt nicht –, ist die Liste trotz ihrer Länge alles andere als ausgewogen. Denkmäler von unbestrittener weitweiter Bedeutung fehlen. Bei anderen, die aufgenommen worden sind, fragt man sich, ob die Gutachter nicht besser ihre Kriterien etwas strenger angewendet hätten.

Kriterien für die Eintragung in die Welterbeliste

Sechs Kriterien stehen für das Kulturerbe und fünf für das Naturerbe zur Wahl. Zumindest einem von ihnen muß das Denkmal genügen, dessen Aufnahme in die Welterbeliste beantragt wird. Ob dies der Fall ist, wird von den beiden, die UNESCO beratenden internationalen Fachorganisationen ICOMOS (für das Kulturerbe) und IUCN (für das Naturerbe) geprüft.

Unter den Kriterien für das Kulturerbe ist das erste das anspruchsvollste. Es wird angewendet, wenn es sich um ein *Meisterwerk menschlicher Schöpferkraft* handelt. Unter den deutschen Welterbedenkmälern sind in den Augen von ICOMOS der Kölner Dom, die Porta Nigra in Trier, die Pfalzkapelle (Dom) in Aachen, die Königshalle in Lorsch, die Bronzegüsse Bischof Bernwards in Hildesheim und die Wieskirche solche Meisterwerke.

Kriterium II greift, wenn die Bedeutung des Denkmals in dem Einfluß liegt, den es über einen längeren Zeitraum hinweg in einem bestimmten Kulturkreis auf die Architektur, den Städtebau oder die Landschaftsgestaltung ausgeübt hat. Beispiele in Deutschland sind die Michaeliskirche in Hildesheim und der Speyerer Dom, beide wegen ihrer Bedeutung für die Entwicklung der romanischen Baukunst, der Speyerer Dom zusätzlich wegen seiner Bedeutung für die *Entfaltung der Lehrmeinungen der Denkmalpflege*. Der Klosterkirche von Maulbronn wird von ICOMOS eine entscheidende Rolle für die Weitergabe der burgundischen Frühgotik an Mittel- und Osteuropa zugeschrieben. Für das Bauhaus in Dessau wird in Anspruch genommen, daß es die *Wiege des internationalen Stils der Architektur des 20. Jahrhunderts* sei.

Kriterium III sind Denkmäler zuzuordnen, die von einer untergegangenen Kultur Zeugnis geben, wobei der Wert dieser Zeugnisse *einzigartig oder zumindest außergewöhnlich* sein muß. Gedacht ist hier in erster Linie an archäologische Denkmäler wie die Trierer Römerbauten. Aber auch noch stehende Bauwerke können eine untergegangene Kultur repräsentieren, wenn dieser Begriff mehr im Sinne einer Kulturepoche verstanden wird. ICOMOS hat – ohne nähere Begründung – die Wieskirche als Zeugnis einer solchen untergegangenen Kulturepoche, nämlich der des bayerischen Barock, eingestuft. Von St. Michael und dem Dom in Hildesheim heißt es, daß sie mit den ihnen zugehörenden Kunstschätzen unter allen Kirchen, die noch in Frage kämen, den *umfassendsten und unmittelbarsten Zugang zum Verständnis der Einrichtung romanischer Kirchen* vermitteln.

Kriterium IV gehört zu den am häufigsten angewendeten. Es verlangt, daß das in Rede stehende Denkmal charakteristisch ist für die Bauweise, die Gebäudegruppierung oder die Landschaftsgestaltung eines wichtigen Abschnitts der Menschheitsgeschichte. Ein Bauwerk, das *in vollendeter Weise* diesem Kriterium entspricht, ist nach Meinung von ICOMOS die Würzburger Residenz. Von den Schlössern und Gärten in Potsdam und vom Dessau-Wörlitzer Gartenreich wird gesagt, daß auch sie *hervorragende Beispiele von Architekturschöpfungen und Landschaftsgestaltungen vor dem geistigen Hintergrund der monarchistischen Staatsidee* seien. Kloster Maulbronn ist für die Gutachter, die sich dabei ausdrücklich auch auf das Wasserversorgungssystem beziehen, die *vollständigste unversehrt erhaltene Klosteranlage der Zisterzienser in Europa*.

Kriterium V gibt die Handhabe für die Aufnahme von Dörfern und Kulturlandschaften, wenn sie hervorragende Beispiele für die Siedlungsweise und die Bodenbewirtschaftung einer Kultur sind; es soll vor allem dann angewendet werden, wenn diese Dörfer oder Landschaften *durch die Einwirkung unwiderruflicher Veränderungen bedroht sind* –

gemeint sind hier die Bedrohungen durch wirtschaftliche und soziale Veränderungen in Ländern (vor allem der Dritten Welt), die entweder wirtschaftlich verelenden oder deren traditionelle Kultur unter dem Ansturm der Zivilisation der westlichen Welt zusammenbricht. (Es sei daran erinnert, daß die Sorge um die Entwicklung dieser Länder und ihre Folgen für die Kulturdenkmäler ein Hauptmotiv derer war, die 1972 die Konvention ins Leben riefen.) In Deutschland könnte man das Mittelrheintal mit seiner charakteristischen Siedlungsstruktur, seinen Burgen und seinen leider häufig schon brachliegenden Weinbergterrassen, aber auch die Insel Reichenau im Bodensee für dieses Kriterium in Anspruch nehmen.

Das sechste und letzte Kriterium schließlich bezieht die Geschichte der Ideen, der Religionen, der Kunst und der Literatur in die Bewertung der Denkmäler mit ein. Diese können auch dann zum Welterbe gerechnet werden, wenn sie *direkt und materiell mit Ereignissen, Ideen, Glaubensüberzeugungen oder Werken der Kunst und der Literatur verknüpft sind, die eine außergewöhnliche weltweite Bedeutung haben.* Von der UNESCO wurde dieses Kriterium auf den Trierer Dom (wegen seiner Beziehung zu Kaiser Konstantin und dessen Mailänder Edikt), auf den Aachener Dom *(Zeichen für die neu gewonnene Einheit des Abendlandes unter Karl dem Großen)*, auf die Lutherstätten in Wittenberg und Eisleben sowie auf die Weimarer Klassik und die Berliner Museumsinsel angewendet.

Allen Kriterien übergeordnet ist die Forderung nach historischer Authentizität. Mit ihr soll verhindert werden, daß Rekonstruktionen, Kopien, Zweitausfertigungen Eingang in die Welterbeliste finden. Die Richtlinien lassen allerdings eine Hintertür offen: *Das Komitee betont, daß Rekonstruktionen nur akzeptabel sind, wenn sie sich auf eine vollständige und detaillierte Dokumentation stützen und nicht von bloßen Vermutungen ausgehen.* Mit Hilfe dieses Zusatzes – ganz offensichtlich ein Verhandlungskompromiß – hat Polen die wiederaufgebaute Altstadt von Warschau in die Welterbeliste eintragen lassen können.

Verantwortungsbewußtsein und internationale Solidarität als Ziele der Konvention

Wenn das Komitee, dem Rat seiner Experten folgend, ein Denkmal in die Welterbeliste aufnimmt, so wird das von dem Staat, der diesen Antrag gestellt hat, zu Recht als eine Auszeichnung angesehen. Verfolgt aber die Konvention keine anderen Ziele, als Denkmäler aufzulisten und herauszufinden, ob sie den Wertmaßstäben der UNESCO genügen? Ist die Welterbeliste, wie ihre Kritiker meinen, das Ergebnis einer Art von Schönheitswettbewerb, bei dem es darum geht, in jedem Land die zehn oder zwanzig attraktivsten Denkmäler zu finden, damit man sie anschließend besser vermarkten kann?

Das Ziel der Konvention ist natürlich ein ganz anderes: nämlich durch Mobilisierung der Kräfte in den Staaten selbst wie durch Organisierung internationaler Zusammenarbeit den Schutz der Denkmäler zu sichern und wirksame Maßnahmen zu ihrer Erhaltung in die Wege zu leiten. Die Aufstellung der Liste ist dabei nur der erste Schritt. Bliebe sie Selbstzweck, dann wäre der damit verbundene Aufwand kaum gerechtfertigt.

Mit dem Antrag, ein Denkmal in die Welterbeliste aufnehmen zu lassen, bekennt sich der Staat, der diesen Antrag stellt, zu seiner Verantwortung nicht nur dem eigenen Volk, sondern der ganzen Menschheit gegenüber. Er verpflichtet sich, alles zu tun, was in seinen Kräften steht, um das Denkmal zu schützen und zu erhalten: *Jeder Vertragsstaat erkennt an, daß es in erster Linie seine eigene Aufgabe ist, für Erfassung, Schutz, Erhalt und Pflege des Kultur- und Naturerbes und für seine Weitergabe an die kommenden Generationen zu sorgen. Er bemüht sich, alle Mittel einzusetzen, um dieses Ziel zu erreichen, dann aber auch diejenigen, die ihm in Form von Zuschüssen und von internationaler Zusammenarbeit zur Verfügung stehen* (Artikel 4 der Konvention).

Umgekehrt bekennt sich die durch das Komitee vertretene Gemeinschaft der Staaten der Welt zu ihrer Mitverantwortung. Wenn ein Denkmal der Welterbeliste bedroht ist und der dafür verantwortliche Staat es nicht erhalten kann, weil die dafür erforderlichen Maßnahmen seine Kräfte übersteigen, dann muß die Staatengemeinschaft, wenn sie darum gebeten wird, einspringen und ihren Beitrag leisten, bis die Gefahr überstanden und das Denkmal ausreichend gesichert ist. *Die Vertragsstaaten verpflichten sich daher, ihren Beitrag bei der Erfassung, dem Schutz, der Erhaltung und der Pflege der Denkmäler des Welterbes zu leisten, wenn der Staat, auf dessen Gebiet sich diese befinden, sie darum bittet* (Artikel 6.2 der Konvention).

Für diesen Zweck ist der Welterbefonds eingerichtet worden. Jeder Mitgliedsstaat der Konvention zahlt ein Prozent der Summe, die er der UNESCO als Beitrag entrichtet, in ihn ein. Für die Bundesrepublik, einen der größten Beitragszahler, sind dies im Jahr rund 300 000 DM. Bei mittlerweile 160 Mitgliedsstaaten (Stand 2001) kommen auf diese Weise mehr als 4 000 000 Dollar jährlich zusammen – wenig genug angesichts der Zahl von 691 Denkmälern, die heute schon auf der Welterbeliste stehen.

Doch wichtiger als die Höhe einer Summe, die ein Staat für bestimmte Maßnahmen bekommt, ist deren Katalysatoreffekt: Eine Förderung aus dem Welterbefonds macht es leichter, an Drittmittel heranzukommen. Mit Priorität gefördert werden Projekte, deren Ziel es ist, das Konzept einer Restaurierung oder Sanierung zu entwickeln: Die UNESCO übernimmt die Kosten von Experten, die ein bedrohtes Denkmal untersuchen und Vorschläge zu seiner Rettung ausarbeiten. Die Rettung selbst ist dann eine Großaktion, die die Möglichkeiten des Welterbefonds übersteigt. Sie kann nur gelingen, wenn sich entweder ausreichend viele Länder mit Mitteln aus öffentlichen Kassen oder aber eine kapitalkräftige Stiftung, deren Zweck die Förderung der Denkmalpflege ist, über einen längeren Zeitraum an der Aktion beteiligen.

Wie ernst nehmen die Staaten ihre Verpflichtungen?

Wie ernst nehmen die Staaten die Verpflichtungen, die ihnen die Konvention auferlegt, oder besser gesagt, die sie sich mit dem Beitritt zur Konvention selbst auferlegen? Und wie solidarisch verhalten sie sich, wenn ein Land von der Möglichkeit, die ihm die Konvention einräumt, Gebrauch macht und an die Hilfsbereitschaft anderer, potenterer Länder appelliert?

In den ersten Jahren nach Inkrafttreten der Konvention ist diesen beiden Fragen, vor allem der ersten, zu wenig Beachtung geschenkt worden. Denkmäler wurden nur aufgrund ihrer Bedeutung in die Liste aufgenommen, man vergaß zu prüfen, ob für ihren Schutz und ihre Erhaltung ausreichend gesorgt sei. Heute ist diese Prüfung obligatorisch und ein positives Ergebnis Voraussetzung für eine Aufnahme in die Liste. Reichen die vom antragstellenden Staat getroffenen Vorkehrungen nicht aus, so gibt man ihm Gelegenheit nachzubessern; der Antrag wird solange auf Eis gelegt. Diese Methode hat sich als wirkungsvoll erwiesen. Das Prestige des Welterbetitels ist so groß, daß die meisten Staaten auch erhebliche Anstrengungen nicht scheuen, um ihn sich zu verdienen. Nicht selten ist ein Denkmal, das nach einem längeren Verfahren und zufriedenstellender Beantwortung aller Fragen der UNESCO in die Liste aufgenommen wird, erheblich besser geschützt, als es dies zu Beginn des Verfahrens war.

Werden Versäumnisse erst nach der Einschreibung aufgedeckt und moniert oder ändern sich bisher zufriedenstellende Verhältnisse zum Schlechteren, dann bleiben als Druckmittel nur noch zwei Möglichkeiten: Das Denkmal kann auf die sogenannte Liste des Welterbes in Not gesetzt werden, oder es kann damit gedroht werden, es aus der Welterbeliste wieder zu streichen. Während die Liste des Erbes in Not von Jahr zu Jahr länger wird und mit ihr auch die Verweildauer der Denkmäler (die Gefahren werden in der Regel eher größer als kleiner), ist es zu einer Streichung bisher noch nicht gekommen. Zwar wurde sie in mehreren Fällen von den Gutachtern empfohlen, das Komitee zögerte aber, diesen Schritt zu tun, der von den Staaten als Affront empfunden wird, und setzte auf Verhandlungen.

Auch die Bundesrepublik hat Sorgenkinder unter den 24 bisher in die Welterbeliste aufgenommenen Denkmälern. Zumindest in der Presse wurde auch hier schon die Frage gestellt, ob die UNESCO ein malträtiertes Denkmal denn nicht wieder aus ihrer Liste streichen müsse. Das war der Fall, als in Lübeck mehrere Bürgerhäuser mit Kellern und

Brandmauern aus dem 13. Jahrhundert dem Bagger zum Opfer fielen (die Keller blieben zum Teil erhalten) und einem Geschäftshaus Platz machten, das die kleinteilige Struktur des Viertels sprengt. Hätte man hier, als Lübeck zur Welterbestadt erklärt wurde, nicht Konsequenzen ziehen und die Planung ändern müssen? Die UNESCO hat die Abbrüche nicht verhindern können. Aber sie hat immerhin erreicht, daß eine öffentliche Diskussion darüber entstand, wozu die Konvention die Stadt nun eigentlich verpflichtet, und daß Maßnahmen wie etwa die Aufstellung eines Denkmalpflegeplans beschlossen wurden, zu denen es sonst wohl kaum gekommen wäre. Nach der Wiedervereinigung Deutschlands hat die mittelalterlich geprägte Stadt Quedlinburg mit ihren Fachwerkbauten und gepflasterten Straßen bei den Restaurationsarbeiten von solchen Erfahrungen profitieren können.

Als Beispiel für eine solidarische Aktion sei die Altstadtsanierung von Sana'a, der 2000 Jahre alten Hauptstadt des Jemen, genannt. Aufgrund einer Initiative der UNESCO beteiligten sich ein halbes Dutzend europäischer Länder – Deutschland, Frankreich, Italien, Norwegen, die Niederlande – mit Beiträgen unterschiedlicher Art und Größenordnung an ihr. Sie brachten diese um 1980 von der Regierung des Landes begonnene, nach der Wiedervereinigung auch auf Städte im Süd-Jemen ausgedehnte Aktion nicht nur voran, sondern setzten auch in methodischer Hinsicht Maßstäbe. Der Beitrag der Bundesrepublik war die 1993 erfolgreich abgeschlossene Wiederherstellung des Samsara al Mansuriyah, einer ehemaligen Karawanserei, unter der Leitung eines deutschen Architekten und in Zusammenarbeit mit der Arbeitsstelle des Deutschen Archäologischen Instituts in Sana'a.

Andere Beispiele internationaler Zusammenarbeit im Rahmen von UNESCO-Programmen sind die Rettung der Tempel von Angkor/Kambodscha und die der Heiligtümer im Tal von Kathmandu/Nepal, um nur zwei der bedeutendsten zu nennen. Unter schwierigsten politischen und wirtschaftlichen Bedingungen wird in allen diesen Fällen der Versuch unternommen, durch gemeinsame Anstrengungen bedrohte Denkmäler des Welterbes zu retten. Am Erfolg solcher Aktionen wird man letztlich den Erfolg der Konvention zu messen haben.

Wiederherstellung des Samsara al Mansuriyah im Rahmen der Altstadtsanierung von Sana'a, Jemen, Süd- und Ostansicht

Heinz Cüppers

Trier – Lebendige Antike

Die römische Augusta Treverorum

In einer ausgedehnten Talaue, die von der Mosel in einem weiten, langgestreckten Bogen umflossen wird, wurde die Augusta Treverorum an einer Stelle begründet, die mit einer Furt durch den Fluß eine natürliche Verbindung zu den beiden Ufern gewährte. Hier trafen durch Seitentäler und Nebenflüsse Wegeverbindungen zusammen, welche die Mittelgebirge Eifel und Hunsrück erschlossen. Von sanft ansteigenden Bergen nach Osten und den Steilhängen des Rotliegenden nach Westen sowohl gegen die rauhen Ostwinde wie auch gegen die stürmischen Westwinde geschützt, war der weiträumige Kessel durch Bäche und Quellen reichlich mit Süßwasser versorgt. Fruchtbare Böden und der Fischreichtum der Mosel boten günstige Siedlungsbedingungen, ergänzt durch das fast südländische Klima mit zusätzlichen Vorteilen für Pflanzen- und Obstanbau. Streu- und Siedlungsfunde erweisen die Anwesenheit des Menschen seit der Steinzeit, als Sammler und Jäger ihr Nomadenleben aufgaben und zu seßhaften Ackerbauern und Viehzüchtern wurden.

Im Gebiet zwischen Maas und Mainmündung, Mittelrhein und Obermosel hatte sich in der Belgica der Stamm der Treverer seit dem 6. Jahrhundert v. Chr. herausgebildet und war, wohl der Landschaftsstruktur entsprechend, von zahlreichen Adelsfamilien als regionalen Gebietsherren geführt, oligarchisch organisiert. Hierin ist begründet, daß es keinen zentralen Stammesvorort gibt, der im Sinne der von Caesar als ›oppida‹ bezeichneten, befestigten stadtartigen Siedlungen für die Gesamtheit der Treverer diese Funktion gehabt hätte und daher auch nicht in den Kriegsberichten zur Eroberung Galliens Erwähnung findet. Vielmehr gewinnt man den Eindruck, daß die strategisch wichtigen und von der Natur begünstigten Bergbefestigungen Fluchtburgen waren (Landscheid, Kempfeld, Otzenhausen) oder als befestigte Ansiedlungen der regionalen Adelsherren und ihrer Klientel auch Kult-, Handels- und Marktfunktionen erfüllten.

Seit der Moselkanalisierung mehren sich in der Trierer Talweite die Funde von Münzen, Bronzeschmuck und Gerätschaften in solchem Umfange, daß hier an der Flußpassage eine größere Ansiedlung zu vermuten ist. Großflächige Grabungsuntersuchungen lassen erkennen, daß auf eine Fläche von ca. 80 Hektar Pfosten- und Grubenhäuser streuen, die eine größere Trevereransiedlung wahrscheinlich machen. Am Rande der Talaue und den Flußübergang im Blickfeld, ist auf dem Petersbérg eine um 30 v. Chr. errichtete Siedlung mit frührömischer Keramik entdeckt worden, die sich als militärischer Posten der römischen Eroberer deuten läßt.

Zum Eingliederungskonzept Galliens und der Belgica in den römischen Provinzialverband sowie zum Schutz der Grenzen gehörte die Stationierung größerer Truppenverbände am Rhein und deren gesicherte Versorgung durch den Ausbau fester Straßen im Hinterland. Im Kreuzungspunkt erstrangiger Fernstraßen vom Mittelmeer zum Rhein, von der Atlantikküste zum Oberrhein – ergänzt durch die Mosel als Wasserstraße zum Rhein – wurde Trier zum wichtigen Etappenhauptort und Umschlagplatz.

Um 18/17 v. Chr. wurde eine feste Brücke an der Furt und der älteren Flußpassage errichtet, deren 13 Steinpfeiler jeweils auf einem dichten Pfahlrost gegründet waren. Die Fahrbahnbreite war mit acht bis zehn Metern auf eine starke innerstädtische Nutzung ausgelegt. Die Bebauung der auf schnelles Wachstum geplanten Stadt orientierte sich an einem ›Bebauungsplan‹. Cardo und Decumanus (Nord-Süd und West-Ost gerichtete

Straßen) legten die rechtwinklig angeordneten Mittelachsen und die im Raster geplanten Straßen, die Größe der Wohnquartiere und die Position des Forums sowie anderer öffentlicher Gebäude fest. Im Laufe der ersten Jahre der Ausbauzeit wurden Lehmfachwerkbauten und Holzkonstruktionen durch festere Steinbauten ersetzt, die mit ihren Fundamenten und Estrichböden zumeist die älteren Siedlungsschichten und Konstruktionsteile zerstört haben.

Zwischen 4 und 14 n. Chr. wurde die Siedlung mit einem offiziellen Monument (Staatstempel?) ausgezeichnet, das, aus Kalksteinquadern aufgebaut, mit zwei Inschriften dem Andenken an Lucius und Gaius Caesar, die früh verstorbenen Adoptivsöhne des Kaisers Augustus, gewidmet war.

Der Nachricht bei Pomponius Mela, der um 40 n. Chr. in seiner geographischen Beschreibung als blühende Stadtsiedlungen neben Auch bei den Auscern, Autun bei den Haeduern ebenso Augusta bei den Treverern erwähnt, ist immerhin soviel zu entnehmen, daß außer anderen, älteren und schon bedeutenderen Städten Trier in diesen Jahren nach Größe, Baubestand und Bedeutung als Hauptort schon stadtartiges Aussehen besaß. Die umfangreichen Baumaßnahmen im Verlauf des 1. Jahrhunderts n. Chr. führten dazu, daß das Siedlungsterrain zum Fluß hin durch Anschüttungen von Aushubmassen der Keller und Kryptoportiken öffentlicher und privater Anlagen erheblich erweitert wurde. Für das Forum wurde auf die Länge von drei Inseln des Rasterplanes der Decumanus aufgelassen und für Basilika, Läden und Curia sowie für ausgedehnte Hofflächen genutzt. Nach Westen hin wurde die Brückenanfahrt verändert und das Terrain um wenigstens drei Joche der Pfahlrostkonstruktion zum Fluß hin erweitert. Ein Triumph- und Ehrenbogen, der die leichte Abwinkelung der Brückenachse zu dem Decumanus des Straßenrasters optisch verbarg, kam so in die Fläche des Stadtgebietes zu liegen.

Nördlich des Forums wurde noch im letzten Drittel des 1. Jahrhunderts n. Chr. ein Wohnquartier einplanant und mit einer öffentlichen Thermenanlage überbaut. Eine solche Installation setzt eine gut organisierte und stetig funktionierende Wasserversorgung voraus. Neben Brunnen und Pumpen in Privathäusern war eine sehr ergiebige Quelle am östlichen Rand des Altbachtales und der Mittelterrasse verfügbar, die beim großen Tempel am Herrenbrünnchen in eine Kanalleitung gefaßt war, dann großen Zisternenbecken im Bereich der späteren Kaiserthermen zulief, von wo aus das geklärte Wasser in Deuchel- und Bleileitungen dem Stadtgebiet zugeführt wurde.

Während im Gelände weit südlich der Kernsiedlung Töpfereien und Ziegeleien ihre Massenproduktion betrieben, entstand östlich in der Talausweitung am Altbach über älteren Siedlungsresten ein Tempelbezirk der einheimischen treverisch-keltischen Gottheiten, deren ursprünglich aus Holz errichtete Kapellen und Tempel mehr und mehr in fester Steinbauweise umgebaut wurden oder als Neuanlagen auch römische und orientalische Kulte beherbergten. Bis zum 4. Jahrhundert n. Chr. waren neben einem kleinen Kulttheater über siebzig Kapellen, heilige Bezirke, galloromische Vierecktempel mit Umgang, Priesterhäuser und eine Mithrasgrotte errichtet worden.

Die Präsenz hoher Amtspersonen der Reichs- und Provinzialverwaltung, aber auch der Eifer, die Errungenschaften mittelmeerischer Kultur und Lebensweise den römischen Bürgern und den unterworfenen Völkerschaften zu vermitteln, verlangten die Planung von Freizeiteinrichtungen wie eines Amphitheaters und eines Circus, die als Großbauten um die Wende vom 1. zum 2. Jahrhundert n. Chr. am Ostrand der Stadt errichtet worden sind.

Weniger direkter Gefahr kriegerischer Bedrohung als dem Repräsentationsbedürfnis und der Vorsorge, die wichtige Stadt und Zentrale der Verwaltung vor dem willkürlichen Zugriff aufständischer Truppen oder der jenseits des Limes wohnenden Germanen zu schützen, entsprang der Plan, die Ansiedlung mit wehrhafter Mauer zu umgeben, die in ihrer Ausdehnung große noch unbebaute Flächen als Bauerwartungsland einbezog. Entlang der Mosel wurde die Mauer so weit an den Fluß herangeschoben, daß durch Erdanschüttungen weiteres Gelände gewonnen und die um die Jahrhundertmitte neuerrichtete Steinpfeilerbrücke dabei um wenigstens drei Joche verkürzt wurde. Am Ostrand der Stadt ist die Mauer so geführt, daß das Amphitheater, mit Türmen und einer Ringmauer verstärkt, als Doppeltor den potentiellen Angreifer zwang, nach Überwältigung der südlichen Toranlage den offenen Hinterhalt der Arena ungedeckt und von allen Seiten den Verteidigern ausgesetzt zu passieren, um dann die Doppelsperre des nördlichen Zugangs zu bezwingen. Einbauten des frühen 5. Jahrhunderts machen es wahrscheinlich, daß die Restbevölkerung der Stadt sich hier wie in einer vorgeschichtlichen Ringwallanlage geflüchtet und verschanzt hatte, um den Überfällen der germanischen Völker zu trotzen.

Die Bedeutung der Stadt als Zentrum der Treverer, als Etappenhauptort und Umschlagplatz lokaler und importierter Güter wurde durch die Ansiedlung von Ämtern der Provinzial- und Reichsverwaltung erheblich vermehrt. Nicht nur die Residenz des ›legatus Augusti pro praetore‹ wurde von Reims nach Trier verlegt, auch der ›procurator provinciae Belgicae‹ hatte hier seit der Mitte des 1. Jahrhunderts seinen Amtssitz. Nach der Einrichtung der Militärprovinzen Ober- und Untergermanien oblag die Betreuung dieser Gebiete seiner Zuständigkeit, wie die Amtsbezeichnung ›procurator provinciarum Belgicae et duarum Germaniarum‹ (seit Domitian) ausweist.

Den gestiegenen Anforderungen entsprach neben der Verbesserung des Straßennetzes auch der eindrucksvolle Neubau der Steinpfeilerbrücke, der heutigen Römerbrücke. In der baulichen Ausführung des stadtseitigen Brückenkopfes nimmt sie auf die Barbarathermen Rücksicht, die noch in antoninischer Zeit im zweiten Viertel des 2. Jahrhunderts erbaut und äußerst luxuriös und kunstvoll ausgestattet wurden.

Während an den Mauer- und Turmwerken der Stadtbefestigung mit den vorgelagerten Gräben und Wällen als Annäherungshindernissen die Bauarbeiten bis hin zur Ausfugung abgeschlossen werden konnten, bietet die Porta Nigra, das aus Quadern aufgerichtete Nordtor, einen Zustand unvollständiger Ausführung. Profile an Sockel und Gesimsen, die Bogenprofile der Türrahmen und Fenster, die gliedernden Säulen, Basen und Kapitelle und auch die Flächen der aufgehenden Wände sind nur angerissen, an vielen Stellen musterhaft auf wenige Zentimeter Breite angelegt, stehen aber sonst noch in rohen Bossen, so wie sie aus dem Steinbruch angeliefert worden waren. Nur an den Seitenstößen und Lagerflächen sind sie baugerecht und kraftschlüssig geglättet. Diese »unfertige Ausführung«, die den Eindruck wehrhaft-trutziger Stärke vermittelt, kann mit einer Bedrohung der Stadt durch die Bürgerkriegswirren des Clodius Albinus in Verbindung gebracht werden, die um 197 n. Chr. (unter Septimius Severus und Caracalla) zu einer Belagerung der Civitas der Treverer geführt hatten. Diese plötzliche Gefährdung zwang dazu, die Bau-

Die Porta Nigra, das nördliche Tor der römischen Stadtbefestigung (zweite Hälfte 2. Jahrhundert n. Chr.); Ansicht von Norden auf die turmbewehrte Land- und Feindseite – mit Choranbau um 1150, nach dem Umbau zur Simeon-Kirche

Kaiserthermen, Blick auf die
östliche Außenfront des
Heißbadetraktes – Caldarium
nach den Konservierungs-
maßnahmen von 1983

gerüste zu entfernen, die vorbereitete Bearbeitung der Oberflächen abzubrechen und die
stadtseitigen Torsperren provisorisch zu installieren. In den nachfolgenden Jahrzehnten
waren offenbar Geldmittel und Dringlichkeit nicht mehr vorgegeben, und in der späten
Kaiserzeit begnügte man sich mit dem ›Rohzustand‹ der Toranlage.

Das in fast zweihundertjähriger Friedenszeit den gallischen und germanischen Provinzen und den Bewohnern vermittelte Kulturgut der klassischen Mittelmeerwelt fand als
Ergebnis beständiger Romanisierung in Sprache, Bildung, Wissenschaft und Kunst, in
Wirtschaft, Handel, Technologie und Rechtsprechung sowie in allen Fertigkeiten des
Lebens unter Kaiser M. Aurelius Antoninus, dem Philosophen auf dem Thron, seinen
bekrönenden Abschluß im Jahre 212 n. Chr. mit der Constitutio Antoniniana, der Verleihung des römischen Bürgerrechtes an alle Provinzialen. Mit Stolz auf diese Leistungen
schrieb Tertullian (150–230 n. Chr.): »Alles ist erforscht und dem Verkehr erschlossen, Einöden sind in blühende Fluren verwandelt, Wälder urbar gemacht, wilde Tiere
durch zahme vertrieben. Die Zahl der Städte ist so groß wie vordem die der Häuser« (de
anima 30).

Blüte, Reichtum und Wohlstand der Provinzen bargen aber auch den Keim der Bedrohung durch die Begehrlichkeit der Völker jenseits der Reichsgrenzen in sich, die seit 213
n. Chr. den obergermanisch-rätischen Limes zu überwinden suchten. Nach Angriffen der
Alemannen 233 gingen bei Vorstößen auf breiter Front und Einfällen bis weit nach Inner-
gallien 259/60 die rechtsrheinischen Territorien dem Reich verloren, die Grenze wurde
auf das linke Rheinufer (wie im 1. Jahrhundert) zurückgenommen.

Für die Zeit der gallischen Sonderkaiser, die unabhängig von Rom die westlichen Provinzen gegen die Germanen zu schützen suchten, gewinnt die Moselstadt insofern eine
besondere Bedeutung, als sie zeitweise zur Residenz aufrückte: nordwestlich vom Forum
konnte ein Palastbau angegraben werden, der, eine ganze Inselfläche einnehmend, eine
Wiederherstellung erlebte, die durch eine Mosaikinschrift bezeugt wird. Als Auftraggeber
wird der Prätorianertribun M. Piavonius Victorinus genannt, der als Befehlshaber der
kaiserlichen Leibgarde unter Postumus Dienst tat und, im Jahre 268 selbst zum Kaiser
ausgerufen, hier residierte.

Als im Jahre 275 Alemannen und Franken mit großen Heerhaufen die rheinischen Militärprovinzen überrannten und weit nach Gallien plündernd und zerstörend vorstoßen
konnten, wurde auch Trier heimgesucht, Paläste und Villen fielen im weiten Umland in

Schutt und Asche. Diese Katastrophe ist nicht nur durch zahlreiche Münzschatzfunde belegt, sondern wird durch Ausgrabungen bestätigt. Nach der Vertreibung der Germanen konnte Probus jedoch die politischen Verhältnisse stabilisieren und die Einheit des Reiches wiederherstellen. Landsuchende Germanen, die als Militärsiedler für den Grenzschutz und Polizeidienst im Hinterland herangezogen wurden, siedelte man in den zum Teil entvölkerten Landgebieten an. Das riesige Imperium Romanum, von feindlichen Völkern auch an den Grenzen bedroht und von rivalisierenden Befehlshabern und Usurpatoren im Innern gefährdet, wurde durch Kaiser Diokletian (284–305) einer umfassenden Reform des Münzwesens und der Verwaltung, der Militärstruktur und der territorialen Ordnung unterzogen.

Die Teilung der Macht unter zwei Augusti bestimmte zum Herrscher der Westhälfte Maximian (276–305), der am 1. Januar 287 in Trier sein Konsulat antrat und hier residierte. Dieser Standort, nahe genug der gefährdeten Grenze, jedoch durch die Mittelgebirge Eifel und Hunsrück hinreichend vor überraschendem Zugriff gesichert, sollte nun für mehr als hundert Jahre die Augusta Treverorum in den Rang einer Kaiserresidenz und Hauptstadt des Imperiums erheben und neue Impulse wirtschaftlicher Blüte und großer Bauaktivitäten einleiten. Trotz der Zufälligkeit der historischen Überlieferung ist es bemerkenswert, daß Maximian 289 in Trier den Gründungstag der Stadt Rom feierte, ein Ereignis, das uns in einem Panegyricus, einer feierlichen Lobrede, des Mamertinus (Paneg. II.–p. 262 Baehrens) überliefert ist. Eine weitere Festrede (Paneg. III.–p. 275 Baehrens) ist anläßlich des Geburtstages des Augustus Maximian am 21. Juli 291 in Trier vorgetragen worden. Diese sprachlich kunstvoll formulierten Lobeshymnen auf die Macht und die Göttlichkeit der Herrscher vermitteln anschauliche Eindrücke des Hofzeremoniells, die durch die Münzbilder dieser Zeit eindrucksvoll ergänzt werden. Maximian leitete die Unterwerfung und Ansiedlung fränkischer Volksgruppen ein, so brachte ein Feldzug gegen den Usurpator Carausius (286–93) dessen Niederlage und die Rückführung Britanniens in den Reichsverband.

Ein weiterer Reformschritt führte zur Erweiterung der Herrschaftsordnung, zur Aufgliederung der beiden Reichshälften in vier Herrschaftsbereiche (Tetrarchie), indem jedem Augustus ein Caesar als Mitherrscher beigegeben wurde. Maximian verlegte seine Residenz nach Mailand, während Trier dem Caesar Flavius Valerius Constantius Chlorus (293–305) zugewiesen wurde.

Für die erheblich vermehrten Amtsstellen und die Bedürfnisse des Hofes war seit der Anwesenheit der Soldatenkaiser, gefördert durch die Staatsreform Diokletians, nicht nur ein Mehrbedarf an Verwaltungsbauten und Behördenhäusern, sondern auch an repräsentativen Großräumen entstanden, um Triumphe, Festempfänge und Versammlungen durchführen zu können. Übergangsweise mögen die wiederhergestellten Großbauten wie Circus, Amphitheater, das Forum mit der Marktbasilika und der Curie sowie der bei der Basilika als Präfektenpalast gedeutete Peristylbau diesem Zweck gedient haben. Doch noch im letzten Jahrzehnt des 3. Jahrhunderts wurde mit dem Bau der Kaiserthermen nach einem neuen Konzept der Grundrißausbildung und der Raumfolgen begonnen. Weiter nördlich entstand – vielleicht schon mit der Erhebung des Constantius Chlorus zum Augustus, spätestens aber mit der Nachfolge Konstantins als Mitherrscher im Westen – der repräsentative Großbau der Hofbasilika, der, soweit aus den archäologischen Befunden erkennbar, nach vierjähriger Bauzeit um 310 n. Chr. vollendet war. Auf dieses Vorhaben und die in jenen Jahren in Benutzung befindlichen Prachtbauten bezieht sich der Festredner des Jahres 309, der neben mehreren Basiliken, dem Circus maximus, der jenem von Rom an Glanz nicht nachsteht, einen »Sitz der Gerechtigkeit, bis zu den Sternen des Himmels reichend« erwähnt, womit in dichterischer Umschreibung die eindrucksvolle Höhe der heute noch erhaltenen Palastbasilika treffend gekennzeichnet wird.

Für den nördlich anschließenden Bering der späteren Domimmunität ist aus der literarischen Überlieferung und dem archäologischen Befund das Gebiet der kaiserlichen privaten Wohnpaläste gesichert, das, soweit die Reste älterer Bauten erkennen lassen, schon seit dem 2. Jahrhundert n. Chr. von Wohnanlagen besetzt war. Daß im Zuge des Ausbaues der Residenz für Kaiserthermen, Palastbasilika und die frühchristliche Doppelbasilika gleich mehrere Straßen aufgelassen wurden, mag damit erklärt werden, daß eine großflächige Planung nicht anders zu realisieren war und der Residenzbereich als geschlossener Hoheits- und Schutzbereich abgegrenzt und auch bewacht werden mußte.

Die Moselmetropole erlebte nun eine zweite Blüte, die manch neidvolle Äußerung der Festredner und der Bittsteller aus anderen Städten und Provinzen verursachte. Nicht zuletzt trug die Vermehrung und Neuansiedlung von Behörden zu dieser Entwicklung bei.

Als um die Jahrhundertmitte die Franken am Niederrhein auf römisches Gebiet vorstießen und auch Köln überrannten (354), gelang es, eine Erhebung des Magnentius zu unterdrücken und durch Julian die Franken zurückzuschlagen. In diesen Jahren wurde das Palatiolum, eine befestigte Palast- und Burganlage nördlich der Metropole, errichtet, die man wenig später noch um eine Kaserne erweiterte.

Nach Aufenthalten in Mailand, Paris und Reims bezog Kaiser Valentinian im Jahre 367 die Residenz in Trier und konnte die Sicherung der Nahrungsmittelversorgung und den Wiederaufbau zerstörter Städte und Stationen einleiten. Von seiner Anwesenheit profitierten Trier und das Umland. Im Festungspalast zu Pfalzel (›palatiolum‹) wurden verschönernde Umbauten ausgeführt, der große Staatsdomänenbetrieb der Langmauer (mit 200 Quadratkilometern Fläche) wurde errichtet, der Palast zu Welschbillig mit einem großen Schwimmteich ausgestattet, dessen Umfassungsgeländer mit 114 figürlichen Hermen verziert war. Kriegszüge gegen die Alemannen am Oberrhein verliefen siegreich. 375 übernahm Gratian Thron und Macht. In seiner Regierungszeit wurde sein Erzieher Ausonius aus Bordeaux, der Dichter der ›Mosella‹, zum Consul erhoben und bemühte sich um die Trierer Universität, deren Rang er durch erhöhte Geldzuweisungen zu verbessern suchte.

Durch die Invasionen der Grenzvölker und die instabilen Verhältnisse im Reich konnten sich die Kaiser und Usurpatoren nur noch zeitweise in ihren Residenzen aufhalten. Der Usurpator Magnus Maximus residierte von 383–87 in Trier und verlor auf einem Kriegszug gegen Arbogast in Oberitalien Schlacht und Leben. Sein in Trier zurückgebliebener Sohn Flavius Victor wurde hier noch im Herbst des gleichen Jahres ermordet. Schließlich wurde 395 die Residenz von Trier nach Mailand, die Präfektur nach Arles verlegt und ein Teil der Grenztruppen abgezogen. Die Nähr- und Rüstkammer des Reiches, die mit Waffenfabriken und Handelsgütern jeglicher Art die Truppen am Rhein versorgt hatte, war dadurch ihrer wichtigsten Funktion und Mittel beraubt und erlebte eine Abwanderung der führenden Kräfte in den sicheren Süden.

So dauerte es auch nicht sehr lange, bis das römische Trier schutzlos dem Zugriff feindlicher Völker ausgesetzt war. Als in dichter Folge die Stadt von Franken, Alemannen und ihnen verbündeten Stämmen überrannt wurde, mußte sich die Restbevölkerung in das notdürftig zur Verteidigung hergerichtete Amphitheater flüchten, da die Stadtmauer und auch die Torburgen nicht mehr ausreichend besetzt und verteidigt werden konnten.

Das frühchristliche Trier – Hort der Orthodoxie

Während die mittelalterliche Legende von der christlichen Mission des Trierer Landes durch Jünger des Apostels Petrus berichtet, läßt sich anhand von Bischofslisten, archäologischen Funden und Urkundenüberlieferung diese Missionierung konkret in die zweite Hälfte des 3. Jahrhunderts datieren. Dabei ist nicht auszuschließen, daß – wie in Gallien – Nachrichten und Berichte über die neue Religion schon früher durch getaufte Christen aus Rom und anderen Gemeinden mündlich vermittelt worden sind. In einer Großstadt mochten orientalische Händler und Kaufleute, nicht zuletzt auch Menschen jüdischen Glaubens, die seit der Zerstörung Jerusalems in alle Provinzen des Imperium Romanum verstreut waren, erste mündliche Nachrichten vermittelt haben. Eine organisierte Mission aber verlangte, bei aller Zufälligkeit der Wahl eines Zentrums, andere Vorgaben. Die Aussendung ist der Legende nach von Rom aus erfolgt, als Eucharius, Valerius und Maternus nach Trier gelangten und im Hause einer Witwe namens Albana in einer suburbanen Landvilla außerhalb der südlichen Stadt Unterkunft fanden. Die Örtlichkeit ist ausgezeichnet durch ein frühchristliches Gräberfeld, das in Übereinstimmung zur Überlieferung auch eine suburbane Villa an der Ausfall- und Fernstraße nach Metz erfaßte. Neben

22 Mausoleen und Grüften, die nach Bauform und Bautechnik sicher dem Ende des 3. und dem 4. Jahrhundert zugewiesen werden können, wurde ein Keller des Villengebäudes nachträglich erweitert und zu einer Grablege umgewandelt. Das Landhaus beherbergt eine 17 m lange einschiffige Grabbasilika, deren nach Osten gelegene Apsis gleichzeitig mit einer Krypta als gewölbte Grabkammer benutzt wurde.

Bereits im ausgehenden 3. Jahrhundert war die christliche Gemeinde Triers so bedeutend, daß Constantius Chlorus die Verfolgungsedikte seiner Mitherrscher nur sehr zurückhaltend umzusetzen wagte. Konstantin der Große erstattete den Christen sogar frühzeitig ihr Eigentum zurück, hob jegliche Beschränkung des christlichen Kultes auf und gewährte den Christen offenbar auch manche Begünstigung. Zur Erziehung seines Sohnes Crispus berief er den Apologeten Lactantius nach Trier, den Verfasser der Schrift »de mortibus persecutorum«.

Der Kaiser, zuständig für alle Fragen der Religionspolitik, war auch für die Belange der christlichen Gemeinden in seinem Reichsteil oberste Appellationsinstanz, die mit der Erlangung der Alleinherrschaft nach dem Sieg über Maxentius (312) und Licinius mehr und mehr auch in den anderen Provinzen mit theologischen und kirchenpolitischen Fragen befaßt wurde. Neben dem örtlichen Bischof und dem Klerus in Trier wurden die Kirchenmänner anderer Gemeinden des Reiches ebenfalls konsultiert und zu Besprechungen bei Hofe eingeladen. So weilte 313 mit Hosius aus Cordoba (Südspanien) jener Bischof in Trier, der wenige Jahre später, 325, das erste ökumenische Konzil zu Nicäa in Anwesenheit des Kaisers eröffnete, zu dem 318 Bischöfe aus allen Teilen des Imperiums zusammenkamen.

Auf dem Konzil zu Arles 314 ist Bischof Agritius als Repräsentant der Trierer Kirche bezeugt. Im Arianerstreit wurde Bischof Athanasius von Alexandrien mehrmals nach Trier verbannt. Bei seinem ersten Aufenthalt, 316, berichtete er vom Aufbau einer christlichen Basilika im Stadtgebiet, die im Bereich der heutigen Liebfrauenkirche, der konstantinischen Südbasilika, zu suchen ist und wahrscheinlich später in den Großbau inkorporiert wurde. Bei seinem zweiten Exil in der Moselstadt, 335, genoß Athanasius bei Bischof Maximinus freundschaftliche Aufnahme und Betreuung. In den anhängigen Streitfragen erschien 342 eine arianische Delegation mit den Bischöfen Narcissus von Arethusa, Maris von Chalcedon, Theodorus von Herakleia und Marcus in Trier.

Im Gefolge dieser theologischen Auseinandersetzungen, die auch die innere Einheit des Reiches direkt beeinflußten, traf 350 unter der Herrschaft des Magnentius nochmals eine arianische Delegation zu Verhandlungen in Trier ein. Der Ortsbischof Paulinus, ein Verfechter des orthodoxen athanasischen Bekenntnisses, wurde 353 aus Gründen der Staatsraison nach Phrygien in Kleinasien verbannt, wo er 358 verstarb. Die Gemeinde in Trier verehrte ihn offenbar als Bekenner und Märtyrer und erlangte 387 die Rückführung an den Ort seines Wirkens. Als ein archäologisches Zeugnis besonderer Bedeutung ist der Zedernholzsarg zu bewerten, der die sterblichen Überreste des Paulinus aufnahm und für die Translatio nach Trier gedient hat. In der eigens für Paulinus neuerrichteten Grabbasilika wurde der Sarg zur Verehrung ausgestellt und in den folgenden Jahren mit silbernen und goldenen Zierblechen geschmückt, die neben christlichen Symbolen getriebene Reliefs mit Darstellungen des Sündenfalls und der Auferweckung des Lazarus und auch Stifterinschriften tragen.

Der Kirchenvater Hieronymus, Einsiedler und Förderer des Mönchtums in Bethlehem (dort 420 gestorben), verbrachte mehrere Studienjahre in Trier, wo er eine Schrift über die Synoden des hl. Hilarius verfaßte. Hierzu mußte er Zugang zu den Archiven und Bibliotheken der Hof- und Reichsverwaltung und der Kirche gehabt haben. Auch der Kirchenvater Ambrosius, Bischof von Mailand, zu Beginn des Jahrhunderts in Trier geboren, war mehrfach in offizieller Mission am Hof vorgelassen worden.

Im theologischen Streit um die Irrlehren des Priscillian hatten sich der Urheber und dessen Anhänger Idacius und Ithacius in Trier zu verteidigen. Martin von Tours intervenierte mehrfach in Trier, um die von Kaiser Maximus angeordnete Verfolgung durch die Staatsmacht zu verhindern. Bischof Felix, der diese staatliche Gewaltanwendung in theologischen Fragen befürwortet hatte, wurde aus der Gemeinschaft der Bischöfe isoliert und ausgeschlossen.

Dom und Liebfrauenkirche; Ansicht von Süden auf die barocke Schatzkammer, den romanischen Chor, den römischen Kernbau mit Turm- und romanischer Westfront, auf die frühgotische Liebfrauenkirche (1235–60) und den Domkreuzgang ▷

Die Sonderstellung der Christengemeinde mag ganz wesentlich dadurch gefördert worden sein, daß sie sich in der Gunst des Kaisers ungehindert entfalten konnte und in der Mutter Kaiser Konstantins, der hl. Helena, eine wirksame Gönnerin hatte. Soweit bisher aus den Funden erkennbar ist, war im der Westseite des Doms vorgelagerten Wohnquartier schon gegen Ende des 3. Jahrhunderts ein christlicher Kultraum hergerichtet worden, der mit verschiedenen Umbauphasen frühzeitig Orientierung und Maße der Südbasilika beeinflußte. Dies war wohl auch die Örtlichkeit, an der Bischof Agritius die Liturgie feierte. Als noch unter Constantius Chlorus östlich dieses Wohnquartiers die kaiserlichen Privatpaläste ausgebaut wurden, lag es auch im Interesse der religionspolitischen Ambitionen Konstantins, diese Kirche in nächster Nähe zu dulden, zu fördern und schließlich seine Residenz durch einen großen Basilikabau auszuzeichnen.

Einfluß und Bedeutung der frühchristlichen Gemeinde illustrieren die Gräberfelder, die, als Stiftungen und Schenkungen außerhalb der heidnischen Gräberfelder gelegen, mit suburbanen Villen verbunden sind und im Mittelalter zu bedeutenden Klosteranlagen und Pilgerstätten entwickelt wurden. St. Eucharius-St. Matthias im Süden, St. Maximin, St. Martin, St. Paulin und St. Marien im Norden der Stadt sind mit Wohn- und Kirchenbauten des 4. Jahrhunderts von zum Teil monumentaler Ausdehnung verbunden. Die Sarkophage für die Körperbestattungen wurden in Grabgrüften und Mausoleen oder im Erdreich eingestellt und mit Inschriften gekennzeichnet, von denen mehr als 1200 im Laufe der Zeit gefunden wurden oder aus Zeichnungen und Abschriften zur Verfügung stehen.

Kleinfunde aus dem Siedlungsgebiet der Stadt, Grabbeigaben, Lampen und Keramik aus den Töpfereien, nicht zuletzt aber auch die Prägungen aus der Trierer Münze lassen auf die große Anzahl der christlichen Gemeindemitglieder schließen und zeigen auch die Tendenzen der offiziellen Politik der Kaiser an. Gleichermaßen wird aber auch das Weiterleben heidnischer Vorstellungen durch die Funde bestätigt. Dies belegen etwa das Ledamosaik aus der Johann-Philipp-Straße, Philosophen- und Musendarstellungen, der Fortbestand der Tempel und Heiligtümer oder der Schmuck wertvoller Silbergerätschaften bis in das 5. Jahrhundert n. Chr.

Mit dem Abzug der Truppen vom Rhein sowie der Verlegung von Hof und Verwaltung nach Mailand und Arles, die zugleich die Abwanderung der Führungskräfte aus Gesellschaft und Wirtschaft nach sich zog, waren Stadt und Umland schutzlos den in immer stärkeren Gruppen einfallenden Germanen und Nachbarvölkern im Osten ausgesetzt. Ein ebenso langwieriger wie leidvoller Prozeß des Übergangs in eine Neuordnung der politischen und territorialen Verhältnisse ist mit mehrfachen Zerstörungen und Plünderungen verbunden, bis um 475 die Franken das Gebiet übernehmen. Immerhin ist eine Christengemeinde mit ihrem Bischof im Dombereich als Bewahrer des antiken Erbes berufen, den Fortbestand des christlichen Glaubens und der Siedlung zu garantieren und die Grundlagen der mittelalterlichen Stadtentwicklung zu legen.

Im Gegensatz zu der Klage Salvians, der nach den Zerstörungen Triers durch die Germanen kein Verständnis dafür aufbringen kann, daß die Bewohner angesichts der Toten in den Straßen vom Kaiser Stiftungen für die Durchführung von Spielen erbitten, erstaunt die Nachricht aus der Zeit der Völkerwanderungen, daß unter Bischof Cyrillus 454 eine neue Coemeterialkirche im Bereich der späteren Eucharius-Matthias-Kirche errichtet worden ist, in die man anschließend die Gebeine der Gründerbischöfe Eucharius und Valerius transferierte, desgleichen wurde die beschädigte Grabgruft der Albana, die ›cella Eucharii‹, restauriert, womit wohl die aufgehenden Teile des basilikalen Baues und eines angebauten Nebenraumes gemeint sind (siehe Abbildung S. 36).

Auch auf den Friedhöfen im Norden der Stadt wurden die Bauanlagen soweit erforderlich repariert und weiter genutzt. Wie im Stadtgebiet sind die Hinweise auf die fränkischen Eroberer mehr als spärlich, da spätere Belegungen und Überbauungen diesen Fundhorizont von nur geringer Höhe zumeist gestört und abgegraben haben. Gräber mit für die Frankenzeit charakteristischen Fibeln (byzantische Vierpaßfibel aus St. Martin, 7. Jahrhundert), Waffenbeigaben und tauschierten Gürtelschnallen (Pallien, spätantikes Gräberfeld) oder Inschriften (so der Grabstein des Hlodericus, der, als ›vicarius‹ benannt, ein hoher fränkischer Verwaltungsbeamter war, 6./7. Jahrhundert) zeigen an, daß neben der romanisierten christlichen Restbevölkerung nur eine dünne fränkische Oberschicht im Stadtgebiet lebte. Zwar hatte der fränkische König in der Nachfolge des römischen Staates Besitzrechte an den großen öffentlichen Bauten erlangt und in der Basilika und den Horrea eine Pfalz eingerichtet, deren Betreuung königliche, später bischöfliche Ministerialen übernahmen, doch blieb die Vorrangstellung des Bischofs und des Klerus hiervon unberührt.

Weite Teile des Stadtgebietes waren zerfallen und längst von Pflanzen und Wildwuchs besetzt oder zu landwirtschaftlicher Nutzung unter den Pflug genommen worden. In den großen Ruinen hatten sich einzelne Familien eingenistet und sich mit dem reichlich vorhandenen Baumaterial verteidigungsfähige Schutzanlagen erstellt, um die dorfartige Ansiedlungen entstanden (die Herren de Ponte in den Barbarathermen mit Ansiedlung, deren Pfarrkirche St. Barbara ebenfalls in die Reste der Thermen eingebaut wurde). Eine Dorfansiedlung von Franken, die einen Töpfereibetrieb unterhielten, war seit dem 7. Jahrhundert im Tempelbezirk am Altbachtal entstanden. Durch Gütertausch hatte Irmina das Eigentum an den Horrea erworben und begründete hier ein Damenstift.

Im Laufe der karolingischen und ottonischen Zeit konnte der Bischof Markt-, Zoll- und Münzrecht an sich ziehen und wurde, nachdem auch der Gaugraf seinen Sitz in den Kaiserthermen schon um 700 nach Bitburg verlegt hatte, mehr und mehr zum Territorialherrscher im Stadtgebiet. Mit der Übertragung der Gerichtsbarkeit durch ein Immunitätsprivileg Ottos I. im Jahre 947 war diese Position unbestritten.

Zwar hatte die Stadt unter dem Normannensturm des Jahres 882 erheblichen Schaden erlitten, doch wurde mit der Errichtung des Marktkreuzes (auf einer römischen Granitsäule) unmittelbar vor dem Westtor der Domburg ein Zeichen des besonderen Schutzes für einen Neubeginn im Jahre 958 gesetzt, das die künftige wirtschaftliche Entwicklung der Stadt günstig beeinflussen sollte. Die eindrucksvolle Ruine der Porta Nigra, von Metalldieben (Eisenkrampen und Blei) im Bestand gefährdet, wurde durch Simeon, einen aus Sizilien stammenden Griechen, gerettet, indem dieser sich als Eremit 1028 im Ostturm des Torbaues einschließen ließ. Nach dem Tod des als heilig verehrten Mannes im Jahre 1034 veranlaßte Erzbischof Poppo die Einrichtung eines Kanonikerstiftes und ließ die Porta zu einer Kirche umbauen. Der starke Zustrom zum Grab des Heiligen veranlaßte Erzbischof Albero von Montreuil zum Bau der kunstvollen, feingliedrigen Apsis (1148–1158). Mit Klosterbau, Freitreppe und Kapellen präsentierte sich die Anlage wie eine auf hohem Berg gelegene Doppelkirche.

Die Säkularisation und die auf Befehl Napoleons veranlaßte Entfernung aller nachantiken Bauteile (bis auf die durch die preußische Denkmalverwaltung gerettete Apsis) müssen als ein herber Verlust gewertet werden, waren doch alle Teile des römischen Torbaues von innen her besehbar und erkennbar und lagen außen vom ersten Fenstergeschoß an ebenfalls frei.

Als ein städtebauliches und kulturgeschichtliches Ensemble ersten Ranges beansprucht die Domimmunität in der Vielfalt kunstgeschichtlicher Elemente und der kontinuierlichen Nutzung von der Antike bis zur Neuzeit besondere Beachtung. Das Nebeneinander der popponischen Dom-Westfassade mit dem hochgotischen Glockengeschoß des Südturmes und die zierlich gegliederte Liebfrauenkirche im Übergang von der Spätromanik zum frühgotischen Stil (1235–42, 1260 vollendet) ist im Stadtbild bestimmend und erklärt sich aus der Doppelbasilika der konstantinischen Zeit. Von der verwirrenden Vielfalt und dem Reichtum der Bauornamentik wird der Betrachter an der Ostseite des Kreuzganges eingefangen, von wo sich die riesige Baumasse des Domes mit römischen, romanischen, gotischen und barocken Bauteilen wie in einem Musterbuch ablesen läßt, bis hin zu neogotischen Einbauten an Sakristei und Kreuzgang. Romanische Wohntürme wie an der Simeonstraße (Dreikönigenhaus) und der Dietrichstraße (Frankenturm) zieren auch die Immunitätsbefestigung (Turm am Konvikt und im Palais Walderdorff), an die – nach Errichtung der mittelalterlichen Stadtbefestigung – Palais und Klerikerhäuser gebaut worden sind und mit hohen Mauern und engen Gassen den Eindruck andachtsvoller Stille und romantischer Traulichkeit vermitteln.

Nicht minder spannungsvoll vermag man das prachtvolle Bauensemble des Kurfürstlichen Palastes (1610–1752) und der konstantinischen Palastbasilika mit der hochragenden

Giebelfront und der himmelwärts strebenden Lisenengliederung der Westwand im Ockerton der patinierten großformatigen Ziegel zu erleben.

Es muß als denkmalpflegerische Großtat gerühmt werden, daß auf Anordnung des preußischen Königs Friedrich Wilhelm IV. das verstümmelte antike Bauwerk »in ursprünglicher Größe und Stilreinheit« wiederhergestellt und als protestantische Erlöserkirche 1856 in Nutzung genommen wurde. Nicht minder verdienstvoll ist, daß nach der Zerstörung 1944 der Wiederaufbau mit erheblichen Mitteln des Bundes und des Landes Rheinland-Pfalz ermöglicht wurde, verbunden mit Freilegung der antiken Bauteile, mit Grabungsuntersuchungen im Innern und der Rückgewinnung des größten Hallenbaues, der uns aus der Antike überkommen ist.

Als ein technisches Meisterwerk sei die Römerbrücke erwähnt, deren Pfeiler seit der Mitte des 2. Jahrhunderts n. Chr. als massiver Unterbau für die verschiedensten Konstruktionen der Fahrbahn dienten. Der wohltuenden Wirkung des seit der Römerzeit hier angebauten Weines verdanken wir, daß zu Kriegsende im Jahre 1945 das mit der Sprengung beauftragte Kommando die vorbereiteten Sprengladungen nicht zündete und so nicht nur das römische Bauwerk erhalten geblieben ist, sondern der lebenswichtige Übergang den Bürgern an beiden Ufern des Flusses weiterhin zur Verfügung steht. Wie selbstverständlich wird die Anlage täglich benutzt und genügt den Höchstbelastungen des modernen Verkehrs. Im Laufe der mehr als 1840jährigen Benutzung haben sich die Solidität der Bauausführung und die geleistete Investition vielfach amortisiert, eine Erfahrung, die wir heute mit unserem Tun nur noch selten machen können. Trotz extremer Hochwasser, trotz Eisgängen, Trockenheit und den Eingriffen in den Flußgrund anläßlich der Moselkanalisierung bietet das Bauwerk einen Aspekt der Ausgewogenheit in den Proportionen der Pfeilerabstände und Bogenwölbungen und fügt sich, zeitlos Vergangenheit und Zukunft verbindend, harmonisch in die Landschaft ein. Möge sie, wie die Stadt, »fürder bestehn, ewigen Friedens sich freuen« (›PERSTET ET AETERNA PACE FRUATUR‹).

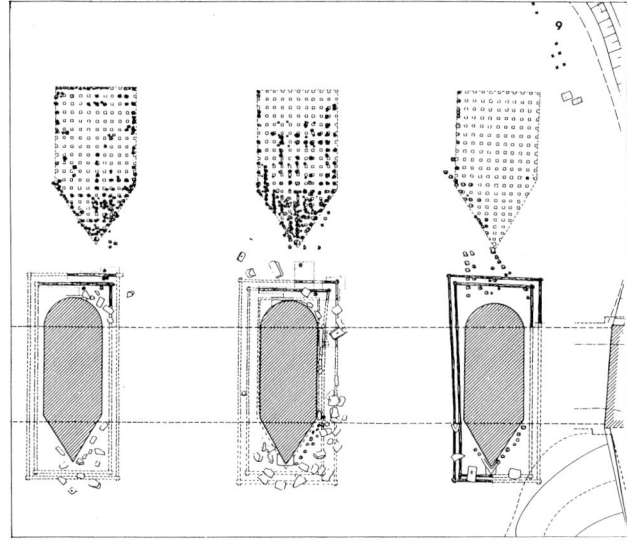

Römerbrücke, Ausschnitt des Befundplanes mit Pfahlrostkonstruktion der Flußpassage, 17/16 v. Chr. und der jüngeren Steinpfeilerbrücke mit Fangedammkonstruktion aus Holz zur Fundamentierung im Flußbett, 2. Jahrhundert n. Chr.

Heinz Cüppers

Die Römerbauten

Römerbrücke

Bei der Moselkanalisierung (1959–63) konnten in Ufernähe des Flusses Pfahlroste einer Holzbrücke freigegraben werden, deren Eichenpfosten nach dendrochronologischer Bestimmung in die Jahre 18/17 v. Chr. datieren. Diese leichte Bockbrücke mit aufgelegten Balken und Bohlen befand sich auf einer Furt nur wenige Meter unterhalb der heute noch erhaltenen und genutzten Römerbrücke. Da die Pfahlrostbrücke zeitweise nicht benutzbar war, bauten die Römer um 154/56 n. Chr. einen neuen und wesentlich solideren Flußübergang, die Römerbrücke.

Doppelte Balkenrahmen wurden als Spundwände an den im Plan festgelegten Stellen im Fluß versenkt. Zwischen den Rahmen wurde Ton eingefüllt, der in feuchtem Zustand eine absolut zuverlässige Abdichtung der Baugruben gewährleistete. Innerhalb dieser Konstruktionen wurde der Flußboden ausgeschachtet und auf den festen, abgeglichenen Baugrund direkt das Quaderfundament der Pfeiler aufgeschichtet. Auf der Höhe des durch die Fangedämme zurückgehaltenen Flusses (mittlerer normaler Wasserstand) gehen die Quaderlagen mit zum Teil unregelmäßig vorstehenden Außenflächen und Stößen in ein sehr sorgfältig zugerichtetes Quaderwerk über, das – mit dichten Stößen und Lagern gegen den Strom spitz zulaufend – an der Unterstromseite gleichmäßig gerundet ausgebildet ist.

Vier Quaderlagen wurde über Fangedamm und Fundamentabsatz eine Konsolbank aus vorkragenden Quadern eingebaut, die man nach oben hin an den Stirnseiten und an der Pfeilerrückseite (noch vor der Abrundung) durch lageweise ausgreifende profilierte Steine verblendete. Diese technische Ausführung war dazu bestimmt, die auf der Konsolbank aufgelegten schrägen Stützen der Balkenbinderkonstruktion für die Fahrbahn gegen Eisgang, Hochwasser und havarierte Schiffe zu schützen. An der Stadtseite wurde diese Neuanlage bis zum letzten Viertel des 2. Jahrhunderts um

wenigstens zwei Joche von neun auf sieben Flußpfeiler verkürzt. Der westliche Brückenkopf war als massive Rampe, bis in das Flußbett vorgeschoben, ebenfalls aus Quadern aufgeschichtet. Als Markierung für die Schiffahrt trugen die Pfeiler an der Westseite drei oder fünf pylonartige Aufbauten. An der westlichen Rampe wurden Türme angebaut, die auf der Höhe der Fahrbahn die Errichtung einer Torsperre ermöglichten.

Bis zum 14. Jahrhundert blieben die Pfeiler ohne größere Beschädigungen in Nutzung. Die Holzkonstruktionen des Fahrbahnaufbaus wurden, wann immer nötig, repariert, wozu die waldbesitzenden Orte Euren und Pfalzel für die ordnungsgemäße Belieferung zu sorgen hatten.

1343 ließ Balduin von Luxemburg die Brücke einwölben. Tor- und Turmaufbauten zur Verteidigung wie auch zur Verschönerung wurden zu verschiedenen Zeiten errichtet. Das erste Brückenjoch der Westseite besaß jedoch lediglich mehrere freistehende Bögen, auf denen Bohlen aufgelegt waren, die bei drohender Gefahr abgenommen werden konnten, um die Passage wirkungsvoll zu verhindern. Die Einwölbungen wurden dann 1687 von den französischen Truppen gesprengt und 1719 in barockisieren-

Römerbrücke, Ansicht von Südosten auf die Pfeiler des 2. Jahrhunderts und die Einwölbungen von 1343, erneuert 1719

Barbarathermen, öffentliche Badeanlage des 2. Jahrhunderts. Blick auf das Tepidarium und die Lichthöfe mit Bedienungsgängen im Kellergeschoß

Barbarathermen, Heizungs- installation mit Hypokaustum und Feuerung im Keller- bereich

Barbarathermen

Nach den Wirren des Bataveraufstandes hatte die Stadt mit der Errichtung des Forums zur Ansiedlung neuer Verwaltungen einem erheblichen Bevölkerungszuwachs Rechnung zu tragen, der sich sowohl im verstärkten Ausbau der Wohnquartiere wie auch im Aufschwung von Güterproduktion und Handelsaktivitäten bemerkbar machte. Die Errichtung eines großen Bäderpalastes war nötig geworden, der die gestiegenen Ansprüche befriedigen sollte. In dem zur Mosel erweiterten Terrain wurde für das Vorhaben eine Fläche von 250 zu 170 Metern und 42 500 Quadratmetern Inhalt hergerichtet. In Anlehnung an die großen Badeanlagen Roms wurde der Bau so plaziert, daß er mit der Langseite zum Fluß, mit der schmalen Eingangsfront und der Palaestra zum Decumanus und der Zufahrt zur älteren Brücke hin orientiert war. In der östlichen Hälfte mußten Wohnbauten einplaniert werden, um das Vorhaben zu realisieren.

In Nord-Süd-Richtung folgt auf den Portikus und die umgrenzenden Säulengänge der Palaestra das eigentliche Badegebäude (170 zu 100 Meter). Aus den Seitenbauten hebt sich die hochragende Front des Frigidariums heraus, dessen reiche Gliederung sich im Wechsel gerundeter und rechteckiger Nischen, aufgelockert mit Säulen, Giebeln und Gesimsprofilen, in zwei Geschossen aufbaut.

In der Mittelachse wird der kreuzförmige Raum des Tepidariums über einen von Nischen flankierten Vorraum und zweifachen Türdurchgang erschlossen. Zwei tiefere rechteckige Badebecken flankieren diesen Bereich. Neben dem Tepidarium sind wieder offene Lichthöfe und zwei massive Treppentürme angelegt, an die zu beiden Seiten größere Räume anschließen und zu der symmetrisch gegliederten breiten Rückfront des Caldariums überleiten. Der mit Säulen geschmückte Durchgang aus dem Tepidarium führt in die breite Halle des Caldariums, das rundum von rechteckigen Wannennischen eingefaßt wird. In den Eckräumen der Südseite waren die Kessel für die Warmwasserbereitung installiert. Die technische Versorgung des Betriebes wurde über ein System von Kellergängen und Lichthöfen bewerkstelligt, das den Badegast in keiner Weise belästigte.

Während ihrer Erbauung in hadrianischer Zeit waren die Barbarathermen die größte und prachtvollste Badeanlage des Imperium Romanum. Dies bezeugen trotz späterer Zerstörungen und Plünderungen die Reste geometrisch verzierter Marmorplattenbeläge der Wannen, Böden und Wandflächen, die zahlreichen Säu-

der Form wiederhergestellt. Als 1864 die städtischen Mahl- und Schlachtsteuern aufgehoben wurden und sich Kriegsführung und Waffentechnik verändert hatten, wurde auch die Stadtmauer aufgegeben und gleichzeitig das Brückentor abgetragen. Der moderne Verkehr erzwang 1931 eine Verbreiterung der Fahrbahn und die Verlegung der Bürgersteige auf eine auskragende Betonkonstruktion.

len aus Marmor und graufarbenem Granit und schließlich der muschelverzierte profilierte Stuck der Wölbungen. Mehr noch sind es die kunstvoll gearbeiteten Marmorskulpturen, die – als originale Schöpfungen der Zeit – Kaiserinnen, Götter oder Meisterwerke klassisch griechischer Bildhauerkunst in Kopien darstellen.

Nach den Zerstörungen des Alemanneneinfalls von 275 war der Badepalast wieder hergerichtet worden und blieb bis zum Ende des 4. Jahrhunderts in Nutzung. In der Völkerwanderungszeit aufgelassen, diente das mächtige Baugefüge wohl als Refugium einheimischer Bewohner, die sich hier, wie auch in den anderen Großbauten, burgartig verschanzten und die wirren Zeiten zu überleben suchten, wie entsprechende Keramikfunde vermuten lassen.

Kaiserthermen

Als die Stadt im Gefolge der diokletianischen Reichsreform zum Sitz eines Caesars bestimmt war, entstand im Zuge des Ausbaus zur Residenz auch eine Badeanlage für Hofstaat und Amtsadel. An der Prachtstraße von der Brücke zu Forum und Amphitheater, dem Decumanus Maximus, gelegen, bildete der Bau zugleich den südlichen Abschluß des geplanten Palastbereiches.

Für das Vorhaben wurden vier Wohnquartiere eingeplant. Mit einer Länge von 250 Metern und einer Breite von 145 Metern beruhte das neue Bauwerk auf einer achsialen Anordnung der Baderäume. Die Eingangsfront an der Westseite war als dreitoriger Zugang mit flankierenden Pfeilerlauben ausgebildet: von hier aus gelangte man in ein großes Nymphaeum, dem sich eine Folge von Räumen anschloß. Die große Fläche der Palaestra wurde von Säulengängen und langen Hallen gesäumt, dahinter erhob sich nach Osten hin das Badegebäude mit ansteigenden Raum- und Dachhöhen zu monumentaler Größe. In der klassischen Abfolge von Kaltbad (Frigidarium), lauwarmem Bad (Tepidarium) und Heißbad (Caldarium) lagen die Badebecken in großen, von Halbkuppeln überwölbten Apsiden, während Nischen und seitlich angeordnete Rechteckwannen geringere Wassermengen faßten. In dieser Anordnung boten sich die Wandelhallen mit ihren hochragenden Gewölben um so prächtiger dar, als sie von den riesigen Fensteröffnungen der Apsiden und Außenfronten wie auch der Oberlichter und Fenstergaden über den Nebenräumen von Tageslicht durchflutet waren. Durch die kleinere Apsis an der Ostseite des Frigidariums gelangte man in den Rundraum des zentral gelegenen Tepidariums, das

von einer Kuppel überwölbt und seitlich von Räumen flankiert war, deren Wannen ebenfalls in lichtdurchfluteten Apsiden lagen.

Zwei Türen gewährten den Durchgang zum Caldarium, dessen breite Wandelhalle sich nach Osten in die weit gerundete Apsis mit Badebecken und doppelgeschossiger Fensterfront öffnete, während nach Norden und Süden ebenso hohe schmalere Apsiden mit

Barbarathermen, erhaltener Baubestand des Heißbadetraktes – Caldarium mit Gewölben und Südfront nach Alexander Wiltheim, um 1610

Kaiserthermen, Ansicht von Süden auf die nördliche Seitenkonche des Heißbadetraktes mit Heizungsöffnung – Präfurnien für das Badebecken

Badebecken und gleicher Fensteranordnung den Raum begrenzten. Diese Abfolge ist entsprechend auch an den Außenseiten und der Gliederung der Dachflächen ablesbar.

In valentinianischer Zeit (nach 364 n. Chr.) wurden die wohl schon seit längerem nicht mehr betriebenen Badeanlagen zu einem repräsentativen Palastgebäude umgewandelt, das auch Teile der älteren Thermen mit einbezog.

Mit den Wirren der Völkerwanderungszeit war eine weitere Nutzung beendet und das massive Gebäude langsamem Verfall ausgesetzt.

Amphitheater

Unter geschickter Ausnutzung der Geländegegebenheiten wurde um 100 n. Chr. das Amphitheater in das Terrain am Fuß des Petersberges hineinmodelliert. Nach sorgfältiger Festlegung der zu errichtenden Mauern und gewölbten Zugänge konnten auf planierter Fläche die äußere Ringmauer sowie die leicht geneigten, zur Arena gerichteten Vomitorien (Ausgänge) aufgeschichtet werden. Der Schüttungsfuß des stadtseitigen Erddammes hat eine Grundlinie von ca. 68 Metern und eine Mindesthöhe von 18 Metern. Das langgestreckte Oval der Arenafläche ist gegen die Zuschauerränge mit einer Mauer von vier Metern Höhe abgegrenzt, vor der ein abgedeckter Ringkanal – in den Fels eingetieft – gleichzeitig von einer Palisade begleitet wird und so einen geschützten Umgang bildet. 15 Käfige sind paarweise neben den Hauptzufahrten auf der Arenaebene in die Umfassungsmauer eingebaut worden und dienten zur Unterbringung wilder Tiere bis zum Beginn des Tierhatzprogramms.

Die breiten Zufahrten der Nord- und Südseite werden von Besucherzugängen begleitet, die in horizontaler Führung den unteren Umgang bedienen. Auch die Vomitorien am stadtseitigen Damm erschließen mit leichtem Gefälle die unteren Zuschauerränge. An den Außenseiten wird die Erdanschüttung von schräg ansteigenden Rückhaltemauern gestützt, die mit trompetenförmigen Ausweitungen die Besucherströme in die engeren Ganggewölbe leiteten, während ansteigende Treppen neben den Mauern Zugang zur Dammkrone und den oberen Rängen gewährten, so daß mit acht Aufgängen auch bei Massenandrang eine zügige Bedienung möglich war. Die Stirnseiten der Hauptzufahrten bilden im Sokkelbereich die durch Fahrstraße und Nebenzugänge gegliederte Torbogenfront, über der sich bis zur Oberkante der Erdanschüttung eine zweigeschossige doppelte Reihe von Blendarkaden erhebt, die von einer offenen Fenstergalerie überragt wird. Gegen den Druck des

Amphitheater, Blick von Süden auf Torpassage, Arenakampffläche und die Hangfläche für die Zuschauerränge, um 100 n. Chr.

Erdreiches sind Durchgangsgewölbe und flankierende Flügelmauern zusätzlich durch vier halbrunde turmartige Einbauten verstärkt. Über den Wölbungen der westlichen Vomitorien lassen Mauerreste auf quadratische Turmaufbauten schließen.

Nach gehöriger Verdichtung und Lagerung wurden die geneigten Dammschüttungen zur Arena hin durch zwei Umgänge in drei Ränge gegliedert und mit Sitzen ausgestattet. Diese sind aus dem örtlich verfügbaren Rotsandstein in großen Quaderformaten angelegt. Quader der Sitze, die auch Namensinschriften früherer ›Platzabonnenten‹ tragen, konnten noch vereinzelt geborgen werden. Zwischen den Umgängen, den Sitzrängen und dem unteren, breiter ausgeführten Umgang ermöglichten Treppen den geordneten Zu- und Abgang für die Besucher, die auf etwa 26 Sitzreihen Platz fanden. Der ellipsenförmige Grundriß läßt auf eine Kapazität von etwa 18000 Zuschauer schließen.

Die Spiel- und Kampffläche der Arena – gleichmäßig bis in den gewachsenen Schiefer abgearbeitet – ist in mehreren Bauabschnitten unterkellert worden. Vier brunnenartige Schächte in den Ecken dieses Kellerbereichs sind als Halterung für vier mächtige Masten zu deuten, an denen über ein System ausgespannter Taue ein Regen- und Sonnenschutz, ähnlich einem Zirkuszelt, ausgebreitet werden konnte.

In den Segmenten der nicht unterkellerten Arena wurden zahlreiche Ausarbeitungen und Quader mit Einsatzlöchern für Holzpfosten beobachtet, die teilweise in Reihen, aber auch unregelmäßig und willkürlich, offenbar zu verschiedenen Anlässen und Zeiten eingebracht worden waren. Einzelgeräte, improvisierte Bühnen und Bühnenbilder oder auch Hindernisse und Fangvorrichtungen für die Tierhatz und andere Darbietungen können den Anlaß für diese Installationen gegeben haben.

Die frühe Erbauung des Amphitheaters wird durch die besonders sorgfältige Ausführung der Mauerzüge und Gewölbe bestätigt. Die sehr harten, hellen Kalksandsteine der Außen- und Ansichtsflächen sind mit einem äußerst festen Kalkmörtel aufgesetzt worden. Der Mauerkern dagegen besteht aus einem Gemenge von Kalkmörtel und Bruchsteinen, das als »Gußmauerwerk« in einem langen Abbindeprozeß hohe Härtewerte erreicht. Während die Gewölbe der Zugänge, der Käfige und der Torbauten verputzt und getüncht waren, blieben die großen Mauerflächen der Toraufbauten und Flügelmauern gegen das Erdreich wie auch die Arenaumgrenzung steinsichtig. Hier waren jedoch die Fugen mit einem hellen Marmorstuck verstrichen. Mit dem Fugeisen war

eine gleichmäßige Quaderung eingeritzt worden, die durch dunkelrot- bis purpurfarbene Bemalung noch verdeutlicht wurde.

Gegen Ende des 2. Jahrhunderts n. Chr. wurde das Amphitheater in den Verlauf der Stadtmauer so einbezogen, daß es als Osttor und doppelte Torsperre wirksam werden konnte.

Zu dem vielfältigen Programmangebot der Spiele in den Amphitheatern geben uns die prachtvollen Mosaikbilder aus der Villa von Nennig an der Obermosel eine lebendige Anschauung.

Nach dem Ende der Christenverfolgung unter Konstantin und dem Verbot der blutigen Amphitheaterspiele unter Theodosius wurde die Anlage in den Weihnachtstagen des Jahres 406 während der Vandaleneinfälle zur schützenden Fluchtburg für die restlichen Stadtbewohner. Die Torzufahrten und Nebenzugänge wurden durch Mauerwerke verschlossen, der Mauerzug der Stadtmauer durch Erdaufschüttungen und Palisaden an der Bergseite ergänzend verstärkt. Später errichtete die Christengemeinde in Erinnerung an die Märtyrer der Christenverfolgungen eine Memorialkirche in der Arena.

Mosaikbild mit Darstellung eines Gladiatoren im Kampf mit einem Netzkämpfer – Retiarius unter Beobachtung und Anleitung eines Schiedsrichters, Mittelbild des Mosaikbodens aus Nennig an der Obermosel, 3. Jahrhundert n. Chr.

Porta Nigra

In der letzten Bauphase der Stadtbefestigung entstand als nördliche Toranlage im 2. Jahrhundert n. Chr. die Porta Nigra. In den bürgerkriegsähnlichen Wirren um Clodius Albinus wurde die Stadt belagert und durch die ›legio XXII primigenia‹, die in Mainz stationiert war, befreit. Diese Ereignisse des Jahres 197 n. Chr. werden durch historische Überlieferung, Inschriften und einen 1993 geborgenen Münzschatz von 2528 Goldprägungen bestätigt. Sie erklären auch den unfertigen Zustand des mächtigen Torbaues. Noch während der abschließenden Bearbeitung der Mauerflächen, der Ausführung der Profile an Tor- und Fensterrahmungen, der Säulen, Basen und

Kapitelle näherten sich die Feinde der Stadt; die Baugerüste mußten daher eiligst abgebaut und das Tor in verteidigungsfähigen Zustand versetzt werden.

Dennoch gilt die Porta Nigra als das am besten erhaltene Stadttor der antiken Welt, das in seiner Grundrißbildung und in seiner Funktion als selbständig verteidigungsfähige Torburg einen Höhepunkt der antiken Festungsbaukunst darstellt. Damit weist es schon auf die Veränderungen der Kriegs- und Waffentechnik voraus, die in der Folgezeit auch einen Wandel der Militärorganisation erzwangen.

Der Torbau mit den flankierenden Türmen ist 36 m lang, 21,50 m breit und 29,30 m hoch. Das breiter als der Grundriß ausgelegte Fundament besteht aus Bruchsteinmauerwerk und zwei Quaderschichten, bis zum Fundamentabsatz ist es 3,50 m hoch. Darüber erhebt sich das Aufgehende bis zum umlaufenden Gesimsprofil des Westturmes in 52 Lagen hellweißer bis olivgrüner Sandsteinquader. Ohne jegliche Vermörtelung sind die Lagerflächen und Stöße so sorgfältig zugerichtet, daß man in die Fugen nicht einmal eine Rasierklinge einführen könnte. Die Quader sind horizontal durch in Blei vergossene Eisenkrampen miteinander verklammert. Vertikal gewährt die Auflast ausreichende Stabilität, die in den Torgeschoßdecken durch Einwölbungen zusätzlich ausgesteift war. Die Tore umschließen einen Innenhof und Zwinger, der einen potentiellen Angreifer in diesem Bereich wie in einer Schlucht einfing und von allen Seiten der oberen Fenstergeschosse dem Beschuß der Verteidiger aussetzte.

Während zur Landseite die Torbogen auf der ganzen Tiefe überwölbt sind und ein schmaler Schlitz, der an den Seiten in Höhe des Kämpfers in eine breite Rinne übergeht, der Führung eines Fallgatters diente, ist an der Stadtseite, hinter den Bogenscheiben zum Innenhof, eine flache, aus Keilsteinen in falscher Wölbung ausgeführte horizontale Decke eingestellt. In den Ecken sind die Zapfenlöcher der ursprünglich vorgesehenen Torflügel erhalten, die jedoch durch weit vorstehende Bossen der tiefer liegenden Quader versperrt werden. Hier bilden die Außenseiten der Torbogen eine schützende Verblendung vom Kämpferansatz an, über dem eine rechteckige Ausarbeitung auf einen horizontalen Türsturz hinweist, der eine provisorisch eingebaute doppelflügelige Tür zu rekonstruieren erlaubt. Hof und Tordurchgänge werden von Türmen flankiert, deren fensterloses Sockelgeschoß die Säulengliederung aufnimmt, ebenso die Architrav- und Gesimsaufbauten. Darüber folgen im Westturm drei, im Ostturm zwei durchgehende Fenstergeschosse, die den Verteidigern die Begehung aller Berei-

Porta Nigra, Innenhof mit Grabepitaphien und Dekorationen der Kirchenzeit bis 1800

che ermöglichten. Türen an der sonst geschlossenen Ostwand im dritten Obergeschoß des Westturmes und Einarbeitungen in dem weit auskragenden Deckprofil des Torbereich-Obergeschosses lassen einen Zinnenaufbau vermuten, der die Verteidigungsfähigkeit noch verstärken sollte.

Vorkragende Konsolbänke als Auflager für die Balkendecken und Bohlenböden ergeben für die Türme fünf Vollgeschosse, die über Treppen in den Mittelbereichen der rechteckigen Raumteile die verschiedenen Geschosse erschlossen haben. Von der ersten Etage aus waren die anschließenden zinnenbekrönten Teile der Stadtmauer zu begehen, ebenso auch ein Zwischenpodest über den landseitigen Torgewölben, von dem aus über Rollen und Ketten die Maschinerie der Fallgatter bedient werden konnte. Aussparungen an den Fenstergewänden der Landseite weisen auf hier eingehängte bewegliche Läden zum Schutz der Verteidiger hin, die bei Schrägstellung den Beschuß von oben auf die Angreifer ermöglichten.

Die Wirren und Zerstörungen der Invasionen im 3. Jahrhundert und während der Völkerwanderungszeit hat das Bauwerk ohne große Schäden überstanden. Doch nach dem Übergang ins Frankenreich waren Stadtmauer und Stadttore ohne sinnvolle Nutzung dem langsamen Verfall und dem Abbruch preisgegeben. So bemühten sich die Einwohner in metallarmer Zeit, die Eisenkrampen und Bleifüllungen bis in erreichbare Höhe aus den Steinlagern herauszubrechen, wodurch die statische Sicherheit des Bauwerks erheblich geschwächt wurde. Dieses Unwesen fand sein Ende, als 1028 der aus Sizilien stammende Grieche Simeon (Reisebegleiter und Führer des Trierer Bischofs Poppo nach Palästina und Jerusalem) sich nach seiner Rückkehr als Eremit im Ostturm der Porta Nigra einschließen ließ. Als Simeon 1034 verstarb, begründete sein bischöflicher Freund zu Ehren des heiligen Mannes ein Kanonikerstift und betrieb die Umwandlung des Torbaues zur Kirche.

Palastbasilika

Am östlichen Rand der Stadt, die schon von großflächig angelegten Villen und Amtspalästen mit weiten Grünarealen besetzt war, betrieben die Römer seit Beginn des 4. Jahrhunderts den Ausbau der Residenz. Für die Realisierung einer repräsentativen, großen Versammlungshalle als Thronsaal des Herrschers wurden Teile eines Villengebäudes sowie des angebauten Versammlungsraumes niedergeris-

sen und einplaniert, und zwischen 305 und 311 entstand hier der mächtige Ziegelbau der Palastbasilika.

Der Rechteckbau mit Apsis an der Nordseite ist 74 m lang und 32,50 m breit (Innenmaße: 67 m Länge, 27,27 m Breite) und erreicht eine Höhe von 33 Metern. Ohne Stützen im Innern umschließt das Mauerwerk den größten erhaltenen Raum der Antike, der wahrscheinlich von einer kassettierten Decke überspannt wurde. Die Langseiten sind mit acht hochstrebenden Lisenen zu tiefen Blendarkaden ausgebildet, in denen über dem hohen Mauersockel zwei Reihen großer Bogenfenster den Innenraum mit Licht durchfluten.

An den nördlichen Rücksprüngen zur Apsis sind Treppentürme eingebunden, deren tragende Spindel mit ansteigendem Gewölbe und Stufen eine wirkungsvolle Aussteifung bilden. Zwei Türöffnungen gewährten in Höhe der Fenster Zugang zu breit ausladenden Umgängen, die als gliedernde, horizontale Gesimse begehbar waren, dem Bauwerk den Aspekt einer gewissen breiten Behäbigkeit verliehen und den hochstrebenden Zug der Arkaden unterbrachen. Die breiten Gewände der tiefliegenden verglasten Fenster waren, wie größere Flächen erkennen lassen, verputzt und auf purpurnem Grund mit ockerfarbenen Pflanzenvoluten bemalt, in denen im Wechsel Blüten und Flügelwesen aus den mittleren Blattkelchen herauswuchsen.

Der Innenraum, nach den Zerstörungen des Zweiten Weltkrieges an den aufgehenden Wän-

Die Porta Nigra als Simeon-Kirche, Kupferstich von Caspar Merian um 1660/70, Ansicht der Stadtseite mit Immunitätsbering, Kapellen und Treppenanlagen zur Unter- und Volkskirche und zur Oberkirche. Neben der Apsis das mittelalterliche Stadttor

Aureus des Valentinian aus der Trierer Münzprägestätte mit thronendem Kaiserpaar

Die Basilika als Erzbischöfliche Burganlage, um 1616 (nach einer Zeichnung von Alexander Wiltheim)

Basilika, der konstantinische Thronsaal, Ansicht von Nordwesten auf Apsis und Langhauswand mit Fenstergalerien, Lisenengliederung und eingebundenem Treppenturm, von dem aus Türen zu den umlaufenden Außengalerien führen

Blick durch den Innenraum auf die Apsis der Basilika

den im Rohbauzustand belassen, um die originale Bausubstanz und spätere Zutaten und Veränderungen ablesbar zu erhalten, ist in seiner Ausdehnung von überwältigendem Eindruck. Ursprünglich bedeckte ein geometrisch gegliederter Belag aus schwarzem und weißem Marmor die riesige Bodenfläche, eine andere Musterung besaß der Bodenbelag im Apsidenbereich. Die roh belassenen Flächen der originalen westlichen Langhauswand und des ersten Fensterjoches der Ostwand sind mit sehr unterschiedlich angeordneten Löchern und Aussparungen überzogen, die Hinweise auf die

ursprüngliche Wandgliederung und den Bauablauf geben. So sind bis auf die Höhe der unteren Fenster in gleichmäßigen senkrechten Reihen Dübellöcher und Ziegelaufplatzungen zu erkennen, die eine gleichmäßige Verkleidung der Wand mit aus Ziegeln geformten »tubuli« (»Kaminkästen«) erkennen lassen. Diese reichten bis unter die Fußbodenkante und leiteten die Gase und den Rauch der Fußbodenheizung (Hypokaustum) zu den in den Fensterpfeilern gelegenen Kaminen (schräg ansteigende Öffnungen) ab. Tiefere, rechteckig ausgestemmte Löcher, zum Teil horizontal und vertikal fluchtend, sind Spuren von Eisen- und Bronzekrampen, mit deren Hilfe bis zur zweiten Fensterreihe die Wandflächen kunstvoll mit Marmor verkleidet waren. An den Nischen der Nordwand und der Apsis sind die Abbruchflächen von eingelassenen Sandsteinkonsolen zu erkennen, die zu einer Nischenarchitektur des 19. Jahrhunderts gehören, als die Palastbasilika auf Veranlassung des preußischen Königs Friedrich Wilhelm IV. zur evangelischen Kirche umgewandelt wurde. Bis zu diesem Umbau im Jahre 1846 trugen die Nischen noch Goldglasmosaikgrund und Pflanzendekor.

Der südlichen Giebelfront mit drei Durchgängen ist eine breite beheizbare Halle vorgelagert, die, nach Westen und Osten vorspringend, auch die Nebenhöfe und begleitenden Portiken optisch abschirmte. In der Mitte zeigen der Ausgrabungsbefund und der sichtbare Baubestand einen Mauervorsprung, der eine Halle von 17,50 zu 20 m Grundfläche mit zwei Zugängen von der vorgelagerten Platzfläche her zu rekonstruieren erlaubt. An den seit 1983 freigelegten westlichen Apsidenraum schließt unter der Erde ein Kryptoportikus (gewölbter Keller) an.

Nach der Zeit der Völkerwanderung wurde der durch Brand unbenutzbar gewordene Raum dem fränkischen Königsgut zugeschlagen. 902 wurde die Ruine als Schenkung dem Trierer Bischof überlassen, der sich hier in der Folgezeit eine uneinnehmbare Burg in nächster Nähe seiner Domkirche und inmitten der Stadt einrichtete. Nach 1614 wurden Ost- und Südwand der riesigen Halle niedergelegt; bis zu ihrem Umbau als evangelische Kirche im 19. Jahrhundert diente die Basilika in der Folgezeit als westlicher Flügel einer Schloßanlage.

Nach ihrer Zerstörung 1944/45 konnte die Basilika mit beachtlicher Förderung durch den Bund und das Land Rheinland-Pfalz wiederaufgebaut und 1956 feierlich als evangelische Kirche erneut eingeweiht werden. Gleichzeitig wurde der Aufbau des Kurfürstlichen Palastes für die Bezirksregierung eingeleitet und 1977 mit der Rekonstruktion der einstigen Rokoko-Farbigkeit abgeschlossen.

Das Grabdenkmal der Secundinier in Igel und die farbige Kopie im Landesmuseum Trier

In Igel steht an der römischen Fernstraße Reims–Trier (heute Bundesstraße) der 23 m hohe Grabpfeiler der Familie der Secundinier, der um 230 n. Chr. hier errichtet worden ist. Der in Stufenunterbau, Sockel, Hauptbild-Geschoß, Fries, Attikageschoß und Giebel gegliederte Pfeiler besitzt ein geschwungenes Pyramidendach, das von einem großen Kapitell und einer Figurengruppe mit Jupiter, der in Gestalt eines Adlers den Knaben Ganymed zum Olymp entführt, bekrönt wird. Während

Das Grabmahl der Secundinier in Igel bei Trier, um 230 n. Chr., Ansicht auf die Südwestseite

Rekonstruktion der farbigen Fassung des Grabmals der Secundinier an der Kopie im Rheinischen Landesmuseum Trier; Ansicht auf die West- und Südseite

Private Grabgruft der ›Albana‹ in der Coemeterialbasilika auf dem Friedhof von St. Matthias mit farbig gefaßtem Reliefsarkophag, zweite Hälfte 3. Jahrhundert n. Chr.

die einzelnen Geschosse durch weit ausladende profilierte Gesimse mit Blattdekor horizontal voneinander getrennt werden, ist das Hauptgeschoß an der Front- und Rückseite aus einem großen Bildfeld, an den Schmalseiten aus zwei Reliefbildern komponiert. Die hochragenden Lisenen der Rahmungen sind figürlich geschmückt und tragen ein flaches Architravprofil. So entsteht der Eindruck einer selbständigen Kapellenarchitektur.

Zur Straße hin ist das Hauptbild den verstorbenen Ahnen gewidmet und zeigt in Überlebensgröße eine Abschiedsszene der lebenden Familienmitglieder, Vater und Onkel, von dem in der Mitte stehenden Sohn. Die achtzeilige Inschrift im unteren Segment, leider nicht mehr vollständig, benennt die Mitglieder der Familie und schließt mit der Anmerkung, daß sie das Grabdenkmal für die verstorbenen Eltern und für sich selbst zu Lebzeiten erbaut haben.

Während der Stufenaufbau neben Seewesen die Treidelfahrt tuchballenbeladener Schiffe auf der Mosel zeigt, sind im Sockelbereich die Aktivitäten der Tuchwerkstätte, des Ladens,

der Tuchballenverschnürung und schließlich der Transport auf ausfahrenden Lastwagen abgehandelt. In der Frieszone über dem Hauptgeschoß sind – als Abwandlung des Totenmahls – ein Gastmahl und die Zubereitung der Speisen in der Küche, die Ankunft Naturalgaben bringender Kolonen und ein Tuchtransport auf Saumtieren über ein Gebirge dargestellt. Auch die Attikareliefs widmen ihr Bildprogramm den Aktivitäten des Alltags und zeigen Tuchprobe, Kontor und die Ausfahrt im leichten Reisewagen; hinter dem Pferdegespann erkennt man den Leugenstein mit der Entfernungsangabe der Säule von Trier (4 Leugen = ca. 6 km). Auf der Nordseite, aus der Programmatik etwas herausfallend, ein von einem Eros geführtes Greifenpaar. Die übrigen Reliefs zeigen im Hauptgeschoß die Achillessage mit dem Besuch bei Polyxena am Brunnen und die Styxtaufe (Ostseite), die Apotheose des Herakles mit Tierkreis und Windgöttern (Nordseite), die Befreiung Andromedas sowie die Vorzeigung des Gorgonenhauptes durch Perseus.

In den Giebeln sind Hylas und die Nymphen, die Mondgöttin, Helios mit dem Viergespann des Himmelswagens sowie Mars und Rhea Silvia zu sehen.

Durch natürliche Verwitterung des örtlich gewonnenen Sandsteines und gewaltsame Beschädigungen wird die Betrachtung der relativ flach ausgeführten Reliefs, besonders bei den großen mythologischen Szenen, leider sehr erschwert.

Farbreste, die man noch an geschützten Stellen des Grabpfeilers beobachten konnte, bestätigen die Tatsache, daß alle diese im Freien stehenden Denkmale und Architekturen zur Verdeutlichung ihrer Darstellungen und zum Schutz gegen die natürliche Verwitterung farbig gefaßt waren. Im Zuge von Sicherungsmaßnahmen an der 1908 im Hof des Landesmuseums Trier naturgetreu aufgestellten Kopie des Igeler Grabpfeilers konnte 1993 die farbige Fassung in Anlehnung an Grabdenkmale aus Neumagen und dem Trierer Land rekonstruiert werden.

Franz Ronig

Die Trierer Doppelkirchenanlage
Dom und Liebfrauen

Als sich in der ersten Hälfte des 4. Jahrhunderts die kirchenpolitische Lage im Römischen Reich durch die verschiedenen Toleranzedikte, besonders durch das von Mailand (313), grundlegend zugunsten eines (modern ausgedrückt) religiösen Pluralismus änderte und der römische Staat sich anschickte, den Christen gegenüber seine Restitutionspflichten zu erfüllen, wurden die zerstörten Kirchen auf dem ganzen Erdkreis größer und schöner wieder aufgebaut, als sie vorher waren, und dazu viele Kirchen neu errichtet. Von dieser durch Konstantin den Großen gewandelten Religionspolitik zeugen Berichte, vor allem aber bis heute noch erhaltene respektable Bauten. Zu diesen zählt als größte Doppelkirchenanlage des 4. Jahrhunderts die in Trier, der damaligen Kaiserresidenz und Hauptstadt des römischen Westreiches. Sie ist zwar nicht unverändert in den Formen der Spätantike erhalten – viele Wandlungen hat sie im Laufe der Geschichte erleben müssen –, aber immerhin steht der Kernbau des Domes, das »Haus der heiligen Helena«, heute noch aufrecht.

Die neueren archäologischen Erkenntnisse zeigen, daß diese Anlage nicht in einem Zuge errichtet wurde. Eine abschließende und zusammenfassende Publikation aller bisherigen Grabungs- und Forschungsergebnisse (durch W. Weber) steht noch aus. So wird man vor allem in genaueren Datierungsversuchen Zurückhaltung üben müssen.

Der heute noch stehende Quadratbau ist bereits das Ergebnis einer Veränderung und Vergrößerung des Ostabschlusses der konstantinischen Basilika. Es handelt sich um einen ursprünglich fast würfelförmigen Baukörper von etwa 40 Meter Seitenlänge, dessen Decke von vier monolithischen Granitsäulen von ca. zwölf Meter Höhe getragen wurde. (Die heutigen mächtigen Pfeiler aus dem 10./11. Jahrhundert stehen an der Stelle dieser antiken Säulen.) Aus Ziegeln gemauerte Bögen verbanden die Säulen untereinander und mit den inneren Wandpfeilern der Außenwände. Es ist ein Vierstützenraum von geradezu idealen geometri-

schen Verhältnissen. Über den Bögen lag wohl eine flache Holzdecke. Die Innenwände waren mit Marmorinkrustation und Mosaik reich geschmückt.

Nach Westen zu schloß sich – nach Ausweis der ergrabenen Fundamente und Fundamentlöcher – ein basilikaler Bau von beträchtlicher Länge an. Auf der Südseite – dort wo heute die hochgotische Liebfrauenkirche als Nachfolgerin steht – befand sich eine ähnliche Basilika von etwa gleicher Länge.

Die Trierer Überlieferung – greifbar seit dem frühen Mittelalter – brachte den Dom mit der hl. Helena, der Mutter Konstantins des Großen, in Verbindung. Die historische Kritik des

Dom, Ansicht von Nordosten auf den römischen Kernbau und den romanischen Turm der Westfassade

Dom, Ansicht von Westen auf die Turm- und Westfront des 11. Jahrhunderts

Dom, Innenansicht von Osten mit römischem Kernbau (Vierung) und romanischer Apsis

Dom, Barockfigur der hl. Helena am Aufgang zur Kapelle mit dem Kreuz Christi und den Kreuzesnägeln

19. Jahrhunderts versuchte, diese Zusammenhänge aufzulösen. Die Grabungen nach 1945 brachten indessen in der Mitte des Quadratbaues eine Fülle von Fragmenten kostbarer Malereien zum Vorschein, die – zu großen Gemälden zusammengesetzt – einen ganzen Saal des Bischöflichen Museums füllen: Hinweis auf eine Palastanlage von kaiserlicher Qualität. So darf man wenigstens den Kern der Helenalegende als historisch rehabilitiert ansehen, gleichgültig, wie man die Einzelheiten auch deuten mag.

Als eine für die Geschichtsschreibung eines Gebäudes glückliche Fügung mag man ansehen, daß uns zwei prominente Beter des 4. Jahrhunderts im Dom überliefert sind. Athanasius der Große, Patriarch von Alexandria in Ägypten, von den Ostkirchen »Vater der Orthodoxie« genannt, der 335–37 als Exilant in Trier weilte, berichtet von einem Gottesdienst, den er an einem Festtage in der »Großen Kirche« erlebte. Martin von Tours kam in den 380er Jahren nach Trier, um hier gegen den Priszillianistenprozeß zu protestieren; bei Nacht betete er in der großen Kirche.

Aus den vielen Schicksalen und Veränderungen, die die Doppelkirchenanlage im Laufe ihrer über 1600jährigen Geschichte erlebte,

seien einige Einzelheiten herausgehoben. – In der ersten Hälfte des 5. Jahrhunderts vernichtete bei einem der Völkerwanderungsstürme ein Brand den Innenausbau des Quadratbaues und ließ die Granitsäulen bersten und stürzen. In der Mitte des 6. Jahrhunderts stellte Bischof Nicetius (526/27–nach 561) das Innere wieder her: die ›neuen‹ Säulen wurden aus einem heidnischen Tempel des 2. Jahrhunderts (!) mitsamt ihren Kapitellen ausgebaut und trugen von nun an die Bögen und Decken des christlichen Gotteshauses. Drei von ihnen stecken heute noch in den kreuzförmigen Pfeilern der Vierung.

Erzbischof Egbert (977–93) ›ummantelte‹ 989 und 990 die beiden nördlichen Säulen mit kreuzförmigen Pfeilern, die aus großen Kalksteinquadern und Ziegelschichten erbaut wurden. Die beiden südlichen Pfeiler folgten nach. Diese formale Veränderung der Stützen – von schlanken Säulen in schwere kreuzförmige Pfeiler – war wohl die folgenreichste Tat im Hinblick auf die gestalterische Weiterentwicklung des Innenraumes. Alle späteren Baumeister – die des 11. Jahrhunderts bis hin zum Meister der gotischen Wölbung des frühen 13. Jahrhunderts – respektierten diese Veränderung und bauten auf ihr weiter.

Erzbischof Poppo von Babenberg (1016–47) führte das Werk der Restaurierung des römischen Quadratbaues zu Ende (1030–37), verlängerte den Bau über die römischen Trümmer hinweg nach Westen und setzte den gewaltigen Westbau mit Apsis, riesigen Portalnischen und vier Türmen davor. Dieser Westbau mit seinen monumentalen Volumina steht als romanischer Bau ganz in der Tradition römischer Architektur in Trier. Seine Grundkonzeption knüpft an die Ostseite der Trierer Kaiserthermen an; Einzelformen (wie etwa Gesimsquerschnitte, Pilaster und deren Schmiegenkapitelle) verarbeiten Elemente, die an der Porta Nigra zu finden sind.

Dem Raum gab Poppo eine in der mittelalterlichen Architekturgeschichte einmalige Gliederung mit alternierenden Pfeilerabständen und damit einer Joch-Rhythmisierung: ›kurz-lang-kurz-lang-kurz‹ (A-B-A-B-A). Auch hier atmet römisches Raumempfinden; der Quadratbau ist so gewissermaßen nach Westen extrapoliert. Die hohen Scheidbögen des Popponischen Raumes sind heute noch trotz aller Veränderungen ablesbar und geben Kunde von einem Raum, der (vor allem in den Seitenschiffen) gegenüber dem später eingewölbten unvergleichlich höher und monumentaler war.

Zu dieser Bauphase gehören zwei Krypten: die damalige Ostkrypta mit dem flachen Mittelgewölbe (1037 geweiht) und die in der Westapsis – die, obwohl schon früher vollendet, erst 1121 zusammen mit dem Westchor geweiht wurde.

Bis in die zweite Hälfte des 12. Jahrhunderts besaß der Trierer Dom immer noch seinen geraden römischen Ostabschluß von ca. 40 Meter Breite. Erst Erzbischof Hillin (1152–69) begann mit dem Bau eines neuen Ostchores, der den Dom nach Osten zu beträchtlich erweitern sollte. Wahrscheinlich hatte man beim Besuch des Papstes Eugen III. (November 1147 bis Februar 1148) anläßlich der im Dom abgehaltenen Synode erfahren müssen, daß der dem hl. Petrus geweihte Chor zu klein war; auch das Domkapitel wurde immer größer. So könnte der Beschluß zur Erweiterung des Chores schon unter Hillins Vorgänger Albero von Montreuil (1131–52) gefaßt worden sein. Auch die architektonischen Formen weisen in diese Zeit; kam Albero mit dem Papst doch gerade von der Kirchweihe in Verdun zurück, da man die dortige Kathedrale mit ihrem neuen Chor am 11. November 1147 konsekriert hatte: Verdun wurde irgendwie Vorbild für Trier. Die »Trierisch-lothringische Bautengruppe« zeichnete sich ab. Geweiht wurde der neue Chor am 1. Mai 1196. Bei der Konsekration schloß man die aus dem Westchor überführte Tunika Christi (»Heiliger Rock«) in den neuen Hochaltar ein. – Dieser neue Ostchor folgt einem total anderen Kompositionsschema als der Westchor: er ist (statt auf einem Halbkreis) auf einem polygonalen Grundriß erbaut, durch Strebepfeiler auf den Polygonkanten gestützt, mit einer Zwerggalerie geschmückt und mit flankierenden Türmen versehen. Diese Türme besitzen in mehreren Geschossen Oratorien, die sich wie Emporen zum Chor hin und in das Schiff hinein öffnen.

Nun war der neue Chor schon gewölbt, während Haupt- und Seitenschiffe noch ihre Popponischen Flachdecken besaßen. Der Meister der Wölbung dürfte wegen seines Formenapparates den Zisterziensern nahegestanden haben. Auf alle Fälle setzte er seine Gurtbogen so auf die alten kreuzförmigen Pfeiler, daß man meinen könnte, diese seien in ihrer Form bereits auf die neue Wölbung hin geschaffen worden. Die Mittelschiffwände erhielten eine neue Gliederung, wobei die Monumentalität des salischen Innenraumes aufgegeben wurde.

Dom, Barockfigur Konstantins des Großen am Aufgang zur Schatz- und Heiltumskammer

Domkreuzgang und Liebfrauenkirche, Ansicht von Osten

Dom, Seitenportal zur Liebfrauenkirche mit farbig gefaßtem Tympanon: Christus, Maria und Petrus

Über den jetzt niedrigeren Gewölben der Seitenschiffe und unter dem Dach befanden sich damals emporenähnliche Räume, die das Licht nur in einem sehr reduzierten Maße von außen in das Mittelschiff eindringen ließen – ein Moment, mit dem die Bauherren und die Baumeister des Barock gewiß unzufrieden sein mußten.

In der Zeit der Gotik wurden die Osttürme vollendet und 1515 der Südturm der Westfassade um das Glockengeschoß erhöht. Diese Baumaßnahme gab dem Dom das auch heute noch als reizvoll empfundene ›romantisch‹ asymmetrische Aussehen. – Der Kreuzgang wurde wohl seit der Mitte des 13. Jahrhunderts neu gebaut.

Die Veränderungen des Barock begannen mit der Errichtung eines mehrgeschossigen – nach 1800 leider abgerissenen – Altaraufbaues im Westchor und der Ausstuckierung der Westapsis in schweren frühbarocken Formen (1668) durch Giovanni Domenico Rossi unter dem Kurfürsten und Erzbischof Carl Caspar von der Leyen (1652–76). Sein Nachfolger Johann Hugo von Orsbeck (1676–1711) ›antwortete‹ auf diese Konzeption mit der Errichtung der Zentralbaukapelle am Ostchor (als Aufbewahrungsstätte der Tunika Christi und anderer Reliquien), die sich im Inneren des Ostchores mit ihrer hochbarocken Fassade samt Tribüne, Balustrade und sich seitlich an die Apsismauern anschmiegenden Treppenläufen zeigt.

Johann Wolfgang Fröhlicher aus Frankfurt am Main erhielt zu diesem Projekt 1687 den Auftrag. 1669 war die Fassade vollendet; die Kapelle wurde erst 1702–08 errichtet. – Johann Hugo brachte wohl seine eigenen Ideen ein, die er seinem Studienaufenthalt in Rom verdankte, wo er die Werke eines Bernini und eines Borromini kennenlernen durfte. Auch Ideen von Michelangelo flossen mit ein. Die zentrale Öffnung dieser figurenreichen Marmorfassade ist ein wolkenumsäumtes Fenster. In visionärer Perspektive gab dieses Fenster einst den Blick auf das große Silberreliquiar mit der Tunika Christi frei, das wie ein Altarbild in dem großen Marmorretabel der Heiltumskapelle hing. Die alten romanischen Treppenrampen führten die Pilger auf die Höhe des Ostchores, von wo aus sie über die barocken Marmortreppen zum Eingang der Kapelle gelangten – Pilgerwege, die bis heute in Benutzung sind.

Nach dem Dombrand von 1717 begann unter Erzbischof und Kurfürst Franz Ludwig von Pfalz Neuburg (1716–29) mit den Instandsetzungsmaßnahmen ein Umbau, der dem Dom im wesentlichen seine heute noch vorhandene Gestalt verlieh. Das obere Geschoß der Außenmauern wurde (aus Sicherheitsgründen?) abgetragen. Dadurch verschwanden die tiefen Emporengeschosse über den Seitenschiffen. Als Ersatz dafür baute der Trierer Hofarchitekt Johann Georg Judas schmale Galerien vor die oberen Öffnungen des Hochschiffes. Dieser Umbau geschah auch zur »Gewinnung eines mehreren Lichts«; das Mittelschiff des Domes wurde nun entschieden heller, wobei der Eindruck von Emporen erhalten blieb. Außerdem brach man im Bereich des römischen Quadratbaues die Seitenschiffgewölbe rechts und links von der einstigen Vierung heraus und baute sie in größerer Höhe in den alten Formen wieder ein; so stellte man die ehemals vorhandene Kreuzform des Raumes wieder her und gab dem Dom räumlich sein antikes Zentrum zurück.

Die Ausstattung des Trierer Domes enthält Werke vom 12. Jahrhundert bis zur Gegenwart. Darunter befinden sich so bedeutende romanische Skulpturen wie das Christusportal mit Petrus und Maria (das den Dom mit der Liebfrauenkirche verbindet), der Ivo-Grabbogen (1144), andere romanische Grab(?)-Bögen und eine komplette Reihe von Lettnerfiguren mit Christus, Maria und den zwölf Aposteln. – Man findet Denkmäler der Renaissance (Greiffenklau-Grabaltar, Metzenhausen-Denkmal), des Manierismus (Kanzel, Allerheiligenaltar), des Barock (u. a. die Fassade der Heiltumskapelle) und des Rokoko.

Restaurierungen und Umgestaltungen des 19. und 20. Jahrhunderts brachten auch Verluste: vor allem unter dem Vorzeichen eines Historismus, der den ›verzopften‹ Barock und Klassizismus nicht so sehr liebte. Aber dennoch blieb das Kontinuum insgesamt bewahrt. – Als sich 1959 zeigte, daß der Dom baustatisch gefährdet war, wurde er zunächst provisorisch mit Notankern gesichert. Es folgten die weitgehende Erneuerung der Fundamente, die Auswechslung der Steinquader der Gewölbegurtbögen und die Sicherung des teils mürbe gewordenen Mauerwerks durch Injizierungen. – Ein 1968 ausgeschriebener Architektenwettbewerb sollte Vorschläge einbringen zur baustatischen Sicherung, zur liturgischen Neueinrichtung nach den liturgischen Vorschriften des II. Vatikanischen Konzils, zur Restaurierung und zur Herstellung eines ästhetischen Raumbildes.

Den Auftrag erhielten die Architekten Gottfried Böhm und Nikolaus Rosiny (Köln). Wesentlich für die ästhetische Wirkung des Raumes wurde die Behandlung der Wände mit einem rötlich gefärbten Schlämmputz, der die Steine spürbar macht. Dadurch wurde die formale Vereinheitlichung des Raumes mit der Möglichkeit verbunden, die Baugeschichte des Domes ablesbar zu belassen. Die Restaurierungen wurden zum weitaus größten Teil von den Polnischen Staatswerkstätten (PKZ) ausgeführt; auch deutsche Werkstätten waren beteiligt. – Unter den restauratorischen Maßnahmen war die eingreifendste und interessanteste die Wiederöffnung des im 19. Jahrhundert vermauerten wolkenumsäumten Fensters in der Fassade der Heiltumskapelle im Ostchor. Dadurch wurde die barocke Perspektive aus der Domachse in das Innere der Kapelle reaktiviert; zugleich ist damit die bis dahin gestörte Gesamtikonologie des Domes wiederhergestellt: die Tunika Christi, die (1974) endlich wieder in die für sie erbaute Kapelle verbracht wurde, bestimmt nun als ikonologisches Haupt das Innere des Domes im Sinne einer christologischen Zusammenfassung.

In einer bilderstürmerisch bewegten Zeit konnte – allen puristischen Gegenkräften zum Trotz – das gesamte Inventar gerettet und restauriert werden. Auch die architektonischen Formen des Domes konnten, so wie sie im Laufe der Geschichte ›gewachsen‹ waren, entgegen allen – zum Teil massiven – Änderungsversuchen im wesentlichen bewahrt werden.

Die Wiedereinweihung des Domes fand, in Anlehnung an die Domweihe vom 1. Mai 1196, am 1. Mai 1974 statt. Die Restaurierungsarbeiten gingen bis 1975 weiter. Die Westkrypta wurde erst 1994 restauriert.

Auf der Südseite des Domes liegt die gotische *Liebfrauenkirche,* die um 1230 unter Erzbischof Theoderich von Wied (1212–42) begonnen und wohl kurz nach 1260 vollendet wurde. Sie ist der Nachfolgebau der Südkirche der konstantinischen Doppelkirchenanlage. Bis ins 13. Jahrhundert bestand die spätantike Südkirche, wenn auch mit manchen baulichen Veränderungen, vor allem des 10. Jahrhunderts. Nur das zwischen Dom und Liebfrauen gelegene spätantike Baptisterium ist ersatzlos verschwunden (jedoch archäologisch nachgewiesen). Die Liebfrauenkirche hat ihre architektur- und kunstgeschichtlichen Wurzeln in der französischen Gotik der Champagne und der Ile-de-France. Ihre Baumeister werden gewiß solche Bauten gekannt und studiert haben, wie etwa St. Yved in Braine, die Kathedralen in Reims und Toul. Die französischen ›Vorlagen‹ wurden hier zu einem Zentralbau von absolut einmaligem Charakter verarbeitet. Liebfrauen ist sowohl in der Raumkonzeption und ihrem Baukörper wie auch in ihrer Ikonologie von Architektur und Skulptur ein Unikum in der europäischen Gotik.

Der reiche Skulpturenzyklus, der seine stilistischen Wurzeln ebenfalls in der Champagne hat, verteilt sich über die ganze Westfassade vom Portal bis in den Giebel hinein und findet seinen Abschluß im Nordportal des Paradieses. Er ist leider nicht unversehrt durch die Wirren der Säkularisation gekommen. Drei Figuren gingen verloren; nicht einmal ihre Benennung ist erhalten. In Anlehnung an vergleichbare Zyklen haben heutige Bildhauer neue Figuren geschaffen: Adam und Eva, Petrus. Die übrigen Großfiguren der Westfassade sind (mit Ausnahme der Kreuzigung) durch Abgüsse ersetzt. – Mit Adam und Eva am Portal beginnt die Heilsgeschichte; sie setzt sich an der Fassade fort in den Patriarchen Noah und Abraham und leitet mit den Figuren der vier großen Propheten über zur Thematik des Neuen Bundes. – Diese beginnt mit den Figuren der Verkündigung rechts und links vom mittleren Westfenster. Einzelszenen der Menschwerdung gruppieren sich um die mit dem Jesuskind auf ihrem Schoß thronende Muttergottes im Tympanon des Hauptportals. Im Giebel der Westfassade ist als Höhepunkt des Erlösungsgeschehens die Kreuzigung Christi zwischen Maria und Johannes dargestellt: Christus als der Sieger über Sünde und Tod mit der Königskrone (statt mit der Dornenkrone) auf dem Haupt. Die Vollendung der Heilsgeschichte im Hinblick auf die Erlösten findet sich im Nordportal (Paradies): die Aufnahme Mariens in den Himmel und ihre Krönung durch ihren Sohn Jesus. – Das Westportal bietet mit seinen Archivolten-

◁

Liebfrauenkirche, Blick von Westen in den Innenraum

figuren (der Jungfrauen, der Bischöfe, der Kirchenlehrer, der Engel) eine systematisierte ikonologische Zusammenfassung in ekklesiologischer und eschatologischer Hinsicht.

Wie auch der Dom hatte die Liebfrauenkirche im letzten Krieg durch Fliegerbomben empfindlichen Schaden genommen. Die Sicherung und Restaurierung wurden nach 1945 zügig vorangetrieben. Schon nach fünf Jahren konnte die Kirche nach einer grundlegenden liturgischen Neuordnung wieder geöffnet werden. Die zentrale Aufstellung des Altares in der Vierung und die dreiseitige Anordnung der gottesdienstlichen Gemeinde entsprechen zwar nicht den historischen Vorgegebenheiten, sind aber Beispiel einer sehr frühen Neueinrichtung (und damit Umdeutung einer alten Kirche) entsprechend den Ideen der Liturgischen Bewegung, lange vor der Liturgiekonstitution des II. Vatikanischen Konzils (Planung: Rudolf Schwarz). – Die neugotische Verglasung ist im Krieg restlos zerstört worden. Die anfängliche Notverglasung wurde durch zwei Jahrzehnte hindurch vor allem nach Entwürfen des französischen Malers Le Chevallier ausgeführt; nur das Westfenster stammt von dem deutschen Maler Alois Stettner. Die Kartons für die ersten der neuen Fenster (Chor) wurden von der damaligen französischen Garnison in Trier gestiftet.

Die Trierer Doppelkirchenanlage Dom St. Peter und Liebfrauen stellt den besonderen Fall einer historischen Kontinuität in Architektur und Kult über 1650 Jahre hin dar. Hier wird seit dem ersten Viertel des 4. Jahrhunderts Gottesdienst gefeiert; die Liste der Trierer Bischöfe geht allerdings bis in die zweite Hälfte des 3. Jahrhunderts zurück. Der Kreuzgang mit seinen historischen Nebenräumen gibt Kunde vom Leben des Domkapitels. Zusammen mit dieser Doppelkirchenanlage ›wuchs‹ nach und nach die kleine »Domstadt«, die Domimmunität, innerhalb der großen Stadt. Um das Jahr 1000 wurde sie von Erzbischof Ludolf (994–1008) mit einer Mauer samt befestigten Toren umgeben. Dieser Ring ist im

Liebfrauenkirche, Haupt- und Westportal mit Propheten, Apostelfiguren und Tympanon aus dem 13. Jahrhundert

jetzigen Stadtbild noch gut ablesbar. Die heutigen Kapitelshäuser, »Kurien« genannt, enthalten noch bedeutende Reste frühmittelalterlicher Bausubstanz. Keine Stadt in Deutschland besitzt eine so große, in wesentlichen Teilen noch erhaltene und im ursprünglichen Sinne bewohnte und funktionierende Domimmunität wie Trier.

Christian Beutler

Das frühe Mönchtum
und die karolingischen Klöster

Weltflucht und Askese kannte bereits die christliche Spätantike. Antike philosophische Strömungen, wie die auf das Reich der Ideen verweisenden Gedanken Platos, die Stoa und die Gnosis, die den Wert des wirklichen Lebens gering einschätzten, hatten den Boden für eine weltabgewandte Lebensweise bereitet. Hinzu trat die christliche Erbauungsliteratur der ersten Jahrhunderte, die den christlichen Heros als einen Asketen schilderte, der nur das Jenseits als das alleinige, rettende Heil der Seele begriff. Zur Vaterfigur für diese Lebensform wurde der hl. Antonius, der um 275 in Ägypten sich als Eremit in die Wüste zurückgezogen hatte, um dort ein gottgefälliges Einsiedlerleben zu führen. Uns ist er aus dem Isenheimer Altar vertraut, der seine stattliche Erscheinung als würdigen Greis, aber auch seine teuflischen Versuchungen drastisch schildert. Der allgemeinen Verehrung des weisen Einsiedlers schlossen sich damals selbst Kaiser Konstantin und seine Söhne an, die zu ihm in Verbindung traten. Sein Leben hat der streitbare und unruhige Athanasius in einer Vita geschildert, die bald zur verbreiteten Programmschrift des frühen Mönchtums wurde. Die Sorge um das eigene Seelenheil war das oberste Gebot der auf das kargste beschränkten Lebensführung des hl. Antonius.

Doch nur starke Persönlichkeiten konnten solche Einschränkungen in der Einsamkeit ertragen. So kam es nach seinem Tod 356 unter dem Ägypter Pachomius zu einem Zusammenschluß von Eremiten, zu einem ersten gemeinsamen Klosterleben, das die von der Urgemeinde überlieferten (Apg 4, 32–34) Grundsätze zur Grundlage hatte. In der Thebais gründete Pachomius sein erstes Kloster – der Name kommt von claustrum, abgeschlossener Bezirk –, das unter einem Oberen die Mönche in einer einheitlichen Lebensweise, durch eine Wirtschaftsgemeinschaft und einen gemeinsamen Wohnort miteinander verbunden, zu den gemeinsamen Gottesdiensten zusammenführte.

Hausten die Eremiten bisher einzeln in ihren armseligen Hütten und Höhlen, so wohnten die Mönche der Thebais in einem abgesteckten Klosterbezirk und lebten von Almosen und dem Ertrag ihrer bescheidenen Arbeiten, geflochtenen Matten, Körben und Stricken, die sie zum gemeinsamen Verkauf brachten. Die Autorität des Abtes galt unangefochten, und das Gemeineigentum sowie die Gleichheit aller Mönche bestimmten den Alltag. Ehelosigkeit, persönliche Armut und unbedingter Gehorsam unter einer Regel gehörten von Anfang an zum Mönchtum.

Einfache Leitsätze, die dem Text des Evangeliums nahestanden, regelten das Zusammenleben der Brüder, die bald einen ungeahnten Zulauf erhielten. »So entstanden verschiedene Klöster«, berichtet die Vita des Pachomius, »von denen das erste und größte sein eigenes war, mit 1300 Männern; das zweitgrößte bestand aus 200 Brüdern, die übrigen hatten bald etwas mehr, bald etwas weniger, kurz und gut, die Gesamtzahl derer, welche sich in der unter seiner Leitung stehenden Klöstern übten, betrug 7000 Mönche. In dem ursprünglichen Kloster des Großen sammelten sich auch verschiedene Handwerker; so gab es hier 15 Schneider, 7 Schmiede, 4 Zimmerleute, 15 Färber und ebenso viele Schuster, 20 Gerber und die gleiche Zahl Gärtner, 50 Ochsengespanne, 10, welche sich mit dem Schreiben beschäftigten, 2, welche die Aufsicht hatten, 40 Korbflechter. Es wurden in dem Kloster auch 10 Wächter unterhalten. Die, welche den Tisch bedienten, bestellten ihn sogleich morgens mit den gewöhnlichen Nahrungsmitteln; da gab es Brot, Gemüse, Käse, Oliven. Den Arbeitenden war es erlaubt, nach freier Wahl zu jeder ihnen beliebigen Stunde des Tages hineinzugehen und von den Speisen zu nehmen. Auch Schweine wurden in dem Kloster aufgefüttert: Sie wurden geschlachtet und das Beste davon den Kranken und alten Brüdern zu essen erlaubt; der Rest des Fleisches wurde verkauft.«

In der harten Welt der Spätantike, in der der einzelne wenig galt, wurden die Klöster rasch zum Ort einer ersehnten sozialen Geborgenheit, die den Menschen neben der Aussicht auf ein Leben nach dem Tod den Glauben an Christus bescherte. Da die Vorschriften des Pachomius human waren, entstanden im 4. und 5. Jahrhundert allenthalben klösterliche Gemeinschaften in Ägypten und Kleinasien mit zum Teil eigenen Vorschriften und wurden zu Sehenswürdigkeiten einer neuen Lebensform, zu denen Christen von weit her wallfahrteten.

Die neue christliche Lebensweise griff bald auch auf den Westen über. In Rom war es Hieronymus, der wortbegabt und gewandt unter dem römischen Senatorenadel für die neue Lebensform warb. Hieronymus gelang es dabei geschickt, das neue Ideal mit der alten antiken Glücksvorstellung der ›vita rustica‹ zu verbinden, die ein einfaches Leben mit Tugendvorstellungen verband, das dem Dasein in den lärmenden, verkommenen Städten mit ihren Versuchungen von Theater und Zirkus entgegenstand. Während seines römischen Aufenthaltes in den Jahren 382–84 pflegte Hieronymus die Beziehungen zu den Damen des Senatsadels, unter denen die reiche Witwe Marcella, die auf dem Aventin ihren Palast hatte, mitsamt ihrem Gefolge auf ihren Landsitz zog, um sich dort der Meditation und der christlichen Unterweisung zu widmen.

»Selbstgebackenes Brot, Gemüse aus dem eigenen Garten, frische Milch, all die Köstlichkeiten des Landes bieten uns bescheidene, aber bekömmliche Nahrung. Wenn wir so leben, wird uns der Schlaf nicht vom Gebet, die Übersättigung nicht von der Lesung abhalten. Im Sommer wird uns der Schatten eines Baumes Schutz bieten. Im Herbst wird die milde Luft und das Laub, das den Boden deckt, uns zur Ruhe einladen. Im Frühling sind die Wiesen mit Blumen übersät. Zum Zwitschern der Vögel singen sich die Psalmen noch einmal so schön«, schwärmte Hieronymus in einem Brief. Stadtpaläste und Landgüter wurden nun zu klösterlichen Wohnsitzen, in denen die eigenen Besitzer sich der Askese und ihren geistlichen Meditationen widmeten. In Rom und auch in anderen Städten entstanden daneben klösterliche Gemeinschaften, die sich die Pflege einer besonderen Kirche zur Aufgabe machten, die sogenannten Basilika-Klöster. Die mönchische Lebensform begann so, die christlichen Gemeinden auf verschiedene Arten zu durchdringen.

Während die Schüler und Nachfolger des Antonius gleichfalls in die Wüste wanderten, war dies für seine geistlichen Nachfolger im Westen nicht möglich. An die Stelle der Wüste trat nun als wilder und unbehauster Ort das Meer. An der italienischen Küste entstanden auf kleinen vorgelagerten Inseln vereinzelt Mönchsniederlassungen. Von ihnen berichtet Ambrosius, der damals als Bischof in Mailand residierte und in der Karwoche 389 in den Predigten zum Sechstagewerk Gottes, dem Hexaemeron, die Schöpfung Gottes pries: »So ist das Meer ein stilles Heim der Enthaltsamkeit, eine Schule der Entsagung, ein Asyl des Lebensernstes, ein sicherer Hafen und eine Ruhestätte im Diesseits, ein Verzicht auf diese Welt und dazu ein Ansporn der Frömmigkeit für die gläubigen und frommen Männer, denn mit dem Rauschen der Wogen, die sanft ans Ufer schlagen, wetteifert der Gesang der Psalmenbeter, und die Inseln stimmen freudig mit dem friedlichen Reigen der heiligen Fluten zusammen und hallen wider von Lobgesängen der Heiligen.«Vor der Küste Südfrankreichs ließen sich damals auf den Lérins-Inseln zahllose Mönche nieder, die im Sinne der Worte des Ambrosius lebten.

In Gallien war es Martinus von Tours (317–97), der dem Mönchtum zum Durchbruch verhalf. Martinus war ein ehemaliger römischer Soldat aus Pannonien, der am Eingang von Amiens einem Bettler half, indem er seinen Mantel mit ihm teilte. Er gründete 361 das erste Kloster in Gallien, Ligugé bei Poitiers, und wurde 371 zum Bischof von Tours gewählt, blieb jedoch Mönch und gründete später die berühmte Abtei Marmoutier. Sulpicius Severus beschrieb in dem Jahr seines Todes das Kloster:

»Dieser Ort war so verborgen und abgelegen, daß Martinus keinen Grund hatte, sich nach der Einsamkeit der Wüste zu sehnen. Auf der einen Seite war der Platz von der steilen Felswand eines hohen Berges abgeschlossen. Die freie Ebene umschloß die Loire in sanfter Krümmung. Es gab nur einen einzigen Zugang, und dieser war recht schmal. Martin hatte eine aus Holz erbaute Zelle. Ebenso wohnten auch viele Brüder. Die meisten hatten aber die Felswand des überhängenden Berges ausgehöhlt und sich auf diese Weise Wohnstätten geschaffen. Es waren etwa achtzig Schüler, die sich nach dem Vorbild des seligen Lehrers formen wollten.

Keiner besaß dort etwas zu eigen. Alles gehörte der Gemeinschaft. Kaufen und Verkaufen – was bei den meisten Mönchen üblich ist! – waren dort nicht gestattet. Außer der Schreibarbeit wurde dort kein Handwerk verrichtet. Doch zu dieser Arbeit zog man nur die Jüngeren heran. Die Älteren widmeten sich ausschließlich dem Gebet. Selten verließ einer seine Zelle, außer um sich zum gemeinsamen Gebet zu versammeln. Gemeinsam aßen sie nach der Zeit des Fastens. Wein kannte keiner, außer wenn eine Krankheit einen zum Trinken zwang. Die meisten trugen Kleider aus Kamelhaaren. Ein feineres Gewand hielt man für ein Verbrechen. Dabei ist besonders zu bewundern, daß unter ihnen viele aus vornehmem Stand waren. Obwohl sie in ganz anderem Sinne erzogen worden waren, zwangen sie sich nun zu solcher Niedrigkeit und Abtötung. Viele von ihnen sahen wir später als Bischöfe. Welche Stadt und Kirche hätte auch nicht gerne einen Bischof aus Martins Kloster gehabt?«

Martin führte die im Osten entstandene Lebensform in Gallien ein und wirkte so nachhaltig auf die Christianisierung des fränkischen Reiches. Sein Mantel (lat. capa) wurde unter den Merowingern in Friedenszeiten im königlichen Oratorium aufbewahrt, der Kapelle, die im übertragenen Sinn den Kern des Hofes meinte. Die Nachwelt hat ihn zum Schutzpatron und Nationalheiligen von ganz Frankreich gemacht.

Eine besondere Art der monastischen Lebensweise entwickelten die irischen Mönche. Die grüne Insel war im 5. Jahrhundert unter dem hl. Patrick christianisiert worden, hatte aber, von Rom unabhängig, ihre Eigenarten bewahrt. So feierte die irische Kirche Ostern an einem anderen Tag, und ihre Mönche trugen eine rechteckige Tonsur. Auch konnte der Abt über dem Bischof stehen. Das Amt des Bischofs war an die Persönlichkeit gebunden und nicht an den Sitz. An schroffen Klippen gelegen, umtost vom Ozean, hatten die irischen Klöster sich einer strengen Askese unterzogen. Zu ihr gehörte der Brauch, zeitweise die Heimat zu verlassen, um in der Fremde zu missionieren.

Diese »Peregrinatio propter Christum« unternahm auch der Ire Columban, als er um 590 mit zwölf Gefährten von Irland nach Gallien übersetzte, um auf dem Kontinent in der Einsamkeit der Vogesen die Klöster Luxeuil sowie Annegray und Fontaine zu gründen. In der fränkischen Umgebung kam es jedoch zu Spannungen zwischen den Fremden und dem gallischen Episkopat sowie den merowingischen Landesherren, die andere Moralvorstellungen als die Missionare hatten, und Columban mußte das Land verlassen. Er ging an den Bodensee und nach St. Gallen, danach wanderte er nach Oberitalien weiter, wo er das Kloster Bobbio nach irischem Muster gründete und dort 612 starb. Damals folgten zahlreiche irische Mönche seinem Beispiel, Kilian in Würzburg, Emmeram in Regensburg, Willibald in Eichstätt, Gallus, Columbans Gefährte, blieb in St. Gallen. Aber auch in Vergessenheit geratene Mönche zählten zu ihnen, wie Offo in dem jüngst ergrabenen Schuttern am Oberrhein.

So entwickelte sich die Idee des Mönchtums in sehr freier, verschiedenartiger Weise in der westlichen christlichen Welt. Die Grundsätze, auf die sich die klösterlichen Gemeinschaften einigten, waren im Kern gleich – Armut, Ehelosigkeit und Askese –, in ihrer jeweiligen Ausgestaltung jedoch unterschiedlich und ließen den einzelnen mehr oder weniger größere Freiheiten. Erst das Auftreten von Benedikt von Nursia im 6. Jahrhundert brachte in diese Vielheit eine strenge Ordnung, die unter den Karolingern aus dem Mönchtum eine geschichtliche Kraft machte.

Benedikt stammte aus Umbrien, war in Rom gewesen, wurde Eremit und Vater einer Mönchskolonie von zwölf Klöstern. Papst Gregor der Große besuchte ihn 546 in Montecassino, wo Gregor mit ihm »über den Einzug des Königs Totila in Rom und den Untergang der Stadt Rom« sprach. Das ist alles, was wir über ihn sicher wissen. Seine Berühmtheit verdankt er seiner Lehre: »Er schrieb nämlich für Mönche eine Regel, die sich durch weise Mäßigung und verständliche Darstellung auszeichnet«, so Gregor. Ihr Ansehen wurde so groß, daß sie im Mittelalter bei Synoden und Reichstagen neben dem Alten und dem Neuen Testament lag.

Benedikts Regel ist ein Erzeugnis des klaren römischen Geistes. Er begreift den Mönch als selbständigen, verantwortlichen Christen, der Gott und dem Nächsten dient. So wählen die Mönche ihren Abt selbst aus ihrer Mitte. Er ist der Herr, dem Gehorsam zu leisten ist, aber er ist zugleich verantwortlich für das Wohlergehen des Klosters wie jedes einzelnen Mönches. So soll er ein Vater für die Mönche sein. Wichtige Angelegenheiten werden dem Rat der Brüder vorgetragen, weniger wichtige nur den Älteren unter ihnen. Die Entscheidung fällt jedoch der Abt.

Die Regel trägt dem Jahresablauf Rechnung, indem sie im Sommer kürzere, im Winter längere Nachtruhen vorsieht, und sie bestimmt auch den nächtlichen Psalmengesang. Von dem Gottesdienst tagsüber heißt es: »Wie der Prophet sagt: Siebenmal am Tag singe ich dein Lob. Diese geheiligte Siebenzahl erfüllen wir dann, wenn wir in der Morgenfrühe sowie zu den Stunden der Prim, Terz, Sext, Non, Vesper und Komplet unseren schuldigen Dienst leisten; denn von diesen Gebetsstunden am Tag sagt der Prophet: Siebenmal am Tag singe ich dein Lob. Von der Feier der nächtlichen Vigilien sagt der gleiche Prophet: Um Mitternacht stehe ich auf, um dir zu lobsingen. Zu diesen Zeiten wollen wir also unserem Schöpfer den Lobpreis darbringen wegen seiner gerechten Entscheidungen, nämlich bei der Morgenfeier, Prim, Terz, Sext, Non, Vesper und Komplet; und auch bei Nacht wollen wir aufstehen, um ihn zu preisen.« Jede Woche war der Gesang des Psalters mit seinen 150 Psalmen ungekürzt zu singen, so daß in der Nacht zum Sonntag jeweils neu begonnen werden konnte.

Alle Mönche schliefen gemeinsam in einem Raum und blieben bekleidet mit Kutte und Strick. Der Mönch erhielt daher zwei Tuniken und zwei Kukullen »wegen der Nacht und um die Sachen waschen zu können«, Schuhe für den Winter und die Reise, Sandalen für den Sommer sowie eine Arbeitsschürze. »Doch muß der Abt immer den Satz der Apostelgeschichte bedenken: Jedem wurde zugeteilt, was er nötig hatte. So muß also auch der Abt auf die Schwächen der Bedürftigen Rücksicht nehmen, nicht auf die Mißgunst der Neider.«

Der Tagesablauf war ebenfalls fest geregelt. »Müßiggang ist der Feind der Seele. Deshalb sollen sich die Brüder zu bestimmten Zeiten mit Handarbeit, zu bestimmten Stunden dagegen mit heiliger Lesung beschäftigen. Wir glauben also, daß durch folgende Ordnung die Zeit für beides geregelt werden kann: Von Ostern bis zum ersten Oktober verrichten die Brüder in der Prim bis etwa zur vierten Stunde die notwendigen Arbeiten. Von der vierten Stunde bis zur Zeit, da sie die Sext halten, sind sie frei für die Lesung. Wenn sie nach der Sext vom Tisch aufstehen, ruhen sie unter völligem Schweigen auf ihren Betten, falls aber einer für sich lesen will, lese er so, daß er keinen anderen stört. Die Non wird früher gehalten, etwa um die Mitte der achten Stunde. Dann verrichtet man bis zur Vesper die anfallenden Arbeiten.«

Bei den gemeinsamen Mahlzeiten herrscht Redeverbot. »Zwei gekochte Gerichte sollen also für alle Brüder genügen; ist noch Obst oder frisches Gemüse zu haben, so kann man noch ein drittes hinzugeben.« Doch darf die gemeinsame Lesung nicht fehlen, die ein Bruder aus einem erbaulichen Text vorträgt. Da der Abt die Verbindung zur Außenwelt aufrechterhält, speist er mit den Gästen an einem gesonderten Tisch, wie er auch gesondert wohnt. »Ganz besondere Aufmerksamkeit soll man der Aufnahme von Armen und Pilgern schenken; denn in ihnen wird mehr als in anderen Christus aufgenommen. Die Reichen sorgen schon durch ihr herrisches Auftreten dafür, daß sie geehrt werden.«

»Der Pförtner soll seine Zelle neben der Pforte haben, damit ihn die Besucher immer dort antreffen und Auskunft erhalten. Sobald jemand klopft oder sich ein Armer meldet, antwortet er: ›Gott sei Dank‹ oder ›Segne mich.‹ In aller Freundlichkeit, wie sie ihm die Gottesfurcht eingibt, und beseelt vom Eifer der Liebe, gebe er sogleich Auskunft. Braucht der Pförtner einen Gehilfen, so erhält er einen jüngeren Bruder. Das Kloster soll womöglich so angelegt sein, daß sich alles Notwendige innerhalb der Klostermauern befindet, nämlich Wasser, Mühle, Garten und die verschiedenen Werkstätten, in denen gearbeitet wird. So brauchen die Mönche nicht draußen herumlaufen, was ihren Seelen ja durchaus nicht zuträglich ist.«

Benedikt beschloß seine Regel mit den bescheidenen Worten: »Wenn wir übrigens diese Regel geschrieben haben, so deshalb, damit wir durch ihre Beobachtung ein klein wenig eine gewisse Anständigkeit und Tugend und einen Anfang im klösterlichen Leben beweisen.« War die Regel in Italien entstanden und sah man in Benedikt einen römischen Abt, so trat sie ihren Siegeszug doch in Gallien an. Im fränkischen Reich der Karolinger verdrängte sie bis 816 fast alle früheren Formen des Mönchtums: Die Mönche wurden Benediktiner. Die karolingischen Herrscher sahen in dieser straffen, auf die Christianisierung ausgerichteten Organisation den willkommenen und willigen und wohl auch einzig dazu fähigen kulturellen Helfer im Aufbau ihres politischen Staates. Es bestand eine Interessengleichheit zwischen dem Mönchtum und dem Königtum bei der Befriedung so vieler Völkerschaften, wie sie das karolingische Reich umfassen sollte. 744 erfolgte die von Bonifatius veranlaßte Gründung von Fulda, dem ersten Kloster auf deutschem Boden, in dem die Regel Benedikts verbindlich galt. Vierzig Jahre später, 784, ordnete Karl die Regel Benedikts als verbindlich für alle Klöster in seinem Reich an.

Mit dem Niedergang der merowingischen Dynastie ab 613/14 und dem Aufstieg der karolingischen Hausmeier zu einem neuen karolingischen Königtum, das 751 mit der Salbung Pippins durch Bonifatius in Soissons seine Krönung fand, verlagerte sich das politische Geschehen nach Osten. Die austrasische Hauptstadt Metz gewann nun an Bedeutung, und neue Klöster entstanden beiderseits des Rheines. Am Oberrhein gründete Pirmin Murbach und die Reichenau. Willibrord machte Utrecht zum Bischofssitz im Norden und wurde in Echternach begraben. Kaiserswerth entstand auf einer Rheininsel, und Prüm in der Eifel wurde zu einem Hauskloster der Karolinger. Fulda und Fritzlar wurden zu Stützpunkten der Mission unter den Sachsen.

Auch die Gründung und der Ausbau von Lorsch zum karolingischen Reichskloster vollzog sich im Rahmen fränkischer Politik. Das Kloster lag nur einen Tagesritt von Worms, einer alten Pfalz städtischen Gepräges und Bischofssitz, im breiten Rheintal, wo dieses von dem Weg aus Lothringen nach Franken durch den Odenwald gekreuzt wird. Es war eine Gründung der fränkischen Reichsaristokratie, des Grafen des Oberrheingaues Kankor und seiner Mutter Williswinda, der Witwe des Grafen Rupert, vor dem Jahre 764 zu Ehren des Apostels Petrus auf einer kleinen Insel der Weschnitz. Die Mönche für diese Gründung kamen aus Metz, wo Bischof Chrodegang, der nach dem Märtyrertod des Bonifatius 754 die Führung der fränkischen Kirche übernommen hatte, das Kloster Gorze nach Benediktinischen Grundsätzen leitete. Chrodegang übernahm mit 16 Mönchen als erster Abt die Leitung von Lorsch, bevor er sie an seinen Bruder Gundeland weitergab. Doch veranlaßte er noch die Überführung der Reliquien des hl. Nazarius, eines Märtyrers aus Rom, dessen Fest man im Kloster am 12. Juni feierte, nach Lorsch.

»Zur feierlichen Wallfahrt der Übertragung«, berichtet der Lorscher Codex, »strömte die Bevölkerung des ganzen Landgebietes bis zum Wasgenwald haufenweise herbei, viel Volk beiderlei Geschlechts, Jünglinge und Jungfrauen, die Alten mit den Jungen. Die weitbekannten Grafen Cancor und Warin und andere vornehme und achtbare Männer der Gegend hoben den durch Gottes Fügung ihrer Heimat bestimmten Schatz des heiligen Körpers auf ihre eigenen Schultern und verbrachten ihn, begleitet von den Hymnen und geistlichen Gesängen einer ungeheuren Volksmenge, an den vom Himmel vorgesehenen Ort. Da aber der verfügbare Raum jener oben erwähnten Insel klein und beengt war, reichte er für die Aufnahme einer solchen Menschenmenge und selbst der alltäglichen Besucherzahl nicht aus. Auch die örtliche Lage entsprach nicht einem Kloster von so berühmtem Namen. Sie entsprach auch keineswegs der durch die Verdienste ihres Märtyrers in den nächstfolgenden Zeiten erreichten hohen Würde. Der Wunsch und die Ansicht aller ging daher dahin, daß Kloster und Kirche baulich bedeutend zu erweitern und auf den Hügel zu verlegen seien, auf dem man die Anlage noch heute sieht.« Die feierliche Weihe fand am 1. September 774 in Gegenwart des Königs und der Bischöfe von Mainz, Würzburg, Passau, Trier und Metz statt. Der rastlose König, der sein Reich vom Sattel aus regierte, war mit seinen Vasallen für einen Tag nach Lorsch gekommen.

Mit der Überführung der Reliquien sicherte sich das Kloster den Schutz des Himmels und das Ansehen in der Welt. Über 3000 Schenkungen an den hl. Nazarius machten es bis 810 zu einem der reichsten Klöster des Reiches.

Thomas Veser

Klosterinsel Reichenau
Architektur, Kunst und lebendige Traditionen

Im Bischofsornat steht der legendäre Klostergründer Pirmin aufrecht in einem Kahn und segnet die Bodenseeinsel mit seiner rechten Hand. Frösche und Schlangen stürzen sich als Sendboten der Hölle in den Gnadensee und weichen endgültig von der Augia Dives, wie die Reichenau im Latein des Mittelalters genannt wurde.

So stellte der Maler des barocken Tafelbildes im Reichenauer Münster die Inselnahme durch den vermutlich aus der Stadt Meaux an der Marne im heutigen Frankreich stammenden Wandermönch und seine 40 Mitbrüder im Jahre 724 dar. Es entstand 1624 zum 900-jährigen Jubiläum des Klosters. Damit illustrierte sein Schöpfer die Gründungsgeschichte, wie sie der Reichenauer Mönch Hermann der Lahme (1013–1054) in seiner an Walahfrid Strabo (842–849) orientierten Chronik zum Jahre 724 niedergeschrieben hatte. Wie und wann genau Kloster Reichenau gegründet wurde, läßt sich freilich nicht mehr bestimmen. Es gibt darüber zu wenige schriftliche Quellen, die als weitere Erschwernis oft nur in Teilen erhalten blieben. Sie stammen aus verschiedenen Zeitabschnitten und weisen bisweilen Widersprüche auf.

Zur Frühgeschichte der meisten Klöster und Stifte gehörten fast untrennbar Fälschungen, womit man den vortrefflichen Zustand von Recht und Besitz des Konvents hervorkehren wollte. Auch die Reichenauer Gründungsurkunde, wonach Karl Martell (714–741) als frommer Stifter auftrat, sollte sich schließlich als Fälschung des 12. Jahrhunderts erweisen.

Mit großer Wahrscheinlichkeit verdanken die Wandermönche ihre Schenkung lokalen Adeligen aus dem schwäbischen Herzogengeschlecht. Und die Nellenburger Grafen, die das Konvent zur Grablege gewählt hatten, dürften sich ihnen gegenüber ebenfalls von ihrer großzügigen Seite gezeigt haben.

Walahfrid zufolge mußte Pirmin, dessen Mönchsgemeinschaft nach den Vorgaben einer columbanisch-benediktinischen Mischregel lebte, die Insel schon drei Jahre später verlassen. Wohl in Zusammenhang mit steigenden Spannungen zwischen dem Herzogtum und Karl Martell, Hausmeier im Fränkischen Reich, hatte Herzog Theobald beschlossen, den Abt von der Reichenau zu verweisen. Nachdem er im Elsaß, der Ortenau und der Pfalz weitere Ab-

Blick auf die Reichenau von der deutschen Seite des Bodensees

teien gegründet hatte, starb Pirmin 753 Walahfrid zufolge im Kloster Hornbach, das er als Abt leitete.

Aus bescheidenen Anfängen entwickelte sich die Marienabtei Reichenau schnell zu einem wohlhabenden Kloster. »Der Rheinstrom, von den östlichen Alpen in großem Bogen westwärts flutend, umspült diese Stätte mit dem Wellenschlag des Meeres. Er trägt in der Mitte eine Insel, die im Schmuck ihrer neuen Bauten prangt«, hielt Abt Walahfrid in einem Brief an Papst Gregor fest. Reichenauer Äbte profilierten sich am Hof Karls des Großen (768–814) und dessen Sohnes Ludwigs des Frommen (813/14–840) als Erzieher der jungen Prinzen. Karl schickte seinen geschlagenen Erzfeind, Sachsenherzog Widukind, auf die Insel, wo er als Mönch seine Tage beschloß. Selbst Kyrill und Method, die Apostel der Slawen, hielten sich – wie Chroniken verzeichnen – auf der Insel auf. Von Karolingern und Ottonen gefördert, konnte das Kloster seinen Grundbesitz auf der Insel ständig mehren. Seine Mönche widmeten sich der Landwirtschaft, wobei sie für den Eigenbedarf Obst, Gemüse und Wein anbauten.

Abt Waldo (786–808) führte die Geschäfte des Bistums Basel und verwaltete das Bistum Pavia. Allmählich gewann das benediktinische Kloster politischen Einfluß im Reich der Karolinger, die Reichenauer Äbte zunehmend als Ratgeber schätzen lernten. Um 811 begab sich Abt Heito I. auf eine diplomatische Reise nach Konstantinopel. Damit begann für das Kloster eine Epoche, die oft als »goldenes Zeitalter« bezeichnet wird. Abt Reginbert, der um 846 starb, legte die Grundlage für eine der bedeutendsten Klosterbibliotheken Europas. Hatto III. erhielt von Papst Formosus 896 bei der Krönung Arnulfs zum Kaiser in Rom die Kopfreliquie des heiligen Georg und brachte das wertvolle Geschenk auf die Bodenseeinsel. Schon 830 hatte Bischof Ratold von Verona den frommen Männern die Gebeine des heiligen Markus geschenkt. Diesen Reliquien verdankte der Konvent nicht nur steigendes Ansehen, mit ihnen ließen sich im Mittelalter wirkungsvoll Machtansprüche begründen. Hatto III. war sich als Erzkanzler des Reiches dieser Rolle bewußt, als er beim Tode Ludwigs IV. 911 beherzt in die Auseinandersetzung um die Thronfolge eingriff. Mit der Krönung und Salbung Konrads I. zum König gelang es ihm schließlich, den drohenden Zerfall des ostfränkischen Reiches zu verhindern.

Als geistig-kulturelles Zentrum strahlte das Licht des Benediktinerklosters und seiner Schule bald weit über die kleine Bodenseeinsel hinaus. Walahfrid Strabos Gedichtzyklus *De cultura hortorum* bildete die erste europäische Abhandlung über den Gartenbau. Er erläutert in diesem Werk bereits den Nutzen einzelner Kräuter. Im Skriptorium des Klosters entstand um 830 der karolingische Reichenauer Klosterplan, der als einzige erhaltene Bauzeichnung des frühen Mittelalters von der Abtei St. Gallen in Auftrag gegeben wurde und sich heute in der dortigen Stiftsbibliothek befindet. Und die *Visio Wettini*, in der Walahfrid in lateinischen Hexametern die Visionen des Mönches Wetti im Angesicht des Todes schildert, gilt als bedeutendstes Zeugnis der Reichenauer Spiritualität. Diese Dichtung wird oftmals als Vorläufer der *Göttlichen Komödie* von Dante eingestuft. Strabo starb 849 auf dem Weg zu seinem Schüler Karl II. Damit hatte der Konvent die schillerndste Persönlichkeit des »goldenen Zeitalters« verloren.

Es sollte fast zwei Jahrhunderte dauern, bis eine andere Gelehrtenpersönlichkeit die mittelalterliche Welt in Staunen versetzte: Hermanus Contractus, wie er seiner Lähmung wegen genannt wurde, wirkte nicht nur als Astronom und Komponist. Das »Wunder des Jahrhunderts«, wie man ihn titulierte, erwies sich als Universalgenie, dessen Quellenzuverlässigkeit noch heute geschätzt wird. Hermanus führte die seit Christi Geburt durchlaufende Jahreszählung ein und konnte so die Weltgeschichte vor und nach diesem Ereignis in Jahresschritten darstellen. Das Kirchenlied ›Salve Maria‹ wird ihm zugeschrieben.

Aus bescheidenen Anfängen entwickelte sich auch die Buchmalkunst, die schließlich im 10. Jahrhundert und in der ersten Hälfte des nachfolgenden Jahrhunderts aufblühte. Zu den herausragenden Auftragswerken zählt das Evangeliar Ottos III., das die Mönche zwischen 998 und 1000 schrieben und malten. In diesem mit Gold, Edel- und Halbedelsteinen sowie Elfenbein geschmückten Meisterwerk wurde erstmals der Goldgrund in die europäische Malerei eingeführt. Viele Meisterwerke aus der Reichenau sind im Laufe der Jahrhunderte verlorengegangen. Heute kann man noch etwa 40 der bekanntesten Codices Reichenauer Herkunft weltweit in Bibliotheken bewundern.

Inhaltliche und kompositorische Vorlage für die Wandgemälde lieferten die illuminierten Buchwerke der Malerschule. Auf dieser Grundlage entstanden die Gemälde in den Gotteshäusern auf der Insel. Zunächst zeichnete man mit einem Pinsel auf dem Wandputz die Motive vor und überdeckte die Flächen, die später bemalt werden sollten, mit Schablonen. Dank dieser Technik erzielten die Mönche bei Gesichtern, Händen und Füßen eine bemerkenswerte Einheitlichkeit und Spiegelgleichheit.

Im ersten Schritt gestaltete man den Hintergrund, dann die vorgesehenen Bauwerke, zum Schluß wurden die Figuren dargestellt. Wie im ganzen Alpenraum während des frühen Mittelalters üblich, hob man Heiligenscheine dadurch hervor, daß Edelmetallplättchen mit Kupfernägeln an der Wand befestigt wurden.

Reichenauer Mönchen verdankt man in St. Georg eine der frühesten Darstellungen des Christus als Pantokrator (Allherrscher) nördlich der Alpen. Und die Wandgemälde in der Kirche bestechen nicht nur durch außerordentliche künstlerische Qualität, sie bilden in diesem Teil Europas das einzige, vor dem Jahr 1000 geschaffene Beispiel für umfassende szenische Wandgemälde in gut erhaltenem Zustand.

Unterstreichen die Leistungen der Malerschule die Rolle der Reichenau als künstlerisches Zentrum mit großer Bedeutung für die europäische Kunstgeschichte des 10. und 11. Jahrhunderts, so liefern die drei Kirchen St. Maria und Markus, St. Georg sowie St. Peter und Paul ein gut erhaltenes und anschauliches Panorama der mitteleuropäischen Klosterarchitektur während des Frühmittelalters. Etliche Architekturelemente aus der karolingischen Zeit sind dort erhalten geblieben.

Als Abt Heito I. nach seiner Byzanzreise den Bau der 816 geweihten Mittelzeller Abteikirche beschloß, ließ er sich von der Bauweise byzantinischer Kirchen inspirieren. Zwei Baustile sind im Mittelzeller Münster, dem ältesten Reichenauer Gotteshaus, trotz zahlreicher Eingriffe und Veränderungen über die Jahrhunderte noch klar erkennbar. Um 1048 war der Bau über den Grundmauern der Kirche Pirmins abgeschlossen. Ein barockes Gemälde im nördlichen Seitenschiff vermittelt eine Vorstellung vom Aussehen der Abtei mit den ehemaligen Klosterbauten, die niedergerissen wurden. Vierung und Querhaus im Osten sind die ältesten Bestandteile, die aus der Kreuzbasilika Heitos I. stammen. Nach byzantinischem Vorbild ist die majestätische Vierung durch Bögen an allen Seiten von Räumen gleichen Querschnitts getrennt. Man nennt sie aus diesem Grund »ausgeschiedene« Vierung. Erst die Romanik wird den gesamten Kirchenraum durch Wandvorlagen und Gewölbeeinheiten gliedern.

Unter Abt Friedrich von Wartenberg (1427–1453) begannen die Arbeiten am gotischen Chor, der Heitos Doppelapsis und die Heiligkreuzkapelle (946) verdrängte. Während sich im Westen der schlichte Markuschor erhebt, befinden sich an der Südwand die Grabmale früherer Äbte. Im Zuge umfangreicher Restaurierungsarbeiten, die im Jahre 1970 abgeschlossen wurden, legte man den offenen »normannischen Dachstuhl« wieder frei. Er

gleicht einem umgedrehten Schiff, das 1236/37 aus Eichenholz zusammengefügt wurde. Das ursprüngliche Holz konnte zu 86 Prozent bewahrt werden.

Wesentliche Beiträge der Barockzeit sind das 1746 verfertigte Chorgitter, das den Mönchschor von der Volkskirche abtrennte, und der Heiligblutaltar (1739). Dort befindet sich der Tabernakel für das Allerheiligste, darüber enthält eine barocke Monstranz die Heiligblutreliquie. Es handelt sich um ein byzantinisches Abtskreuz, in dem angeblich kleine Späne vom Kreuz Christi und blutbefleckte Seidenläppchen vom Berg Golgotha aufbewahrt werden.

Vermutlich kam es um 925 auf die Bodenseeinsel und wurde in eine 946 fertiggestellte, im 15. Jahrhundert beim Bau des Chores abgebrochene Rundkirche an der Doppelapsis des Ostchores gebracht. Während des Dreißigjährigen Krieges schaffte ein Mönch die Reliquie 1630 sicherheitshalber in das Zisterziensinnenkloster Günterstal bei Freiburg im Breisgau. Sie wurde am 26. Mai 1738 in einer feierlichen Prozession wieder an den angestammten Platz zurückgetragen. Wie die Reliquie der Legende nach ihren Weg zurück auf die Reichenau gefunden hat, wird auf einigen der Tafelbilder im gotischen Chor dargestellt.

Während der Renaissance entstanden um 1558 mehrere Wandgemälde, so an der Südwand *Wort und Sakrament* und an der Nordwand *Das Opfer des Neuen Bundes, vergegenwärtigt in der Heiligen Messe, und die alttestamentlichen Vorbilder.* Rudolf Stahel (1473–1527/28) schuf den

Historische Darstellung des Mittelzeller Münsters aus der Barockzeit

Das Markus- und Marien-
münster in Mittelzell,
ältestes Gotteshaus auf
der Reichenau

Hochaltar. Seine Darstellung zeigt die Krönung Marias und mehrerer Heiliger, die auch in der Bodenseegegend gewirkt haben.

In der Mitte des Chores erinnert die neue Grabplatte an Kaiser Karl III., der nach seinem Tod im Jahre 888 im Münster beigesetzt wurde. Am Eingang zur Schatzkammer befand sich einstmals der im 10. Jahrhundert auf die Reichenau gebrachte *Krug von der Hochzeit zu Kana.* Er steht heute in der Schatzkammer. Auf einem Wandgemälde sind im oberen Teil Jesus, der Krug und seine Jünger dargestellt, in der Nische erscheinen Jesus und Maria als Bild der Kirche. Als bedeutendstes Einzelstück der Innenausstattung besitzt das Münster die um 1300 verfertigte Standfigur der Schutzpatronin in einem oberrheinischen Stilzusammenhang mit Einflüssen aus Frankreich. Aus Lindenholz schuf Hans Ulrich Glöckler 1596 die Steinigung des Johannes. Als gotischer Bau aus der Mitte des 15. Jahrhunderts beherbergt die Schatzkammer die Originalschreine für die Reliquien. Nur noch ein Evangelistar aus der Mitte des 9. Jahrhunderts kann dort bewundert werden, die eingeklebte Miniatur ist 200 Jahre jünger. Reiche-

nauer Kunstschätze zieren heute Museen in Trier, München, Aachen und Solothurn.

Parallel zur Renovation fanden im Münster, das wie kein zweites Gotteshaus auf der Insel die lange Geschichte des Klosters widerspiegelt, Grabungen und Bauuntersuchungen statt. Zwar konnte durch die Sanierungs- und Restaurierungsarbeiten das Erscheinungsbild der Romanik weitgehend zurückgewonnen werden, doch wurde das Münster dabei modern überformt. Ein großer Teil der im 19. Jahrhundert hinzugefügten Substanz, die an mittelalterliche Formen anknüpfte, mußte bei der Restauration weichen.

Als jüngste Reichenauer Kirche entstand St. Georg (Oberzell) um 890. Massive Stützpfeiler verleihen den Außenmauern der Stiftskirche seit über einem Jahrtausend Stabilität. Da für die Mauern des Gotteshauses, das Hatto III. an der Ostspitze errichten ließ, nur wenige Fundamente geschaffen wurden, diente die Vorrichtung als Schutz vor Erdbeben. Von den Wandfresken der Krypta, in der wahrscheinlich die Reliquien aufbewahrt wurden, blieb nur ein kleiner Rest übrig.

Das barocke Chorgitter des Münsters, das sich mit dem Heiligblutaltar im Ostquerhaus befindet, trennte die Mönchskirche von der Volkskirche

Die zwischen 1982 und 1988 umfassend restaurierten ottonischen Wandgemälde, die während des 10. Jahrhunderts im Langhaus entstanden, zählen zu den berühmtesten Schöpfungen der Reichenau. Während in den Bogenzwickeln über den Säulen Äbte mit Büchern in ihren Händen dargestellt wurden, umgab man den Heilbringer mit perspektivisch wirkenden Mäanderfriesen. Die zwischen den Kirchenfenstern geschaffenen Apostelbilder stammen aus späterer Zeit. Das Weltgericht in der Westapsis hat der Konstanzer Maler Mohr 1708 hinzugefügt.

Je vier auf Süd- und Nordwand geschaffene und seitlich durch vertikale Ornamentleisten gerahmte Evangelienszenen, die Ende des 10. Jahrhunderts entstanden sind, schildern die Wundertaten Christi, unter anderem die Heilung des Besessenen von Gerasa, die Auferweckung des Lazarus und die Heilung eines Wassersüchtigen. Dabei tritt der Erlöser stets von links in das Bild. Diese Wandgemälde dienten einst als Perikopen, womit die Evangelien der Messe illustriert wurden. Die um 1080 entstandene Darstellung der Wiederkunft Christi

schließlich zeigt den Erlöser auf dem Regenbogen in der Mandorla. Während rechts Maria als Fürbitterin erscheint, hält links ein Engel ein Astkreuz. Über den auf beiden Seiten stehenden Aposteln schweben Engel mit Posaunen. Der untere, kaum noch wahrnehmbare Bildbereich zeigt Auferstehende.

Während der Restaurationsarbeiten konnten übermalte Teile und Verschmutzungen aus jüngerer Zeit beseitigt werden. Damit erhielt der einzigartige Bilderzyklus in starkem Maß sein ursprüngliches Aussehen zurück. Die auf das 14. Jahrhundert zurückreichenden Übermalungen blieben unangetastet. Sie dokumentieren geschichtliche Entwicklungen, die beim Betrachten dieser Denkmäler abgelesen werden können.

Aus dem 14. Jahrhundert stammt die moralisierende Darstellung der Schwatzhaftigkeit, die dem weiblichen Geschlecht angelastet wird: In gotischen Buchstaben schreibt im Wandgemälde an der »Frauenseite« ein Teufel einen Sechszeiler sprichwörtlich auf die Kuhhaut.

Auf einer kleinen Halbinsel im See gründete Egino, der als Reichenauer Mönch Bischof von

St. Georg in Oberzell

Verona geworden war, die Niederzeller Peter-und-Pauls-Basilika. Sie wurde um 799 geweiht. Während die östlichen Teile vermutlich auf die karolingische Zeit zurückgehen, entstand das Langhaus um 1100. Fragmente einer Chorschranke, die auf das Ende des 8. Jahrhunderts zurückdatiert werden können, zeigen deutlich Spuren lombardischer Steinmetze. Nach zwei Feuersbrünsten hatte man den Vorgängerbau mit Konventsgebäude abgerissen und eine dreischiffige Säulenbasilika mit drei rechtwinklig ummauerten Absiden erstellt. Über den zwei Seitenabsiden erheben sich Türme: St. Peter und Paul fällt durch eine der seltenen Ostturmfassaden auf. Im Dachraum befindet sich noch Holzwerk romanischer Herkunft. Während des Spätmittelalters baute man eine zweigeschossige Vorhalle an und errichtete Lettner sowie Kreuzaltar. Westfassade und Kirchenschiff erhielten im Barockzeitalter einen farbigen Anstrich. Um 1756 fügte Dominik Wurz den Rokokostuck hinzu, die neubarocke Deckenmalerei ist ein Zusatz des frühen 20. Jahrhunderts. Das zentrale Wandgemälde des Gotteshauses bildet die im 12. Jahrhundert geschaffene Darstellung Christi als überlebensgroßer Pantokrator in der Mandorla, von Petrus und Paulus umgeben. Darunter erkennt man die Apostel und Propheten. Erst um 1900 wiederentdeckt, gilt dieses Gemälde als letzte große Leistung der Reichenauer Malerschule. Bis 1980 wurden die Wand-

malereien im Vorchor-Joch, an den Ostwänden des Seitenschiffs und in der Eginokapelle umfassend restauriert. Zu den herausragenden Leistungen in der Basilika gehört der Passionszyklus in der Seitenkapelle.

Die drei Reichenauer Kirchen mit ihren Gemälden dokumentieren als sichtbare Zeugen ein goldenes Zeitalter, auf das eine lange Phase des Abschwungs folgte. Seit dem 12. Jahrhundert forderte der Adel, die Abtei einzig und allein für die Erziehung ihrer Söhne zu reservieren. Diese Zugangsbeschränkung hatte fatale Folgen, denn die Zahl der Mönche ging fortwährend zurück. Lebten Mitte des 10. Jahrhunderts etwa 100 Brüder auf der Reichenau, blieben 1411, als Friedrich von Zollern das Amt des Abts bekleidete, gerade noch zwei Mönche übrig. Dann fiel die Reichenau erstmals 1510 an das Bistum Konstanz, befand sich anschließend einige Zeit unter habsburgischer Zwangsherrschaft, bevor Markus von Knöringen als letzter Reichsabt das Kloster leitete. Er trat den Konvent gegen ein Entgeld definitiv an den Konstanzer Bischof ab. Und damit verlor Kloster Reichenau, seit der Gründung reichsunmittelbar und damit nur dem Kaiser veranwortlich, seine Unabhängigkeit.

Nach der Rückkehr der Heiligblutreliquie hofften die Brüder nochmals auf einen Aufschwung. Alle Versuche, die einstigen Rechte zurückzuerlangen, mündeten jedoch lediglich in einen Streit mit dem Konstanzer Fürstbischof, der schließlich mit einem päpstlichen Breve die Angelegenheit für sich entscheiden konnte. Widerspenstige Mönche wurden durch einen militärischen Schlag zum Schweigen gebracht und kurzerhand ausquartiert. Bis 1799 hatte das einst strahlende Benediktinerkloster den Rang einer »Missionskolonie«. Mit der Säkularisierung 1803 durch den späteren Großherzog von Baden war das Schicksal des Klosters endgültig besiegelt. Das Münster wurde fortan Pfarrkirche der Gemeinde Mittelzell. Seither ziert der noch vorhandene Bestand der Klosterbibliothek die Badische Landesbibliothek in Karlsruhe.

Im nächsten Schritt wurde der enteignete klösterliche Grundbesitz geteilt und zum Verkauf angeboten. Kirchen und Gebäude verschwanden von der Bildfläche. St. Johann, einst Pfarr- und Begräbniskirche für die Laiengemeinde aus dem 10. Jahrhundert, sowie St. Adalbert wurden abgerissen, 1838 ereilte die Kirche St. Pelagius, eines der ursprünglich 25 Gotteshäuser auf der Bodenseeinsel, das gleiche Schicksal. Von der ehemaligen Pfalz, die zwischen 1822 und 1825 abgetragen wurde, blieb vermutlich nur der Brunnen. Bis in die fünfziger Jahre des vorigen Jahrhunderts hinein diente das ehemalige Kloster als Sitz des Münsterpfarrers in einem Teil und im anderen Teil als Schule und Lehrerwohnung.

Als Schutzanlage errichtet, blieben von Burg Schopfeln in der Nähe des Inseldammes nur Ruinen. Während das einstmals als Herberge für hohe Gäste dienende Schloß Bürgle, im 17. Jahrhundert stark verändert, heute ein Ferienheim ist, beherbergt Schloß Königseck, das nach dem Geschmack des 19. Jahrhunderts umgestaltet wurde, eine Schule. Auf dem Festland an der Abzweigung zur Straße Richtung Konstanz liegt die Kindlebild-Kapelle mit ihrem Friedhof, auf dem einst die vor der Taufe gestorbenen Neugeborenen der »Klosterleute«, wie die Reichenauer Laiengemeinde hieß, zur letzten Ruhe gebettet wurden. Seit den dreißiger Jahren des 19. Jahrhunderts schüttete man vom Festland zur Insel allmählich einen Damm auf, verband jedoch das letzte Stück bis zum Ufer der Reichenau mit einer Brücke. Und so blieb der Inselstatus der Reichenau erhalten.

Während des 19. Jahrhunderts, als Schriftsteller und Maler die Abgeschiedenheit der Bodenseeinsel zunehmend schätzen lernten, betrieben die Reichenauer vor allem Weinbau. Als durch die Eisenbahn jedoch bessere Transportmöglichkeiten bestanden, nahm die Nachfrage nach Reichenauer Wein rapide ab. Statt des nie sonderlich hoch angesehenen »Seeweins« aus der Gegend um Konstanz zog man Gewächse aus

anderen Teilen Europas vor. Reblausbefall und der harte Winter von 1928/29, bei dem auch die Reichenauer Rebstöcke erfroren, bedeuteten praktisch das Ende dieses landwirtschaftlichen Erwerbszweiges, den die Mönche eingeführt hatten. Aus diesem Grund beschloß man damals die Umstellung auf den Gemüseanbau. Von den Erträgen leben heute etwa 120 landwirtschaftliche Betriebe auf einer Fläche von

Die Heilung des Besessenen von Gerasa

Beruhigung des Sturmes auf dem See Genezareth

Fresken aus dem 10. Jahrhundert in der Kirche St. Georg von Oberzell mit Darstellungen aus dem Leben Jesu

rund 320 Hektar. Nochmals die gleiche Hektarzahl ist mittlerweile unter Naturschutz gestellt. In einigen Fällen hat die Anlage von Gewächshäusern dazu geführt, daß altvertraute Panoramen und Sichtachsen nicht mehr vorhanden sind.

Nur noch zwischen Oberzell, Mittelzell und Unterzell erstrecken sich weite, landwirtschaftlich nicht genutzte Freiflächen. Dort befanden sich einst Sonderkulturen, die für die Versorgung des Klosters angelegt worden waren. Wie in anderen Teilen Europas haben jedoch auch auf der Reichenau Flurbereinigung, die Anlage von Straßen und Neubautätigkeit die Spuren der klösterlichen Eingriffe in die Kulturlandschaft weitgehend getilgt. Zudem hatten die Mönche schon im 11. Jahrhundert so gut wie keine Beiträge mehr zur Landschaftsgestaltung geleistet. Seit der Säkularisierung des Klosters waren auf der Insel nur verhältnismäßig wenige Neubauten entstanden. Daran hat sich auch nach Ende des Zweiten Weltkriegs wenig geändert.

Die Bewohner modernisierten ihre Bauernhöfe zunächst nach den Kriterien der sechziger Jahre. Ihre Ergebnisse können angesichts des historischen Erscheinungsbildes Reichenauer Wohnhäuser nicht immer als geglückt bezeichnet werden. Allerdings entstand vor einigen Jahren eine Reihe von Neubauten, die in ihrer architektonischen Beliebigkeit nicht mehr den geringsten Bezug zur Reichenau aufweisen. An einigen Stellen überschatten diese Bauwerke die jahrhundertealte, durch Fachwerkbauten geprägte Architektur. Die Verstöße gegen den inselspezifischen Baustil mögen zwar das vertraute Erscheinungsbild beeinträchtigen, die typische Siedlungsstruktur der Reichenau hat jedoch keinen Abbruch erlitten. Sie besteht nach wie vor aus verstreut angelegten Gebäuden, die keine wirklichen Ensembles darstellen. So läßt sich die charakteristische sozioökonomische Struktur einer von Mönchen gestalteten Landschaft wenigstens noch erahnen. Strenger gefaßte Bau- und Naturschutzgesetze bilden die Grundlage dafür, daß bei der weiteren Entwicklung der Insel Irrtümer früherer Jahre vermieden werden. Grenzen setzt seit jeher die Natur: Gnadensee, Zellersee und Rheinsee übernehmen die Funktion einer natürlichen Pufferzone.

Neben den erhaltenen sakralen Baudenkmälern bezeugt das Alte Rathaus, wie sich die Gemeinde auf der Bodenseeinsel allmählich entwickelt hat. Seit Beginn des 13. Jahrhunderts findet sich in den Urkunden die Bezeichnung »cives« (Bürger) für die Reichenauer. Bald darauf tritt ein »ammann« Konrad als Oberhaupt einer Gemeinde, die sich offenbar eine Verfas-

Das Langhaus von St. Georg in Oberzell mit den berühmtesten Wandmalereien der Reichenauer Schule aus dem 10. Jahrhundert

Wandgemälde im Münster
aus der Renaissance

Die Ostapsis von St. Peter
und Paul in Niederzell mit dem
in der Mandorla thronenden
Christus ▷

St. Peter und Paul in Niederzell

sung gegeben hat, sein Amt an. An der Mittelzeller Ergat, wie der ehemalige Gemeindeplatz genannt wird, erhebt sich sein ehemaliger Amtssitz mit einem romanischen Triforiumsfenster über dem Portal. Das mit Holzbalken

und Fachwerk gestaltete Obergeschoß mit Ratsstube ist um 1500 entstanden. Dort steht auch eine vermutlich 800-jährige Linde, unter der damals Gericht gehalten wurde. Obwohl die Angehörigen der Bürgerwehr heute bei festlichen Anlässen Uniformen tragen, die vorderösterreichischen Vorbildern nachempfunden sind, reichen die Wurzeln der Bürgerwehr Urkunden zufolge bis in das 12. Jahrhundert zurück. Sie war einstmals für die Verteidigung der Insel verantwortlich. Wenn sie sich mit der Bevölkerung an den Prozessionen zum Markustag und zu den hohen Kirchenfesten beteiligt, spürt man, daß die alten Gepflogenheiten und Traditionen des klösterlichen Zeitalters nur wenig von ihrer Lebendigkeit eingebüßt haben. Neben dem Markusfest am 25. April und Maria Himmelfahrt (15. August) wird das Heiligblut-Fest (Montag nach dem Dreifaltigkeitssonntag) als höchster Inselfeiertag betrachtet. Im Anschluß an die Bürgerwehrparade auf dem Münsterplatz findet der Festgottesdienst statt. Danach beginnt die Prozession über die ganze Insel, wobei die Schreine der Heiligen aus der Schatzkammer mitgetragen werden. Dazu legen die Frauen ihre Trachten an, ihre Männer tragen die Uniformen der Bürgerwehr, der Bürgermusik oder des Spielmannszuges.

Die Königshalle
von Lorsch

Paul Schnitzer

Die Abtei Lorsch und Altenmünster

In der bisher erschienenen, recht umfangreichen Lorsch-Literatur konnte man noch nicht lesen, daß es auch einen sagenhaften Ursprung des Klosters Lorsch gibt. In der Handschrift 4 im Geheimen Hausarchiv in München aus dem 17. Jahrhundert sind für zahlreiche pfälzische Orte deren Ursprung und frühmittelalterliche Geschichte in »mit Fabeleien reichlichst bedachten Aufzeichnungen« belegt, die offensichtlich nur auszugsweise Anfang des 18. Jahrhunderts veröffentlicht wurden.

Über Lorsch wird berichtet, daß der Frankenkönig Pippin »das Gotteshaus und mächtig reich Kloster in Grund und Fundament gelegt« habe. Als er sich im »Nortter Wald« auf Jagd nach Wildschweinen befand, geriet er in größte Not und gelobte, im Falle seiner Rettung ein Gotteshaus zu stiften. Seine Reiterschaft kam ihm zu Hilfe, und in Erfüllung seines Gelöbnisses legte er den Grundstein für das Kloster

Lorsch, in den er neben einer Ausgabe des Alten und Neuen Testaments ein Goldstück mit seinem Bildnis einfügte. Soweit die »fabelhafte« Gründung des Klosters Lorsch.

Seine historisch belegte Stiftung ist in der Klosterchronik, dem sogenannten *Lorscher Codex,* überliefert, der heute im Bayerischen Hauptstaatsarchiv in München aufbewahrt wird. Im Jahre 764 übergaben der Graf im Oberrheingau, Kankor, und seine fromme Mutter Williswinda, die Witwe des Grafen Rupert, ihr Landgut Lauresham zur Gründung eines Klosters an Chrodegang, den Erzbischof von Metz und in der Nachfolge des hl. Bonifatius Primas der fränkischen Kirche. Er besiedelte es mit 16 Benediktinermönchen aus Gorze bei Metz und reichte bald den Abtsstab an seinen Bruder Gundeland weiter.

Ein Jahr nach der Gründung wurden gemäß dem Bericht der Chronik die Reliquien des

Blick auf die ehemalige
Benediktinerabtei Lorsch

römischen Märtyrers Nazarius in einer eindrucksvollen Prozession in die Abtei übertragen. Mit der Ankunft dieses kostbaren Schatzes begann ihr schneller Aufstieg, und ihre Strahlkraft wirkte weit hinein in das fränkische Reich. Dazu trugen die schon genannten Stifter, die mit dem karolingischen Haus verwandt waren, und andere vornehme Familien bei. Schon bald gingen die Schenkungen von Liegenschaften in Form von Dörfern, Kirchen, Äckern, Wiesen, Weinbergen und Mühlen in die Hunderte. Aber auch Leibeigene wurden dem Kloster übergeben. Von Karl dem Großen erhielt es 772 die Mark Heppenheim, die etwa dem heutigen Kreis Bergstraße entspricht, als Kernbesitz, die Immunität und das Recht der freien Abtswahl.

Der Zustrom von Pilgern zur Kirche und zum Grab des hl. Nazarius sowie die ungünstige Lage auf einer Insel des Flüßchens Weschnitz, die keine Erweiterungsmöglichkeiten bot, bedingten nach wenigen Jahren eine Verlegung des Klosters auf eine etwa 500 Meter westlich gelegene Düne, wo wahrscheinlich bereits die Römer eine Gottheit verehrten und heute noch Überreste des Klosterbaus zu sehen sind. In siebenjähriger Bauzeit entstand ein neuer Klosterkomplex. Wie sehr die Abtei bald nach ihrer Gründung in Ansehen stand, verdeutlicht die Anwesenheit hoher geistlicher und kirchlicher Würdenträger bei der Weihe der Klosterbasilika am 1. September 774. An ihrer Spitze befand sich der nie rastende König Karl, der gerade von seinem siegreichen Feldzug gegen die Langobarden zurückgekehrt war, mit seiner Gemahlin Hildegard, seinen Söhnen und seinem ganzen Hofe. Die Konsekration der Kirche zu Ehren der Apostelfürsten Petrus und Paulus und des hl. Nazarius nahmen die Bischöfe von Mainz, Metz, Passau, Trier und Würzburg vor. Als Kirchweihgeschenk übertrug Karl der Große mit einer in Worms ausgestellten Urkunde das Dorf Oppenheim am Rhein an die Abtei.

Die Königshalle – Ein Kleinod karolingischer Baukunst

Als ein Zeichen der Huldigung an den am Weihnachtsfest des Jahres 800 in Rom zum Kaiser gekrönten Frankenkönig Karl den Großen und zugleich als ein Denkmal der Verbindung des Reichsklosters mit dem Kaisertum sieht Josef Fleckenstein die Königshalle, die als einziges Bauwerk des Klosterbezirks über die Jahrhunderte fast unversehrt erhalten blieb.[1] Der Dichter Werner Bergengruen, der in den zwan-

Fassadengliederung der Königshalle: Kompositkapitelle zwischen den Torbögen und ionische Kapitelle am Obergeschoß

ziger Jahren mit dem Fahrrad von Gernsheim kommend hier verweilte, meinte: »Es ist, als habe sich mitten in einer urdeutschen Landschaft der Märchenvogel eines fremden, eines versunkenen Landes niedergelassen.«

Diese Königshalle gibt lebhaft Zeugnis vom Herrscherwillen Karls des Großen, der seine Zeit bewußt nach seinen Vorstellungen formen und gestalten wollte: Er erstrebte die enge Einheit von Kirche und Staat, die Erhaltung und Vermittlung antiken Geistesgutes, die Verbindung von Germanentum und Christentum und die Versöhnung von Rom und Byzanz. So sind auch in der Lorscher Königshalle antikrömische, einheimisch-germanische und byzantinisch-orientalische Bauelemente zu einer neuen, einmaligen Einheit zusammengeflossen.

Leider haben die Erschütterungen des Schwerlastverkehrs und die Abgase dem Gebäude sehr geschadet. Im Herbst 1976 erfolgten Reinigung und Restaurierung der Außenfassaden. Nachdem im November 1976 die Umgehung der Bundesstraße 460, die unmittelbar an der Königshalle vorbeiführte, fertiggestellt war, wurde zunächst der Schwerlastverkehr umgeleitet. 1982 hat die Stadt Lorsch nach den Plänen des Architekten Paul Rhein aus Lorsch den Raum zwischen dem Alten Rathaus und der Königshalle zu einem Platz – jetzt Benediktinerplatz genannt – umgestaltet, wobei der Grundriß für den Eingangsbereich

[1] Josef Fleckenstein, Erinnerung an Karl den Großen, in: Beiträge zur Geschichte des Klosters Lorsch, hg. vom Heimat- und Kulturverein Lorsch in Verbindung mit der Arbeitsgemeinschaft der Geschichts- und Heimatvereine im Kreis Bergstraße, Heppenheim an der Bergstraße [2]1980, S. 63–77.

[2] Kloster Lorsch. Berichtsband zum interdisziplinären Symposium am 12. und 13. November 1991 im Hessischen Landesmuseum Darmstadt. Kunst in Hessen und am Mittelrhein 32 und 33, Schriften der Hessischen Museen, Redaktion Theo Jülich, Darmstadt 1993.

[3] Siehe dazu Beiträge zur Geschichte des Klosters Lorsch (wie Anm. 1).

[4] Das Lorscher Evangeliar, eingeleitet von Wolfgang Braunfels, München 1967.

Karolingische und gotische Fresken im Obergeschoß der Königshalle

Kopf eines jungen Mannes aus Lorsch, um 800 (gefunden 1928). Grauer Sandstein, 22 cm hoch. Hessisches Landesmuseum, Darmstadt

des Klosters durch Plattenbelag markiert worden ist. So wird dieser Platz dem Weltrang dieses Baudenkmals gerecht.

Im Obergeschoß der Königshalle sind Reste karolingischer und gotischer Fresken erhalten. Sie wurden Ende der zwanziger Jahre freigelegt und damals wie auch später mehrmals restauriert und rekonstruiert. Neuerliche Schäden an den Putz- und Malschichten veranlaßten die Verwaltung der Staatlichen Schlösser und Gärten Hessen, umfangreiche und grundlegende Bestandsaufnahmen und naturwissenschaftliche Untersuchungen durchzuführen. Bei einem interdisziplinären Symposium im November 1991 im Hessischen Landesmuseum Darmstadt wurden die bisherigen Ergebnisse vorgestellt und Fragen über die Entstehung und Funktion des Bauwerks erörtert, worüber ein Dokumentationsband[2] vorliegt.

Dennoch bleiben weiterhin mehr Fragen offen, als bisher beantwortet werden konnten. Von der liebgewordenen Vorstellung, daß die Königshalle 774 zur Begrüßung Karls des Großen erbaut wurde, ist wohl Abschied zu nehmen, wenn sie auch nicht völlig abwegig war. Schließlich war es schon in der Antike üblich, siegreiche Feldherren und Kaiser zur Begrüßung mit der Errichtung von Triumphpforten zu ehren, die anschließend in steinerne Denk-

mäler verwandelt wurden, wie die bis heute erhaltenen Triumphbögen im Rom bezeugen.

Die Königshalle – von den meisten Kunsthistorikern als »Torhalle« bezeichnet, obwohl das Klostertor westlich des Bauwerks stand – trägt auch den Namen »Michaelskapelle«. Er leitet sich von ihrem Patrozinium her und ist mindestens seit dem barocken Umbau unter dem Mainzer Kurfürsten und Erzbischof Lothar Franz von Schönborn in Gebrauch. Aus dieser Zeit (1697) stammt auch der kleine Dachreiter mit einer Glocke, die zu Gottesdiensten läutet. Bis in unsere Zeit fanden solche statt, zuerst im Untergeschoß, dann nach Entfernung der Vermauerung und der Tore, im Obergeschoß. Nach Beendigung der Wiederherstellungsarbeiten soll dieser Brauch fortgeführt werden, um die geistlich-liturgische Bestimmung dieser Stätte zu erhalten.

Grablege der ostfränkisch-deutschen Könige

Welche bedeutende Stellung die Reichsabtei im karolingischen Ostreich einnahm, wird an der Tatsache deutlich, daß sie der Enkel Karls des Großen, Ludwig der Deutsche, zu seiner Grablege bestimmte. Nach seinem Tod in der

Pfalz in Frankfurt am 28. August 876 wurde er in Lorsch beigesetzt. Nach ihm fand sein Sohn Ludwig der Jüngere 882 in der von ihm erbauten »ecclesia varia«, der »Bunten Kirche«, seine Ruhestätte. Auch eine königliche Frau, Kunigunde, die Gemahlin Konrads I., zog als Tote in die Königsgruft ein, und Tassilo, der von Karl dem Großen abgesetzte und in Klosterhaft genommene Bayernherzog, soll in Lorsch gelebt, sein Leben hier vollendet und seine letzte Ruhe gefunden haben. Um 1800 wurde die Königsgruft ausgeraubt, die Sarkophage verwendete man zum Teil sogar als Brunnentröge. Im Kirchenrest wird ein besonders kunstvoll bearbeiteter Steinsarg gezeigt, der einst die Gebeine Ludwigs des Deutschen geborgen haben dürfte.

Die Vorkirche von Südwesten

Blick auf die innere Nordwand der Vorkirche, im Vordergrund der Sarkophag Ludwigs des Deutschen

Ein Zentrum frühmittelalterlicher Kultur und Wissenschaft

Wer sich mit der Kunstgeschichte und der Geschichte des frühen Mittelalters befaßt, begegnet unweigerlich dem Namen Lorsch im Kontext der schon erwähnten karolingischen Königshalle[3], aber auch in Verbindung mit dem berühmten *Lorscher Evangeliar,* das um 810 in der Hofschule Karls des Großen als letztes und schönstes Exemplar einer Reihe karolingischer Codices angefertigt und vom Kaiser der Lorscher Abtei geschenkt wurde. Diese Handschrift, welche die vier Evangelien und prächtige ganzseitige Miniaturen enthält, wird heute an drei verschiedenen Orten aufbewahrt: das Matthäus- und Markusevangelium in Karlsburg (Alba Julia) in Rumänien, das Lukas- und Johannesevangelium in der Vatikanischen Bibliothek, den einen Elfenbeinbuchdeckel besitzt das Victoria and Albert Museum in London, den anderen das Museo Vaticano Christiano in Rom. In der 1965 in Aachen veranstalteten Ausstellung des Europarates ›Karl der Große‹ wurde nach Jahrhunderten der Trennung dieses Evangeliar für die Zeit der Ausstellung zusammen gezeigt. 1967 erschien mit Unterstützung der Stiftung Volkswagenwerk eine Faksimile-Gesamtausgabe.[4]

Der Historiker kennt die ›Annales Laureshamenses‹, die für die Kaiserkrönung Karls des Großen bedeutsame Quelle, die sich heute in der Nationalbibliothek in Wien befindet. Von besonderem Wert ist der schon anfangs erwähnte *Lorscher Codex,* die Chronik und das Urkundenbuch der früheren Abtei mit seinen 3836 Urkunden. Der Codex enthält die Namen von über tausend Orten des deutschen Sprachgebietes, die hier zum ersten Mal urkundlich belegt sind.

Sarkophag vom Seehof mit reliefartigen christlichen Symbolen (Kreuz und Anker) auf der Innenseite, spätrömisch-fränkische Technik

5 Das ›Lorscher Arzneibuch‹, hg. von Gundolf Keil, Bd. 1 Faksimile, Bd. 2 Übersetzung der Handschrift Msc. Med. 1 der Staatsbibliothek Bamberg von Ulrich Stoll und Gundolf Keil, unter Mitwirkung von Altabt Albert Ohlmeyer, Stuttgart 1989; Das Lorscher Arzneibuch. Klostermedizin in der Karolingerzeit, hg. vom Heimat- und Kulturverein Lorsch, Lorsch 1989; Das Lorscher Arzneibuch und die frühmittelalterliche Medizin. Verhandlungen des medizinhistorischen Symposiums im September 1989 in Lorsch, hg. von Gundolf Keil und Paul Schnitzer, Lorsch 1991.

6 Der ›Lorscher Bienensegen‹. Ein althochdeutscher Spruch, übertragen und erläutert von Karlheinz Platte, Lorsch 1993.

7 Bernhard Bischoff, Die Abtei Lorsch im Spiegel ihrer Handschriften, Lorsch [2]1989.

8 Franz Staab, Die Märkte der Abtei Lorsch, in: Geschichtsblätter für den Kreis Bergstraße, Bd. 27, 1994.

9 Christoph Münch, Musikzeugnisse der Reichsabtei Lorsch, Lorsch 1993.

Im September 1989 wurde im Rahmen eines wissenschaftlichen Symposiums das *Lorscher Arzneibuch* vorgestellt. Diese Ende des 8. Jahrhunderts in Lorsch verfaßte Handschrift eines unbekannten Mönches, die heute die Staatliche Bibliothek Bamberg besitzt, weist die Abtei als ein einzigartiges medizinisches Zentrum des frühen Mittelalters aus.[5]

Zu den wenigen auf uns gekommenen althochdeutschen Sprachdenkmälern zählen die *Lorscher Beichte* und der ›*Lorscher Bienensegen*‹[6]; beide sind in Lorscher Handschriften der Vatikanischen Bibliothek erhalten. Die Lorscher Klosterbibliothek besaß nach den noch vorhandenen mittelalterlichen Katalogen einen reichen Bücherbestand. Er gelangte nach der Aufhebung des Klosters 1559 größtenteils nach Heidelberg, wo er zur Grundausstattung für die sogenannte *Palatina* diente. Während des Dreißigjährigen Krieges, nach der Eroberung Heidelbergs, schenkte Feldherr Tilly sie 1622 Papst Gregor XV. So befinden sich von den sonst in alle Welt zerstreuten Lorscher Codices die meisten noch im Vatikan. Bernhard Bischoff konnte insgesamt mehr als 300 erhaltene Handschriften in Bibliotheken des In- und Auslandes nachweisen.[7]

Die Reichsabtei Lorsch spielte auch in der Diplomatie und am Hofe eine bedeutsame Rolle. Seit ihrem Bestehen hielt die Abtei stets zum Reich. Zum Aufgebot des Reichsheeres stellte Lorsch im Jahre 982 ebenso wie Weißenburg fünfzig Reiter, während die weltlichen Kontingente höchstens vierzig betrugen. Die

treuen Dienste vergalten die Herrscher, indem sie alte Privilegien erneuerten und durch ihre persönliche Anwesenheit die Abtei ehrten.

Im Schutz des Klosters entwickelte sich auch die bürgerliche Gemeinde Lorsch. Die Siedlung hatte wohl bereits im 10./11. Jahrhundert eine beachtliche Größe aufzuweisen, denn neben der Klosterbasilika zum hl. Nazarius bestand auch eine eigene Pfarrkirche, und im Jahre 1067 verlieh König Heinrich IV. dem Abt für Lorsch das Markt- und Münzrecht. Der wirtschaftliche Radius des Nazariusklosters reichte weit über die eigene Region hinaus. Denn neben dem bereits 956 von Kaiser Otto I. für das nahe Bensheim erteilten Marktprivileg – für den ersten dörflichen Wochen- und Jahrmarkt Süddeutschlands – stand ihm das Marktrecht in Wiesloch, Oppenheim, Weinheim und Brumath im Elsaß zu. Für die beiden letztgenannten Orte hatte das Kloster auch das Münzrecht.[8]

Bei der Aufzählung dieser wissenschaftlichen und wirtschaftlichen Leistungen der Reichsabtei darf nicht übersehen werden, daß in ihr wie in jedem Kloster beständig das Lob Gottes erklang im Vollzug der Liturgie der Gottesdienste und des Chorgebetes. Der Wahlspruch »ora et labora« – »bete und arbeite« – leitete die Mönche zu beidem an: zur Verherrlichung Gottes und zum Wirken mit den Kräften des Geistes und der Hände Arbeit.[9]

Ende der Reichsabtei – Aufhebung des Klosters

Das Kloster Lorsch wurde bei der Herausbildung der mittelalterlichen Territorialstaaten im 12./13. Jahrhundert in Mitleidenschaft gezogen. Dem Kurfürsten und Erzbischof von Mainz gelang es, sich 1232 von Kaiser und Papst die Abtei unterstellen zu lassen. Die Benediktiner mußten – nicht ohne Widerstand – das Kloster verlassen. Nach wenigen Jahren der Anwesenheit von Zisterziensern aus dem mainzischen Kloster Eberbach im Rheingau kamen 1248 Prämonstratenser-Chorherren aus dem Kloster Allerheiligen im Schwarzwald nach Lorsch. Im Streit zwischen Kurmainz und der Pfalz, die aufgrund ihrer Vogteirechte Ansprüche auf Lorsch reklamierte, verpfändete in der sogenannten Mainzer Stiftsfehde Erzbischof Diether von Isenburg 1461 die Bergstraße mit dem Kloster Lorsch an die Pfalz. Das klösterliche Leben erlosch vollends, als durch Kurfürst Ottheinrich (1556–59) die Reformation eingeführt wurde. In den Wirren des Dreißigjährigen Krieges wurde das Kloster 1621 durch spanische Truppen weitgehend zerstört. Nach der

Elfenbeindeckel mit
Madonnendarstellung des
Lorscher Evangeliars, um 810
entstanden, vermutlich seit 814
im Kloster Lorsch.
Victoria and Albert Museum,
London

Wiedereinlösung der Pfandschaft durch Kurmainz 1623–48 und der katholischen Reform hintertrieb der katholische Landesherr aus rein fiskalischen Gründen – die Besitzungen waren noch beträchtlich – die Rückkehr der Prämonstratenser. Von der einst blühenden Stätte klösterlichen Lebens war ein Trümmerhaufen übriggeblieben, den die Einwohner von Lorsch und der Umgebung als Steinbruch benutzten. Beim Bau der Lorscher Pfarrkirche 1625/26 wurden zum Beispiel Bruchsteine aus dem Kloster verwendet, und bis in die jüngste Zeit kommen beim Abriß alter Häuser und Scheunen immer wieder behauene und ornamentierte Steinfragmente zum Vorschein.

Die archäologische und Baudenkmalpflege nahm sich schon im vergangenen Jahrhundert der Überreste der ehemaligen Abtei Lorsch an. Die Königshalle rettete nach dem Übergang von Lorsch an Kurmainz bei der Säkularisation 1803 Landgraf Ludewig, der spätere erste hessische Großherzog, durch persönliches Eingrei-

Altenmünster, das Mutterkloster St. Peter

Blick auf die Grundrißmarkierung von St. Peter zu Altenmünster

Bei der Aufnahme des Klosters Lorsch in die Liste des Weltkultur- und Naturerbes wurde von der UNESCO ausdrücklich auch Altenmünster, der Ursprungsort der Abtei Lorsch, berücksichtigt. Nach seiner Verlegung von der Weschnitzinsel auf die Düne nach 774 hören wir lange Zeit nichts mehr von dem Mutterkloster. Abt Udalrich erneuerte 1071 die offensichtlich verödete Stätte und besetzte sie mit einem Propst. In einer Bulle Papst Gregors IX. von 1238 wurde das Kloster noch als Bestand aufgeführt. Seine letzte Erwähnung im Mittelalter ist für die Zeit um 1280 überliefert. Lediglich der alte Flurname »Hinter dem alten Münster« bewahrte die Erinnerung.

Im Gefolge der 1200-Jahr-Feier und des gewachsenen Verständnisses für die bedeutende geschichtliche Vergangenheit errichtete der Heimat- und Kulturverein Lorsch 1967 auf dem Weschnitzdamm einen Gedenkstein. Nach wie vor war aber das Gelände in Privatbesitz und wurde landwirtschaftlich genutzt. Im Rahmen einer Flurbereinigung konnte wenigstens ein Teil des früheren Klosterareals der Stadt zugewiesen werden. In Verbindung mit dem Landesamt für Denkmalpflege wurde, finanziert mit Spenden und Zuschüssen, 1984/85 durch den Heimat- und Kulturverein der Grundriß der Kirche durch niedrige Mauerzüge kenntlich gemacht. Der Kreuzgang wurde gepflastert und durch Säulenwacholder (Juniperus virginiana) markiert. Am 29. Juni 1985, dem Fest der Apostel Petrus und Paulus, weihte Albert Ohlmeyer, der Altabt der Benediktinerabtei Neuburg, des einzigen wieder bestehenden Tochterklosters von Lorsch, die Gedenkstätte ein. Seitdem zieht am Dienstag vor Christi Himmelfahrt die traditionelle Flurprozession nach einer Statio vor der Königshalle nach Altenmünster, um dort den Bittgottesdienst zu feiern. Um das Fest der Apostel Petrus und Paulus (29. Juni) begeht die katholische Kirchengemeinde mit einem Sonntagsvorabend-Gottesdienst das Petrus-Patrozinium.

Mit diesen Gottesdiensten in Altenmünster und anderen Feiern auf dem Klostergelände wollen die heutigen Einwohner von Lorsch die historischen Stätten in das örtliche Leben einbeziehen und jahrhundertealte abendländische Traditionen auch in unserer Zeit lebendig halten.

fen vor der Zerstörung. Durch die Kurmainzer Behörden war 1797 bereits die Genehmigung erteilt worden, das Gebäude niederzulegen, um mit dem Abbruchmaterial in dem benachbarten Filialort Kleinhausen eine neue Kirche zu erbauen.

Die heute maßgebliche letzte Ausgrabung erfolgte 1927–37 unter Leitung des Bodendenkmalpflegers für die hessische Provinz Starkenburg, Friedrich Behn. Durch sie haben wir eine umfassende Kenntnis der einstigen Klosteranlage. Über dem Boden sind heute nur noch erhalten die Königshalle, drei Joche des Mittelschiffs der sogenannten Vorkirche, die Zehntscheune und ein Teil der Ringmauer. Die Ausdehnung der Klosterkirche ist durch eine Ligusterhecke kenntlich gemacht. Im Klosterpark befinden sich der in Erinnerung an die 1200-Jahr-Feier 1964 errichtete Jubiläumsbrunnen, eine Gedenktafel an der Stelle der Gruftkirche und ein benediktinischer Kräutergarten.

Detlev Arens

»Die Mitte des Abendlandes« –
Die Pfalzkapelle Karls des Großen zu Aachen

Die Aachener Pfalzkapelle ist keineswegs nur ein Glücksfall der Architekturgeschichte. Kaum anzunehmen, daß die Stadt heute noch mit ihrem Pfund als »Residenz Karls des Großen« derart wuchern könnte, stünde nicht ein so herausragendes Denkmal für Kontinuität ein.

Sicher, die am Rathaus identifizierbaren Partien der kaiserlichen Palastaula, die ergrabenen Teile der Pfalz wie Atrium und Annexbasiliken, ja der deutlich vom Straßenbild abgesetzte Pfalzbezirk insgesamt – auch sie sind Zeugnisse aus der Zeit des großen Kaisers. Aber zum Sinnbild seiner glanzvollen Herrschaft konnte eben doch nur der monumentale Zentralbau werden. Insofern trifft der französische Ortsname Aix-la-Chapelle den Kern.

Napoleon, doch zuvor der »Aachener Säulenraub«[1]

Es war gewiß kein kleines Bistum, das seit 1802 den Namen Aachen trug – wenngleich eines von Napoleons Gnaden. Der linksrheinische Teil des schlichtweg aufgelösten Erzbistums Köln bildete seinen Kern, doch griff es nach Süden weit darüber hinaus und schloß einen beträchtlichen Teil des (gewesenen Erz-, jetzt) Bistums Trier ein, ja sogar einige Mainzer Pfarreien wurden ihm einverleibt. Die neue (und bekanntlich schon 1821 wieder aufgehobene) Diözese verfügte also über eine sehr imposante Nord-Süd-Erstreckkung, zumal man ihr auch noch Bereiche des Bistums Utrecht zugeschlagen hatte. Im Westen arrondierten große Partien der Bistümer Lüttich und Roermond die Aachener Kirchenprovinz.[2]

Kathedrale wurde selbstverständlich die Aachener Marienkirche, und kaum weniger selbstverständlich gab Napoleon 1804 den Aachenern wieder ihr Karlsfest zurück. (Den Termin dazu ließ er übrigens von seiner Gattin festlegen, die sich damals zu einer längeren Kur in der Badestadt aufhielt.) »Seitdem die Franzosen in Aachen weilten, war dieser Tag nicht mehr feierlich begangen worden. Man kann daher die große Begeisterung der Aachener Bevölkerung verstehen, als Napoleon ihr Nationalfest wieder zu Ehren kommen ließ. Die Festpredigt des Domherrn Ganzargues brachte einen Vergleich Napoleons mit Karl dem Großen und gipfelte in dem Satz: Napoleon ist der gottbegnadete Nachfolger Karls.«[3]

Nun war dieser Schluß gewiß keine Pointe des wackeren Domherrn, sondern geläufige Formel. Napoleon selbst hat Karl des öfteren »unseren Vorgänger« genannt. Da fügt es sich schön ins Bild, daß der Korse auch der Aachener ›Kaisergruft‹ seine Aufwartung gemacht habe – zumal dann, wenn sich zu solchem Abstieg noch ein Seitenhieb auf die »anachronistische Kaiserwürde«[4] Napoleons führen läßt.

Allerdings waren auch 1803 alle Anstrengungen, die Kaisergruft aufzufinden – sie befand sich wohl doch nicht in der Pfalzkapelle, sondern im westlich vorgelagerten Atrium –, wie schon zahlreiche Nachforschungen zuvor ergebnislos verlaufen. Trotzdem bestätigt noch das Ondit des Gruftbesuchs die singuläre Bedeutung dieser Kirche. Übrigens ist Napoleon während seines Aachen-Aufenthalts (vom 2. bis 11. September 1804) tatsächlich im Dom gewesen, um sich den gerade wieder eingetroffenen Kirchenschatz zeigen zu lassen, und bei den Reliquien Karls des Großen soll er dem Vernehmen nach besonders lange verweilt haben.

[1] J. Buchkremer, Der Aachener Säulenraub durch die Franzosen, in: Zentralblatt der Bauverwaltung 80, 1940, S. 578.

[2] K. Friedrich, Marc Antoine Berdolet, Mönchengladbach 1973, S. 124.

[3] J. Torsy, Geschichte des Bistums Aachen während der französischen Zeit, Aachen 1940, S. 51 f.

[4] So H. K. Schulze, Vom Reich der Franken zum Reich der Deutschen – Merowinger und Karolinger, Berlin 1987, S. 305.

Die antiken »Kaiserlichen Säulen« im
Obergeschoß der Pfalzkapelle

Ob Napoleon am karolingischen Oktogon seine rechte Freude gefunden hat, muß jedoch dahingestellt bleiben. Nach der Eroberung Aachens hatte die französische Revolutionsregierung auf die ehemalige Pfalzkapelle ihr besonderes Augenmerk gerichtet. Am 28. Oktober 1794 ließ sie die Säulen dort herausbrechen und knapp zehn Monate später nach Paris überführen. (Den gleichen Weg nahm auch der antike Proserpina-Sarg, in dem Karl der Große unmittelbar nach seinem Tod die letzte Ruhestatt gefunden hatte.) Fortan gaben die Stützen – soweit sie nicht magaziniert wurden – den Louvre-Sälen ein noch festlicheres Erscheinungsbild. Als die Schäfte wie auch teilweise die Kapitelle und Basen wieder nach Aachen zurückkehren konnten (die ersten 1815), bedurfte es des ganzen Scharfsinns der Verantwortlichen, um deren ursprünglichen Standort zu ermitteln. Doch in etlichen Fällen herrscht darüber noch bis heute Unklarheit.[5]

Offenbar betrachtete man die Säulen in Paris keineswegs als bloße Beutestücke. Dem Louvre, zweifellos auch ein Ort nationaler Repräsentation, wurde damit ein Erbe einverleibt, dessen Erblasser schon früh für die Geschichte Frankreichs reklamiert worden war. Gerade die Säulen ließen sich ja als aussagekräftige Zeugnisse im Hinblick auf das imperiale Programm Karls des Großen deuten – einmal abgesehen davon, daß man schwerlich die ganze ehemalige Pfalzkapelle translozieren konnte. So bestätigt der »Säulenraub« den überragenden Symbolwert dieser Kirche selbst in den Augen derjenigen, die das Ancien régime zu zerschlagen angetreten waren.

Exkurs: Die Aachenfahrt

Macht über den Menschen hat der Spiegel nicht nur, weil er das äußere Erscheinungsbild des Betrachters wiedergibt; der Aberglaube schrieb ihm außerdem Fluch und Segen gleichermaßen zu. Der »wirkende Spiegel« vermochte sogar die Kraft der Reliquien einzufangen und lange zu speichern. Vor allem aber bewährte er sich da, wo der Gläubige die Heiltümer bestenfalls noch schemenhaft wahrnehmen und schon gar nicht mehr berühren konnte.

Es kam also keineswegs von ungefähr, daß der reformorientierte Theologe Nikolaus von Jauer in seinem Traktat ›Vom Aberglauben‹ das »Hochhalten der Spiegel (...) in Aachen« geißelte. Denn nirgendwohin drängten diesseits der Alpen die Pilger im Spätmittelalter so zahlreich wie zur Aachener Marienkirche, im gesamten christlichen Abendland wurde die Stadt nur von Rom und Santiago de Compostela an Bedeutung übertroffen. Die gewaltige Menge der Aachenfahrer hatte seit der ersten Hälfte des 14. Jahrhunderts einen engeren Kontakt zwischen Gläubigen und Heiltümern unmöglich gemacht. So blieb nur die Fernweisung, wozu eigens eine Galerie um den Westbau gezogen wurde, die bis zur Oktogonkuppel reichte. Die Pilger sahen die Reliquien jetzt nur noch von fern, aber offenbar minderte solche Entrücktheit nicht im geringsten ihre Anziehungskraft.

Außerdem wußten sich die Wallfahrer ja zu helfen. So verhieß – ohne den Segen, aber mit stillschweigender Duldung der Kirche – die Herstellung von Aachenspiegeln große

[5] Zuletzt Felix Kreusch, Im Louvre wiedergefundene Kapitelle und Bronzebasen aus der Pfalzkirche Karls des Großen zu Aachen, in: Cahiers Archéologiques 18, 1968, S. 71 ff.

Gewinnspannen. Und ein findiger Unternehmer namens Johannes Gutenberg hatte in seinem Straßburger Exil offenbar ein Verfahren ersonnen, um die enorme Nachfrage mit einem ebenso reichlichen Angebot befriedigen zu können. Nur war ihm bei aller technischen Intelligenz und kaufmännischen Gewitztheit entgangen, daß bei ihrem Sieben-Jahre-Turnus die nächste Aachenfahrt nicht 1439, sondern erst 1440 stattfand.

Ob sich Gutenbergs Hoffnung auf ein großes Geschäft erfüllt hat, verraten die Quellen nicht. Aber immer wieder haben die Forscher vermutet, daß in Gutenbergs Straßburger »afentur und kunst« ein Vorläufer des Buchdrucks zu sehen sei, wenigstens insoweit, als es schon damals um »die Bewältigung der von seiner Zeit gestellten Probleme der massenhaften Vervielfältigung«[6] ging.

Nun stand bei den Aachenfahrten das Andenken Karls des Großen eher im Hintergrund. Dabei hätten Stadt und Kapitel allen Anlaß gehabt, zumindest des Kaisers Rolle als Mittler hervorzuheben. Denn die prominenten Heiltümer (die vier ›großen‹: Marienkleid, Windeln und Lendentuch Christi sowie Enthauptungstuch des hl. Johannes, aber auch die drei ›kleinen‹: Ledergürtel Christi, Stoffgürtel Mariens und ein Teil vom Strick der Geißelsäule), sie alle kamen aus Karls Besitz. Allerdings waren diese Kostbarkeiten über die Jahrhunderte in Vergessenheit geraten, vielleicht auch, weil die Welle des Reliquienkults erst Ende des 12., Anfang des 13. Jahrhunderts derart gewaltig anschwellen sollte.[7] Um 1238 jedenfalls öffneten die Aachener Stiftsherren jene unscheinbare Lade, die den wahrhaft sensationellen Wieder-Fund barg.

Doch gehen eben die Heiltümer nicht nur auf Karl den Großen zurück, sondern ebenso auf seine Pfalzkapelle. Sie war von ihrem Erbauer ausdrücklich als Reliquienschatzkammer bestimmt. Auch seine Überreste rückten später in den Rang von Reliquien auf, obgleich sie bei den Aachenfahrten keine überragende Rolle spielen. Dennoch wird Josephine Beauharnais den sogenannten Talisman Karls des Großen (eigentlich ein karolingisches Reliquiar) zu schätzen gewußt haben, den ihr das Domkapitel 1804 als Geschenk verehrte.

Der Karlskult Karls IV.

Daß die Erhebung Karls IV. zum römischen König unter einem guten Stern gestanden hat, läßt sich nicht behaupten. Zwar hatten ihn, den ›Protegé‹ von Papst Clemens VI., die Kurfürsten mit Mehrheit gewählt, doch konnte der Luxemburger am 26. September 1346 sozusagen nur notgekrönt werden – mit behelfsmäßigen Reichsinsignien und in der Bonner Stiftskirche St. Cassius und Florentius. Die Stadt Aachen hatte dem König von Böhmen die Aufnahme verweigert. Sie stand auf seiten Kaiser Ludwigs von Bayern, der ihre Bürger freilich im gleichen Jahr hatte wissen lassen, sie seien – zwar nicht gerade aus der Welt, aber – »up ein ende vam rige«.

Fast drei Jahre wartete Karl, bis die einschlägige Zeremonie – übrigens während einer Aachenfahrt – am 29. Juni 1349 in der Marienkirche stattfand, nun, wie die Quellen vermerken, »am rechten Ort«.

Karl IV. hat die anfängliche Zurückhaltung der Aachener hingenommen, ja ihre Stadt in der Goldenen Bulle von 1356 als Krönungsort ausdrücklich bestätigt. Ohnehin fällt die Fürsorge dieses Herrschers für Aachen ins Auge, das doch so weit westlich seiner eigenen, äußerst vitalen Hausmachtinteressen lag und tatsächlich »an den Grenzen des Heiligen Römischen Reiches«.[8] Kaiser Maximilians I. Bemerkung, Karl sei zwar Böhmens Erzvater, aber des Reiches Erzstiefvater gewesen – auf Aachen jedenfalls trifft sie nicht zu.

Das kaiserliche Wohlwollen verdankt die Stadt einmal mehr Karl dem Großen. Wie sehr er seinem spätmittelalterlichen Nachfolger am Herzen lag, zeigt schon dessen Aufforderung ans Stiftskapitel, das Andenken seines Gründers stärker zu pflegen. In dieser Hinsicht hatte sich Karl IV. nun wirklich nichts vorzuwerfen. Noch heute wird gelegentlich kolportiert, er selbst habe den Namen des Karolingers angenommen. Natürlich konnte der böhmische Wenzel, als er 1323 mit sieben Jahren an den französischen Hof kam, nicht über so viel Weitblick verfügen. Er hieß fortan Karl nach seinem Firmpaten und späteren (ersten) Schwiegervater König Karl IV. von Frankreich. Frankreich allerdings hatte eine

[6] K. Köster, Gutenberg in Straßburg, Mainz 1973, S. 78.
[7] Siehe dazu: A. Legner, Reliquien – Verehrung und Verklärung, Köln 1989.
[8] Kaiser Sigmund, Sohn Karls IV., in einem Aachen-Privileg 1434.

Die Karlsbüste, Stiftung Karls IV., heute Domschatzkammer

Karl der Große als Münsterpatron, Detail aus dem Karlsschrein, in den die Gebeine des Kaisers 1215 gebettet wurden

sehr lebendige Karlstradition, denn Karl der Große galt hier seit Ende des 12. Jahrhunderts als »imperator gallicus«.

Ganz bewußt aber bezeichnete sich Böhmens König als der vierte Karl und stellte sich damit direkt in die Nachfolge des Karolingers. Das geschah zweifellos auch aus sehr weltlichen Interessen, hier sollte an die glanzvolle Herrschaft und das Imperium Karls des Großen angeknüpft werden. Seine Verehrung des Vorgängers erhöhte auch den Luxemburger selbst.

Es kann nach den Ausführungen Hans Peter Hilgers[9] kaum mehr Zweifel daran geben, daß jenes prächtige Reliquiar für den Armknochen Karls des Großen und die außerordentliche Silberbüste für sein Schädeldach von Karl IV. in Auftrag gegeben wurden. Wahrscheinlich geht der grandiose spätgotische Langchor des Aachener Münsters (als steingewordenes Reliquiar erbaut nach dem Vorbild der Ste-Chapelle 1355–1414) ebenfalls auf ihn zurück – eine ganz ähnliche Architektur wies ja auch die – später veränderte – Allerheiligenkapelle am Königspalast der Prager Burg auf.[10]

Noch klarer tritt die Bezugnahme des wohl bedeutendsten spätmittelalterlichen Kaisers auf sein Leitbild im Karlshof der Prager Neustadt hervor. Für dieses kühnste Städtebauprojekt seiner Zeit hatte er die zum Karlshof gehörige Kirche als Blickfang ausersehen, und noch heute behauptet das Gotteshaus seinen prominenten Platz im Prager Stadtbild. Es trägt die Patrozinien der hll. Maria und Karl, obwohl dessen Erhebung zumindest als umstritten gelten mußte. Darüber hinaus ist die nach 1350 erbaute Kirche ein achteckiger Zentralbau, das blieb sie selbst bei ihrer barocken Überformung. Auch in Prag genügte ein Oktogon, um den Anschluß an die Pfalzkapelle, zugleich Grablege Karls des Großen und Krönungsstätte, sinnfällig zu machen. Hier wirkte ihre Strahlkraft zum letzten Mal – und, um das Wort Ludwigs des Bayern zu variieren – bis an das andere Ende des Reiches. Dank eines Herrschers, der als einziger römischer König und Kaiser des Mittelalters den Namen Karl führte.

Friedrich Barbarossa
und die Heiligsprechung Karls des Großen

»Nachdem am Montag feierlich die Messe begangen worden war, ließ derselbe König den Leib des heiligen Karl, den sein Großvater, Kaiser Friedrich, aus der Erde erhoben hatte, in einem aus Gold und Silber zusammengesetzten, außerordentlich schönen Schrein bergen, den die Aachener angefertigt hatten. Er nahm einen Hammer, legte den Mantel ab, bestieg mit dem Meister ein Gerüst und verschloß vor aller Augen den Schrein, indem er gemeinsam mit dem Meister die Nägel fest einschlug.«[11]

So schildert der Lütticher Mönch Reinerus die feierliche Zweitbestattung Karls des Großen am 27. Juli 1215. Die Zeremonie stand auch für eine Konsolidierung des Reichs, nach Jahrzehnten des Machtkampfs zwischen Staufern und Welfen. Für Friedrich II., und niemand anders ist »derselbe König« im Bericht des Reinerus, war der Weg zur Herrschaft erst wirklich frei, nachdem Kaiser Otto IV. als Verbündeter seines englischen Oheims Johann Ohneland die Schlacht bei Bouvines gegen die Franzosen verloren hatte. Dieses Treffen am 27. Juli 1214 zählt zu den denkwürdigsten des Mittelalters, denn Philipp II. August errang hier einen glänzenden Sieg. Ihm verdankte also sein staufischer Verbündeter Friedrich, der bei Bouvines nicht anwesend war, die Macht im Reich. Dafür fand der Kapetinger eine deutliche Geste: Er sandte Friedrich den Reichsadler – allerdings mit gebrochenen Schwingen – zu, den seine Truppen erbeutet hatten.

Als Friedrich II. zwei Tage nach seiner abermaligen, der Krönung in Aachen (dessen Bürgerschaft bis zuletzt auf seiten des Welfen Otto gestanden hatte) den Karlsschrein verschloß, wollte er sich natürlich auch auf die Tradition des Reichsgründers berufen. Den Plan zur Fertigung dieses Schreins aber hatte wohl schon Friedrich Barbarossa gefaßt, der Großvater Friedrichs II. Er ließ im Dezember 1165 Karl den Großen kanonisieren, »wobei unter Aufgreifen englischer und französischer Vorbilder gerade der Herrscher gleichsam

9 Hans Peter Hilger, Der Weg nach Aachen, in: F. Seibt (Hg), Karl IV. – Staatsmann und Mäzen, München 1978, S. 347 ff. – Zuletzt noch Ernst Günther Grimme, Die ideengeschichtliche Bedeutung des Aachener Domschatzes im Mittelalter, in: Zeitschrift des Aachener Geschichtsvereins 98/99, 1992/93.

10 Bezogen aufs Aachener Münster schrieb Dombaumeister J. Buchkremer 1955: »Wer würde es heute wagen,

zum Reichsheiligen erklärt wurde, den auch die Tradition des französischen Königtums für sich reklamierte«.[12] Der Staufer stellte die Kanonisation in den Dienst einer Sakralisierung der Königsherrschaft, Karl der Große wurde zum Schutzpatron des Sacrum Imperium.

Für die Feier der Heiligsprechung mußten die Gebeine Karls noch mit einem schlichten Holzbehältnis vorliebnehmen, das jedoch im Zentrum des Oktogons Aufstellung fand. Seinen Segen zu dieser Erhöhung hatte freilich nicht Papst Alexander, sondern Gegenpapst Paschalis III. gegeben. Allerdings ist sie auch nie ausdrücklich widerrufen worden.

Doch wie immer: Die Stadt Aachen zog aus der Kanonisation erheblichen Nutzen. Des großen Toten wegen nennt das Barbarossa-Privileg vom 8. Januar 1166 sie »caput et sedem regni Theutonici« – Haupt und Sitz des Reiches. Dieses Privileg, das ein gefälschtes Privileg Karls des Großen aufnimmt und als dessen Bekräftigung gedacht ist, schreibt nicht nur die städtischen Freiheiten fest, sondern gewährt auch handfeste Vorrechte, etwa in Gestalt von Handelsvorteilen. Zwischen 1171 und 1175 erhält die Stadt dann den Schutz einer Mauer.

Detail aus der karolingischen Wolfstür

Aachens städtische Vorrechte und damit seine städtische Existenz überhaupt aber sind der Marienkirche selbst räumlich eng verbunden: Nicht nur das Barbarossa-Privileg, sondern sogar das Stadtsiegel wurde lange Zeit beim Hauptaltar der ehemaligen Pfalzkapelle aufbewahrt. Auch das »kleine« Privileg, das der Kaiser einen Tag später dem »großen« folgen ließ, bekam hier seinen Platz, diesmal über der Wolfstür[13], dem heute noch erhaltenen Haupteingangsportal aus Bronze, einem technischen und künstlerischen Wunderwerk aus der Erbauungszeit.

Der Marienkirche schenkte Friedrich auch den gewaltigen Radleuchter, der heute nur mehr eine Ahnung seiner einstigen Herrlichkeit vermitteln kann. Aus acht Kreissegmenten zusammengefügt und von 16 Türmen geziert, nimmt er auf die Architektur der Kirche Bezug. Er stellt im Kleinen dar, was die Pfalzkapelle im Großen sein sollte: ein Abbild des Himmlischen Jerusalem. Seine Gestalt beschwört heute noch die (lateinische) Inschrift herab: »Sah dich, einzige Stadt, die der Vorväter Mund, die Propheten/ Und der Apostel Schar im Glauben lebendig verkündet,/ Funkelnd niedersteigen aus sterneglänzenden Fernen,/ Schimmernd in lauterstem Golde und leuchtend von kostbarsten Steinen/ Führ in die himmlische Heimat uns alle, Mutter Maria/ Friedrich, des römischen Reiches christlichster Kaiser, gelobte/ (...) die Lichterkrone – achteckig – als fürstliche Gabe.«[14]

Pfalzkapelle und Thron

Wenn nicht die Ottonen selbst, so ist doch die Stiftung ihres letzten Kaisers, Heinrichs II. (1002–1018), im Aachener Münster überaus präsent. So schmückt der Goldambo – Grimme nennt ihn »die einzigartige Metallkanzel«[15] – seit 1414 den gotischen Langchor und kündet dort vom künstlerischen Aufbruch der »ottonischen Renaissance«. Sein Stifter wurde jedoch nicht in Aachen, sondern in Mainz gekrönt. Selbstverständlich mußte er die Thronbesteigung zu Aachen nachholen, andernfalls hätte er den Titel eines römischen Königs nicht führen können.

Von größerer Bedeutung für die Geschichte der Pfalzkapelle ist sein Vorgänger, der jung verstorbene Kaiser Otto III. (994–1002). Mit seiner Öffnung des Karlsgrabs wurde er zum eigentlichen Initiator des Kultes um den Reichsgründer. Daß er für diese – der Grabschändung immerhin nicht völlig ferne – Tat keineswegs den Beifall aller Zeitgenossen fand, deutet der Chronist Thietmar von Merseburg an: »Der Kaiser wollte das alte römische Brauchtum, das großenteils schon verfallen war, in seiner Zeit erneuern, und so leitete er vieles in die Wege, was Verschiedene verschieden beurteilen. So pflegte er ganz allein an einem halbkreisförmigen, erhöhten Tisch zu tafeln. Da er nicht sicher war, wo die Gebeine Karls des Großen ruhten, ließ er an der vermuteten Stelle heimlich den Bodenbelag aufbrechen und nachgraben, bis man sie auf königlichem Thron fand. Das goldene Kreuz, das an seinem Halse hing, nahm er mit einem Teil der noch unvermoderten Kleider an sich, das übrige legte er ehrfurchtsvoll zurück.«[16]

einen Chorbau von der Selbständigkeit unseres Chores an die alte karolingische Kirche anzufügen?«

[11] Monumenta Germaniae historica, Scriptores 16, Hannover 1859, S. 673 (nach der Übersetzung Ernst Günther Grimmes).

[12] F. Opll, Friedrich Barbarossa, Darmstadt 1990, S. 289.

[13] E. Meuthen, Barbarossa und Aachen, in: Rheinische Vierteljahrsblätter 39, 1975, S. 45 f.

[14] In der Übersetzung von C. Springsfeld.

[15] Ernst Günther Grimme, Aachener Goldschmiedekunst im Mittelalter, Köln 1957, S. 25.

[16] W. Trillmich (Hg. und Übers.), Thietmar von Merseburg, Chronicon, Darmstadt 1963, S. 162 ff.

Die außerordentliche Zuneigung Ottos III. zu dem großen Toten gründet auch auf der Idee einer »renovatio imperii«, einer Erneuerung des Reiches, von der dieser Herrscher durchdrungen war. Solches Sendungsbewußtsein spricht sich nicht allein in der Absonderung zu den Mahlzeiten aus. Aber mochte die »renovatio« auch weit über Aachen hinaus, gedanklich sogar nach Byzanz ausgreifen, sie kam dennoch der Marienkirche entschieden zugute. Noch heute künden einige Preziosen des Domschatzes davon, wie sehr Otto III. die ehemalige Pfalzkapelle auszeichnete. Überdies erwirkte er vom Papst für die Mitglieder des Marienstifts das große Vorrecht, den Titel Kardinal zu führen.

Entscheidenden Einfluß auf das Schicksal der ehemaligen Pfalzkapelle aber hatte schon sein Großvater Otto I. (936–973, Kaiser seit 962) genommen. Er bestimmte Aachen zur »sedes regni principalis«. Mit den Worten Edith Ennens: »Aachens Stellung war seit Otto dem Großen verfassungsrechtlich verankert: erst die Inbesitznahme des Karlsthrones legitimierte die Herrschaft des Königs. Sedes bedeutet also nicht Residenz, erst recht nicht Hauptstadt, bedeutet nicht, daß der Herrscher in Aachen wohnt und von dort aus regiert, (...) sondern daß der König dort, und sei es nur einmal im Leben, gesessen ist. Das allerdings war unerläßlich.«[17]

[17] E. Ennen, Aachen im Mittelalter, in: Zeitschrift des Aachener Geschichtsvereins 86/87, 1979/80, S. 402.

Sicher wollte Otto mit dieser Festlegung nicht nur den ideellen Anschluß an das Reich Karls des Großen gewahrt wissen. Seit der Teilung dieses Imperiums in ein Ost- und ein Westreich lag Aachen am Rand des Regnum Theutonicum. Und der äußerst aufsässige Adel hierzulande (Widukind von Corvey: »Unzuverlässig, ränkevoll, stets bereit zum Krieg und mit Veränderungen liebäugelnd«) drohte damit, auf die Karte des Westreichs zu setzen, zumal dort seit kurzem wieder ein Karolinger herrschte. So läßt sich die Bestimmung Aachens zum Krönungsort auch als Akt der Integration verstehen.

Doch mehr noch sprach für Aachen eben die Karlstradition. Auf dem Thron der ehemaligen Pfalzkapelle ließen sich alle Könige des Reiches nieder, erst mit Ferdinand von Habsburg brach diese Folge 1531 ab. Dabei verlagerte sich schon unter den Saliern der Schwerpunkt des Regnum von dessen Nordwesten weg. Die Marienkirche unauflöslich mit dem Krönungssitz verbunden zu haben, ist das Werk Ottos des Großen. Es würde sich gut ins Bild fügen, wenn der »Thron Karls des Großen«, Höhepunkt jeder Domführung, zu Beginn von Ottos Regierung erneuert oder gar erst aufgestellt wurde.

Die Pfalzkapelle und ihr Bauherr

Nachdem wenigstens die mächtigsten Schichten der Bauwerk-Bedeutungsgeschichte durchdrungen sind, kommt zuletzt die Pfalzkapelle selbst in den Blick. »Sie ist im Rahmen des heutigen Denkmälerbestands der mit Abstand wichtigste Bau karolingischer Zeit in Europa«[18], faßt Hans Erich Kubach ihre Bedeutung bündig zusammen. Dieser Bedeutung waren sich schon die Zeitgenossen bewußt. Sie sahen in dem Gotteshaus eine »Kirche von wunderbarer Größe«, »herrlicher als die Werke der alten Römer« oder gar »Salomons gewaltigen Tempel« (Walahfrid Strabo) wiedererstanden.

Einhard, der nicht nur die erste ›Vita Karoli‹ verfaßte, sondern auch die Aufsicht über Karls Bauten führte, schreibt über den Herrscher und seine Pfalzkapelle: »Der christlichen Religion (...) war er mit größter Ehrfurcht und Frömmigkeit zugetan. Darum erbaute er auch das herrliche (plurimae pulchritudinis) Gotteshaus zu Aachen und stattete es aus mit Gold und Silber, mit Leuchtern und ehernen Gittern und Türen. Da er die Säulen und Marmorplatten für die Kirche anderswoher nicht bekommen konnte, ließ er sie aus Rom und Ravenna herbeischaffen.«[19] Diese Angaben sind nicht eben erschöpfend. Immerhin werden sie noch um die Bemerkung des St. Gallener Mönches Notker, genannt der Stammler (840–912), ergänzt, Karl habe die Kapelle nach eigenem Plan erbauen lassen.

Zweifellos aber orientierten sich viele spätere Kirchenbauten an der Pfalzkapelle. Nur hatte im Mittelalter die Berufung auf eine wegweisende Architektur nie die schlichte Kopie zur Folge. Und die Marienkirche von Germigny-des-Prés, 806 geweiht und ausdrücklich als Abbild (»instar«) der Aachener Pfalzkapelle bezeichnet, hatte mit ihr kaum etwas gemein. Von den Zentralbauten in der Aachener Nachfolge mußten viele neueren Kirchen weichen, und wir kennen nur die Grundrisse. Sicher werden weitere Ausgrabungen über die bekannten Beispiele hinaus (etwa St. Donatian zu Brügge) immer wieder einmal vieleckige Fundamente zutage bringen, wie das vor kurzem noch bei der Maastrichter Servatiuskirche der Fall war. Dem dortigen Kloster stand zeitweise der Karl-Biograph Einhard als Laienabt vor.[20]

Doch mag auch die Erörterung der Nachfolge mit vielen Unsicherheiten behaftet sein, ins Auge fällt schon, wenn etwa Karl der Kahle (Enkel Karls des Großen, 843–877, seit 875 Kaiser) in Compiègne ein »Abbild« der Pfalzkapelle errichten läßt, als Aachen für das Westreich verloren ist. Und wie sollten wir über dem Bau der Stiftskirche St. Marien im oberelsässischen Ottmarsheim nicht ins Grübeln geraten? Entstand doch hier – freilich in die Formensprache der Frühromanik übersetzt – eine verblüffend getreue Kopie der Aachener Marienkirche. Um 1020 gründeten die Habsburger Ottmarsheim als Hauskloster. Damals spielte das Geschlecht freilich noch überhaupt keine Rolle in der Reichspolitik. Doch aus heutiger Sicht drängt sich der zugegeben völlig spekulative Gedanke auf, bei St. Marien könnte es sich um einen kühnen Vorgriff auf den eigenen Nachfolgeanspruch gehandelt haben.

[18] H. E. Kubach/A. Verbeek, Romanische Baukunst an Rhein und Maas – Bd. 4 Architekturgeschichte und Kunstlandschaft, Berlin 1989, S. 25.

[19] R. Rau (Hg. und Übers.), Einhard, Vita Karoli, in: Quellen zur karolingischen Reichsgeschichte 1, Darmstadt 1955, S. 197 ff.

[20] Siehe dazu A. Verbeek, Die architektonische Nachfolge der Aachener Pfalzkapelle, in: W. Braunfels und P. E. Schramm (Hgg.), Karl der Große, Bd. IV – Das Nachleben, Düsseldorf 1967, S. 113 ff. und ders., Zentralbauten in der Nachfolge der Aachener Pfalzkapelle, in: Das erste Jahrtausend. Textbd. II, Düsseldorf 1964, S. 898 ff. – Vom (nur noch fragmentarisch erhaltenen) Aachener Westbau läßt sich eine klare Linie zu den Drei-Türme-Westbauten der Romanik ziehen.

Ebenfalls keine letzte Gewißheit kann es hinsichtlich der Pfalzkapellen-Vorbilder geben. Zwar weist die Aachener Architektur zurück auf San Vitale in Ravenna, das zu Karls Zeiten als Zentrum des Theoderich-Reiches galt, und die Kirchenbauten Konstantinopels, der Hauptstadt des oströmischen Reiches, dem der Karolinger das seine ebenbürtig an die Seite stellen wollte. Gleichzeitig aber hat der Baumeister Odo (von Metz?) so viele andere Ideen realisiert, daß von bloßer Nachfolge nicht die Rede sein kann. Dann jedoch stellt sich die Frage: Welche Traditionen standen Odo und der Bauhütte zu Gebote? Welche schöpferischen Impulse gab die Hofschule Karls des Großen? In ihrer Arbeit über die ›Aachener Bronzegitter‹[21] hat Katharina Pawelec die Voraussetzungen für das Entstehen der Brüstungen untersucht. Daß Gleiches mit gleichem Erfolg für die Architektur der Pfalzkapelle gelingen könnte, ist nicht zu erwarten.

So läßt sich nur der Hinweis auf Pawelecs Arbeit dem Fazit Kubachs hinzufügen: »Die höchst eindrucksvolle Beherrschung alles Technischen wirkt wie ein Wunder – die Fundamentierung, der Quaderbau im Oktogon, die Gewölbekonstruktion, die Verankerungen; und ebenso der Bronzeguß der Portale und Emporengitter. Wo es herkommt, wissen wir nicht.«[22]

Detail des karolingischen Emporengitters im Oktogon der Pfalzkapelle

Ausblick

[21] K. Pawelec, Aachener Bronzegitter – Studien zur karolingischen Ornamentik um 800, Köln 1990.
[22] Kubach/Verbeek (wie Anm. 18), S. 26.
[23] Nach Abfassung dieses Beitrags erschien der Band: Die Hauptstädte der Deutschen (Hrsg. Uwe Schultz), München 1993. Darin setzt der Aufsatz von Hartmut Boockmann über Aachen – Residenz Karls des Großen und Krönungsort der Könige – manche ähnlichen Akzente.

Nun wäre es keineswegs negativ zu bewerten, wenn die zahllosen Adressen rückhaltloser Bewunderung auch auf die Fremdheit der Karlskapelle zurückgingen. Allerdings sind diese ebenso emphatischen wie griffigen Formeln oft genug darauf angelegt, sich mit dem Bauwerk doch noch auf vertrauten Fuß zu stellen. Davon blieb sogar die Architektur selbst nicht verschont, die durch die Marmorverblendung der Jahrhundertwende den Blicken teilweise entzogen worden ist.

Mag die Wendung von der »Mitte des Abendlandes« durchaus angehen, falls sie das Fokussieren der Kräfte für das Bauvorhaben meint – doch so manche Parolen des heutigen Karlskultes geben die Kenntnis einer Person vor, die uns allenfalls in Umrissen sichtbar wird. Und es macht einen Unterschied, ob es sich bei der Wendung vom »Vater Europas« um das Zitat eines Zeitgenossen handelt oder um ein aktuelles Jubeletikett für eine Leitfigur.

Da hat die Pfalzkapelle als Bauwerk doch eher die Möglichkeit, sie selbst zu sein. Die Planer für ein künftiges Europa aber werden schon ihre eigenen Entwürfe vorlegen müssen.[23]

Nordseite des Doms zu Aachen ▷
Blick in das gotische Chorgewölbe ▷▷
Das Kuppeloktogon der Pfalzkapelle ▷▷▷

Die Pfalzkapelle mit dem Barbarossaleuchter

Gotische Chorhalle

Christoph Machat

Der Dom zu Aachen

Kernbau des Domes ist die von Karl dem Großen errichtete Kapelle seiner Pfalz, deren hoch-
aufragende Kuppel bis heute den gesamten
Bau dominiert. Seit der Antike das erste
gewölbte Gebäude nördlich der Alpen, wurde
sie schon zur Zeit ihrer Erbauung als ein außer-
gewöhnliches Kunstwerk angesehen und blieb
bis ins hohe Mittelalter eines der großen Vorbilder religiöser Baukunst. Ihre Errichtung war
ein Zeichen für die neugewonnene Einheit des
Abendlandes und für dessen geistige und politische Erneuerung unter der Herrschaft Karls
des Großen. Sie war Ausgangsort der karolingischen Reichspolitik, Krönungskirche der deutschen Könige und Wallfahrtskirche der europäischen Christenheit.

Gleich mehrere Gründe mögen Karl den
Großen dazu bewogen haben, das unbedeu-
tende Hofgut seines Vaters Pippin in Aachen
zu einer großzügigen Pfalz und seiner (später
ständigen) Residenz auszubauen, nachdem er
im Jahre 768 nachweislich das erste Mal das
Weihnachtsfest hier gefeiert hatte. Aachen lag
im Kernland des karolingischen Reiches, nicht
allzuweit von den bisher bevorzugten königlichen Sitzen entfernt und gleichzeitig an der
Nahtstelle zwischen romanisch geprägtem
Westen und germanischem Osten. Auch
konnte man in den nahegelegenen Eifel- und
Ardennenwäldern ausgiebig jagen. Ausschlaggebend aber waren wohl die bis heute aus dem
Boden sprudelnden heilkräftigen Quellen, die
bereits die Römer vom 1. bis 4. Jahrhundert für
ein Militärbad genutzt hatten und dessen
brauchbare Teile Karl wiederherstellen ließ.

Der genaue Baubeginn der Pfalzanlage ist
nicht überliefert, kann jedoch um 785/86 ange-
setzt werden, da 788 die »aula regia«, die
Königshalle mit Granusturm, an der Stelle des
heutigen Rathauses im Bau war und Teile der
Anlage fertiggestellt gewesen sein müssen, als
788/89 der König hier überwinterte und das
anschließende Osterfest feierte. Wohl gleichzeitig wird mit dem Bau der Pfalzkapelle
begonnen worden sein, deren Altarstelle für
die Gesamtplanung der Pfalzanlage ausschlaggebend war: Sie übernimmt die Stelle des

Altars der mutmaßlichen Hofkapelle Pippins,
die auf eine im 5. Jahrhundert innerhalb der
aufgelassenen Thermenanlagen errichtete
frühchristliche Kapelle zurückgeht, ist jedoch
entgegen der bisherigen, durch die Thermenanlagen bedingten nordöstlichen Ausrichtung
genau geostet. Entsprechend den Regeln des
Kirchenbaus wurde somit die gesamte Pfalzanlage einer präzisen Nord-Süd- bzw. Ost-West-
Ausrichtung unterworfen.

Diese planerische Konzeption und die Architektur der Pfalz, insbesondere der Kapelle,
geben Aufschluß über Vorstellung und Programm des Bauherrn, der nach der Aussage des
Geschichtsschreibers Notker aus St. Gallen (in
der Gesta Karoli Magni Imperatoris, 883) die
Pfalzkapelle »propria dispositione«, d. h. nach
eigener Vorstellung, habe bauen lassen. Karl
der Große sah sich als Erben der römischen
Kaiser und zugleich als Stellvertreter Gottes
auf Erden nach dem römisch-christlichen Vorbild Konstantins des Großen. Schon in der
Gestaltung der Königshalle wird die Anlehnung an die im 4. Jahrhundert entstandene
sogenannte Konstantinsbasilika in Trier deutlich. Da der Frankenkönig Gleichrangigkeit mit
Basileus anstrebte, war es naheliegend, sich an
dem im byzantinischen Herrschafts- und Einflußbereich entwickelten Bautyp der Herrscher-
kirche als zentralem Kuppelbau mit zweige-
schossigem Umgang zu orientieren, bei dem in
der Grundrißgestaltung auch die Zahl ›Acht‹
(entsprechend den acht Seligkeiten, die Christus im Evangelium verheißt) eine besondere
Rolle spielte. Als Vorbild für die Planung der
Pfalzkapelle wählte Karl daher die aus eigener
Anschauung bekannte, auf SS. Sergios und
Bacchos in Konstantinopel zurückweisende
Palastkirche Kaiser Justinians I., San Vitale in
Ravenna. Als Baumeister ist nach einer alten
Inschrift Odo (in Metz begraben) überliefert,
doch wird die Planung auf die Berater am Hofe
Karls zurückgehen, und Einhard, der spätere
Biograph Karls, wird als eine Art Oberaufseher
die Gesamtleitung des Baues bis zur Vollen-
dung innegehabt haben. 798 standen nach
einer Bemerkung Alkuins die Säulen im Okto-

Der Königsstuhl Karls des
Großen

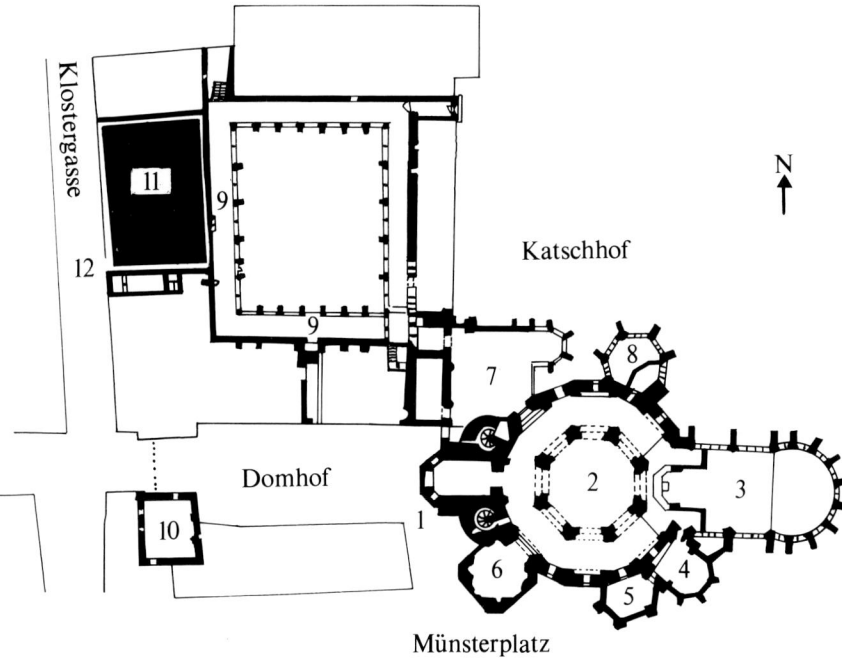

Grundriß des Doms zu Aachen mit Schatzkammer:
1 Haupteingang; 2 Oktogon; 3 Chorhalle; 4 Matthiaskapelle; 5 Annakapelle;
6 Ungarische Kapelle; 7 Nikolauskapelle und Michaelkapelle; 8 Karlskapelle und
Hubertuskapelle; 9 Kreuzgang; 10 Taufkapelle; 11 Schatzkammer; 12 Eingang
zur Schatzkammer

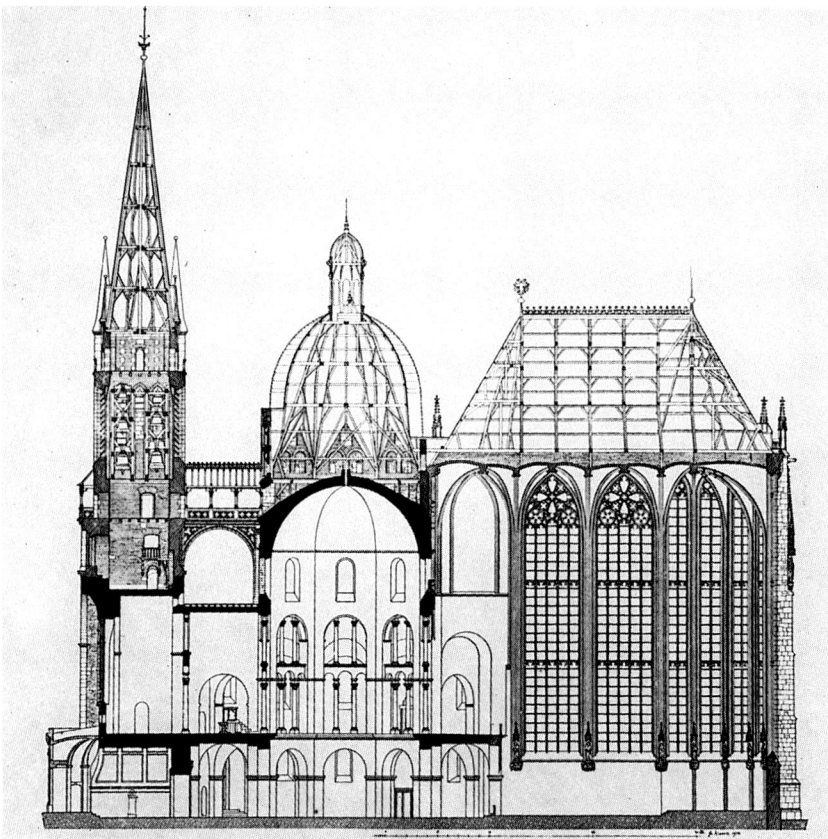

West-Ost-Querschnitt durch den Aachener Dom; die karolingischen Teile sind tief-
schwarz gekennzeichnet

gon, womit der Rohbau wohl vollendet war. In
den zwei Jahren danach wird von Reliquien-
übertragungen nach Aachen berichtet, so daß
mit der Fertigstellung um 800 zu rechnen ist.
Der Überlieferung nach wurde die Kapelle am
6. Januar 805, am Dreikönigstag, durch Papst
Leo III. in Anwesenheit des Kaisers sowie vieler Bischöfe und Äbte zu Ehren der Gottesmutter geweiht.

Der achteckige Mittelbau der Kapelle wird
von einem zweigeschossigen niedrigen Umgang von doppelter Seitenzahl konzentrisch
umzogen. Im Osten schloß sich, der Seiten-
größe des Sechzehnecks entsprechend, ein
zweigeschossiger Rechteckchor an; die Westseite enthält im stattlichen Vorbau im Erdgeschoß die Eingangshalle, im Obergeschoß das
Kaiseroratorium mit doppelter Säulenstellung
zur Empore des Umgangs. Runde Treppentürme stehen in den Winkeln zwischen Vorhalle und Umgang. Die mächtige, 20 m hohe,
nach außen offene Eingangsnische, eine Neuschöpfung der karolingischen Architektur (vielleicht nach dem Vorbild römischer Stadttore)
war mit einem Atrium (im heutigen Domhof
enthalten) verbunden, dessen Arkadengänge
mit Stützenwechsel und je zwei weitere
Nischenanlagen den Westbau flankieren. Zwei
mit Apsiden schließende, nördlich und südlich
an die Kapelle angebaute Annexräume, deren
ursprüngliche Funktion nicht eindeutig zu klären ist, mußten wie der Chor den später entstandenen Kapellen und dem gotischen Chor-
neubau weichen.

Der Kultbereich der Marienkirche war durch
einen in der Nordostecke des Atriums rechtwinklig ansetzenden zweigeschossigen, von
einem Torbau unterbrochenen Gang mit der
Königshalle im Norden verbunden. Die nicht
befestigte Anlage der Pfalz mit ihren orthogo-
nal einander zugeordneten Einzelgebäuden ist
in der räumlichen Abfolge von Rathaus
(Königshalle), Ostseite des um 1500 entstandenen Kreuzgangs des Marienstifts (mit Resten
des Verbindungsganges), Domhof (Atrium)
und Dom auch heute noch ablesbar.

Das Innere der Kapelle – aus dem Atrium
über die ehemals offene, tonnengewölbte Vorhalle zugänglich – wird von dem hohen Raum
des Oktogons bestimmt. Seine acht mächtigen
Eckpfeiler tragen den von acht rundbogigen
Fenstern durchbrochenen Tambour und die
Kuppel (eigentlich ein achtteiliges Klosterge-
wölbe), mit einer Scheitelhöhe von 31,6 Metern
lange Zeit der höchste Kuppelraum nördlich
der Alpen. Die Höhe entspricht genau dem
Durchmesser des Innenraums in Emporenhöhe und dem Doppelten des inneren Okto-
gondurchmessers und ordnet sich einem Maß-

system ein, das auf die Offenbarung des Johannes und die Vision des Himmlischen Jerusalem hinweist, umgesetzt in dem Grundmaß des drusianischen Fußes (1/3 m). Unter der Kuppel öffnen sich mächtige, nach ravennatischem Vorbild mit zweifarbigen Quadern gemauerte Bögen zu Ober- und Untergeschoß des sorgfältig gestalteten sechzehneckigen Umgangs. Das Obergeschoß wird durch seine größere Höhe und durch die Säulen in den Bögen besonders hervorgehoben: Je zwei Säulen tragen eine Art Brücke, über der sich wiederum zwei Säulen erheben, die für das statische Gefüge keine Bedeutung haben, dem Raum jedoch eine architektonische Kostbarkeit geben.

Diese Säulenstellungen zeichneten bereits die kaiserlichen Kirchen Konstantinopels und Ravennas aus und wurden später nach dem Aachener Vorbild u. a. in Ottmarsheim im Elsaß, in Köln (St. Maria im Kapitol) und Essen (Münster) vollständig oder teilweise nachgeahmt, um den kaiserlichen Rang dieser Kirchen zu dokumentieren. Diese Gestaltung bedeutet für Aachen, daß Karl sich als Erbe der römischen Kaiser betrachtete, noch ehe er den Kaiser-Titel im Jahre 800 annahm. Dafür ließ er, wie Einhard berichtet, eigens antike Säulen aus Rom und Ravenna herbeischaffen, darunter acht Säulen aus rotem ägyptischen Porphyr, in der Antike kaiserlichen Bauten vorbehalten. (Diese kostbaren Säulen wurden noch im 18. Jahrhundert so hoch geschätzt, daß das französische Revolutionsheer alle Säulen 1794 aus der Kapelle herausbrechen ließ und nach Paris schickte. Ein Teil gelangte 1815 zurück, die anderen sind mit den aus Carrara-Marmor erneuerten Kapitellen aus grauem Marmor und Granit ersetzt worden.)

Wird die besondere künstlerische Gestaltung des Obergeschosses auch in der nischenartigen Ausmuldung der Seitenwände deutlich, so betonen waagerechte Tonnengewölbe innerhalb der ansonsten steil ansteigenden Tonnen des Zentralraumes seine beiden wichtigsten Raumpunkte – im Osten den ehemals vorhandenen oberen Altar, im Westen den Königsstuhl vor der Kaiserloge. Wenn auch der berühmte Königsstuhl in seiner heutigen Aufstellung nachweislich erst auf die Krönung Ottos I. im Jahr 936 zurückgeht, so scheint die gesamte künstlerische Raumgestaltung der Pfalzkapelle auf diesen Punkt im Raum bezogen, »von wo aus er (der Herrscher) selbst alle sehen und von allen gesehen werden konnte«, wie Widukind von Corvey bei der Schilderung der Akklamation Ottos und dessen Geleit zum Thron auf der Empore besonders betont. Das Platznehmen auf diesem Thron galt seitdem

als Vollzug des Rechtsaktes, durch den der neue Herrscher vom Römischen Reich Deutscher Nation Besitz ergriff. Die Kapelle war seither Krönungsstätte des Reiches, wo bis 1531 (Ferdinand I.) dreißig deutsche Herrscher gekrönt worden sind. Der Thron selbst, von vier antiken Platten aus parischem Marmor mit Einritzungen zusammengesetzt, kann bereits als derjenige Karls des Großen an anderer Stelle – Widukind und auch Thietmar von Merseburg erwähnen einen Thron vor der Pfalzkapelle – gestanden haben.

Die kostbare künstlerische Ausstattung des Obergeschosses wird durch die bronzenen Brüstungsgitter vervollständigt, die ehedem vergoldet waren und wohl um 800 in einer Aachener Werkstatt gegossen worden sind. Mit ihrer zarten, teils fränkischer, teils antiker Tradition verpflichteten Ornamentik gehören sie zu den bedeutendsten Bronzewerken des Mittelalters und vergegenwärtigen gleichzeitig den Repräsentationsstil des Hofes. Der gleichen Werkstatt dürften auch die Bronzetüren des Domes entstammen, von denen neben drei kleineren die berühmte, 3,93 m hohe Wolfstür erhalten ist, die ehedem die Öffnung zwischen Sech-

›Wölfin‹, römische Brunnenfigur in der Eingangshalle, um 180 n. Chr. entstanden

Pinienzapfen, Brunnenfigur in der Eingangshalle, vermutlich aus dem 9. Jahrhundert

zehneck und Westbau abschloß und 1788 in den barocken Vorbau des Haupteingangs verlegt wurde. Die eindrucksvollen Bronzegußwerke in der Vorhalle, der Wolf (eher Bärin, um 200) und der Pinienzapfen (900/1000) sind wohl von Karl dem Großen aus Rom hierher gebracht worden und gehörten einst vielleicht zu einem Brunnen im Atrium der Pfalzkapelle.

Über die weitere künstlerische Gestaltung des Oktogoninnern ist aus der Zeit Karls keine Nachricht überliefert, erst später wird der Glanz des Mosaiks in der Kuppel erwähnt. Das heutige Mosaik, 1880–81 nach einem Entwurf Baron Béthune d'Yvalles von der venezianischen Werkstatt Salviati ausgeführt, berücksichtigt eine Zeichnung Ciampinis von 1699 und die bei der Entfernung der 1720–30 eingebrachten Stukkaturen zwischen 1869–73 entdeckten Umrißzeichnungen, folgt jedoch den staufischen Änderungen. Die karolingische Darstellung der 24 Ältesten mit dem Bild des Lammes in der Mitte, umgeben von den Evangelistensymbolen, war bereits unter Kaiser Friedrich I. Barbarossa im Kuppelscheitel verändert worden, als der von ihm 1156 gestiftete Radleuchter aufgehängt wurde. Das Bild des Lammes wurde entfernt, statt dessen das Bild des Weltenherrschers auf der östlichen Kuppelfläche eingefügt. Weiterer Schmuck aus der Erbauungszeit ist – mit Ausnahme des kostbaren marmornen Fußbodenbelags in reicher Musterung aus antiken Spolien im Obergeschoß, in kleinen Resten erhalten – nicht überliefert. Die übrigen Mosaiken der Marienkirche sind in wilhelminisch-byzantinisierender Manier (im Tambour nach Entwürfen von Hermann Schaper) 1901–13 entstanden, als auch die Pfeiler und Fußböden ihren heutigen Schmuck erhielten.

Die Architektur der Pfalzkapelle mit ihrem wohldurchdachten Raumprogramm ist eine vom ravennatischen Vorbild wesentlich abweichende eigenständige, baukünstlerische Schöpfung. Mit ihrer aufwendigen, reichen Ausstattung ist sie deutlicher Ausdruck des Bewußtseins um die Weisheit und Macht des Bauherrn und die zentrale Bedeutung des Bauwerks für das fränkische Königtum und vermittelt etwas von den Bemühungen Karls des Großen und seiner Vertrauten am Aachener Hof, worauf auch die Widmungsinschrift hinweist.

Karl der Große war von Anbeginn darauf bedacht, seine Pfalzkapelle mit einem reichen Reliquienschatz auszustatten. Wie die »Fränkischen Reichsannalen« und andere zeitgenössische Quellen berichten, erhielt er im Jahre 799 durch den Patriarchen von Jerusalem »Reliquien vom Orte der Auferstehung des Herrn«. Der reiche Reliquienschatz der Kirche wird in der Chronik des Abtes Regino von Prüm um 900 ausdrücklich vermerkt. Die Marienkirche war nicht allein Hofkapelle und Schatzkammer des bedeutenden Reliquienschatzes, sondern auch Stiftskirche des wohl schon von Karl begründeten Kanonikerstifts, das er mit Land und Einkünften ausstattete und dem neben der Seelsorge die Verwaltung der zahlreichen Reliquienschätze oblag. Von den Nachfolgern Karls mit weiteren Dotationen ausgestattet, hat es bis 1794 bestanden und für die Geschichte des Bauwerks eine nicht unwesentliche Rolle gespielt.

Zu diesen Zweckbestimmungen kam jene der Grabeskirche hinzu: Als Karl am 28. Januar 814 starb, wurde er, wie Einhard in seiner ›Vita Karoli Magni‹ berichtet, noch am selben Tage in seiner Kirche beigesetzt. Die Grabstelle wird in der Eingangshalle hinter dem in späteren Schriftquellen erwähnten Kaiserthron vermutet, unterhalb des an der Westwand des Kaiseroratoriums stehenden Salvatoraltars. Seine Gebeine wurden in den sogenannten Proserpina-Sarkophag (römisch, 2. Jahrhundert n. Chr.) gebettet, der heute in der Schatzkammer aufbewahrt wird.

Die Marienkirche hat die bewegten Jahrhunderte ihrer 1200jährigen Geschichte dank einer wohldurchdachten statischen Konzeption nahezu unbeschadet überstanden. Ihr heutiges Aussehen ist baulichen Veränderungen am Äußeren und einem Kranz von Anbauten aus späterer Zeit zu verdanken. Nach Beschädigung durch Brand 1146 wurde der Tambour der Kuppel aufgestockt und mit der Zwerggalerie versehen; die acht Giebel wurden 1225 hinzugefügt, die einen spitzen Helm trugen. Wegen der anwachsenden Pilgerströme zum Grab Karls des Großen und zu den berühmten Reliquien der Kirche erhielt der Westbau von 1350 eine Galerie zum Vorzeigen der Heiligtümer mit einer Turmbekrönung (die Ende des 19. Jahrhunderts erneuert worden ist), die kapellenartigen Heiltumskammern über den Treppentürmen und die Brücke zum Tambour des Oktogons. Letzteres war bis ins späte 15. Jahrhundert von einem Kranz von Kapellen umgeben, der karolingische Chor wurde 1355–1414 durch die Chorhalle ersetzt. Das barocke Kuppeldach mit Laterne ist nach einem Stadtbrand 1664 entstanden. 1756–67 folgte der Neubau der Ungarischen Kapelle nach einem Entwurf G. Morettis, 1788 der westliche Portalvorbau. 1802–25 war die Marienkirche Kathedralkirche des neugegründeten Bistums. Das 1794 aufgelöste Kollegiatstift wurde 1826 wieder eingerichtet. Nach Wiedereinbau der aus Paris zurückgebrachten Säulen 1843–47 begann 1869–73 die umfassende Wiederherstellung des Oktogons mit Beseitigung der barocken Stuckierungen und Ausmalungen des Innern von 1720–30, die erst 1913 abgeschlossen war.

Seit 1930 ist die Marienkirche wieder Kathedralkirche des neuen Bistums Aachen. Sie hat auch die Zerstörungen des letzten Krieges ohne gravierende Verluste überstanden. Die geringfügigen Schäden am Mauerwerk des Oktogons konnten bald ausgebessert werden, die abgängige südliche Heiltumskapelle des Westbaus wurde in den Formen des 19. Jahrhunderts wiederhergestellt. Die zerstörten Fenster der Chorhalle sind 1949–51 erneuert worden, gleichzeitig wurde die Ausstattung des Chores neu geordnet. Seither durchgeführte denkmalpflegerische Maßnahmen dienen der Substanzerhaltung und Konservierung (z. B. die statische Sicherung der Chorhalle, deren drei übereinanderliegende, den ganzen Bau umspannende gotische Stahlanker im Bereich der Fenster durch die Erneuerung des Maßwerks im 19. Jahrhundert unterbrochen worden waren und wieder geschlossen werden konnten, die Sicherung des Oktogondachstuhls, Steinkonservierungsarbeiten usw.), u. a. des Karlsschreins und des Barbarossaleuchters.

Das Äußere, vor allem aber das Innere des Domes ist in seiner baulichen Entwicklung und Ausstattung von der Verehrung Karls des Großen und der von ihm erbauten Marienkirche geprägt, die spätestens seit ihrer Rolle als Krönungskirche (936) von allen Nachfolgern Karls mit weiteren Reliquien und kostbaren Kunstwerken ausgestattet worden ist. Schon Otto III. hatte Reliquien hierher übertragen lassen und aus übergroßer Verehrung das Grab Karls im Jahre 1000 geöffnet (er wurde 1002 hinter dem Hauptaltar bestattet). 1165 ließ Friedrich I. Barbarossa die Gebeine Karls erheben und erwirkte seine Heiligsprechung. Der von ihm gestiftete sogenannte Barbarossaleuchter, um 1160–70 von einem Meister Wibert gefertigt (Durchmesser 4,2 m) und an einer 27 m langen eisernen Kette in der Kuppel befestigt, paßt sich mit seinem von 16 Türmen dekorierten Mauerkranz dem Raum der Kapelle an und versteht sich als Sinnbild des Himmlischen Jerusalem (laut lateinischer Inschrift). Unter dem Leuchter stand bis zur Weihe des gotischen Chors der Karlsschrein. 1200–15 in Aachen gearbeitet, wurde er von Kaiser Friedrich II. in Auftrag gegeben, der bei seiner Krönung 1215 persönlich die Gebeine Karls des Großen in den neuen Sarkophag bettete. Die silbergetriebenen Reliefs stellen in den seitlichen 16 Arkadenbögen statt Heiliger 16 deutsche Herrscher dar, an der Stirnseite thront Karl zwischen Papst Leo III. und Erzbischof Turpin von Reims. Auf den Dachschrägen sind

Szenen aus dem Leben Karls des Großen, u. a. der legendenhaft ausgeschmückte ›Kreuzzug‹ nach Spanien, dargestellt.

Kurz nach seiner Fertigstellung wurde der Marienschrein in Auftrag gegeben, um den Reliquienschatz der Kirche aufzunehmen. Mit dem in der Gotik einsetzenden Frömmigkeitswandel ging man dazu über, die bislang in den Laden verborgenen Reliquien vorzuzeigen. 1238 öffnete das Stiftskapitel die alte karolingische Lade, um eine Bestandsaufnahme vorzunehmen, 1239 wurden die Heiligtümer in den fertiggestellten Marienschrein übertragen, der seinen Platz über dem der Gottesmutter geweihten Hauptaltar erhielt. Die silbergetriebenen Reliefs des Schreins stellen an den Längsseiten die zwölf Apostel dar, an den Giebeln seines Querschiffs Maria mit dem Kind und Kaiser Karl, an den Längsgiebeln Christus und Papst Leo III. Der Schrein, heute in der Schatzkammer des Domes, bewahrt die vier ›Großen Aachener Heiligtümer‹ – nach der Tradition das

Detail aus dem Proserpina-Sarkophag, römisch, 2. Jahrhundert n. Chr.

Ambo, Stiftung Heinrichs II., 1014

Pala d'Oro, Stiftung Heinrichs II., um 1020

Kleid Mariens aus der heiligen Nacht, die Windeln Jesu, das blutige Lendentuch des Herrn am Kreuz und das Enthauptungstuch Johannes des Täufers. Ihre öffentliche Zeigung, 1312 erstmals urkundlich gesichert, wurde zum Hauptziel der großen Aachenfahrt, die seit 1349 alle sieben Jahre stattfindet.

Um dem ständig wachsenden Pilgerstrom und den räumlichen Ansprüchen der Krönungszeremonie gerecht zu werden, in der auch die verschiedenen Kapellen (Matthiaskapelle von 1379, Karls- und Hubertuskapelle von 1450–79) eine Rolle spielten, entschloß sich 1355 das Stiftskapitel, den karolingischen Chor durch die gotische Chorhalle zu ersetzen, die 1414 fertiggestellt war. In offensichtlicher Anlehnung an die Ste. Chapelle in Paris als gläserner Schrein gestaltet, erreicht hier die gotische Entkörperlichung der Wand ihren Höhepunkt: Wandflächen sind nur der niedrige Sockel und die in 32 m Höhe schwebenden Gewölbe. Zwischen den 25,5 m hohen Fenstern stehen an den schmalen Pfeilern auf Engelskonsolen die Steinfiguren Karls des Großen (mit dem Modell der Pfalzkapelle im Arm), Mariens und der Apostel, 1414–30 entstanden und dem niederrheinischen Kunstkreis zugehörig. Von den gotischen Glasgemälden ist nichts erhalten geblieben. Nach Fertigstellung der Chorhalle fand der Karlsschrein seinen Platz über dem Kapitelaltar im 9/14-Chorschluß, der Marienschrein in der Mitte des Chores.

An der Nahtstelle zwischen Oktogon und Chor steht als Hauptaltar der karolingische Altartisch (um 800 entstanden) mit der ›Pala d'Oro‹ als Antependium, die einzige aus ottonischer Zeit erhaltene Altarbekleidung, um 1020 von Kaiser Heinrich II. gestiftet. Das vielleicht in Fulda gefertigte, goldgetriebene Relief zeigt in 17 Szenen in der Mitte Christus in der Mandorla, umgeben von den Passionsszenen und den Evangelistensymbolen. Der ebenfalls von Heinrich II. im Jahr seiner Krönung 1014 gestiftete berühmte Ambo, die Evangelienkanzel, stand ursprünglich im Mittelpunkt des Oktogons und wurde nach der Errichtung des gotischen Chors südlich an dessen Anfang über die Sakristeitür gebracht. Ein im Grundriß kleeblattförmiger Eichenholzkern ist mit goldenen und kupfervergoldeten Platten belegt, deren Schmuckteile – antike alexandrinische Elfenbeinreliefs, orientalische Schachfiguren aus Achat, moslemische Zierstücke – aus dem Schatz des Kaisers stammen.

Die Marienkirche ist die einzige von Karl dem Großen in Deutschland gebaute Kirche, die bis heute steht und den größten Teil ihrer Hauptausstattung bewahrt hat. Die vielen im Lauf der Jahrhunderte gestifteten Kostbarkeiten sind heute in der Domschatzkammer untergebracht. Der Aachener Domschatz gilt als der wertvollste Bestand seiner Art nördlich der Alpen.

Bernhard Gallistl

Die Bernwardskunst in Dom und St. Michael zu Hildesheim

Hildesheim, im Jahr 815 von Ludwig dem Frommen gegründet, gehörte eher zu den kleineren und peripheren Bischofssitzen des Ostreiches. Wenn hier um die Jahrtausendwende für einige Jahrzehnte eine der großen europäischen Kulturmetropolen erstehen konnte, so hängt dies sicherlich auch damit zusammen, daß die Familiengüter der damals herrschenden Ottonenkaiser (Ludolfinger) innerhalb der Hildesheimer Bistumsgrenzen lagen. Ausschlaggebend aber war vorrangig die herausragende Persönlichkeit Bernwards, der hier als Bischof (993–1022) eine Reihe der bedeutsamsten Meisterwerke der ottonischen Kunst schaffen ließ.

Aus vornehmer einheimischer Familie stammend und in der berühmten Hildesheimer Domschule ausgebildet, kommt der junge Bernward an den Kaiserhof, wird Priester und Mitglied der Hofkapelle (der königlichen Verwaltung), erhält 987/88 von der Kaiserwitwe Theophano das einflußreiche Amt, den siebenjährigen noch unmündigen König Otto III. zu unterrichten, bis er schließlich am 15. Januar 993 zum Hildesheimer Bischof geweiht wird. Die von ihm gestifteten Kunstwerke tragen in ihrer steten Wiederaufnahme und Variation der gleichen theologischen Bildthemen deutlich eine einheitliche geistige Prägung, so daß die Kunstgeschichte für sie mit Recht den Begriff der »bernwardinischen Kunst« geprägt hat. Wieweit und ob überhaupt Bernward an seine Werke selbst Hand anlegte, wird wohl nie ganz zu klären sein. Entscheidend aber ist, daß wir ihn als geistigen Beweger der Entwürfe bezeichnen dürfen.

Diese Kunst entfaltete sich in allen Bereichen, die seinerzeit zur künstlerischen Ausstattung eines bedeutenden Bischofssitzes gehörten. So bewahrt der Hildesheimer Domschatz noch heute beachtliche Handschriften auf, die Bernward dem Michaeliskloster der Benediktiner schenkte, darunter eine Vollbibel (gerade für diese Epoche eine Seltenheit) und das reich illustrierte *Kostbare Evangeliar,* das in seinem doppelseitigen Widmungsbild Bernward selbst in seinem Bischofsornat vor der Gottesmutter

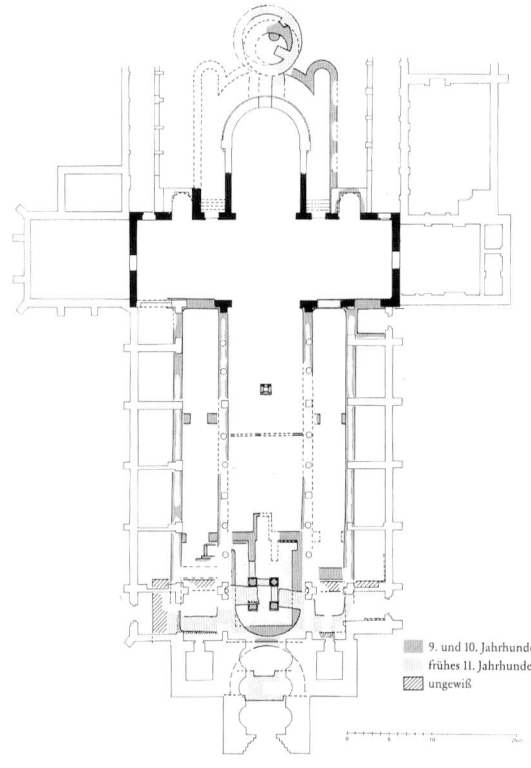

Der Hildesheimer Dom im frühen Mittelalter. Grundriß aus: Bernward von Hildesheim und das Zeitalter der Ottonen, Ausstellungskatalog Hildesheim 1993, Bd. 2, S. 300

9. und 10. Jahrhundert
frühes 11. Jahrhundert
ungewiß

zeigt. Die Holzfigur des Gekreuzigten, die sich im Kloster Ringhelheim befindet, und die auf Holz getriebene *Goldene Madonna* gehören zu den frühesten monumentalen Ganzplastiken des Mittelalters.

Von einer besonderen technischen Fähigkeit der bernwardinischen Werkstätten zeugen aber vor allem die plastischen Gußwerke.[1] Dazu gehören zunächst die kleineren Silberarbeiten, die nach antiker Metalltechnik teilvergoldet wurden: das *Kleine Bernwardkruzifix,* die beiden *Bernwardleuchter* und die für Bernwards Verwandten Erkanbald von Fulda (den späteren Erzbischof von Mainz) geschaffene *Abtkrümme.*

Als einzigartige Leistungen, die auch Bernwards eigentlichen Künstlerruhm begründet haben, manifestieren sich allerdings die zwei monumentalen Bronzewerke: die doppelflügelige Eingangstür des Doms und die Christussäule. Beide gehören in den Zusammenhang der zwei großen Hildesheimer Kirchenbauten,

[1] H. Drescher, Zur Technik bernwardinischer Silber- und Bronzegüsse, in: Bernward von Hildesheim und das Zeitalter der Ottonen. Ausstellungskatalog Hildesheim 1993, Bd. 1, S. 337–351.

St. Michael und Dom, deren Architektur ebenfalls von Bernward geprägt wurde: Die Kirche von St. Michael war mit dem zugehörigen Kloster eine unmittelbare Stiftung Bernwards und damit dessen volle originale Schöpfung, während der Dom zwar seinen künstlerischen Einfluß ausstrahlt, aber nicht von ihm erbaut worden ist.

Als Bernward Bischof wurde, zeigte die Hildesheimer Kathedralkirche noch die bauliche Gestalt, die sie von ihrem Erbauer, Bischof Altfrid (er weihte sie 872), erhalten hatte. Die Lebensbeschreibung (Thangmar, Vita Bernwardi, Kap. 8) berichtet von einer gewählt kostbaren Ausstattung, mit der Bernward den Dom ausschmücken ließ. Diese Ausstattung wurde zusammen mit Altfrids Bau beim großen Brand von 1046 völlig zerstört. Ein Reflex von ihr hat sich allerdings noch im Radleuchter erhalten, den der Neuerbauer des Doms, Bischof Hezilo, um 1060 aufhängen ließ. (Etwas später gab Bischof Thietmar zusätzlich eine kleinere Lichterkrone für den Chor in Auftrag, die kürzlich restauriert worden ist und seitdem in der Antoniuskapelle am Kreuzgang hängt.)

Der Heziloleuchter, der das herabschwebende Himmlische Jerusalem versinnbildlichen will, ist jedenfalls als Nachfolgewerk der »großen Lichterkrone« anzusprechen, die Bernward für den Dom gestiftet hatte. Bernward, der darüber hinaus eine zweite Lichterkrone in seiner Michaeliskirche aufhängen ließ, gilt (nach Hans Sedlmayr) geradezu als der Schöpfer jenes Radleuchtertypus, wie wir ihn später ebenso in den bekannten Exemplaren von Aachen und Comburg (bei Schwäbisch Hall) wiederfinden.

Aber auch die architektonische Vorbildlichkeit der Bernwardskunst hat sich auf den Dom ausgewirkt. Beim Wiederaufbau in der zweiten Hälfte des 11. Jahrhunderts (unter Hezilo), der noch heute das Gesicht des Doms bestimmt, nahmen die Baumeister deutliche Anleihen bei der Michaeliskirche (etwa in der rhythmischen Abfolge von Pfeiler und zwei Säulen im Langhaus, dem sogenannten »niedersächsischen Stützenwechsel«).

Leider berichten uns die alten Quellen nichts über die ursprüngliche Bestimmung der Bronzetür Bernwards, die sich am Haupteingang des Doms befindet. Diese Tür mit dem Gesamtausmaß von 4,72 x 2,25 Metern (Gewicht: je etwa 40 Zentner), deren beide Flügel (die Löwenköpfe der Türzieher inbegriffen) aus je einem Stück gegossen sind, trägt auf der Mittelleiste eine Inschrift, nach der sie von Bernward im Jahr 1015 »an der Schauseite des Engelstempels« aufgehängt wurde: AN(NO) DOM(I-

Kleiner Radleuchter in der Antoniuskapelle

NICE) INC(ARNATIONIS) MXV B(ERN-VVARDVS) EP(ISCOPVS) DIVE MEM(O-RIE) HAS VALVAS FVSILES IN FACIE(M) ANGELICI TE(M)PLI OB MONIMENT (VM) SVI FEC(IT) SVSPENDI.

Von Bernwards Nachfolger Godehard wird berichtet, er habe am Dom die Krypta des (um 1064 angebauten) Westchores abbrechen und Bernwards Türflügel im ›Paradies‹, der Vorhalle, anbringen lassen, also an der Stelle, an der sie bis zur Kriegsauslagerung im Jahr 1943 verblieben (am Zugang von der westlichen Vorhalle zum Kircheninneren, und zwar mit nach außen gewendeter Reliefseite). Beim Wiederaufbau des Doms (1960 beendet) bezog man die Vorhalle in den Innenraum ein, die gerettete Tür wurde etwas weiter westlich aufgehängt und aus konservatorischen Gründen mit ihrer Schauseite nach innen gewendet.

Die Bezeichnung »Engelstempel« in der Inschrift ließ bei manchem Forscher die Vermutung aufkommen, Bernward selbst habe die Tür eigentlich für seine Michaeliskirche bestimmt. Freilich kann damit aber ebenso die Michaelskapelle gemeint sein, die sich früher über der Westvorhalle des Doms befand.

Der Grabungsbefund, der eine Änderung des Westbaus kurz nach der Jahrtausendwende konstatiert, könnte andererseits bestätigen,

Großer Radleuchter im Dom

›Niedersächsischer Stützenwechsel‹ am südlichen Seitenschiff der Michaeliskirche;
über den Kämpferplatten der
Säulen die halbplastischen
Figuren der ›Seligpreisungen‹

daß Godehard mit der Beseitigung der Westkrypta und der Einhängung der Tür am neuen
Eingang lediglich ein Unternehmen Bernwards zu Ende führte, der für den Dom im
Westen eine repräsentative Portalanlage schaffen wollte.[2] Mit einer solchen Vorstellung dek-
ken sich auch die monumentalen Vorbilder, auf
welche die Tür zurückverweist.[3]

Die Formulierungen der Inschrift erinnern
an die Beschreibung der salomonischen Tem-
pelanlage mit ihrem ehernen Hauptportal
(2. Chr. 4, 9) und verweisen damit gleichermaßen auf das zentrale Bronzeportal an der Säulenvorhalle vor der Fassade von St. Peter in
Rom, das über das dahinter sichtbare, mit
Reliefs aus der Heilsgeschichte geschmückte
Silberportal ins Innere führte. Diese antike
Bronzetür wurde von der Legende mit dem
salomonischen Tempelportal gleichgesetzt, das
durch Vespasian von Jerusalem nach Rom
gelangt sein soll. Die Verbindung der gerahm-
ten Bronzetür nach antikem Schema mit einer
durchgehenden Bebilderung, die an der Bernwardtür zu beobachten ist, erscheint am Haupteingang von St. Peter im Hintereinander von
rahmengegliederter Bronzetür (die oben durch
ein Gitter transparent war) und reliefiertem Silberportal bereits vorbereitet. Dieses römische
Vorbild ist wohl auch die tragende Kompo-
nente, die das Hildesheimer Bronzeportal mit
seinen deutschen Vorgängern in Aachen (am
Bau Karls des Großen) und Mainz (um 1009

von Erzbischof Willigis gestiftet) verbindet,
wobei man allerdings nicht von einer direkten
Abhängigkeit sprechen sollte (obwohl wir freilich auch daran erinnern müssen, daß schon die
Marienreliquie der Hildesheimer Bistumsgründung aus Aachen geholt worden war). Als Krönungskirche der Kaiser besaß die Peterskirche
nördlich der Alpen einen hohen Symbolwert,
der imperiale Assoziationen wachzurufen vermochte. Dabei müssen wir uns zudem vergegenwärtigen, daß sich das christliche Kaisertum
stets auf das große Vorbild des ewigen Welt-
herrschers Christus berief.

In diesem Zusammenhang erhält der Bezug
der Bernwardtür auf das Portal des jüdischen
Tempels eine besondere Bedeutung: galt jenes
doch als der Eingang, der nach prophetischem
Wort dem ankommenden Messiaskönig vorbehalten war. Diese christologische Messias-The-
matik bestimmt auch das Bildprogramm der
Reliefs. Jeder der beiden Flügel zeigt acht Bildfelder. Geschildert wird links die Geschichte
der Stammeltern Adam und Eva, während
rechts in gegenläufiger Richtung Geburt, Kindheit, Passion und Auferstehung Jesu erzählt
werden. Die Szenen der beiden Flügel sind thematisch aufeinander zu komponieren. Die Urge-
schichte des Alten Testaments erweist sich
dabei als in der Heilstat Christi erfüllt. Nach
paulinischem Verständnis in augustinischer
Interpretation erscheint schon in der Polarität
des geschaffenen Menschen als Mann und
Frau (dargestellt im ersten Relief) zeichenhaft
die Art der Verbundenheit Christi mit seiner
Kirche. Damit wird die Menschwerdung Christi bereits in der Schöpfung selbst begründet.
Diese Theologie drückt sich hier in mannigfaltigen Bezügen zwischen den einzelnen Bildern
aus.

Als Beispiel angeführt sei hier nur die Gegen-
überstellung der stillenden Eva in der Szene
vom Erdenleben der vertriebenen Stammeltern mit der Gottesmutter, die rechts gegenüber mit ihrem Kind vor den anbetenden
Weisen thront. Wer die alte, orientalische
Adamlegende kennt, versteht hier, daß der
Engel dem Adam bei seiner Feldarbeit den
künftigen Erlöser aus Evas Nachkommen-
schaft verheißt, daß ferner Gold, Weihrauch
und Myrrhe dieser Hoffnung als äußere Zeichen beigegeben waren und von den Nachkom-
men Adams an das morgenländische Magier-
volk bis hin zur Fülle der Zeiten weitervererbt
wurden. Zwischen den beiden Bildfeldern, an
denen die löwenköpfigen Türzieher angebracht
sind, befindet sich im übrigen auch das Schloß
des Portals, so daß wir hier mit besonderem
Recht von den »Schlüsselbildern« sprechen
können.

[2] W. Jacobsen, U. Lobbedey,
Der Hildesheimer Dom zur
Zeit Bernwards, in: Bern-
ward von Hildesheim (wie
Anm. 1), S. 299–311.

[3] B. Gallistl, Die Bernwardtür
und die sakrale Vorbildlichkeit in der bernwardinischen
Kunst, in: Hildesheimer Jahrbuch 64, 1993, S. 69–86.

Als spätere Nachfolge der bernwardinischen Gießtradition wie auch der bernwardinischen Disziplin, theologische Aussagen in Gestalt von Bildgegenüberstellungen zu formulieren, können wir das um 1225 geschaffene Bronzetaufbecken betrachten, auf dem sich Themen des Alten und des Neuen Testaments sowie biblische und allegorische Gestalten zu einer vollständigen Theologie der christlichen Taufe zusammenfügen. Die Figuren der vier Paradiesflüsse, auf denen das Taufbecken lagert, haben ihre Vorgänger am Fuß der Christussäule Bernwards.

Diese Bronzesäule (um 1020 gegossen) steht heute im südlichen Querhaus des Doms. Ihr ursprünglicher Platz war die Michaeliskirche, in der sie sich bis 1810 befand, als sie ein bischöflicher Beamter aufkaufte und sie so vor dem Einschmelzen (das ihr schon ein erstes Mal 1738 drohte) bewahren konnte. Dieser ließ sie zunächst auf dem Domhof aufstellen, bis man sie 1893 in den Dom an ihren jetzigen Standort verbrachte.

Leider ist uns die originale Gestalt der bernwardinischen Säule nur mehr unvollständig erhalten. Bernwardinisch sind heute noch die Basisplatte mit den (teilweise stark verstümmelten) Paradiesflüssen an den Ecken und

Das Taufbecken, das auf den Figuren der vier Paradiesflüsse lagert

Detail der Bernwardtür; über den Türziehern links die stillende Eva, rechts die Gottesmutter mit dem Kind, dem die Magier huldigen

der Schaft, die zusammen eine Höhe von 3,79 Metern aufweisen. Der hohle Schaft, aus einem Stück gegossen, mißt 58 Zentimeter im Durchmesser. Das Reliefband, das ihn in acht Windungen nach oben umläuft, bildet in 24 Szenen das öffentliche Leben Jesu ab. Thematisch ergänzt Bernward hier den rechten Flügel seiner Bronzetür, wo auf Jesu Kindheit unmittelbar die Passion folgt. Als Ganze versinnbildlicht die Säule den theologischen Gedanken vom Kreuz Christi als dem »Holz des Lebens« (lignum vitae), das den Menschen vom Tod befreit und in das neue Paradies einsetzt. Mit ihrem Fußpunkt am Quellort der Paradiesströme stellt sie sich bereits als Baum der Mitte von Eden dar. Sodann müssen wir aber wissen, daß die Säule früher ein Kapitell trug, auf dem ein Bronzekruzifix mit der Figur des Gekreuzigten aufgestellt war. 1544 wurde das Säulenkruzifix von eindringenden Bilderstürmern zerstört. 1676 nahm man auch das bernwardinische Bronzekapitell ab und schmolz es ein. Vom originalen Kapitell ist uns jedoch eine annähernde Vorstellung durch ein Imitat aus Holz überliefert, das die äußere Form bewahrte und auf einem Kupferstich von 1725 noch auf der Säule zu sehen ist (dieser Stich diente dem Bildhauer Karl Küsthardt zur Anregung, als er 1874 das heutige Kapitell anfertigte). Der Kupferstich zeigt vier Eckfiguren, die den Paradiesflüssen der Grundplatte korrespondieren, außerdem besitzt das Kapitell die

Form eines Würfels mit Kämpferblock und
Deckplatte, wie sie auch für die Säulen des
bernwardinischen Michaelisbaus kennzeichnend
ist. Ikonographische Überlegungen machen
zudem wahrscheinlich, daß wir sogar eine
Kopie dieses Kapitells aus der Zeit um 1160
besitzen: ein Langhauskapitell der Hildesheimer Godehardikirche, auf dem sich drei
Christusszenen der Bernwardtür wiederfinden,
würde sich in den Bildzusammenhang der
Christussäule jedenfalls bestens einfügen.

Der ursprüngliche Ort der Bronzesäule in
der ehemaligen Benediktinerabtei St. Michael
lag im Ostchor hinter dem zentralen Kreuzaltar. Mit einem Kreuz versehene Altarsäulen
kennen wir auch von anderen Kirchen dieser

Epoche (noch heute erhalten ist die Marmor-
säule im Essener Münster). Die Bronzesäule
Bernwards war hier aber noch durch ihre
Größe und ihren besonderen Zusammenhang
hervorgehoben. Über dem Altar hing der große
Radleuchter von der Decke, am Aufgang zum
Presbyterium stand eine niedrigere Marien-
säule aus Marmor. Als ihr liturgisches und bauliches Zentrum bestimmte die bronzene Christussäule mit ihrem Kreuz einst das gesamte
Raumkonzept der Michaeliskirche, die Bernward selbst in seiner Schenkungsurkunde vom
1. November 1019 als sein geistliches Lebens-
werk bezeichnet hat.

Am Beginn der Stiftung stand die Kreuzreliquie, die Bernward von Otto III. als Geschenk

Detail aus der Bernwardsäule:
Tanz der Salome

an hohen Festen am Kreuzaltar zur Verehrung ausgesetzt. (Diese Verehrung war möglicherweise auch der Grund dafür, daß man die Seitenschiffe in ungewohnter Breite angelegt hatte.) Als zitathafte Wiederholung der Golgatastätte in der Jerusalemer Grabeskirche mußte die gesamte Altaranlage im Ostchor bei den Zeitgenossen Bernwards auch die Assoziation an den Friedenskönig der Endzeit erwekken, den man damals, als sich der Tod Jesu zum tausendsten Mal jähren sollte, an jener Stätte erwartete. Anspielungen auf den salomonischen Tempelbau verstärkten diesen Gedanken. Damit ergab sich auch ein symbolischer Zusammenhang mit der Idee Ottos III. (des Stifters der Gründungsreliquie), von Rom aus ein christliches Universalreich zu errichten (»renovatio imperii Romanorum«). Immerhin ist für die Christussäule selbst das römische Vorbild der kaiserlichen Triumphsäulen Trajans und Mark Aurels unübersehbar.[5]

Auf die Christussäule und ihr Kreuz ausgerichtet waren auch die anderen liturgischen Orte: der Salvatoraltar am Ostabschluß des westlichen Hochchors (im etwa gleichzeitig entstandenen Westchor des Augsburger Doms ist ein ähnlicher Altar noch heute zu sehen; beide Male wirkte wohl der Hauptaltar von St. Peter in Rom als Vorbild) sowie der darunter befindliche Marienaltar der Krypta, die ursprünglich zum Langhaus hin offen war. Vor dem Marienaltar hatte Bernward selbst (so seine Lebensbeschreibung) seine Begräbnisstätte bestimmt. Sein steinerner Sarkophag mit den eingemeißelten neun Engelsbüsten wurde wahrscheinlich noch zu seinen Lebzeiten nach seinen Anweisungen geschaffen, während die heutige Deckplatte wohl erst bei der Umgestaltung im späten 12. Jahrhundert hinzukam.

Bernwards Grab fand weitverbreitete Verehrung, die mit einer Heiligsprechung (der Heiligsprechungsvorgang erstreckte sich über die Jahre 1150–94) bestätigt wurde. Damit erhielt die Kirche ihren zweiten kultischen Mittelpunkt. Die vielgerühmte Wundertätigkeit, die vom Bernwardgrab ausging, scheint freilich von der Kreuzreliquie abgeleitet. Die miraklöse Kraft das Wassers, das in der Krypta geschöpft werden konnte, glich ganz der Wirkung, die auch dem großen Reliquienkreuz nachgesagt wurde, zumal man das Wasser zuvor mit dem Kreuz berührte. Auffällig bleibt aber auch, daß die Krypta mit ihrem hohen Umgang offenbar schon von Bernward selbst für die Verehrung eines heiligen Gegenstandes geplant war. Möglicherweise wurde dort einst die Kreuzreliquie während der Werktage aufbewahrt.

Mit dem anwachsenden Bernwardskult erklären sich auch die einschneidenden Umge-

erhielt und der er am 10. September 996 (Kreuzerhöhungsfest) auf einem Hügel nordwestlich vom Dombezirk eine Kapelle weihte. Im ersten Jahrzehnt des folgenden Jahrhunderts begann er diese Stiftung zu einem großen Kloster mit einer neuen Kirche auszubauen. Am 29. September 1015 (Michaelsfest) konnte er die Krypta, am 29. September 1022 (kurz vor seinem Tod am 20. November) endlich den Klosterkomplex weihen. (Der Bericht über zwei Weihen des Klosters durch seinen Nachfolger Godehard sagt uns allerdings, daß die Gebäude damals noch nicht vollständig fertig gewesen sein können.) Als Patrone werden genannt: Jesus der Retter (Salvator), die Gottesmutter, das Heilige Kreuz, der Erzengel Michael und die himmlischen Heerscharen.[4]

Die kaiserliche Kreuzreliquie blieb der zentrale Kultgegenstand des Klosters. Sie ist uns in der Umkleidung des goldenen *Großen Bernwardkreuzes* (aus dem 12. Jahrhundert; im Hildesheimer Domschatz) noch heute erhalten. Diese Reliquie, der man auch Wunderwirkung bei Krankheiten und Dürre zuschrieb, wurde

4 J. Cramer, W. Jacobsen, D. von Winterfeld, Die Michaelskirche, in: Bernward von Hildesheim (wie Anm. 1), S. 369–392.
5 B. Gallistl, Die Bernwardsäule und die Michaeliskirche zu Hildesheim, Hildesheim 1993.

staltungen, die die Kirche im ausgehenden 12. Jahrhundert erfuhr. Die Krypta wurde erweitert und über die Westvierung vorgezogen. Die dadurch entstehende Vergrößerung des Westchors wurde mit einem Lettner und zwei Seitenschranken eingegrenzt. Die nördliche dieser Schranken (die Engelsschranke) ist noch erhalten. Die Säulen des Langhauses wurden erneuert und mit romanischen, meist pflanzlich gestalteten Kapitellen versehen. Von den bernwardinischen Langhaussäulen mit ihren typischen Würfelkapitellen blieben nur die beiden nordöstlichsten erhalten (wohl, weil ein hoher Ambo davor stand). Zur Neugestaltung des ausgehenden 12. Jahrhunderts gehört auch das große Gemälde, das sich über die gesamte Holzdecke des Mittelschiffs erstreckt. Es zeigt den Stammbaum Christi in der Form des »Jessebaumes« (nach Jes. 11, 1), beginnend mit Adam und Eva, über den schlafenden Stammvater Jesse und die davidischen Könige, bis hin zur Muttergottes und dem herrschenden Christus.[6]

Im Zuge der Reformation wird die Kirche 1542 lutherisch, wobei aber die Krypta mit dem Bernwardgrab (und zunächst auch der Westchor) dem Kloster verbleibt. In der folgenden Zeit sollten Bau und Ausstattung schmerzliche Verluste erleiden. Kirchenstürmer und Kriegstruppen vergreifen sich mehrmals an Einrichtung und Kirchenschatz. Im 17. Jahrhundert verfällt das Gebäude zusehends. Schließlich legt man die Ostapsiden nieder und errichtet über der Ostvierung einen hohen Turm mit barocker Haube.

Detail der Engelsschranke in der Michaeliskirche

Ausschnitt aus dem Deckengemälde der Michaeliskirche

Nach der Säkularisation des Klosters und der darauffolgenden Aufhebung der lutherischen Gemeinde dient die Kirche in der ersten Hälfte des 19. Jahrhunderts profanen Zwecken. 1855 bis 1857 wird sie aufs neue als lutherische Gemeindekirche wiederhergestellt. Eine weitere Renovierung erfolgt 1907–10.

Die Bomben, die am 22. März 1945 vernichtend auf die Stadt Hildesheim niedergingen, ließen auch die Michaeliskirche bis auf die Grundmauern abbrennen. Beim Wiederaufbau, der 1960 abgeschlossen wurde, konnte man den bernwardinischen Außenbau nach alten Zeichnungen und Modellen rekonstruieren.

[6] J. Sommer, Das Deckengemälde in der Michaeliskirche zu Hildesheim, Hildesheim 1966.

Der Lettner der Michaeliskirche

Die Bernwardtür im Dom zu Hildesheim ▷

Blick auf die Südfassade der Michaeliskirche ▷▷

Östliches Querschiff von
St. Michael

Blick durch das Mittelschiff
von St. Michael nach Osten

Ausschnitt aus dem Deckengemälde von St. Michael ▷

Walter Haas

Romanische Kirchenbaukunst
St. Michael in Hildesheim und der Dom zu Speyer

Von den vielen Bauten, die in der Zeit der Karolinger in Mitteleuropa entstanden sind, ist nur wenig erhalten geblieben. Was außer den drei zum ›Weltkulturerbe‹ zählenden Bauten in Aachen, Lorsch und Müstair noch als karolingische Architektur erlebbar ist, läßt sich fast an den Fingern einer Hand aufzählen. Denn die karolingische Epoche endete in einer Phase kriegerischer Bedrängnis durch Normannen und Ungarn, in der viele Errungenschaften aus der Zeit Karls des Großen und seiner Nachfolger wieder verlorengingen.

Der politischen und militärischen Konsolidierung in der Regierungszeit Ottos I., der 936 zum König gewählt und 962 zum Kaiser gekrönt worden war, folgte in der zweiten Hälfte des 10. Jahrhunderts eine rege Neubautätigkeit, die sich zum Jahrhundertende und in das 11. Jahrhundert hinein immer mehr steigerte. Aber auch davon ist nur wenig übriggeblieben. Die Damenstiftskirche St. Cyriacus in Gernrode ist der einzige Bau, der noch in einer zum großen Teil vom 10. Jahrhundert geprägten Form aufrecht steht. Für das frühe 11. Jahrhundert gilt das gleiche für die Michaeliskirche in Hildesheim, die zwischen 1010 und 1033 erbaut wurde.

Der Dom in Speyer stellt das ehrgeizigste Bauwerk aus der Zeit des fränkischen Kaiserhauses der Salier dar. Seine Errichtung schließt unmittelbar an die der Hildesheimer Kirche an und nimmt – da der ersten, bis in die sechziger Jahre dauernden Bauphase bald eine zweite folgte – das ganze restliche Jahrhundert in Anspruch, ja, sie reicht sogar noch ein wenig in das zwölfte hinein.

Blick auf die Chorseite von St. Michael, Hildesheim

Krypta mit der Bernward-
Grablege in St. Michael,
Hildesheim

Die beiden Bauten, die dem ›Weltkulturerbe‹ zugerechnet werden, stammen also aus demselben, dem 11. Jahrhundert, dennoch sind sie kennzeichnende Werke verschiedener Perioden der Baugeschichte. St. Michael in Hildesheim, eine Benediktiner-Abteikirche, gilt als der bedeutendste Bau der ottonischen Epoche; der Speyerer Dom, eine Bischofskirche, als das Hauptwerk der frühen Romanik und zugleich als der Bau, mit dessen zweiter Bauphase die Hochromanik beginnt.

Kloster-, Stifts- und Bischofskirchen bildeten im frühen und hohen Mittelalter die führende Bauaufgabe, an der sich die künstlerische und die technische Entwicklung der Architektur hauptsächlich vollzog. Benutzer dieser Bauten waren geistliche Gemeinschaften wie Mönchskonvente, Kapitel von Kanonikern oder von Stiftsdamen und Domkapitel. Der Chorus, in dem sie sich täglich mehrmals zu bestimmten Zeiten zum Psalmgebet versammelten, ist der liturgische Schwerpunkt und meist auch der zentrale Raumteil solcher Kirchen. An den ›Psallierchor‹ schloß sich stets das Presbyterium an, in dem der Hauptaltar seinen Platz hatte. Oft war es von einer Krypta unterbaut, so daß seine Bodenfläche deutlich über der des Langhauses erhöht lag. Hauptsächlich im 12. Jahrhundert, vereinzelt aber auch schon im 11., dehnte man die Krypten aus und hob damit zugleich die Psallierchöre auf das Niveau der Presbyterien.

In diesen allgemeinen Punkten des Raumprogrammes unterschieden sich Kloster- und Bischofskirchen nicht, und so bestehen zwischen der Hildesheimer Klosterkirche und dem Speyerer Dom einige Übereinstimmungen bei generellen Merkmalen: Beide sind dreischiffige Basiliken mit Querschiffen und einer Krypta, und beide haben sechs Türme, die in Dreiergruppen im Osten und im Westen der Kirchen angeordnet sind. In ihrem Charakter aber sind die beiden Bauten grundverschieden.

St. Michael ist eine Stiftung des Bischofs Bernward. Dieser sächsische Adelige war in der kaiserlichen Kanzlei und als Erzieher Kaiser Ottos III. tätig gewesen und 993 auf den Bischofsstuhl in Hildesheim gelangt. Dort gründete er ein Benediktinerkloster, für das er Mönche aus St. Pantaleon in Köln herbeirief und dem er die wertvollste Reliquie übergab, die er besaß: ein Stück vom Kreuz Christi, das er als Geschenk von Otto III. erhalten hatte.

Das Kloster wurde auf einer vorher unbebauten Anhöhe etwa 500 Meter nördlich vom Dom errichtet, jenseits der offenen Marktsiedlung, die der Entwicklung Hildesheims zur Stadt vorausgegangen war.

Der Klosterbezirk ist von Süden her zugänglich, und die Gebäude wurden so angelegt, daß der Ankommende die ganze Länge der Klosterkirche übersieht und von der Seite her ihr Südschiff betritt. Das Klausurgeviert, in dem die Mönche des Benediktinerkonvents lebten, schloß nördlich an die Kirche an, lag also hinter ihr. Als Keimzelle des Klosters war schon 996 eine Hl.-Kreuz-Kapelle geweiht worden. Der Bau der großen Klosterkirche begann, wie wir von einem 1908 gefundenen Grundstein wissen, erst 1010. Der Stein trägt außer der Jahreszahl und den Initialen des Gründers die Namen S. BENIAMIN und S. MATHEVS, nennt also einen der zwölf Söhne des alttestamentlichen Erzvaters Jakob und einen der zwölf Apostel. Die Vermutung liegt nahe, daß auch der unter dem Südarm des Westquerhauses gefundene Grundstein nur einer von zwölfen ist, und daß sie Reliquien der Genannten oder Erinnerungsmale bedeckten. Das würde dann darauf hindeuten, daß Bernward ein Bild wörtlich nahm, das der Apostel Paulus in seinem Brief an die Gemeinde in Ephesus (Eph. 2, 20.21) gebrauchte: »... erbaut auf den Grund der Apostel und Propheten, da Jesus Christus der Eckstein ist, auf welchem der ganze Bau ineinandergefügt wächst zu einem heiligen Tempel ...«

Wenn diese Deutung des einen gefundenen Grundsteines richtig ist, so läßt sich daraus eine auch theologisch sehr durchdachte und einheitliche Planung der Kirche ableiten; und tatsächlich stellt sich St. Michael als ein Bauwerk aus einem Guß dar. An das dreischiffige Langhaus schließen im Osten wie im Westen gleich gebildete Querhäuser an, deren über die Seitenschiffe heraustretende Endigungen mit zweigeschossigen Emporen gefüllt sind. Die beiden quadratischen Vierungen, in denen sich Mittelschiff und Querschiffe überkreuzen, waren durch Türme überhöht, durch die sie von oben direktes Licht empfingen. Die Emporen sind über Wendeltreppen zugänglich, die als Türme den Stirnseiten der Querarme vorgelegt sind und deren Firsthöhe beträchtlich überragen. Das Langhaus mit den beiden Querhäusern ist ein ganz ausgewogenes, symmetrisches Bauwerk. Erst die an die Querschiffe anschließenden Bauteile sind differenziert. Im Osten endet die Kirche mit drei Apsiden, die achsial auf die drei Schiffe des Langhauses ausgerichtet sind. Die mittlere ist um ein kurzes Vorjoch gestelzt, die seitlichen schließen direkt an die Querarme an. Diesem relativ knapp gehaltenen Ostschluß steht ein erheblich größerer Westbau gegenüber. Sein quadratischer, mit einer Westapsis schließender Kernraum führt die Breite des Mittelschiffs weiter und ist von einer ebenerdigen Krypta unterbaut. Sie wird von einem Umgang umzogen, der von den Querarmen ausgeht.

Krypta und Umgang, Emporen und Apsiden waren seit jeher überwölbt, die Haupträume aber, alle drei Schiffe des Langhauses, die beiden Querhäuser und das westliche Presbyterium tragen flache Decken. So besteht der Bau aus einem Gefüge schlichter ›Kastenräume‹, die durch rundbogige Arkaden miteinander verbunden sind. Der rhythmische Wechsel der Langhausstützen – auf einen Pfeiler folgen zwei Säulen – untergliedert die gestreckten Längsräume, die sich als drei zu einer Einheit verschmolzene Kuben ablesen lassen.

Dem Raum entspricht die Fügung des Baukörpers aus klar überschaubaren Elementen, und auch in der Durchbildung der einzelnen Bauglieder ist dieselbe Neigung zu einfachen, abstrakten Grundformen zu beobachten, am deutlichsten an den Säulen. Ihre Kapitelle haben sich von der antiken Tradition des Blattkapitells völlig gelöst und sind als Würfel gebildet, die durch Abrunden der unteren Ecken und Kanten zum Rund des Säulenschaftes überleiten.

Zwischen diese Würfelkapitelle und die weit ausladenden, profilierten Kämpferplatten ist ein einfacher prismatischer Block eingefügt. In frühchristlicher und frühbyzantinischer Zeit hatte man es vermieden, Bögen direkt auf Säulen aufzusetzen, sondern als Reminiszenz an antike Gebälkstücke Kämpferaufsätze dazwischengeschaltet. Das im 9. Jahrhundert errichtete Westwerk der Abteikirche von Corvey an der Weser zeigt, daß man auch in karolingischer Zeit an dieser Formulierung festhielt. In St. Michael ist dieses Bauglied dem Stil des Ganzen entsprechend auf die stereometrische Grundform vereinfacht.

Würfelkapitelle in St. Michael

Die Kämpferblöcke der beiden Säulen, die im Langhaus noch vom Urbau erhalten sind, tragen die Namen von je drei Heiligen, die man wohl als ›Inhaltsverzeichnis‹ verstehen darf. Es war nämlich üblich, an der Oberseite von Kapitellen Vertiefungen auszuarbeiten und Reliquien einzulegen. Damit sind die ehemals zwölf Langhaussäulen in einer ganz speziellen Weise in das geistliche Bauprogramm der Kirche einbezogen gewesen.

Das Bemühen um Einfachheit, das bei der Formgebung zu beobachten ist, bezieht sich nicht auf das Raumprogramm. Es enthält weit mehr als den Grundbedarf einer Benediktinerabtei. So bot die Anlage von zwei Vierungen Platz für zwei Psallierchöre, die alternativ benutzt werden konnten. Die acht Querschiffemporen, die wohl Altäre trugen, werden mit einer neunten Altarstelle, die im Westen zu suchen ist, den ›neun Engelchören‹ zugeordnet. Mit den verschiedenen in den Apsiden, in der Krypta und in der Mittelachse des Raumes angeordneten Altären ergeben sich in der Kirche eine Vielzahl liturgischer Orte, und es ist anzunehmen, daß der Gottesdienst nicht nur je nach Anlaß an verschiedenen Stellen stattfand, sondern daß ebenso Prozessionen von einem zum anderen Ort einige Bedeutung hatten.

Die Kirche birgt außerdem das Grab ihres Stifters. Der mittelalterliche Mensch war sich sehr bewußt, daß er, um das Seelenheil zu erlangen, auf die Fürbitte anderer angewiesen ist. So gehörte zu den Motiven für die Stiftung eines Klosters stets auch der Wunsch, einen Konvent zu verpflichten, für seinen Wohltäter Fürbitte zu leisten. Es überrascht also nicht, das Grab Bernwards in der Kirche zu finden, ungewöhnlich ist jedoch, daß es seinen Platz in der Krypta erhielt.

Speyer war schon seit Jahrhunderten Bischofssitz und hatte längst eine Domkirche, als der in diesem Gebiet beheimatete und amtierende Gaugraf Konrad nach dem Aussterben der sächsischen Dynastie der Ottonen 1024 von den deutschen Fürsten zum König

Blick von Südosten auf den
Dom zu Speyer

gewählt und 1027 zum Kaiser gekrönt wurde. Damals waren in den benachbarten Bischofssitzen rheinab in Worms und Mainz und rheinauf in Straßburg und Basel neue Dome eben vollendet oder der Vollendung nahe, mit denen sich der viel ältere Speyerer Bau nicht messen konnte. So bot sich dem neuen Kaiser die Chance, das zu veranlassen, was Bischöfe und Domkapitel bis dahin aus eigenen Kräften nicht zuwege gebracht hatten: Er stiftete einen neuen Dom. Auf den Altbau, der ersetzt werden sollte, wurde keine Rücksicht genommen. Der Neubau wurde als ein selbständiges Bauwerk geplant, das nicht aus Vorgaben abgeleitet zu werden brauchte, die von seinem Vorgänger stammten. Trotzdem ist kein Werk ›aus einem Guß‹ entstanden. Die Planung ist, als der Bau schon im Gange war, mehrmals verändert worden, und mit jeder Planänderung wuchsen die Dimensionen des Domes, vor allem in die Länge und in die Höhe. Dabei vermied man es aber tunlichst, Korrekturen am schon Gebauten vorzunehmen. Die nachträglichen Veränderungen halten sich in engen Grenzen. So können wir das Wachsen des Baues und seine Planungsstadien an den aus den einzelnen Bauphasen erhaltenen Teilen verfolgen.

Ältester Bauteil ist der Ostarm der Krypta. Sein Kreuzgratgewölbe wird von vier Säulenpaaren getragen, denen an den Umfassungsmauern Halbsäulen entsprechen. Bei der ersten Planänderung kam in den Winkeln zwischen Presbyterium und Querschiff ein Ostturmpaar hinzu, das also nicht, wie in Hildesheim, die Ausdehnung des Querschiffes betont, sondern die Baumasse komprimiert. Bei der Anlage des Querschiffs wurde die Krypta auf dessen ganze Fläche ausgedehnt. Damit wurden zum ersten Mal in Mitteleuropa Vierung und Querarme auf die Höhe des Presbyteriums gehoben. Die Krypta legte auch – entgegen der Planung des Altarraumes – den Bau einer ›ausgeschiedenen Vierung‹ fest, die, wie zuvor in Hildesheim, mit Bögen in allen vier Richtungen von den anschließenden Räumen abgegrenzt ist. Die Querschiffkrypta entwickelte gegenüber dem Ostarm auch die Wandgliederung weiter, indem sie in jedes Wandfeld Nischen eintiefte, zwischen denen Pfeiler mit vorgelegten Halbsäulen stehen.

Das Langhaus sollte nach älterer Planung kürzer werden und wurde, als die Fundamente für die Westfront schon angelegt waren, um 15 Meter nach Westen verlängert. Seine Abschlußmauer bildet zugleich den Unterbau für die Westtürme und erhielt die außerordentliche Stärke von sechs Metern, die an dem nach innen und außen als Stufenportal ausgebildeten Hauptzugang ablesbar ist. Eine Vorhalle legt sich als dreigeschossiger Querbau vor die ganze Langhausbreite. Als entscheidende gestalterische Neuerung wurde die in der Krypta entwickelte Pfeilerform mit vorgelegten Halbsäulen in das Langhaus übernommen, aber ganz von der Bindung an die Säulenproportion gelöst. Im Seitenschiff sind die Pfeiler, denen an den Außenmauern gleichartige Halbpfeiler gegenüberstehen, über zehn Meter hoch, im Mittelschiff erreichen sie 24 Meter Höhe. Hier dient die Form, die in der Krypta und in den Seitenschiffen auf die Wölbung zielte, nur der Wandgliederung. Durch die bis in den Obergaden hinaufgeführten Pfeiler und Halbsäulendienste erhält die Wand ein sehr kräftiges Relief, das erst oberhalb der hochliegenden Fenster in eine Ebene zusammengeführt wird. Ob das Mittelschiff darüber mit einer flachen Decke oder mit einer anderen Form des Raumabschlusses endete, ist nicht bekannt.

Die Dimensionen des auf Veranlassung Konrads II. errichteten und unter seinem Enkel Heinrich IV. weitgehend vollendeten Baues haben sich erst im Lauf der Bauausführung ergeben. Weder die Gesamtlänge von 133 Metern noch die Mittelschiffhöhe von 30 Metern wird von einem anderen Bauwerk des 11. Jahrhunderts erreicht. Die gestreckte Anlage mit ihrer einseitigen Ausrichtung nach Osten ist durch die städtebauliche Situation vorgezeichnet, denn der Dom, an den sich nördlich die Bischofspfalz und südlich die Kapitelgebäude anschlossen, liegt am Ostende der Stadt, deren Struktur in der Zeit des Domneubaus entscheidend durch die Anlage des breiten Straßenzuges geprägt wurde, der von Westen axial auf die Domfront zuführt.

Die liturgische Raumordnung ist in Speyer, bedingt durch die Einpoligkeit des Domes, einfacher als in Hildesheim. Neben dem Psallierchor des Domkapitels in der Vierung, der sich nach Osten zum Presbyterium öffnete, lagen in den Querarmen abgesonderte Räume, die Nebenpatronen geweiht waren, dem Evangelisten und dem Täufer Johannes der nördliche, dem ersten Märtyrer und dem Papst Stephan der südliche. Die Krypta hat allein sieben Altarstellen, und über der Eingangshalle lag eine größere Emporenkirche, über deren Benutzung uns jedoch keine Zeugnisse vorliegen.

Krypta im Dom zu Speyer

Auch für Konrad II. gilt, daß er das Begräbnis in seiner Stiftung beanspruchte. Als er 1039 in Utrecht starb, wurde er nach Speyer überführt und dort am Ostende des Langhauses beigesetzt, längst ehe dieser Bauteil unter Dach war. Das Grab lag zwischen den Treppen, die vom Mittelschiff in einen Vorraum der Krypta hinunterführten, in der Mittelachse des Raumes. Von diesem Stiftergrab ausgehend entwickelte sich im Ostteil des Langhauses ein eigener Bereich, der ›Königschor‹. Entscheidend dafür war, daß nicht nur Konrads Gemahlin Gisela 1043 neben ihrem Gatten bestattet wurde, sondern 1056 ebenso sein Sohn und Nachfolger Heinrich III., obwohl er als Stifter des Domes in Goslar auch dort sein Grab hätte finden können. Damit war aus dem Stiftergrab im Speyerer Dom die Grablege des salischen Hauses geworden.

1061 wurde der Dom geweiht, aber bereits zwei Jahrzehnte später, Anfang der achtziger Jahre, begann ein großer Umbau.

Blick in den Vierungsraum des Speyerer Doms

◁ Der Nordquerarm im Dom zu Speyer

Anlaß dafür waren weder die gefährliche Nähe des Rheins, wie aus dem Text eines etwa zeitgenössischen Autors zu schließen wäre, noch Probleme des Baugrundes, sondern wahrscheinlich Schäden an dem mangelhaft widerlagerten Gewölbe über dem Presbyterium. Zwischen den Osttürmen ist ein Teil davon bis heute erhalten, und dieser zeigt deutlich die Spuren einer alten Reparatur. Daß man sich nicht mit einer Instandsetzung begnügte, mag daran liegen, daß der geschädigte Altarraum zu den ältesten Teilen des konradinischen Baues gehörte und all die formalen Errungenschaften noch nicht aufwies, die erst beim Langhausbau entwickelt worden waren. Man kann den Neubau der Apsis als

Anpassung des Ostschlusses an die moderneren Teile des ersten Domes sehen, und der gleiche Grund könnte es auch gewesen sein, der anschließend zum Neubau der nach außen freiliegenden Teile der Umfassungsmauern des Querschiffs führte. Die Krypta blieb unverändert erhalten, ihre Umfassungsmauern mußten aber erheblich verstärkt werden, um für die gewaltige Dicke der neuen Mauern Platz zu schaffen. Ihre starke Gliederung ist nämlich das besondere Merkmal dieser hochromanischen Bauteile. Im unteren Teil wurden die Mauern vom Innenraum her ausgehöhlt, um innerhalb der Mauerstärke Kapellen einzurichten, und oben unter der Traufe wurde ein den ganzen Bau rings umziehender, nach außen offener Gang, die ›Zwerggalerie‹ (siehe Abbildung S. 118), aus der Mauer ausgespart.

Im Langhaus blieb die Bausubstanz nahezu unangetastet, dennoch wurde das Mittelschiff grundlegend durch Überwölbung umgestaltet. Dazu verstärkte man jedes zweite Pfeilerpaar durch Vorlagen, so daß aus der gleichmäßigen Folge von zwölf Jochen sechs Doppeljoche wurden, in deren Mitte jeweils die ursprünglichen Pfeiler unberührt blieben. Weiterreichende Planungen, die sich an den verstärkten Pfeilern abzeichnen, kamen nicht zur Ausführung. Doch es gelang im frühen 12. Jahrhundert auch, die in der Fläche ca. 15 x 15 Meter messenden Querarme zu überwölben. Die diagonal über diese Räume gespannten Gurtrippen gehören zu den zahlreichen Neuerungen, die vom Speyerer Dombau ausgingen.

Die Raumdisposition wurde durch all diese weitreichenden Umbaumaßnahmen nicht wesentlich verändert. Doch die Erweiterung der Grablege im Ostteil des Mittelschiffes bedingte Veränderungen am Königschor. Die Kryptatreppen wurden in die Seitenschiffe verlegt, und die ›Vorkrypta‹, die in das Ostjoch des Langhauses vorsprang, wurde abgebrochen. Dadurch wurde Platz geschaffen für den Kreuzaltar, der am Ende des Mittelschiffes zwischen der Gräberreihe und der Schranke des Psallierchores angeordnet wurde, für die Bestattung Heinrichs IV. (gest. 1106, endgültig beigesetzt 1111) und seiner Gemahlin Bertha (gest. 1087, nach Speyer überführt 1090) und neben den Gräbern für das Chorgestühl der ›Stuhlbrüder‹, deren Aufgaben die tägliche Fürbitte für die hier bestatteten Wohltäter des Domes war.

Für das Begräbnis Heinrichs V. (gest. 1125) wurde der ganze Königschor aufgehöht, für die folgenden Bestattungen wurde er nach Westen verlängert. Mit der Beisetzung der 1184 verstorbenen Kaiserin Beatrix, der Gattin Friedrichs I. Barbarossa, übernahmen die Staufer die Grablege der Salier, wohl um sich als deren Erben auszuweisen. So ist auch die Überführung König Philipps (von Schwaben, gest. 1208) von Bamberg nach Speyer im Jahr 1212 zu verstehen. Aus der Grablege einer Dynastie ist damit die der deutschen Herrscher geworden, wo dann 1291 der in Speyer verstorbene König Rudolf (von Habsburg) begraben wurde und wohin 1309 dessen 1308 ermordeter Sohn, König Albrecht (von Österreich), und auch sein schon 1298 gefallener Gegner, König Adolf (von Nassau), überführt wurden.

Nicht nur der Speyerer Dom wurde in einer zweiten Bauphase tiefgreifend umgestaltet. Auch in Hildesheim erfuhr die Kirche Bernwards im 12. Jahrhundert beträchtliche Veränderungen. Auslösend mag die Beschädigung durch einen Brand gewesen sein, der von 1162 gemeldet wird. Aber auch die Bemühungen um die Heiligsprechung Bernwards, die 1193 zum Erfolg führten, könnten Anlaß gewesen sein, seine Grabkirche zu modernisieren. Die wichtigsten Maßnahmen waren das Auswechseln der meisten Langhaussäulen, der Umbau der Westvierung, der Neubau der Westapsis und die weitgehende Neuausstattung des Raumes, die sich bis in das 13. Jahrhundert hinzog. Die neuen Säulen konnten höher werden, weil sie auf das Zwischenglied des Kämpferaufsatzes verzichteten, und sie tragen opulente spätromanische Kapitelle, die zeigen, daß man der charakteristischen Kargheit in der Formensprache des Bernwardbaues nichts mehr abgewinnen konnte. Auch die Stuckverzierungen der Bogenlaibungen gehören dazu, und die reich gegliederte Westapsis weist in die gleiche Richtung. Ihr Neubau hängt auch mit der Einwölbung der Westteile zusammen. Die Erweiterung der Krypta in die Westvierung sollte den direkten Zusammenhang zwischen Presbyterium und Psallierchor schaffen, der inzwischen selbstverständlich geworden war und andernorts durch den gänzlichen Verzicht auf eine Krypta erreicht wurde. Von der neuen Raumausstattung ist die nördliche Chorschranke des Westchores erhalten geblieben – das südliche Gegenstück und der verbindende Lettner auf der Ostseite sind verloren – und vor allem die bemalte Bretterdecke des Mittelschiffs. Sie mag daran erinnern, daß wir uns den Raum weder in seiner ottonischen Urform noch nach der Umgestaltung der Spätromanik in der reduzierten Farbigkeit vorstellen dürfen, die das heutige Bild des Raumes prägt.

Die Baugeschichte unserer beiden Kirchen zeigt eine gewisse Ähnlichkeit. In Hildesheim wie in Speyer wurde ein ungewöhnlicher und höchst anspruchsvoller Bau errichtet, und beide erhielten erst durch einen einschneidenden Umbau die Gestalt, die sie – von einigen Veränderungen am Bau und mancher Neuausstattung abgesehen – bis über das Mittelalter hinaus behielten. Das weitere Geschick der beiden Bauten zeigt ausgeprägte Parallelen.

An St. Michael führten Schwächen von Baugrund und Fundierung zu Einbußen. 1650 wurden die Ostapsiden abgerissen, 1662 im Westen Vierungsturm und Südquerarm. Durch die Erhöhung des mittleren Ostturms und die hohe barocke Haube, die ihm im 17. Jahrhundert aufgesetzt wurde, erhielt der ganze Bau, der seit der Reformation evangelische Gemeindekirche war, eine neue, von der mittelalterlichen weit entfernte Silhouette.

Der Speyerer Dom wurde ein Opfer des pfälzischen Erbfolgekrieges, als 1689 die ganze Stadt niedergebrannt und Teile des Domes gesprengt wurden. Die Westhälfte des Langhauses und alle Gewölbe der Krypta stürzten ein.

Am Anfang des 18. Jahrhunderts hatten beide Bauten nur noch eine entfernte Ähnlichkeit mit ihrer mittelalterlichen Gestalt. In Speyer wurde zunächst der noch aufrecht stehende Teil des Domes wieder überdacht und instandgesetzt. Bei der Neuausstattung wurde der Hauptaltar in die Vierung gesetzt. Das Domkapitel erhielt sein Chorgestühl östlich davon im ehemaligen Altarraum. Die Obergeschosse des jetzt isoliert stehenden Westbaues wurden abgetragen, der Vierungsturm durch Verstärkung der Pfeiler und Bögen, auf denen er ruht, stabilisiert. Nach manchen Überlegungen zur barocken Neugestaltung wurde das Langhaus ab 1772 in Anlehnung an die erhaltenen Ostjoche neu gebaut. Für die Wiederherstellung des Westbaues reichten im 18. Jahrhundert die verfügbaren Mittel nicht mehr aus. So kam es zu einer originellen Sparversion dieses Bauteils.

Schon wenig später, 1793, wurde Speyer erneut vom Krieg betroffen und von französischen Revolutionstruppen besetzt. Der Dom wurde profaniert und verlor seine ganze neu geschaffene Ausstattung. Erst ab 1821 wurde er mit der Wiederherstellung des Bistums Speyer wieder als Kathedrale eingerichtet. 1846–53 ließ König Ludwig I. von Bayern den ganzen Innenraum durch Johannes Schraudolph ausmalen, doch nicht so, wie es im Mittelalter etwa hätte gewesen sein können. Vielmehr wurden zahlreiche Fenster vermauert und Gesimse abgeschlagen, um dem Bau die Flächen abzugewinnen, die man für das Bildprogramm benötigte. Anschließend wurde der Westbau durch Heinrich Hübsch neu errichtet, und auch hier war das Ziel nicht die Wiederherstellung des Verlorenen, sondern die Komplettierung des Baukörpers in den historistischen Bauformen, die man für angemessen hielt.

In Hildesheim wurde St. Michael 1809 profaniert und 1822 das nördliche Seitenschiff abgebrochen. Erst als die Kirche 1844 der evangelischen Gemeinde zurückgegeben war, wurde allmählich ihre Bedeutung wiederentdeckt, und so kam es 1855–57 zu Arbeiten, die das Seitenschiff wiederherstellten und den ganzen, immer hinfälliger gewordenen Bau konsolidierten und seinen Fortbestand sicherten. Sie fanden ihre Fortsetzung in einer Restaurierung, bei der 1907–10 der Südarm des Westquerschiffs rekonstruierend wieder aufgebaut wurde.

Im Speyerer Dom führte das wachsende Interesse an den mittelalterlichen Kaisern nach der Gründung eines neuen deutschen Kaiserreiches zu einer wissenschaftlichen Ausgrabung des Königschores, die im Sommer 1900 stattfand und den Schlüssel für die Klärung der komplizierten Entstehungsgeschichte der Grablege lieferte. Danach wurde in dem Erdblock, in dem die Bestattungen zwischen 1039 und 1309 erfolgt waren, eine Gruft gebaut. Sie ist von der Krypta aus zu erreichen und macht die in situ verbliebene Reihe der salischen Kaisersarkophage und die neu gestaltete Reihe der jüngeren Königsgräber zugänglich.

Sicherungsarbeiten zur Konsolidierung des Bauwerkes wurden auch am Speyerer Dom notwendig und 1930–32 durchgeführt.

Die Idee, daß an beiden Bauten die romanische Gestalt des 11./12. Jahrhunderts wiedergewonnen werden könne, stammt wohl schon aus dem frühen 20. Jahrhundert, aber erst nach dem Zweiten Weltkrieg wurde sie zur Richtschnur für Bau- und Restaurierungsmaßnahmen.

Mit großen Teilen der Stadt Hildesheim war St. Michael 1945 zerstört worden. Übriggeblieben waren außer den beschädigten Umfassungsmauern der ausgebrannten Ruine die mittelalterlichen Teile der Ausstattung, die rechtzeitig ausgebaut oder durch Schutzmauern gesichert worden waren. Der Wiederaufbau machte schon 1950 große Teile der Kirche wieder benutzbar. Er wurde in den folgenden zehn Jahren mit dem Ziel weitergetrieben, den Bau des 11. Jahrhunderts durch Rekonstruktion wiederzugewinnen, wobei allerdings die im Mittelalter veränderten Bauteile, soweit sie erhalten waren, belassen wurden.

Der Dom in Speyer hatte keine nennenswerten Kriegsschäden erlitten, aber hundert Jahre nach der Ausmalung war es Zeit für eine Restaurierung. Da man sich bewußt war, wie sehr die Umgestaltung unter Ludwig I. von Bayern, aber auch die Verstärkungen in der Vierung den Raum verändert hatten, entschloß man sich 1957, den gesamten Putz mit der Malerei des 19. Jahrhunderts zu entfernen. Nur die Gemälde über den Langhausarkaden wurden belassen, weil sie sich der Architektur weitgehend unterordnen. Man ging von der Vorstellung aus, daß es genügen würde, die als störend empfundenen späteren Zutaten wegzunehmen, um den romanischen Raum wiederzugewinnen. Über die Wiederherstellung ursprünglicher Fensterproportionen – die Obergadenfenster des Langhauses waren verkürzt, die Apsisfenster verlängert worden – griff die Restaurierung auch auf den Außenbau über, wo schließlich Dächer und Giebel mit der alten Neigung rekonstruiert wurden. Im Innern konnten durch Absenken des aufgehöhten Fußbodens auf das romanische Niveau die Proportionen des Raumes und der Portale wiederhergestellt werden. Doch da die mittelalterliche Wandbehandlung und Ausstattung fehlen, ist heute eher der Rohbau des Domes rekonstruiert als ein dem mittelalterlichen Raum ähnelnder Zustand geschaffen worden. Das schmälert freilich nicht die Großartigkeit der Architektur des 11. Jahrhunderts, die in Speyer trotz aller Einschränkungen zu erleben oder zumindest zu erahnen ist.

St. Michael in Hildesheim ist bekannt geworden als Werk der ottonischen und spätromanischen Zeit und als das Geschichtsdenkmal, das am engsten mit der Person des großen Bischofs Bernward verbunden ist. Der Dom in Speyer ist ein herausragendes Monument der Früh- und der Hochromanik und wie kein anderes mit den Kaisern des salischen Hauses verbunden. Das sind die letztlich entscheidenden Gründe, warum diese beiden Bauten dem ›Weltkulturerbe‹ zugezählt werden. Aber sie sind beide auch alles andere als wohlerhaltene Zeugnisse ihrer großen Zeit im hohen Mittelalter. Beide sind sie zerstört und fast bis zur Unkenntlichkeit verändert und in mehreren Schritten erst allmählich ihrem mittelalterlichen Aussehen wieder angenähert worden. Beide legen zwar in Teilen authentisches Zeugnis ab von ihrer mittelalterlichen Entstehungszeit, aber sie sind zugleich Denkmäler ihrer Zerstörungs-, Veränderungs-, Wiederaufbau- und Restaurierungsphasen. Sie lassen heute noch viel von dem erkennen, was hochmittelalterliche Baukunst ausmacht, und sie verraten zugleich, wie das 18., 19. und 20. Jahrhundert sich ottonische und romanische Architektur vorgestellt hat und wie man auch denkmalpflegerisch mit diesen Kirchen umgegangen ist.

St. Michael ist bis auf den heutigen Tag Denkmal der Bernwardszeit und der Spätromanik, aber auch des 17., 19. und 20. Jahrhunderts und nicht zuletzt des Zweiten Weltkrieges. Der Speyerer Dom ist heute noch Denkmal der salischen Kaiserzeit, jedoch ebenso eines verheerenden Krieges im 17. Jahrhundert, und er ist Kunst- und Geschichtsdenkmal der folgenden drei Jahrhunderte. Beide Bauten sind Zeugnisse nicht jeweils einer, sondern vieler Epochen, sind Denkmäler einer langen, vielfältigen und wechselvollen und keineswegs immer nur rühmlichen Geschichte. Gerade deshalb werden sie zu Recht dem ›Weltkulturerbe‹ zugezählt.

Der Dom zu Speyer
von Nordosten

Bernhard Gallistl

Die Geschichte und das heutige Erscheinungsbild des Speyerer Doms im Überblick

Zwerggalerie an der Südseite

◁◁ Nördliches Seitenschiff

◁ Blick in das Mittelschiff
mit Apsis

Schon in römischer Zeit, seit Mitte des 4. Jahrhunderts, ist für Speyer die seelsorgerische Tätigkeit von Bischöfen nachweisbar. Von einem Bistum können wir gleichwohl erst im ausgehenden 6. Jahrhundert sprechen. Hinweise auf die dazugehörige Domkirche finden sich schon in merowingischer Zeit (655), und wir haben weiterhin Anlaß, einen karolingischen Neubau in der Zeit zwischen 782 und 845 anzunehmen. Bereits seit der merowingischen Epoche ist auch das Hauptpatronat Marias und des Erzmärtyrers Stephanus belegt (später wird der heilige Papst Stephan I. als Patron hinzutreten). Im überdimensionalen Zuschnitt, den der 1024 gekrönte Salierkönig Konrad II. der Domkirche seiner Heimat gab, manifestierte er den hohen Anspruch seines Königtums und die Absicht, hier, im Zentrum seiner Familiengüter, nun die Metropole des Reichs zu konstituieren. Eine Überlieferung nennt den 12. Juni 1030 als Tag der Grundsteinlegung und behauptet zudem, Konrad habe am selben Tag auch sein Hauskloster Limburg an der Haardt und das Speyerer Stift St. Johannes gegründet. Zwischen 1025 und 1031 können wir

in der Tat den Baubeginn ansetzen. Als Konrad 1039 starb, wurde sein Sarkophag zwischen den Treppen aufgestellt, die vom Mittelschiff in die damals noch vorhandene alte Vorkrypta führten. Um das Grab des Stifters, neben dem man 1043 auch seine Gattin Gisela beisetzte, entstand in der Folge die Grablege der salischen Herrscher und einer Reihe ihrer Nachfolger.

Konrads Sohn Heinrich III. (1039–56) führte die Bauarbeiten am Dom fort und stiftete 1046 für den Hochaltar ein prächtiges Evangeliar, den sogenannten *Codex aureus*, der heute im Escorial aufbewahrt wird. Noch gewichtiger für die kultische Bedeutung Speyers wurde seinerzeit das kostbare goldene Reliquienkreuz, das Heinrich ebenfalls für den Hochaltar (der Gottesmutter geweiht) schenkte. Es ging 1793 verloren. Ob es auch Heinrich III. war, der die Kopfreliquie des heiligen Papstes Stephan I. nach Speyer überführte, ist freilich nicht sicher belegt.

Unter seinem Sohn Heinrich IV. (1056–1106) konnte 1061 die Hauptweihe dieses ersten Baus stattfinden. Etwa zwanzig Jahre später, kurz vor 1082, veranlaßte Heinrich IV. einen tiefgreifenden Umbau. Für diese zweite Bauphase kann man erstmals Baumeister-Persönlichkeiten namentlich nachweisen. Zunächst leitete Bischof Benno von Osnabrück bis zu seinem Tode im Jahre 1088 den Umbau. Als Architekt hatte sich Benno bereits vorher Reputation erworben, als ihm in Hildesheim unter Bischof Azelin (1044–54) der Wiederaufbau des 1046 abgebrannten Domes anvertraut worden war. In Hildesheim fand er damals sicherlich auch Gelegenheit, an der Michaeliskirche die Kunst Bischof Bernwards zu studieren. Nach einigen Jahren des Stillstands beauftragte Heinrich IV. dann 1097 seinen Hofkaplan Otto, den späteren Bischof von Bamberg (gest. 1138), mit der Vollendung des Umbaus. Dieser Umbau unter Heinrich IV. bestimmt im wesentlichen bis heute das Gesicht des Speyerer Domes.

Im Grundriß hatte schon der erste Bau der heutigen Gesamtanlage entsprochen. Während freilich damals das Mittelschiff und die

Querhäuser noch die basilikale Flachdecke aufwiesen, besaßen Krypta und Seitenschiffe schon zu diesem frühen Zeitpunkt Kreuzgrateinwölbungen. Die dem Umbau zugehörigen Teile sind gut an ihren Sandsteinquadern kenntlich, mit denen damals gearbeitet wurde, während man in der ersten Bauphase kleinteiligen Bruchstein verwendet hatte. Der Unterschied ist heute noch besonders am Mauerwerk der Nordseite deutlich.

In der zweiten Bauphase, dem Umbau Heinrichs IV., wurde die Apsis abgebrochen und neu errichtet, wobei sie außen ihre Rundung und die Blendbogengliederung erhielt. Damals wurde auch am ganzen Außenbau die umlaufende Zwerggalerie angebracht. Ferner setzte man die Türme auf, die während des ersten Baues nur bis zur Traufhöhe aufgeführt waren. Gegen 1110 waren die Turmobergeschosse vollendet, womit auch dieser zweite Bau im wesentlichen seinen Abschluß gefunden hatte (etwa hundert Jahre später erhielten die Türme noch eine steinerne Bedachung). Innen wurde damals das Mittelschiff eingewölbt, so daß nun der gesamte Raum eine durchgehende Wölbung aufwies.

Für die Frömmigkeit des mittelalterlichen Speyer war das hochverehrte Bild der thronenden Gottesmutter bedeutungsvoll, dessen Aussehen wir von einem Siegel des Domkapitels kennen. Das Bild fand am Aufgang zum Königschor Aufstellung und wurde um 1330-40 durch eine stehende Muttergottes ersetzt, deren spätere Replik heute am linken Vierungspfeiler angebracht ist. Der zweite Bau, der seit dem Tod Heinrichs IV. im Jahr 1106 trotz kleinerer Veränderungen und Zusätze der gotischen Ära fast unverändert erhalten blieb, erfuhr schließlich im 17. und 18. Jahrhundert seine schmerzlichsten Zerstörungen. Im pfälzischen Erbfolgekrieg wurde er 1689 in Brand gesetzt, so daß das Langhaus vom Westen her über die Hälfte hinaus einstürzte. Die Reihe der jüngeren Gräber wurde damals geplündert. Der Wiederaufbau erfolgte unter Bischof August Graf von Limburg-Styrum (1770-97) nach den Plänen von Franz Ignaz Michael Neumann, dem Sohn des großen Balthasar Neumann. Dabei wurde das baufällig gewordene Westwerk zum Teil abgetragen und zu einem barocken Kuppelbau umgestaltet. Der Innenraum erhielt eine neue, barocke Ausstattung.

Durch französische Revolutionstruppen wurde der Dom 1793/94 abermals verwüstet und geplündert, wobei auch die barocke Innenausstattung wieder verlorenging. Nur mit Mühe und Entschlossenheit gelang es dem Mainzer Bischof Jean Louis Colmar (1802-18),

in den Säkularisationsjahren nach der Auflösung des Bistums das Gebäude vor dem beschlossenen Abbruch zu bewahren.

1817 wurde Speyer aufs neue Bischofssitz, wobei die baulichen Entscheidungen nun von München ausgingen. Der ehrgeizige Kunstmäzen König Ludwig I. von Bayern (reg. 1825-48, gest. 1868) ließ den Dom nach seinen romantisch-historistischen Vorstellungen neu gestalten. Zunächst schuf der Maler Johann Schraudolph in den Jahren 1846-53 im Stil der Nazarener Schule im Inneren einen Gemäldefries mit großformatigen Historienbildern. Diese heute nur noch über den Mittelschiffarkaden erhaltenen Malereien haben einen großen Marienzyklus sowie das Leben mehrerer Heiliger, die mit dem Dom in Verbindung stehen, zum Programm. 1854-58 erneuerte der Karlsruher Baumeister Heinrich Hübsch das Westwerk und die Westtürme. Um das mittelalterliche Aussehen schöpferisch neu zu beleben, verwendete er aber seine eigene, neuromanische Formensprache.

Die Restaurierung, die dem Dom schließlich zu seinem heute aktuellen Aussehen verhalf, führte 1957-66 Rudolf Esterer durch. Esterer bemühte sich, soweit möglich, durch Freilegen die salische Architektur zurückzugewinnen.

Durchschreiten wir dieses Gebäude, das so zahlreiche Etappen des Umbaus, der Verwüstung und der Erneuerung durchlebt hat, bietet sich uns heute folgendes Bild: Durch die neuromanische Halle des Westwerks, in deren Nischen das vergangene Jahrhundert die Büsten der sieben Wohltäter des Doms aufgestellt hat, gelangen wir an das mächtige, noch vom Gründungsbau stammende Stufenportal. Im Portal hängt die moderne Bronzetür von Toni Schneider-Manzell, die biblische Szenen, aber auch Bilder zur Domgeschichte in Reliefmanier zeigt.

Das Langhaus stammt in seiner Substanz zum größeren Teil erst aus dem Wiederaufbau von 1772-75. Dennoch ergibt sich nach den Restaurierungsarbeiten in der Totalansicht wieder jener Raumeindruck, den die Bauphase unter Heinrich IV. mit der rhythmischen Gliederung des Mittelschiffes durch sechs Gewölbejoche geschaffen hatte. Freilich wurde im vorigen Jahrhundert die Wandgliederung über den Arkaden für Schraudolphs Ausmalung geglättet, so daß - auch durch den Gemäldefries selbst - heute die Horizontale betonter erscheint. Deutlich lassen sich die Kapitelle aus der Zeit Heinrichs IV. unter den Gurtbögen mit ihren korinthischen Formen von den Würfelkapitellen der dazwischenliegenden Wandpfeiler und der Seitenschiffe unterscheiden, die noch den Zustand der ersten Bauphase

bewahrt haben. Die tellerförmigen Zwischenkapitelle an den Halbsäulenvorlagen sollten zum Ansatz einer Verblendung der Mittelschiffarkaden dienen, die freilich nie durchgeführt worden ist.

Nördliches und südliches Querhaus mit ihren wuchtigen Vierungspfeilern stammen weitgehend noch aus der ersten Bauphase, was besonders anschaulich am Bruchstein der Turmwände ablesbar wird. Die von je einem bunten Pilaster in zwei Hälften geteilten Stirnwände im Norden und Süden hingegen erweisen durch das Quadermauerwerk ihre Herkunft aus der zweiten Bauphase. Die beiden Nischenkapellen hinter Doppelarkaden im Erdgeschoß dieser Querhaus-Stirnwände sind vollständig in die Mauer eingelassen – eine Einmaligkeit, die durch die besondere Größe des Gebäudes und die entsprechenden Mauerstärken möglich war. In der Ostwand jedes Querhauses befindet sich jeweils eine große, halbkreisförmige Altarnische mit ziborienartiger Umrahmung.

Die schweren Bandrippen, die man um 1100 an die Querhausgewölbe anlegte, gehören zu den ersten dieser Art und fanden später auch im Wormser Dom und mancherorts am Oberrhein Verwendung – wie überhaupt der Speyerer Dom als architektonisches Vorbild auf das gesamte Rheingebiet ausstrahlen sollte. Eine achteckige, mit Nischen und Fenstern gegliederte Pendentifkuppel reicht hoch in den Vierungsturm hinauf.

Wie das Querhaus liegt auch die Apsis über der Krypta. Die heutige Apsis stammt aus der Umbauphase Heinrichs IV. In ihrer Gliederung entspricht sie dem Mittelschiff, wobei sich über einem Nischenkranz sehr hohe Blendarkaden erheben.

In der Krypta, zu der wir von den östlichen Enden der Seitenschiffe aus hinabsteigen können, befinden wir uns schließlich im ältesten Teil des Domes. Jede der vier Haupteinteilungen (die den darüberliegenden Jochen entsprechen) wird von dreimal drei quadratischen Kreuzgewölben getragen. Die Speyerer Krypta hat interessanterweise vor allem in Italien ihre Nachahmer gefunden, zum Beispiel in Acqui (Piemont), Verona, Modena, Otranto und Bari. Von der heutigen Vorkrypta führen westlich zwei Treppen nach oben zur Königsgrablege, die erst nach der Grabung von 1900 von hier aus als unterirdische Gruft zugänglich gemacht wurde. Zuvor waren die Gräber von oben zugänglich, wo man sie im Königschor in die Erde eingelassen hatte. Das Grab Konrads II., von dem die Grablege ihren Ausgang nahm, befand sich am Ostende der Mittelschiffachse genau an der Stelle, die der mittelalterliche Kir-

chenbau auch sonst für den Stifter vorsieht, nämlich zu Füßen des dort gelegenen Kreuzaltars. Dieser war hier unter dem westlichen Vierungsbogen aufgestellt. Vor dem Abbruch der alten Vorkrypta (vor 1090) hatte der Kreuzaltar vermutlich auf der darüberliegenden ›Bühne‹ gestanden.

Um den Kreuzaltar gruppierte sich einst ein bemerkenswertes Ensemble. Wir hören von einem großen Triumphkreuz an dieser Stelle (angeblich wurde es von »Kaiser Otto« gestiftet; hier könnte allerdings ein sprachliches Mißverständnis des Lateinischen vorliegen, da »de Ottone« sowohl »von Otto gestiftet« als auch »von Messing« bedeuten kann) und einem großen von Bischof Reginbald (gest. 1039) gestifteten Radleuchter (›corona magna‹), der über dem Chor hing. Unter dem Kreuz befand sich zunächst ein Bogen, der später durch den Lettner ersetzt wurde. Radleuchter und Triumphkreuz sollten gemeinsam mit der Kreuzreliquie Heinrichs III. vermutlich den Hinweis auf das Golgota der Jerusalemer Grabeskirche verstärken, der schon üblicherweise im Kreuzaltar enthalten war. In ganz besonderer Weise also bildet der ›chorus sanctae crucis‹, wie man den Königschor nannte, ein Zitat der hochverehrten Todesstätte Christi, an der man auch die legendären Gräber der biblischen Urkönige Adam und Melchisedek zeigte und wo seit alters her Totenfeiern für vornehme Personen abgehalten wurden. Auf diese Bedeutung der mythischen Königsgrabstätte ist es zurückzuführen, daß sich die lateinischen Könige Jerusalems, wie Gottfried von Bouillon und Balduin I., am Golgota zur Seite des Melchisedekaltars bestatten ließen.[1] Mit dem Verweis auf die bauliche Anlage der Jerusalemer Golgotastätte war ein entsprechender biblisch-kultischer Bezugspunkt auch für die große Königsgrablege von Speyer gegeben.

Erhalten sind noch die beiden an die Querhäuser angebauten Kapellen. Die um 1080 gebaute, zweigeschossige Doppelkapelle St. Emmeram und Katharina im Winkel zum südlichen Seitenschiff – einst in Kreuzgang und Stiftsgebäude integriert – diente wohl ursprünglich als Kapitelsaal. Von der Unterkapelle zur Oberkapelle führt hier heute wieder eine achteckige Öffnung. Am nördlichen Seitenschiff liegt die Afra-Kapelle, die Heinrich IV. nach 1076 für eine Reliquie der Heiligen von Augsburg errichten ließ. In dieser Kapelle, die seinerzeit noch nicht geweiht worden war, fand der Leichnam des gebannten Heinrich IV. seine Aufbewahrung, bis er 1111, nachdem sein Sohn Heinrich V. für den Toten die Loslösung erreicht hatte, im Dom selbst bestattet werden konnte.

Über den Mittelschiffarkaden Gemälde zum Marienzyklus von Johann Schraudolph

[1] Zu den Königsgräbern am Golgota vgl. G. Bandmann, Zur Deutung des Mainzer Kopfes mit der Binde, in: Zeitschrift für Kunstwissenschaft 10, 1956, S. 171.

Detlev Arens

Der Dom zu Köln

Der Gedanke an heutige Kunstraubdebatten ist unhistorisch, aber nicht ohne Reiz: Schließlich waren auch die Gebeine der Heiligen Drei Könige entwendetes Kulturgut. Friedrich Barbarossa bemächtigte sich ihrer, als ihm 1162 endlich die Einnahme Mailands gelungen war. Fürchterlich aufgebracht über den hartnäckigen Widerstand, hatte der Kaiser die lombardische Metropole teilweise zerstören und ihre Bewohner umsiedeln lassen. Verglichen mit diesen Strafmaßnahmen wog der Heiltümer-Verlust nicht besonders schwer, zumal von einer intensiven Dreikönigenverehrung bis dahin keine Rede sein konnte. Friedrich überließ die Reliquien seinem Reichskanzler Rainald von Dassel, seit 1159 auch Erzbischof von Köln.

Rainalds Loyalität ging über das von Amts wegen Selbstverständliche weit hinaus: Er sah im Reich das »sacrum imperium«, für ihn stand die Gottunmittelbarkeit des Kaisers außer Frage. Das trug ihm die erbitterte Feindschaft der Päpste ein; Hadrian IV. nannte den Erzbischof schlicht einen »homo perversus«. Jedenfalls sah ein politischer Kopf wie Rainald gleich, daß sich die geschenkten Heiltümer vorzüglich instrumentalisieren ließen: Laut biblischem Zeugnis hatten die Könige (Matthäus 2 spricht allerdings von »Magiern«) als weltliche Herrscher direkten Kontakt zum Erlöser. Dieser nicht durch irgendeine Geistlichkeit vermittelte Zugang hob sie jetzt in den Rang von Reichsheiligen und ihre Überreste in den von Reichsreliquien.

Heute mag ein historischer Kern der neutestamentlichen Geschichte allgemein bezweifelt werden, von der Existenz dieser Drei Könige ganz zu schweigen: Damals verstand sich von selbst, daß nur ein äußerst kostbares Reliquiar ihre unermeßlich kostbaren Reliquien bergen durfte. Immer noch ruhen die Gebeine im größten erhaltenen Schrein des Mittelalters. Den übrigens ein vierter König (und späterer glückloser Kaiser) nutzte, um sich als Stifter in Szene zu setzen: 1198 schenkte Otto IV. Gold und Edelsteine für den Schrein. Die massiv goldene Vorderseite zeigt ihn zusammen mit den Heiligen bei der Anbetung des Kindes.

Obwohl von seiner Ausstattung einiges verlorenging, bleibt der Dreikönigenschrein ein Kunstwerk allerhöchsten Ranges. Etliche Figuren schuf Nikolaus von Verdun, wohl der bedeutendste Goldschmied des Zeitalters; seine stupende Kunst zeigt sich vor allem in den eindringlichen Prophetendarstellungen an der Längsseite. Von ihm stammt auch der Entwurf des Reliquiars. Der zitiert allerdings nicht die basilikale Form, wie die Ansicht der Stirnseite nahelegt, sondern setzt zwei Basisschreinen einen dritten auf, wie die Rückseite zeigt.

Trotz des hohen Reliquienwerts stehen nicht die Heiligen Drei Könige, sondern der Angebetete im Mittelpunkt des Bildprogramms. Es spannt den großen thematischen Bogen der Welt- als Heilsgeschichte. Sie reicht bis in alttestamentliche Zeiten zurück, und zum triumphalen Abschluß erscheint Christus als Weltenrichter: Deshalb beansprucht dieses Motiv das ›Giebel‹-feld der Vorderseite, also den privilegiertesten Platz der Schreinarchitektur. Auf der Rückseite entspricht ihm an gleicher Stelle die Märtyrerkrönung von Felix und Nabor. Die Gebeine Felix', Nabors und Gregors von Spoleto fanden gleichfalls Aufnahme im Schrein, Rainald hatte sie aus Mailand mit nach Köln geschickt.

Der gotische Dom

Der grandiose Reliquienschrein wurde kurz nach 1180 begonnen und nach langer Arbeit um 1225 vollendet. Wie für die Reliquien ein angemessener Reliquienschrein mußte nun für den Reliquienschrein ein angemessenes Gotteshaus entstehen – gleichsam ein Reliquiar für das Reliquiar. Zwar galt bereits der romanische Dom als prächtig, gar als »Mutter aller Kirchen«, aber für die kostbaren Heiltümer war er eben nicht groß und prächtig genug.

Schon Erzbischof Engelbert (1216–1225) soll sich für den Bau einer neuen Kathedrale eingesetzt haben. Doch erst am 15. August 1248 konnte Erzbischof Konrad von Hochstaden (1238–1261) den Grundstein legen. Dem feierlichen Akt vorausgegangen war der warme Abriß des alten Domchors, der allerdings unplanmäßig verlaufen war: Das Feuer hatte auf die ganze Kathedrale übergegriffen. Es blieb nichts anderes übrig, als den Westteil wiederherzustellen. Noch wurde der vorromanische Bau für den Gottesdienst gebraucht.

Blick über den Rhein
auf den Kölner Dom, davor
die Hohenzollernbrücke

Mit dem eben fertiggestellten hochgotischen Chor und dem ottonischen Fortsatz bestand die Kölner Bischofskirche 1322 aus zwei Baupartien, wie sie gegensätzlicher kaum vorstellbar sind. Denn keineswegs die behutsame Vermittlung zwischen herkömmlich-romanischer Bauweise und dem neuen Stil war angestrebt worden, eher die Vollendung französischer Kathedralgotik. Deren Elemente hatten einige Kirchen in Deutschland zwar schon früher aufgenommen, aber die konsequente, schöpferische Anverwandlung jener himmelstürmenden Architektur aus dem westlichen Nachbarland zeigt erst der Kölner Dom. Ihn als (neben Straßburgs Münster) jüngsten Vertreter der Gotik halten viele auch für den schönsten.

In zwei Kernpunkten unterschied sich diese Gotik von aller Kirchenarchitektur vor und nach ihr: in der innen kühn akzentuierten, außen allerdings ganz verhehlten Skelettbauweise und in der Bedeutung des Lichts. Die eine wurde durch die andere erst konstruktiv ermöglicht: Weil nun Pfeiler, Dienste, Rippen und Strebewerk statt der Mauern die (Haupt-)Last bewältigten, konnten die bisher tragenden Wände stets weiter reduziert werden. Immer größere Fensterflächen gaben jetzt dem Licht Raum. Allerdings nicht dem nüchternen Tageslicht, sondern einem, das die Glasmalerei verklärte – oder zumindest in den herrlichsten Farben erstrahlen ließ.

Die frühen Kölner Baumeister, vom mutmaßlichen Gesamtplanschöpfer Gerhard über Meister Arnold bis zu dessen Sohn Johannes, müssen Kenntnisse über die fortgeschrittensten Kirchenbauten der Ile de France und des nördlichen Frankreich besessen haben, denn ihr Werk orientiert sich keineswegs ausschließlich an einem Vorbild. Und schon ein Grundrißvergleich mit dem nächstverwandten Kathedralchor von Amiens macht deutlich, daß Gerhard die konsequente Weiterentwicklung des Schemas anstrebte: Die gedachte Halbkreislinie um den Kapellenkranz steht für die Tendenz zur Vereinheitlichung, zur Läuterung des Formenkanons, der so konsequent nirgendwo anders ins Werk gesetzt wurde. Der Kölner Dom besticht durch Ausgewogenheit und Eleganz im Erscheinungsbild, das eine Summe der bisherigen Auseinandersetzungen mit dem Kathedralentypus zieht.

Die Verehrung der Dreikönigenreliquien nahm mit dem Neubau einen noch gewaltigeren Aufschwung, sie wurde sicher Anfang des 14. Jahrhunderts zur wirtschaftlichen Größe. An der Popularität dieser Heiligen hat nicht nur Köln teil. Zwischen Stockholm und Palermo machen die Drei Könige große Karriere als Schutzpatrone der Reisenden. Zu Mailand zieht selbst ihr leerer Sarkophag große Pilgerströme an. Die lombardische Stadt fordert die Gebeine von Köln zurück, aber vergeblich.

Währenddessen erlahmt der Schwung im Zentrum der Verehrung: Schon die recht lange Bauzeit des Kölner Domchors (1248–1322) erklärt sich auch mit Verzögerungen in der letzten Phase. Zunächst beginnt freilich die Arbeit an den beiden südlichen Langhausseitenschiffen, doch das ist nur ein Vorspiel für den gewaltigsten Kraftakt: die Doppelturmfassade im Westen. Ihre ungeheuren Dimensionen läßt schon der Südturm ahnen. Nach 1357 begonnen, wird er immerhin auf eine Höhe von 66 m gedeihen.

Deutlich läßt das Tempo des Baufortgangs dann im 15. Jahrhundert nach. Etwa 1410 werden die Bauleute vom Südturm abgezogen, um zunächst die nördlichen Seitenschiffe hochzuführen. Noch heute überrascht, wie genau die jetzt in Angriff genommene Nordwand die hochgotischen Formen des südlichen Pendants wiederholt. Der Nordturm erreicht mit seiner Ostwand 22 m Höhe, wird sonst aber über den kläglichen Sechsmeterstumpf nicht hinauskommen.

1560 verfügt das Domkapitel die Einstellung aller Arbeiten; sein Beschluß soll fast 300 Jahre Bestand haben. Der Baukran über dem Südturm wird nun zum Wahrzeichen Kölns. Wenn der Wind durch ihn fährt, ist sein Ächzen in der ganzen Stadt zu hören …

Der neogotische Dom

Lange liegt die Kathedrale im Dornröschenschlaf. Langsam verfällt sie, schließlich dient sie den Truppen Napoleons als Magazin und Gefangenenlager. Nichtsdestoweniger bleibt der Dom ein Bau, der ganz unterschiedliche Geister tief beeindruckt. Ein Republikaner wie Georg Forster besucht »diesen herrlichen Tempel, um die Schauer des Erhabenen zu fühlen« (1790), Goethe nennt ihn »das tüchtigste, großartigste Werk, das vielleicht je mit folgerechtem Kunstverstand auf Erden gegründet worden« (1821). Und der Publizist Joseph Görres verknüpft 1814 das »Schicksal« des Gotteshauses mit dem einer ganzen Nation: »In seiner trümmerhaften Unvollendung, in seiner Verlassenheit, ist er ein Bild gewesen von Teutschland seit der Sprach- und Gedankenverwirrung; so werde er denn auch ein Symbol des neuen Reiches, das wir bauen wollen.«

Görres' vaterländisches Pathos fand ein vielstimmiges Echo. Seinen Zeitgenossen galt ohnehin als ausgemacht, daß die Gotik der deutsche Stil schlechthin war; ein Mißverständnis,

Stefan Lochner, Dreikönigs-
altar, sogenanntes Dombild,
um 1440

dessen Wurzeln bis in die Renaissance reichen. Nur war ›gotisch‹ damals ein Schimpfwort. Jetzt, nach der Rehabilitation des Stils und dem Sieg über Napoleon, bereicherte es den Tugendkatalog des Volkes. Preußens König Friedrich Wilhelm IV. griff mächtig in die Klaviatur der nationalen Erweckung, als er 1842 den Grundstein zur Domvollendung legte: »Der Geist, der diese Tore baut, ist derselbe, der vor neunundzwanzig Jahren unsere Ketten brach [...], und es ist der Geist deutscher Einigkeit und Kraft. Ihm mögen die Kölner Dompforten Tore des herrlichsten Triumphes werden.«

Es berührt im nachhinein eigenartig, wie glatt auch die Dombaugegner dieser Mär einer urdeutschen Gotik aufsaßen. Selbst der frankophile Heinrich Heine ließ sich die geradezu subversive Pointe entgehen, daß der Dom ein Fanal französischer Kathedralarchitektur auf deutschem Boden setzte. An patriotisch exponierter Stelle, fast wie »des Stromes Hüter« (Max Schneckenburger), erhob sich zu Köln ein Abgesandter des Erbfeinds und warf seinen Schatten über den »freien deutschen Rhein« (Nikolaus Becker).

Nun schafft deutsche Ideologie allein noch keinen Dom, die Tatkraft, der unermüdliche Einsatz eines Sulpiz Boisserée müssen schon hinzukommen. Sein Kupferstichwerk über die Kathedrale gab den Anschauungsunterricht, der viele für den Bau gewann. Überdies hielten die Kölner wieder den mittelalterlichen Plan der Westfassade in Händen, das Faustpfand für ein möglichst authentisches Erscheinungsbild. Die Franzosen hatten ihn 1794 mitgehen lassen, 1814 fand sich die eine Hälfte auf dem Speicher des Darmstädter Gasthofs ›Zur Traube‹, die andere erwarb Boisserée zwei Jahre später von einem Pariser Kunsthändler.

Aber natürlich blieb manches dem Genie des Dombaumeisters Ernst Friedrich Zwirner (1802–1861) überlassen. 1833 hatte ihn sein Lehrer, der preußische Baudirektor Friedrich Schinkel, nach Köln geschickt. Dort arbeitete Zwirner die Pläne aus, nach denen die Kathedrale vollendet wurde. Auch seine Architektur ist von stupender Qualität. Daß die Neogotik den Kirchenbau des 19. Jahrhunderts derart beherrschte, ist wesentlich auf den Zwirnerschen Dom zurückzuführen; ganz abgesehen davon, daß er die Errichtung so manchen Gotteshauses unmittelbar initiierte.

Als die Dom-Vollendung dann 1880 wirklich gefeiert werden konnte, war vom Enthusiasmus der Gründerjahre nur noch wenig zu spüren. Sicher, Preußen und Bayern hatten einträchtig für

die Kathedrale viel Geld gespendet, die Bürger in zahlreichen Dombauvereinen einen wesentlichen Beitrag zur Finanzierung erbracht. Und noch immer hätte die Kirche – samt dem technischen Wunderwerk ihres eisernen Dachstuhls aus der Rüstungsschmiede Krupp – ein Sinnbild der Reichseinheit sein können. Aber es war nicht das Reich »aller Deutschen«, geschweige denn »aller Bekenntnisse«. Durch Kriege erzwungen und von oben dekretiert, lastete auf dieser Einheit auch noch Bismarcks Kulturkampf, der den Kölner Erzbischof Paulus Melchers 1875 ins Exil getrieben hatte. So standen Preußens Gloria und Kaiser Wilhelm I. im Mittelpunkt der Feierlichkeiten. Noch Kölns Literaturnobelpreisträger Heinrich Böll sollte verächtlich vom »Hohenzollernbau« sprechen.

Zur Domausstattung

Daß der Kölner Dom Gotik in Vollendung präsentiert, liegt nicht zuletzt an seinen Fenstern. Viele sind großartige Beispiele der Glasmalerei ihrer Zeit, selbst die lange mißachteten fünf Bayernfenster an der Südseite (1848 eingesetzt). König Ludwig I. von Bayern stiftete die-

Gipsmodelle in der Modellkammer des Nordturms

Dämon, Miserikordie am Chorgestühl

Dreikönigenschrein, Detail der Giebelseite

Gerokreuz, um 975, älteste überlebensgroße Plastik des mittelalterlichen Abendlandes

se monumental angelegte Bilderfolge, ungewöhnlich ausdrucksstarke Zeugnisse der im 19. Jahrhundert neubelebten Kunst. Ihre nördlichen Pendants stammen aus der spätesten Gotik bzw. der Renaissance (geschaffen zwischen 1507 und 1509), die Vorlagen dazu haben namhafte Kölner Meister (Meister der Hl. Sippe, Meister von St. Severin) geschaffen. Nicht weniger als die Komposition beeindruckt die Umsetzung ins heikle Material. Das gilt für die virtuos beherrschten Techniken ebenso wie für das satte Kolorit der Farben.

Die höchste Steigerungsform aber ziehen die 1311 vollendeten Werke im Chorobergaden auf sich: größter, vollständig erhaltener Glasmalerei-Zyklus des Mittelalters. Auf 850 Quadratmetern erglühen in den 15 Fenstern die Leitfarben Rot und Blau, den Sonneneinfall vorausgesetzt. Das Achsenfenster zeigt natürlich die Heiligen Drei Könige und ihre Huldigung vor Maria und dem Kind. Zu ihnen treten 48 biblische Gestalten (mutmaßlich die 24 Ältesten der Apokalypse und die 24 Könige von Juda), so daß mit 51 die Mitgliederzahl des Domkapitels erreicht wird.

Das älteste Fenster besitzt jedoch die Achsenkapelle des Chors. Es wurde um 1260/61 eingesetzt und war zunächst das einzig farbige des Neubaus. Stilistisch weist das Glasbild noch in die Romanik zurück, inhaltlich variiert es das oft aufgegriffene Thema ›Wurzel Jesse‹. Es hat ein interessantes Pendant in dem 20 Jahre jüngeren Bibelfenster der Stephanuskapelle. Die-

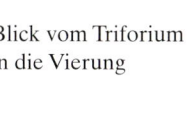

Blick vom Triforium
in die Vierung

Gotische Lichtarchitektur
in Vollendung – Blick in
das Gewölbefiligran des Chor-
umgangs

Blick in das Gewölbe über
dem Uhrboden des Südturms

ses erste gotische Fenster der Kirche ist eine
Stiftung des berühmten Albertus Magnus und
des Erzbischofs Siegfried von Westerburg – jedoch ursprünglich nicht für den Dom, sondern
für die Kölner Dominikanerkirche Zum Heiligen Kreuz. Erst 1892 fand es an seinen heutigen
Platz. Auch aus seiner Wurzel wächst ein (ge-
dachter) Stamm, an dessen Ästen Medaillons
mit Szenen aus dem Neuen Testament und den
entsprechenden ›Vorgeschichten‹ aus dem Alten sich gegenüberhängen.

Nicht nur mit seiner Architektur und den
Fenstern bewahrt der Chor die verbürgte Ansicht aus der Entstehungszeit. Schon früh, nämlich zwischen 1270 und 1290, entstanden die
Chorpfeilerfiguren. Einmal mehr stellen die
höchst qualitätvollen Skulpturen aus Tuffstein
die enge Verbindung der Kölner Dombauhütte
zu Frankreich unter Beweis, sie sind an der
Reimser Kathedralplastik geschult. Die zwölf
Apostel nebst Christus und Gottesmutter zeigen in Haltung und Ausdruck vornehme »Hö-

fischkeit«, besondere Anmut zeichnet die Gottesmutter aus. Künstlerisch eng verwandt mit diesen Bildwerken sind die bronzene, etwas ältere Liegefigur auf der Tumba Konrads von Hochstaden und die wenig jüngere Plastik der sogenannten Mailänder Madonna.

Das Chorgestühl mit seinen 104 Sitzen wurde zwischen 1308–1311 geschaffen, als größtes in Deutschland trägt es der Kirche einen weiteren Superlativ ein. Sein meisterhaft geschnitztes, außerordentlich reiches Zierwerk zeigt neben frommen Sujets ebenfalls sehr weltliche, die sich durch große Lebendigkeit der Darstellung auszeichnen. Noch stärker mitgenommen als diese Schnitzwerke sind die Bilder auf den Chorschranken (1332–1340) hinter den Bankreihen. Nichtsdestoweniger gelten sie als bedeutendstes Beispiel der deutschen Monumentalmalerei im 14. Jahrhundert.

Wie so manches andere hatten auch die beiden wertvollsten Altäre ihren originären Platz nicht im Dom. Aus der Franziskanerinnenklosterkirche St. Clara kommt der Clarenaltar. Dieser größte in Deutschland erhaltene Flügelaltar des 14. Jahrhunderts entstand in seinen älteren Teilen um 1360 und in seinen jüngeren um 1400. Die Außenseiten der Flügel zeigen auf den frühesten hierzulande bekannten Leinwandbildern zwölf franziskanische Heilige. Der meistgerühmte Altar des Domes stammt jedoch aus der Kölner Ratskapelle; hier besichtigte ihn Albrecht Dürer im Oktober 1520. Die Tagebuchnotiz des Meisters ermöglichte es, das außerordentliche Werk Stephan Lochner zuzuschreiben. Sein Name bezeichnet den Höhepunkt der Kölner Tafelmalerei und der Dreikönigenaltar den Höhepunkt seines Schaffens. Die Mitteltafel gibt die Anbetung der Heiligen Drei Könige, in ihrem Zentrum steht der Marienthron. Neben diesen dreien sind die Innenseiten der Flügel mit Gereon und Ursula zwei weitere (Stadt-)Kölner Schutzpatronen gewidmet.

Das älteste Ausstattungsstück stammt wieder aus dem Dom, wenngleich nicht aus dem gotischen, sondern aus seinem Vorgängerbau. Geschnitzt um 975, trägt es den Namen seines erzbischöflichen Stifters Gero (969–976). Der überlebensgroße Kruzifixus mit dem sorgfältig modellierten Körper und dem leidensgezeichneten Antlitz blieb 1248 beim Brand der Kirche verschont. Christus ist hier im Augenblick des Todes festgehalten, jenem Moment also, der die Menschheit der göttlichen Gnade teilhaftig werden läßt. Das Gerokreuz entstand in Köln als erste monumentale Plastik seit der Antike. Daß es die Christusdarstellungen der ganzen Romanik beeinflußt hat, verwundert bei der Ausdruckskraft dieser Erlöserfigur nicht.

Strebewerk am südlichen Langhaus

Der Dom als Baustelle

Der Zahn der Zeit nagt stetig – allen Lobeshymnen, auch der Monumentalität des Bauwerks selbst zum Trotz. Dabei sind bis heute nicht einmal die Schäden aus dem Zweiten Weltkrieg völlig beseitigt, und die Luftverschmutzung beschleunigt den dauernden Verfall. Die Erhaltung der Kathedrale wird demnach immer ins Geld gehen. Gott sei Dank hängen auch die Hüter knapper Kassen am Leben. Für sie ist ein geflügeltes Wort der Kölner Droh- und Trostspruch zugleich: »Wenn der Dom fertig ist, geht die Welt unter.«

Der Klausurbereich des Zisterzienserklosters Maulbronn

Mittelschiff der Klosterkirche mit Chorgestühl

Blick in den Kapitelsaal mit hochgotischem Mehrstrahlrippengewölbe; im Hintergrund der Kreuzgang ▷

Günter Bachmann

Das Zisterzienserkloster Maulbronn

Unberührter Talgrund, unabhängig von der Welt, abgeschieden zur Verinnerlichung, geeignet zur Urbarmachung und Selbstversorgung. Die landschaftliche Einbindung der Klosteranlage Maulbronn hilft noch heute, diese für die Gründung so maßgebenden Leitideen trotz aller Veränderungen nachzuvollziehen. Hier fanden im Jahre 1147 zwölf Zisterziensermönche unter ihrem Abt Dieter, aus Neuenburg im Elsaß kommend, nach einem Gründungsversuch im nahen Eckenweiher ideale Bedingungen zum Aufbau ihrer Klosterkultur, die die geistige wie körperliche Tätigkeit als Gottesdienst, als Kult zu Ehren Gottes verstanden haben wollte. Es war der Bischof Günter von Speyer, Graf von Henneberg, dem der Konvent mit seiner Bestattung im Chor der Klosterkirche ein Zeichen besonderer Verbundenheit setzte, nachdem er durch Schenkung des Speyerischen Bischofslehens zu »Mulenbronn« die Möglichkeit zur Klostergründung an dieser Stelle gab. Die in der Folge geschaffene Anlage vermittelt auch heute noch ein unverfälschtes, in Europa fast einmaliges Bild eines mittelalterlichen Klosters, obwohl die Mönche seit den Wirren der Reformation nicht mehr am Ort ihres Wirkens sind. Bis ins Detail werden dem Betrachter Einsichten in das Wesen eines Klosterorganismus, eine direkte Anschauung des klaustralen Geistes und der Besonderheiten der zisterziensischen Reformbewegung ermöglicht. Entwicklungen innerhalb des Zisterzienserordens vom 12. bis 16. Jahrhundert lassen sich in ihrer baulichen

Umsetzung belegen. Aber auch Einflüsse des politischen, sozioökonomischen und kulturellen Wandels – von der Entstehung über die Reformation und Säkularisation bis heute – sind nachvollziehbar.

Daß die Anlage in wesentlichen Teilen die Zeit unbeschadet überstanden hat, ist nicht zuletzt der Nutzungskontinuität von der Entstehung im 12. Jahrhundert über die Reformation im 16. Jahrhundert hinaus mit Weiterführung als Klostergut und evangelischer Seminar-

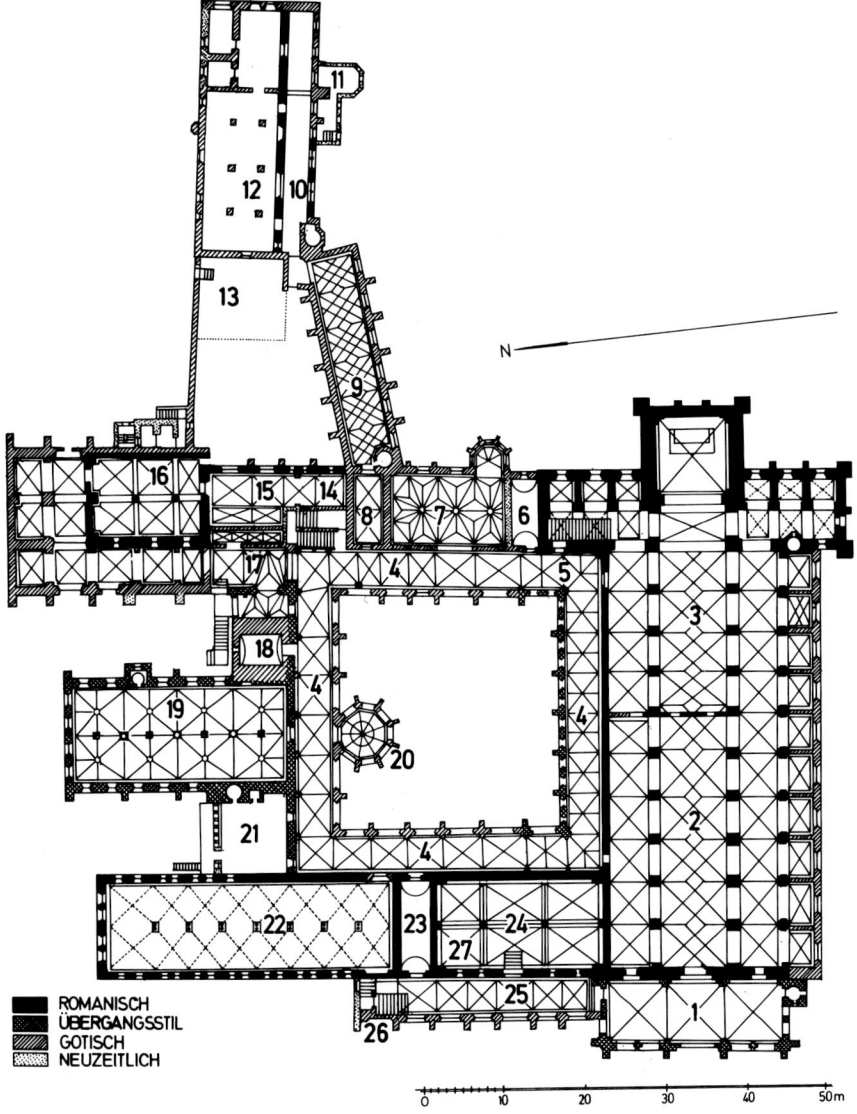

Brunnenhaus mit großer Brunnenschale

Grundriß der Klausur: 1 Paradies (Vorhalle); 2 Kirche der Laienbrüder; 3 Kirche der Mönche; 4 Kreuzgang; 5 Armarium; 6 Sakristei; 7 Kapitelsaal; 8 Ost-Ern; 9 Parlatorium. Obergeschoß: Oratorium; 10 Romanischer Krankengang; 11 Scheerbrunnen; 12 Gastbau; 13 Ehem. Abtshaus; 14, 15 Bruderhalle, Studierraum, Bibliothek; 16 Großer romanischer Keller; 17 Waschküche (?); 18 Kalefaktorium; 19 Herrenrefektorium; 20 Brunnenhaus; 21 Ehem. Klosterküche; 22 Laienrefektorium. Im Obergeschoß ehem. Schlafsaal der Laienbrüder; 23 Ern; 24 Cellarium; 25 Arkadengang; 26 Stiegenhaus zum ehem. Laiendorment; 27 Klosterkasse

ROMANISCH
ÜBERGANGSSTIL
GOTISCH
NEUZEITLICH

schule zu verdanken. Die Säkularisation im
letzten Jahrhundert und die Überlagerung mit
Strukturen der sich entwickelnden politischen
Gemeinde Maulbronn taten dem nur wenig
Abbruch.

Neben dem Klausurbereich sind der Ökono-
miehof und die Ringbefestigung in vielen Einzelheiten nachvollziehbar. Die topographische
Situation um das Kloster zeigt auch heute noch
eine vom Zisterzienserorden geprägte Kulturlandschaft in seltener Geschlossenheit mit
Seen, Kanälen, Gräben, Weinbergen, Wiesen,
Feldern und Wäldern, den Gragnien (landwirtschaftliche Güter) usw.

Die Anlage besticht jedoch nicht nur im ganzen, sondern zeigt zudem auch eine Reihe hervorragender baukünstlerischer Einzelleistun-
gen im kirchlichen und profanen Bereich. Der
klösterliche Klausurbereich verfügt über sämtliche Elemente des Klosterbauschemas der Zisterzienser, welches sich aus der in Jahrhunderten bewährten benediktinischen Kloster-
typologie entwickelte. Zwei Ausnahmen sind
jedoch festzustellen: Aufgrund der topographischen Gegebenheiten wurde der Klausurbereich nördlich der Kirche angelegt, und entsprechend der Tradition der von Morimond
(Primarabtei) ausgehenden Klöster verzichtete
man auf die sogenannte Konversengasse zwischen Mönchskonvent und Konversenbereich.

Die an die Abteikirche anschließenden
Trakte sind rechtwinklig um einen quadrati-
schen Kreuzgarten gruppiert. Im östlichen
Flügel war die Wohn- und Arbeitsstätte der
Kleriker-Mönche untergebracht, im Westen
fanden die Laienbrüder, die Konversen, ihre
Unterkunft.

Im Erdgeschoß liegen jeweils die Tages-
räume, im Obergeschoß die Schlafsäle (Dor-

mitorien). Auf der der Kirche gegenüberliegenden Seite des Innenhofes befinden sich
zwischen Herren- und Laien-Speisesaal (Refek-
torium) die Küche (neuzeitlicher Nachfolgebau) und die Wärmestube (Kalefaktorium). All
diese Räume sind durch den Kreuzgang, welcher durch die Brunnenstube in seiner Bedeutung unterstrichen wird, erreichbar.

Der Klausurbereich hat sich in seiner heutigen Form vom 12. bis 15. Jahrhundert entwik-
kelt. Die Einzelbauten und ihre baukünstlerische Ausstattung besitzen zum Teil eine ge-
samteuropäische Rangstellung als Architektur-
und Kunstdenkmal. Besonders hervorzuheben
sind die Bauten des sogenannten Übergangsstils von der Romanik zur Gotik, aber auch die
Klosterkirche in ihrer Auseinandersetzung heimischer Bautradition mit dem Kirchentypus
der Zisterzienser aus Burgund.

Die früheste Bauphase ab 1147 bis ca. 1180 ist
in Maulbronn im Osten der Klausur nachzuweisen. Neben der Kirche hatte man hier sehr
bald mit dem Bau des ersten Dormentbaues,
wenig später auch mit dem der Infirmerie
(Krankenhaus) in Massivbauweise als Ersatz
eventueller hölzerner Vorgängerbauten begonnen. Die ehemalige flachgedeckte romanische
Basilika hatte der Regel entsprechend keine
aufwendig dekorierte Schaufront, einen zurückhaltenden Dachreiter, keine Krypta und
keine Empore. Die asketische Denkweise fand
im Verzicht auf Bau- und Kunstluxus entsprechend der Forderung Bernhards von Clairvaux,
dem geistigen Vater der zisterziensischen
Reformbewegung, ihren Niederschlag. Die tek-
tonisch notwendigen Bauglieder blieben zunächst das einzig Dekorative. Die bei ihrer
Weihe durch den Erzbischof Arnold von Trier
1178 weitgehend fertiggestellte Kirche kam

Blick auf das Brunnenhaus
und den nördlichen
Kreuzgang

Blick in den Kreuzgang

den Idealen des Zisterzienserordens in ihrer zurückhaltenden Belichtung durch die kleinen romanischen, vermutlich in Grisaille verglasten Fenster und mit ihrer Schmucklosigkeit bei weitem besser entgegen, als dies heute der Kircheninnenraum vermitteln kann. Als wichtigster Raum der Klausur sollte die Kirche, die ausschließlich – durch eine Chorschranke geteilt – den Mönchen und Konversen vorbehalten war, eher den Charakter eines Oratoriums haben. Die Nüchternheit gegenüber der beispielsweise aus Cluny III bekannten Spätromanik ist die Reaktion der Zisterzienser auf die sich dort entwickelnde Pracht und Monumen-

talität. In dieser Auffassung fügen sich auch das noch ganz dem bernhardinischen Kirchentypus verpflichtete, gerade abgeschlossene Presbyterium und die sechs Nebenkapellen des im Innenraum kaum in Erscheinung tretenden Querschiffes in Maulbronn ein. Eine erste Abkehr von der Einfachheit erfährt die Kirche bereits recht früh. Bis heute haben sich, teilweise durch spätere Fassungen überlagert, zarte geometrische und pflanzlich ornamentale Ausmalungen im Chor und im Bereich der Langhausarkaden erhalten. Das Paradies des frühen 13. Jahrhunderts vor den ehemals kargen Westportalen, der Einbau der großen Maß-

Konversenbereich der
Klosterkirche mit
Chorschranke

werkfenster im Chor während des 14. Jahrhunderts und schließlich die Einwölbung des Kirchenschiffes mit einem spätgotischen Netzgewölbe um 1424 sowie der gleichzeitige Einbau weiterer Seitenkapellen zwischen den notwendigerweise eingebrachten Strebepfeilern im Süden kennzeichnen Schritte hin zu gesteigerter Pracht. Auch die dekorative Ausmalung von Gewölben und Wandpartien steht zusammen mit den eingefügten Altären und plastischen Bildwerken, von welchen heute leider nur noch sehr wenig erhalten ist, für diese Entwicklung. Sie erfuhr mit der Ablösung der romanischen Chorbänke durch das prächtige Chorgestühl um 1450 einen gewissen Höhepunkt.

Der vermutlich zusammen mit der Kirche entstandene erste Dormentbau im Osten ist heute nur noch archäologisch und über Ergebnisse der Bauforschung nachzuweisen. Auch Teile des ehemaligen Infirmeriebaues, des heutigen, vielfach umgebauten Ephoratsgebäudes, scheinen dieser Phase zu entstammen. Der Westbau mit dem eindrucksvollen zweischiffigen Cellarium und dem im Übergangsstil abgeschlossenen Laienrefektorium wurde vermutlich noch im 12. Jahrhundert begonnen. Dieser Bau rechnet, ebenso wie die zeitgleich entstandene, noch erhaltene Erweiterung des Mönchsdorments (der vermutliche Beginn eines nie völlig umgesetzten neuen spätromanischen Dormentbaues) bereits mit einer Verdolung

Spätgotische Strebepfeiler und -bögen für das 1426 eingezogene Mittelschiffgewölbe am romanischen Obergaden der Klosterkirche

der Salzach. Sie fließt noch heute – in ein mittelalterliches Gewölbe gefaßt – unter der Anlage hindurch.

Maulbronn spielt in der Kunstgeschichte immer dann eine Rolle, wenn die Übernahme der gotischen Form von Frankreich im deutschsprachigen Raum angesprochen wird. Teile der Klosteranlage zählen zusammen mit dem Bamberger und dem Magdeburger Dom oder der Michaelskapelle in Ebrach zu den wichtigsten frühgotischen Bauten Deutschlands.

Maulbronn zeigt auf hervorragende Weise die Auseinandersetzung der neu einströmenden französisch-gotischen Formensprache mit der Bautradition heimischer Romanik. Diese Gestaltungsfähigkeit ist eine eigenständige Leistung innerhalb der deutschen Architekturgeschichte, die Anregungen aus Frankreich verarbeitet, ohne sie jedoch komplett zu übernehmen. Maulbronn ist in dieser Verknüpfung typisch für das Bauschaffen der Zisterzienser.

Die Phase des Übergangsstils wird in Maulbronn mit dem sogenannten Paradiesbaumeister in Verbindung gebracht. Er soll in der nordfranzösischen Frühgotik, wohl an der Kathedrale von Laon geschult, über Burgund als Ursprungsregion der Zisterzienser, nach Maulbronn gekommen sein. Neben dem Paradies, der Vorkirche, sind auch der südliche Kreuzgang, der sogenannte Lesegang längs der Kirche und das ehemalige Herrenrefektorium der Stilphase vom Beginn bis Mitte des 13. Jahrhunderts und damit dem Schaffen dieses Baumeisters zuzuordnen. Gemeinsam ist ihnen eine Wandauffassung, welche durch die Auflösung in Schichten leicht zu wirken versucht und sich von der Schwere, die noch aus den Ostteilen der Kirche spricht, zu lösen scheint. Während die Fenster im Herrenrefektorium und im südlichen Kreuzgang noch als aus den Wandflächen geschnittene Lichtbahnen nach romanischem Verständnis angelegt sind, werden die Lichtöffnungen des Paradieses bereits in ihrer arkadenartigen Gestaltung und in der Detaillierung zu Vorformen des Maßwerkes. Die Aufteilung tragender Teile in Säulenbündel und in um gestaffelte Vorlagen gruppierte Dienste belebt die rhythmisierende Gliederung und deutet gotisches Konstruktions- und Formverständnis an. Die Ausbildung der Tellerbasen sowie der Kapitellskulptur mit Floralmotiven und die Profilierungen lassen sich ebenso wie die Aufnahme der sechsteiligen Deckengewölbe in der nordfranzösischen Frühgotik belegen. Aus der Anordnung der Gewölberippen in Form von Halbkreisen ergeben sich die typisch wechselnden Höhen der Fußpunkte, Diagonalstreben und Schildbögen. Spitzbögige Gurt- und Schildbögen finden aber auch bereits

Typische Details der
Gewölberippenauflager im
Übergangsstil am Paradies

ihre Anwendung, wie das durch eine mittlere
Säulenreihe gegliederte Herrenrefektorium bezeugt.

Der Speisesaal der Chorherrenmönche wird
in der Kunst- und Baugeschichte als bedeutendster Raum des Klosters Maulbronn gewürdigt.
Er belegt den wesentlichen Anteil, den die
Zisterzienser in der Verbreitung der burgundischen Frühgotik haben. Der dort in der zweiten
Hälfte des 12. Jahrhunderts auftretende Stilwandel löst die schwere Tonne durch die rhythmisch gegliederten Kreuzrippen ab. Trotzdem
bleibt die Gliederung sparsam und die Bauzier

zurückhaltend, eine Ausdrucksform, die bei
den Zisterziensern bis tief ins 13. Jahrhundert
ihre Gültigkeit behält.

Vom Ende des 13. bis Mitte des 14. Jahrhunderts entstanden der übrige Kreuzgang und der
Dormentbau mit dem Kapitelsaal in seiner
heutigen Form. Ein Rundumblick im Kreuzgarten zeigt hundert Jahre gotischer Stilge-
schichte. Das Brunnenhaus mit seinem für den
Zisterzienserorden so typischen Drei-Schalen-
Brunnen und seiner zentralen Bedeutung für
klösterliches Leben und Schaffen erhielt in dieser Phase seine endgültige Ausformung. Der

etwas früher errichtete Kapitelsaal führt mit dem Mehrstrahlrippengewölbe bereits zu den Ziergewölben der Spätgotik hin.

Die Detaillierung der sternförmigen Gewölbe mit den sehr schönen Schlußsteinen verdient besondere Beachtung. Von der Spätgotik bis ins 16. Jahrhundert setzt in Maulbronn eine Phase ein, die vor allem der Aufhellung der Räume diente und aus welcher auch ein geändertes Verhältnis zur ehemals verpönten dekorativen Behandlung von Bauteilen und Flächen spricht. In diese Zeit fallen die angesprochenen Umbaumaßnahmen und die Ausstaffierung des Kirchenraumes ebenso wie die kunstvolle Ausstattung und Ausmalung der anderen Räume. Am Ende einer langen und wechselvollen mittelalterlichen Entstehungsgeschichte der Klausur steht schließlich das Parlatorium/Oratorium im Osten der Anlage. Es ist, wie auch andere Umbauten, Ausdruck neuer funktionaler Bedürfnisse. Der Bau zeichnet sich durch ein Netzgewölbe und reichen dekorativen Schmuck sowie seine typischen Flamboyantmaßwerkfenster aus.

Neben dem Klausurbereich ist für das Verständnis des Ordenslebens der ehemalige klösterliche Ökonomiebereich wichtig. Er ist in Maulbronn in seiner Anlage bis hin zu Details noch gut nachvollziehbar. Seine heutige Gestalt ist nach vielen Anpassungen an ästhetische Empfindungen und funktionale Änderungen – zuletzt vom Kirchengut der nachreformatorischen Zeit zum Mittelpunkt der Stadt Maulbronn – weitgehend durch mächtige Stein- und Fachwerkbauten im Habitus der Spätgotik geprägt.

Der bereits um 1200 in seiner Ausdehnung festgelegte Hof umfaßte sämtliche für die Eigenwirtschaft des Klosters wesentlichen Bauten wie Fruchtkasten, Küferei, Schmiede, Mühle, Bäckerei, Lagerbauten und Ställe. Im Anschluß an einen den Klosterhof ehemals teilenden Mauerzug sind das Gesindehaus, die Speisemeisterei und das Bursarium, welche für die Organisation der Klosterwirtschaft standen, ebenso belegbar wie die Lage der Vogtei und Herberge mit angeschlossener beheizbarer Halle und Kapelle.

Die weitgehend erhaltene, aus staufischen Buckelquadern errichtete Ringbefestigung wird heute noch durch drei stattliche Wehrtürme bestimmt und steht für das politische Interesse, das Potential einer solchen Klosteranlage zu schützen. Ihre wechselvolle Baugeschichte läßt sich durch viele Spuren belegen.

Schließlich zeigen die Bauten der nachklösterlichen Zeit aus dem 16. Jahrhundert wie das Jagdschloß oder der aus einem gotischen Steinbau hervorgegangene Marstall (heutiges Rathaus) die Vorliebe der Landesherren, nach der Reformation in den Klöstern Jagd- und Sommersitze zu nehmen.

Ein Gang durch die Klausur des Maulbronner Klosters macht Bau- und Kunstgeschichte der vor- und nachreformatorischen Zeit in reichem Maße erfahrbar. Der Geist der nicht nur durch ihre berühmten Schüler wie Kepler, Kerner, Hölderlin oder Hesse mit soviel Tradition behafteten evangelischen Klosterschule (heute Seminar) weht auch gegenwärtig noch durch die Konventsbauten. Während weite Teile der Anlage insbesondere durch ihren einzigartigen originalen und geschlossenen Erhaltungszustand überzeugen können, weist die qualitätvolle Architektur des Paradiesbaumeisters weit über Maulbronn hinaus. Der Formensprache begegnet man später in Magdeburg, in Walkenried und in Halberstadt. Maulbronn veranschaulicht wie kaum eine andere Anlage eine vom Mittelalter und von Weltabgeschiedenheit geprägte Geisteswelt, die gerade bei uns heutigen Menschen tiefe Eindrücke hinterläßt.

Daneben veranschaulicht die Anlage lehrbuchhaft und nachvollziehbar bauklösterliches Schaffen von der Spätromanik bis zur Hochgotik.

Dieses einzigartige Dokument zu erhalten ist Aufgabe der Staatlichen Bau- und Liegenschaftsverwaltung zusammen mit der Staatlichen Denkmalpflege in Baden-Württemberg. Hierzu wird seit einigen Jahren in Zusammenarbeit mit dem Sonderforschungsbereich ›Er-

Ephoratsgebäude; Blick in die Abt-Entenfuß-Halle; an gleicher Stelle befand sich früher der Krankensaal der Infirmerie

Haberkasten, Pfistereigebäude und ehemalige Klostermühle

Bursarium, Gesindehaus und Speisemeisterei

halten historisch bedeutsamer Bauwerke‹ der Universität Karlsruhe ein Langzeitsicherungs-programm auf Grundlage von Bauforschungs-ergebnissen und restauratorischen, naturwissenschaftlichen und ingenieurtechnischen Untersuchungen entwickelt. Der Erhaltung der wertvollen einzigartigen Originale wird dabei gegenüber Restaurierungen und Rekonstruktionen Vorrang eingeräumt. Der Überprüfung der Denkmalverträglichkeit von Nutzungen und baulichen Eingriffen wird innerhalb des Klosterareals und in seinem Umfeld besonderes Augenmerk geschenkt. Trotz der Lage des Klosters in einem feuchten Talgrund mit hohem Grundwasserstand und schlechtem Baugrund, zum Teil materialtechnologisch bedingten beschleunigenden Alterungsprozessen, Problemen durch Umwelteinflüsse und wachsendes Besucheraufkommen ist so sichergestellt, daß die wohl eindrucksvollste Kloster-anlage nördlich der Alpen auch für zukünftige Generationen erfahrbar bleibt.

Literatur

Peter Anstett, Kloster Maulbronn. AmtlicherFührer, München–Berlin 1987.

Ders. u.a., Kloster Maulbronn 1178–1978. Katalog zur 800-Jahr-Feier der Kirchweihe, s. d. ›Die Baugeschichte des Klosters‹.

Ilse Bickel, Die Bedeutung der süddeutschen Zisterzienserbauten für den Stilwandel im 12. und 13. Jahrhundert von der Spätromanik zur Gotik, München 1956.

Wolfgang Braunfels, Abendländische Klosterbaukunst, Köln 1976.

Carl-Wilhelm Clasen, Die Zisterzienserabtei Maulbronn im 12. Jahrhundert und der bernhardinische Klosterplan, Diss. phil. Kiel 1956.

Irmgard Dörrenberg, Das Zisterzienserkloster Maulbronn, Würzburg 1938.

Friedrich Eisenlohr und Karl Klunzinger, Mittelalterliche Bauwerke in Süddeutschland und am Rhein. Cisterzienserkloster Maulbronn, München 1861.

Georg Frank, Das Zisterzienserkloster Maulbronn, Hildesheim 1913.

Eberhard Gohl, Studien und Texte zur Zisterzienserabtei Maulbronn im späten Mittelalter, Diss. phil. Tübingen 1977.

Uta Hassler u. a., Kloster Maulbronn. Untersuchungsprogramm zur Sicherung des Dormentbaues. Methodische Fragen und erste Arbeitsergebnisse, s. d.: ›Zu Vorgeschichte, Anlaß und Ziel der Untersuchungen‹, in: ›Erhalten historisch bedeutsamer Bauwerke‹, Sonderforschungsbereich 315 Universität Karlsruhe, Jahrbuch 1990.

Karl Klunzinger, Artistische Beschreibung der vormaligen Zisterzienserabtei Maulbronn, Stuttgart 1849/1856.

Ders., Urkundliche Geschichte der vormaligen Cisterzienser-Abtei Maulbronn, Stuttgart und Wildbad 1854.

Adolf Mettler, Zur Klosteranlage der Zisterzienser und zur Baugeschichte Maulbronns, in: Württembergische Vierteljahrshefte für Landesgeschichte NF. 18, 1909.

Ders., Mittelalterliche Klosterkirchen und Klöster der Hirsauer und Zisterzienser in Württemberg, Stuttgart 1927.

Ders., Neue Beiträge zur mittelalterlichen Baugeschichte des Klosters Maulbronn, in: Württembergisches Jahrbuch für Statistik und Landeskunde 1934/35.

Eduard Paulus, Die Cisterzienser-Abtei Maulbronn, Stuttgart 1890. Nachdruck, hg. von Willy Asperger, Maulbronn 1978.

Paul Ferdinand Schmidt, Maulbronn. Die baugeschichtliche Entwicklung des Klosters im 12. und 13. Jahrhundert und sein Einfluß auf die schwäbische und fränkische Architektur (Studien zur deutschen Kunstgeschichte 47), Straßburg 1903.

Ders., Zur kirchlichen Bauentwicklung Schwabens unter besonderer Berücksichtigung Maulbronns, in: Württembergische Vierteljahrshefte für Landesgeschichte NF. 12, 1903.

G. Ulrich Großmann

Quedlinburg – Stadt des Fachwerks und der Pflastersteine

Nur wenige Monate vor der Wiedervereinigung Deutschlands 1989/90 mehrten sich die Nachrichten, Quedlinburg, eine der denkmalreichsten Städte Deutschlands, ließe sich nicht mehr erhalten. Pressewirksam wurde vorbereitet, was die Machthaber der DDR in vielen anderen Städten stillschweigend vorgenommen hatten: den Ersatz wertvoller Bausubstanz in historischen Altstädten durch gleichförmige Großplattenbauten. Viele historische Städte und Dörfer versanken auf diese Weise in Schutt und Asche, wie etwa Halberstadt. Ihre geschichtlich gewachsene Individualität widersprach realsozialistischer Gleichmacherei. Nur wo engagierte Bürger, Denkmalpfleger, Handwerker oder Planer die Geschicke einer historischen Stadt schon zu DDR-Zeiten in die eigene Hand genommen hatten (Beispiele dafür sind glücklicherweise genügend vorhanden, etwa Görlitz oder Wismar), blieb die alte Bausubstanz vom Abriß verschont. Dazu gehörte auch Quedlinburg. Dabei wäre eine Fachwerkstadt wie Quedlinburg leichter zu ruinieren gewesen als das steinerne Görlitz, die Zeit arbeitete für die Zerstörer. So stellt sich die Frage, was diese Stadt mit ihren kaum 30 000 Einwohnern derart berühmt macht. Wie konnte sie seit Generationen zum Symbol werden und 1995 sogar als Weltkulturerbe Anerkennung finden?

Gegenwärtig, zur Jahrtausendwende und fast ein Jahrzehnt nach der Wiedervereinigung, trifft der Besucher auf eine Stadt des Umbruchs, einen Ort zwischen zwei Welten. Westlicher Einfluß nach der Wende, nicht immer zu Recht für den Gipfel des Geschmacks gehalten, äußert sich vorwiegend in einigen besonders modernen Gaststätten und Hotels; dagegen bekunden kulturbewußtere Renovierungen mit großzügigen Hausgrundrissen, die den erhaltenen historischen Vorgaben folgen, den erkennbaren Stolz auf das historische Bauwesen. So fällt schon ein erster Blick aus dem Hotelfenster auf schonend restaurierte Fachwerkfassaden, deren älteste dem 14., deren jüngste dem 19. Jahrhundert angehören. Geradezu begeistern kann sich der Besucher hier an alten Farbfassungen, barocken Haustüren, an Renaissanceschnitzwerk und hölzernen Fenstern (denn die schädlichen Kunststoff-Fenster blieben Quedlinburg erspart). Doch der Blick kann auch auf leerstehende Häuser fallen, deren Zustand eine Wohnnutzung derzeit nicht mehr möglich macht. In der Regel fehlten zunächst Dachrinnen oder einzelne Dachziegel, dann folgte der Ruin einiger Gefache, bald ganzer Wandstücke bis hin zum völligen Verfall, auch wenn spektakuläre Totaleinstürze, wie wir sie von modernen Betonbauten kennen, im Fachwerkbau die Ausnahme bleiben.

Der Besucher wandert durch Straßen, die das historische Pflaster bewahrt haben – meist sehr gepflegt – nur manchmal finden sich Stolperfallen – überall ist der Wille zur Wiederherstellung mit den historischen, kleinteiligen und individuellen Materialien erkennbar, ein faszinierendes Stück Kultur, das in westdeutschen Städten längst bis auf geringe Reste verschwunden ist. Bei St. Ägidii am äußersten Rand der Altstadt gibt es sogar Nebenstraßen ohne Teer und Pflaster, die wir sonst nur noch aus Erzählungen zum Mittelalter kennen – eine unversiegelte Straße mit besten Bedingungen für die Umwelt. Hier wird das Unperfekte zum malerischen und lehrreichen Element, nirgendwo sonst kann man so anschaulich ablesen, wie eine mitteleuropäische Stadt im Mittelalter aussah: Gärten zwischen den Häusern, Friedhöfe rund um die Kirchen, der Blick zur Stadtmauer ungehemmt, Straßen aus Lehm und Erde, nur die Hauptstraßen gepflastert. In Quedlinburg ist Pflaster allerdings die Regel, Erde die Ausnahme. Basalt und Granit bilden Fahrdämme und Seitenstreifen, größere Plattenbeläge machen die Trottoirs bequem. Häufig fallen die Wasserrinnen auf, die das Regenwasser von den Fallrohren bis zum Straßengraben leiten; abfließendes Regenwasser war einst zugleich ein Mittel der Straßenreinigung. Man darf nur hoffen, daß der in Westdeutschland lange Zeit so weit verbreitete Hang zur sterilen Neugestaltung hier nicht um sich greift. Denn trotz aller modernen Sanierung könnte sich an Quedlinburg auch zukünftig die Geschichte einer niederdeutschen Stadt besser ablesen lassen als an jedem anderen Ort.

Die Stiftskirche St. Servatius beeindruckt den Besucher mit ihrer herausragenden Architektur. Ihr Vorgängerbau gehörte zu einer Kaiserpfalz, denn Quedlinburg war eine der »Hauptstädte« jenes fränkisch-sächsischen (»deutschen«) Reiches, dessen Kaiser und Kö-

nige keine feste Residenz, sondern mehrere Pfalzen besaßen, die sie abwechselnd besuchten. Rund anderthalb Jahrhunderte, nachdem Karl der Große Sachsen unterworfen hatte, war der sächsische Bereich um den Harz zu einem wichtigen Zentrum des Reiches aufgestiegen, nicht zuletzt dank der wirtschaftlichen Bedeutung des Harzes als Bergbauregion – in Goslar wird man wieder auf dieses Thema stoßen. In den Jahrzehnten um 1070/1129 erbaute man die Stiftskirche, nur der gotische Chor wurde um 1320 angefügt. Besonders die Kapitellplastik des Langhauses genießt hohen Ruhm. Selbst an oberitalienischen Vorbildern orientiert, wirkte sie besonders in Niederdeutschland vorbildhaft. Palmetten, Flechtbandornamente und stilisierte Adler wechseln sich in ihrem reichen Formenschatz ab. Hoch erhebt sich der Chor über dem Langhaus, durch eine Gittertür blickt man in die dank des Felsens kaum eingetiefte Krypta hinab, deren zwei erste Joche noch von 1021 stammen, einige Mauerreste wohl sogar von 997. In diesem Teil der Kirche wurden König Heinrich I., der als erster Sachsenkönig den Thron bestiegen hatte, und seine Gemahlin Mathilde beigesetzt. Manche Epoche sah im ersten sächsischen König die Begründung eines deutschen Reiches als Nachfolge des östlichen Frankenreichs, das von Karl dem Großen gegründet worden war.

Den berühmten Domschatz feierte schon Wilhelm Blumenhagen um 1840 in seiner Wanderung durch den Harz: »Ferner sollten wir in dieser Kirche in einem uralten Gewölbe, die Zyther genannt, unzählige Seltenheiten treffen, als da sind, einen kostbaren Steinkrug von der Hochzeit zu Kana, einen mit Edelsteinen besetzten Bartkamm Heinrich des Vogelstellers, einen werthvollen Bischofsstab von Kaiser Otto dem Dritten geschenkt und sogar ein Fläschchen mit Milch der heiligen Maria.« Jüngst trat der Schatz, der während der Endphase des Zweiten Weltkriegs gestohlen worden war, durch den spektakulären Rückerwerb Mitte der neunziger Jahre erneut ins Rampenlicht der Öffentlichkeit. Dem Besucher inzwischen wieder zugänglich gemacht, besticht er vor allem durch die herausragende Qualität der illuminierten Bücher und der liturgischen Geräte. Das Otto-Adelheid-Evangeliar umschließt mit seinem edelsteinbesetzten goldfiligranen Buchdeckel (13. Jh.) ein Elfenbeintäfelchen aus dem 10. Jahrhundert, das auf kleinstem Raum in feinster Bearbeitung die wichtigsten Stationen aus dem Leben Jesu zeigt. Nicht nur Goldschmiedearbeiten aus »einheimischer«, sächsischer oder doch zumindest deutscher Produktion bilden den Domschatz, sondern auch exotische Kunstwerke. Dazu zählt beispielsweise ein fatimidi-

sches Bergkristallfläschchen, das aus Nordafrika, vermutlich Ägypten, stammt und im 10. Jahrhundert dort für Parfum benutzt wurde.

Die Stiftskirche erhebt sich weithin sichtbar über der Stadt auf einem steilen Sandsteinfelsen. Außer der Stiftskirche wurde auch das der Kaiserpfalz folgende Renaissanceschloß unmittelbar auf dem bizarren Sandsteinfelsen erbaut. Die komplizierte Gründungsgeschichte läßt sich im Stadtplan ablesen. Spaziert man von der Stiftskirche in die Altstadt hinunter, wird man auf einen breiten unbebauten Bereich stoßen. Altstadt und Pfalzbezirk waren räumlich deutlich getrennt, die Stadt für sich durch eine Mauer umschlossen. Der Stiftsberg ist fast kreisrund angelegt und nur an einer schmalen Stelle mit der Altstadt verbunden.

Das Zentrum der Altstadt wird durch das Rathaus und die Pfarrkirche St. Benedikt markiert, das nördliche Stadtende besitzt sein Wahrzeichen in der Ägidienkirche. Wieder separat liegt (östlich) daneben die viel regelmäßigere Neustadt mit einem gleichmäßigen Straßenraster, in der Mitte die Nikolaikirche. Im Westen befindet sich, ebenfalls völlig getrennt von der übrigen Stadt, der Mühlberg, eine steile Erhebung, die einst ein Kloster trug, ganz außerhalb der Stadt, im Südwesten, liegt das Wipertikloster. Selbst mittelalterliche Großstädte wie Köln oder Nürnberg haben eine solche Entwicklungsgeschichte mit mehreren Stadtzentren nicht aufzuweisen.

Doppeltürmige Kirchen bestimmen die Fernwirkung Quedlinburgs. Das 13. Jahrhundert sah allein vier Pfarrkirchen emporwachsen, nur die Stiftskirche gehört in ihren Hauptbauteilen – wie bereits erwähnt – dem 11. Jahrhundert an. Alle Kirchen erhielten über blockhaften Westbauten zwei Turmaufsätze, mitunter nur zwei Turmhelme, die den herrschaftlichen Anspruch der Stadt unterstreichen: Denn in der Regel standen Doppelturmfassaden nur Dombauten und kaiserlichen Kirchen zu, hier, wie auch in anderen Harzstädten in der Einflußzone des Kaisers, kennzeichnen sie auch bürgerliche Pfarrkirchen. Im Mittelalter war man sich der Bedeutung solcher Zeichen durchaus bewußt und verstand sie entsprechend zu bewerten.

Quedlinburg ist eine Fachwerkstadt. Obwohl der aufmerksame Besucher einige Steinbauten oder wenigstens Steinbauteile – darunter die frühesten schon mittelalterlich – finden wird, besteht das historische Stadtbild fast ausschließlich aus Fachwerkbauten. Das älteste bekannte Fachwerkgebäude ist das Haus Wordgasse 3 aus dem 14. Jahrhundert, das als kleines Fachwerkmuseum besichtigt werden kann. Wahrscheinlich wurde die aus wenigen Räumen bestehende Behausung von einem Handwerker

Blick über die Dachfirste der Fachwerkhäuser von Quedlinburg auf den Schloßberg mit der Stiftskirche

als Arbeits- und Wohnstätte benutzt. Da die Außenwände durch haushohe Ständer gebildet werden, spricht man vom sogenannten »Ständerbau«. Lange hielt man das Haus in der Wordgasse für das älteste erhaltene Fachwerkhaus Deutschlands. Auch wenn wir heute ältere Häuser kennen, ist dieses Haus, für einfache Lebensverhältnisse charakteristisch, ein herausragendes Zeugnis der Fachwerk-Baukunst.

Die spektakulärsten Fachwerkhäuser in Quedlinburg stammen aus der Epoche der Spätgotik und der Renaissance. Sie besitzen reiche Schnitzereien an der Fassade und großzügi-

ge Grundrisse, bestehend aus einer hohen Diele, in die ein großes Tor hinein führt, sowie einem seitlichen Wohnraum (»Saal«) über einem Keller, Elemente, die sich auch an der Fassade schon ablesen lassen. Selbst im Barock baute man noch Häuser aus Fachwerk, wie das hohe fünfgeschossige Haus am Kornmarkt östlich der Altstädter Nikolaikirche dokumentiert. Dieser Fachwerkbau wurde 1710 errichtet und um 1880 hinter einer backsteinernen Prunkfassade des Historismus versteckt.

In Quedlinburg sollte man nicht nur einen Blick auf die historische Alt- und Neustadt wer-

Die Confessio in der Krypta. Man vermutet, daß sie für die aus Maastricht überführten Gebeine des hl. Servatius im Auftrag von Königin Mathilde errichtet wurde.

Chorraum der basilikalen Stiftskirche mit dem typischen niedersächsischen Stützenwechsel der romanischen Säulen

Grabkammern auf dem Kapellenberg gegenüber der Wipertikirche

Fachwerkbauten aus sechs Jahrhunderten und gepflasterte Straßen prägen das harmonische Bild der historischen Stadt Quedlinburg

fen. Wenige hundert Meter südwestlich der Stiftskirche steht bereits auf freiem Felde – die Stadt ist in der Gründerzeit und im 20. Jahrhundert nur wenig über ihre mittelalterlichen Grenzen hinausgewachsen – die ehemalige Klosterkirche St. Wiperti, deren Krypta als bedeutendes frühromanisches Bauwerk gilt (um 1020). Der kleine, von Säulen und Pfeilern eingefaßte Raum hatte die Gebeine des Heiligen aufzunehmen; auf einem engen Umgang konnten die Gläubigen die Reliquien umwandeln. Die Klosterkirche, im 12. Jahrhundert erbaut,

steht isoliert außerhalb der Stadt inmitten eines großen Friedhofs, der zu den eigenwilligsten Zeugnissen seiner Art in Deutschland zählt. Wie kleine Wochenendhäuschen reihen sich die barocken Grabkammern in drei Zeilen am Hang entlang; die Särge der Toten wurden in die Kammern eingeschoben.

Der weitere Friedhof ist ein Relikt des 19. Jahrhunderts, ein ebenso romantischer, an Gemälde Caspar David Friedrichs erinnernder wie nachdenkenswerter Bestandteil des Weltkulturerbes Quedlinburg.

Tilmann Breuer

Bamberg – Frühmittelalterliches Caput Orbis
und spätgotisches Reichsdorf in barockem Kleid

◁ Linker Regnitzarm, im
Hintergrund St. Michael

Der Bamberger Dom von
Nordosten

Die Ströme des Massentourismus unserer
Gegenwart, die auch Bamberg überschwem-
men, suchen hier den Reiter, den die Lichtbild-
nerei in der ersten Hälfte unseres Jahrhunderts

– nicht ohne ideologische Absichten – allbe-
kannt gemacht hat, obwohl er hoch droben im
Dom doch so wenig monumental über die
Menge hinwegblickt. Die Frage, wen er dar-
stelle, bringt heute jeden seiner Erklärer in
Schwierigkeiten, nicht so jedoch die Pilger und
Wallfahrer, die dort das Grab des heiligen Kai-
serpaares Heinrich und Kunigunde aufsuchten
und wußten, daß hier an den heiligen Ungarn-
könig Stephan erinnert wird, der mit Hilfe seines Schwagers, eben des Kaisers Heinrich, sein
Volk dem Christentum zugeführt hat. Wie es
sich gehörte, lag der Kaiser mit seiner Gemahlin bestattet in der Mitte der Bischofskirche, die
er selbst gestiftet und der er 1007 das Bistum
gegründet hatte. Noch die Tumba, die das Spätmittelalter durch den Würzburger Tilmann
Riemenschneider prächtig und mit Legenden-
reliefs erneuern ließ, wurde 1513 an dieser
Stelle aufgerichtet, erst die Barockzeit und
neuerdings wieder die jüngste Umgestaltung
überführten sie an einen anderen Platz. Lag
der Kaiser in der Mitte seiner Kirche zwischen
den Chören des hl. Petrus und der Maria, so
wie Rom zwischen St. Peter und Sta. Maria
Maggiore, so ruhte er auch in der Mitte einer
Kirchentrias, deren südlicher Flügel, das Chor-
herrenstift St. Stephan, offenbar mit Zutun
seiner Gemahlin Kunigunde gegründet, und
deren nördlicher, das Benediktinerkloster St.
Michael, als bischöfliches Eigenkloster errichtet worden war. Merkwürdigerweise ist St. Stephan im Süden von jeher und auch noch in der
gegenwärtigen barocken Redaktion ein kreuz-
förmiger Zentralbau und erinnert damit für das
Frühmittelalter ausreichend an die entsprechende Kirche des Erzmärtyrers in Rom. Dem-
gegenüber erhebt sich das Benediktinerkloster
St. Michael, das dem Dom seine Ansichtsseite
zuwendet, zur Linken burgartig über den Fluß,
so daß der Erzengel seine Waffe über der Stadt
führen kann, wie er es auch vom Grabmal des
Hadrian über die alte Roma tut. Mehr noch, der
Kaiser liegt nicht nur in der Mitte seiner Kirche,
sondern ebenso in der Mitte der Stadt, von der
noch Matthäus Merian 1648 in seiner ›Topogra-
phia Franconiae‹ wußte, daß sie »von theils für

das Mittel deß Teutschlands gehalten« wird. Der Zeitgenosse Heinrichs II., Gerhard, als Abt des altbayerischen Seeklosters Seeon seinem Kaiser besonders verbunden, sprach wohl trefflich das Programm aus, welches dieser Stadt mitgegeben war, nämlich das Haupt der Welt, ein neues Rom, zu sein; und immer noch werden in den Hügeln der Bamberger Bergstadt auf der linken Seite der Regnitz die sieben Hügel Roms gesucht.

Heinrich hat seine Stadt durchaus nicht in eine ungeschichtliche Wildnis gesetzt, wie der Würzburger Bischof bei den Auseinandersetzungen um die Bistumsgründung in seinem Sprengel glauben machen wollte. Zwar verhieß die topographische Situation am Westrand des nachmals sogenannten Bamberger Beckens allein noch keinesfalls mit Selbstverständlichkeit einen Ort zentraler Bedeutung, denn der Westrand am Mündungsgebiet der Regnitz, die dem noch jungen Main zuzeiten und von weither große Wassermassen zuführt, war nur bedingt verkehrs- und siedlungsfreundlich, zumal der frühmittelalterliche, Nord- mit Süddeutschland verbindende Verkehr weitab ostwärts der Feuchtgebiete am Rand der Jurastufe vorbeizog. Aber dem hatte sich die fränkische Landesorganisation bereits spätestens im 9. Jahrhundert entgegengesetzt, indem sie auf einem felsigen Vorsprung, den die Ausläufer des Steigerwaldes der aufgefächerten Regnitz entgegenschoben, eine Burg errichteten, auf deren Platz vorher schon Germanen und Slaven beieinander gelebt und sogar eine Mischkultur gebildet hatten. In das Licht der Geschichte tritt diese Burg im Jahr 906 mit einer Katastrophe, als die Babenberger im Kampf um die Nachfolgeschaft der Karolinger im deutschen Reich den Konradinern unterlagen. Die Burg gelangte daraufhin in königlichen Besitz, blieb als solche von einiger Bedeutung und war es auch noch, als Kaiser Otto II. sie 973 dem Bayernherzog Heinrich dem Zänker schenkte, so daß dessen Sohn, nachmals Kaiser Heinrich II., über sie verfügen konnte. Unbestritten war Heinrichs Politik am Obermain freilich nicht. Ehe er das Bistum Bamberg 1007 gründen konnte, hatte er den Aufstand Heinrichs von Schweinfurt niederzuwerfen, wohl eines Nachfahren der älteren Babenberger, der sich mit Boleslaw Chrobry, nachmals König von Polen, verbündete. Die Beziehungen Bambergs zu Polen waren und blieben jedoch keineswegs andauernd feindlich, eher ist das Gegenteil der Fall: Schon 1034 stiftete der Nachfolger Boleslaws, Miezko II., um den Chor der jungen Benediktinerabtei St. Michael 24 Statuen. Der Gründungsauftrag des Bistums, Reste von Heidentum dem Christentum

zuzuwenden, verband Bamberg vielmehr über ein Jahrhundert hinaus mit dem christlichen Polen.

Noch das 11. Jahrhundert fügte der Trias von geistlichen Stiftungen, die in einer Querachse die westwärtigen Hügel besetzen, durch die Gründung zweier weiterer Stifte eine kilometerweite Längsachse hinzu, zunächst in der Mitte des Jahrhunderts St. Gangolf jenseits des nach Osten ausbiegenden Hauptarmes der Regnitz, dann gegen Ende des Jahrhunderts westlich vor der Burg und als Scheitel des damit entstehenden Kirchenkreuzes St. Jakob, das zugleich den Weg nach Santiago de Campostela eröffnete. Das 12. Jahrhundert konnte diese Stadtgestalt als unter den Schutz des Kreuzes gestellt interpretieren, wie es auch für Aachen und Utrecht, Paderborn und Fulda geschieht. Damit war durch selbständige Siedlungskerne eine Weitläufigkeit festgelegt, die den General Horn, 1632 Kommandeur der schwedischen Besatzung, Bamberg als einen Ort gleichsam von unterschiedlichen Städten beschreiben ließ. Der Charakter einer spätottonischen Großstadt bestimmt Bamberg bis heute, und in der Tat hat jeder dieser geistlichen Siedlungskerne städtisch-ländliches Leben eigenen Rechtes und daher sogenannte Immunitäten innerhalb des Stadtverbandes um sich versammelt: die Domburg Handwerker und Dienstleute bergwärts, St. Jakob den Jakobsberg, St. Michael seine Leute bergauf und bergab

Das Fürstenportal des Doms

sowie St. Gangolf seine Gärtner in der Theuerstadt jenseits der Regnitz. Nur aus der Kaufleutesiedlung am Fluß zu Füßen des Dombergs konnte sich die unmittelbar dem Bischof untertane Bürgerstadt entwickeln. So entstand eine komplizierte Stadtverfassung, in der sich die Verfassung des alten Reiches spiegelte, konfliktträchtig ebenso wie Grundlage kultureller und städtebaulicher Vielfalt.

Bambergs bedeutendster Bischof, der hl. Otto, der 1124 vom Polenkönig Boleslaw III. zur Christianisierung nach Pommern gerufen wurde und der außerdem die Voraussetzungen zur Entstehung des Hochstiftes Bamberg als Territorialstaat schuf, hat offenbar auch entscheidend auf die Stadtgestalt Bambergs eingewirkt. Hatte sich das frühe Bamberg regnitzaufwärts nach Südosten ausgerichtet und den Anschluß an die über Forchheim nach Regensburg führende Straße gesucht, so wendete sich Bamberg nun nach Nordosten, hatte die Straße von dorther herangezogen und einen neuen Regnitzübergang geschaffen, auf den sich jetzt ein neuer Markt ausrichtete, welcher der bürgerlichen Stadt zwischen den beiden Flußarmen als Grüner Markt bis heute in der Form eines hochmittelalterlichen, raumhaltig geschwungenen Straßenmarktes die Achse gibt. Waren es gegen Nordosten staatspolitische Motive, welche nun die Stadtstruktur bestimmten, so gegen Westen religionspolitische: Der Gründung von St. Jakob nachfolgend, erinnerte Otto mit den Gründungen der Benediktinerpropstei St. Getreu an Ste. Foy in Conques und des Ägidienspitals an St. Gilles in der Provence und damit abermals an das Pilgerziel Santiago. Gleichzeitig erneuerte er St. Michael nicht nur baulich nach dem Erdbeben von 1117, sondern auch geistlich durch die Einführung der Consuetudines des Reformklosters Hirsau.

Die Zeugnisse architektonischer Substanz aus der Gründungszeit der Stadt sind gering an Zahl und versteckt; zahlreicher und offensichtlicher sind solche Zeugnisse dagegen aus dem 12. Jahrhundert: beim Stift St. Jakob, um 1070 gegründet und vom heiligen Otto vollendet, bei St. Michael und in der Ostkrypta des von Otto nach dem Brand von 1081 wiederhergestellten Domes. Reichere Formen treten dann an der Benediktinerinnen-Klosterkirche St. Theodor auf, die an der Stelle eines domkapitelischen Spitals auf einem kleinen Bergvorsprung, dem Knöcklein, oben in der südwestlichen Bergstadt von Gertrud, der Schwester König Konrads III., gegründet worden war und bis um 1170 ausgebaut wurde. Es kann somit kein Zufall sein, wenn dort Formen der staufischen Pfalzen vom fernen Hagenau im Elsaß

und vom nahen Nürnberg wiederkehren. Der offenbar katastrophale Brand des Dombergs im Jahre 1185 erzwang dann rasche Instandsetzung des schwer beschädigten Domes, gab aber auch willkommene Gelegenheit zu dem Neubau, der zwar nicht den topographischen Höhepunkt Bambergs besetzt, aber die Mitte neu akzentuiert, wie sie der inzwischen heilige, 1146 kanonisierte Kaiser Heinrich gesetzt hatte. Darüber hinaus steht dieser Neubau auch im Zusammenhang mit der 1200 erfolgten Heiligsprechung seiner Gemahlin Kunigunde.

Als der neue Dom emporwuchs, hatte sich die politische Landschaft am Obermain völlig geändert. Seit 1057 hatte das altbayerische Geschlecht der Grafen von Dießen-Andechs begonnen, ausgehend von der Plassenburg ob Kulmbach, ein landesherrliches Territorium aufzubauen. Von 1177 bis 1242 stellte dieses Geschlecht mit einer nur kurzen Unterbrechung die Bamberger Bischöfe. Zumindest saß während der Hauptbauzeit des neuen Domes Ekbert von Andechs-Meranien, der sich ab 1220 Fürstbischof nennen konnte, auf dem Bamberger Stuhl; Hedwig die Heilige, Herzogin von Schlesien, Agnes, gest. 1201, Königin von Frankreich, und Gertrud, Königin von Ungarn, waren seine Schwestern; Otto, Herzog von Meranien und Pfalzgraf von Burgund, Heinrich, Markgraf von Istrien, sowie Berthold, zunächst Erzbischof von Kalocsa, dann Patriarch von Aquileja, waren seine Brüder. Und selbst wenn die eigentliche Bauherrschaft des Domes beim Domkapitel lag, so war doch der Oheim Ekberts, Poppo von Andechs-Meranien, als Domprobst dessen höchster Dignitär. Noch einmal konnte sich Bamberg als Mitte verstehen, zwischen Ost und West, zwischen Vergangenheit und Gegenwart vermittelnd.

In den einzelnen Phasen des Dombaus wird dies unmittelbar anschaulich. Wenn er sich heute mit seinen zwei Chören und seinen vier Türmen in so überzeugender Geschlossenheit erhebt, so macht er dennoch auch die Auseinandersetzungen, die seinen Bau begleiteten, überall anschaulich. Vermutlich war zunächst von einer konservativen Partei des Domkapitels angestrebt worden, eine im einzelnen durchaus prächtigere, im ganzen aber getreue Kopie des Gründungsbaues herzustellen, erinnerte dieser doch an sein nunmehr zur Ehre der Altäre erhobenes Gründerpaar; auch hielt man an den Beziehungen zur oberrheinisch-staufischen Formenwelt fest, die ja in Bamberg schon heimisch war. Man wollte den neuen Dom sogar in Erinnerung an den alten in großen Teilen in Holz flachgedeckt lassen; erst ein Baustellenbrand mahnte schließlich zu vollständiger Steinwölbung. Aber im Bauverlauf

Blick in den Georgenchor des Doms

konnte man sich sowohl dem Eindruck der im königlichen Norden Frankreichs entstehenden Kathedralen wie auch der exakt-straffen, ebenfalls vom Westen bestimmten Bauweise der Zisterzienser aus dem nahen Ebrach nicht mehr entziehen, und man entschloß sich schließlich, im Unterschied zum mit nur zwei Türmen ausgestatteten Heinrichsdom, dem Neubau ein weiteres Turmpaar im Westen beizugeben. Hatte doch der Dom zu Speyer, die Grabstätte der Salier, bereits mit vier Türmen geprunkt. Hinter dieser Entscheidung stand vielleicht die Hoffnung, den Staufern neben dem Dom in Palermo auch eine deutsche Grablege zu bieten – Konrad III. lag hier ja schon neben seinem heiligen Vorgänger bestattet. Die besondere Gestalt dieser Türme wird auf die in Bamberg nachweislich bekannten Türme der Kathedrale von Laon zurückgeführt; zu erklären bleiben ihre Übereinstimmungen mit den Türmen des Domes zu Palermo, wo schon der Prunksarkophag des Barbarossa-Sohnes Heinrich VI. stand.

Es würde zu weit führen, wollte man die Verwerfungen und Brüche aufzeigen, welche die Wechselfälle der Bau- und Ausstattungsgeschichte des Bamberger Domes bezeugen. Trotz alledem eignet dem Bau ein überzeugender Gesamteindruck, wenn auch die Ausstattung mit figürlicher Bauplastik Fragment geblieben ist und daher oft nur noch schwer verständlich zerstreut vor uns steht. Immerhin ist der figürliche Schmuck zweier Portale, sind die Schranken des Georgenchores vollendet worden, immerhin hat der merkwürdige Reiter einen Platz gefunden. Dieser läßt verstehen,

Obere Pfarre von Südosten

warum man von ihm erzählte, sein Vorbild sei als unkundiger Heide durch das Hauptportal, das Fürstenportal mit dem Jüngsten Gericht, in den Dom eingeritten und habe diesen, tief beeindruckt von heiliger Feier, als Christ wieder verlassen – eben der dann als der heilige König Stephan von Ungarn verehrt wird. Ekbert von Andechs-Meranien, der nach dem Bamberger Königsmord von 1208 bei Andreas II., seinem Schwager und König von Ungarn, Zuflucht gefunden hatte und dessen Schwester Gertrud, Königin von Ungarn, 1212 einem Mordanschlag zum Opfer gefallen war, hatte allen Grund, dieses Heiligen zu gedenken.

Die Wirkung des Dombaues war weitreichend, in Naumburg und in Magdeburg muß man von ihm gewußt haben, im Österreichischen wirkte seine Bauplastik nach, und auch die Bildhauer, die für die Ausführung eines

fand auch sein Geschlecht unter nicht ganz zu klärenden Umständen sein Ende. Inzwischen wuchs Nürnberg, im 11. Jahrhundert auch auf Kosten Bambergs gegründet, zur Konkurrentin heran. Dieser Wettstreit war zunächst für Bamberg ebenso förderlich, da er mehrfach von den gleichen Familien getragen wurde. Dabei hatte Bamberg sogar einen Vorteil einzubringen, der Nürnberg versagt war; es hatte Mitteldeutschland den Wasserweg zum Rhein eröffnet. So wuchs auch in Bamberg ein kräftiges Bürgertum heran, das den Vergleich mit dem Nürnberger nicht zu scheuen brauchte. Hier wie dort lebten die Bürger in turmartigen Kemenaten, die heute unter neuzeitlichen Dächern verborgen sind; gelegentlich verfügte man sogar, wie die Geyer auf ihrem Geyerswörth, über geradezu burgartige Behausungen. Wohl schon im späten 13. Jahrhundert setzte dieses Bürgertum

Tor der Alten Hofhaltung

Das ›Haus zum Saal‹ aus dem 15. Jahrhundert in der Langen Straße

Apostelprogrammes nach einem ersten Fassadenplan für die Klosterkirche im westungarischen Ják zu sorgen hatten, dürften die ältere Stufe der Bamberger Domplastik gekannt haben, wenn sie nicht überhaupt von dieser Baustelle kamen.

Unter den Bischöfen aus dem Hause Andechs-Meranien konnte sich Bamberg getreu seinem Gründungsauftrag noch einmal zum Ort mitteleuropäischer Integration aufschwingen; sein Gesamtbild wie seine Steine sprechen davon. Als der Dom 1237 geweiht wurde, weilte der Fürstbischof Ekbert in Wien, um dort, erst mittleren Alters, zu sterben; 1248

seiner Oberen Pfarre einen stolzen, stadt- und landbeherrschenden Turmbau, und in den Jahrzehnten um 1400 erhielt die gleiche Kirche auf gemeinschaftliche Initiative von Bürgertum, Bischof und Domkapitel einen Chor, der den des Domes paraphrasiert und den etwas älteren von St. Sebald in Nürnberg in Gesamtkonzeption und Reichtum der Bauzier zu übertreffen sucht. Dabei wurde, um die städtebauliche Wirkung wie wenig vorher in Erfurt zu sichern, an kostspieligen Substruktionen nicht gespart.

Beruhte der Reichtum Nürnbergs auf seinem Handels- und Gewerbefleiß, so war es in

Bamberg die Sonderkultur des Gemüseanbaus, wozu die fruchtbaren Feuchtgebiete im Osten der Stadt mit hohem Einsatz des kapitalkräftigen Bürgertums aufbereitet wurden. Damit entstand eine städtische Landwirtschaft, die den Osten Bambergs bis heute prägt, wenn auch die Produktion nur noch von regionaler Bedeutung ist und das Bamberger Süßholz, die Bamberger Sämereien und das Bamberger Gemüse nicht mehr weithin exportiert werden. Geblieben sind im Osten Bambergs immer noch innerstädtische, bewirtschaftete Grünflächen, einige spätmittelalterliche und barocke Gärtneranwesen, vor allem jedoch die typischen Ketten von Gärtnerhäusern des späten 18. und 19. Jahrhunderts.

Neben dem zum Stadtadel aufsteigenden Bürgertum saß in Bamberg aber auch, anders als in Nürnberg, der landständische Adel, vor allem im Domkapitel. So konzentrierten sich auf dem nun neu ummauerten Domberg die noch heute prägenden Domherrenhöfe als adlige Sitze, unter ihnen als größter, prinzipiell aber von gleicher Art die fürstbischöfliche Hofhaltung an der Stelle der früh- und hochmittelalterlichen Pfalz. Der Landadel hatte sich darüber hinaus auch das Benediktinerkloster St. Michael und das Benediktinerinnenkloster St. Theodor als Versorgungsanstalten für die jüngeren Söhne und die unverheirateten Töchter angeeignet. Da die geistlichen Stiftungen im Umkreis der Bürgerstadt Bamberg mit Sonderrechten ausgestattet und aufgrund ihrer Immunität zu städtischen Mitleistungen nicht verpflichtet waren, mußte es in der Folgezeit zum Konflikt kommen.

Als 1430 die Hussiten vor der Bürgerstadt erschienen, lag sie unbefestigt da; nur eine hohe Brandschatzung konnte den Feind abwenden; eine ausreichende Befestigung mußte jetzt unaufschiebbar erscheinen. Verständlicherweise wehrten sich die Stadtbürger dagegen, die Aufwände hierfür, denen sich die Immunitäten verweigerten, allein zu tragen.

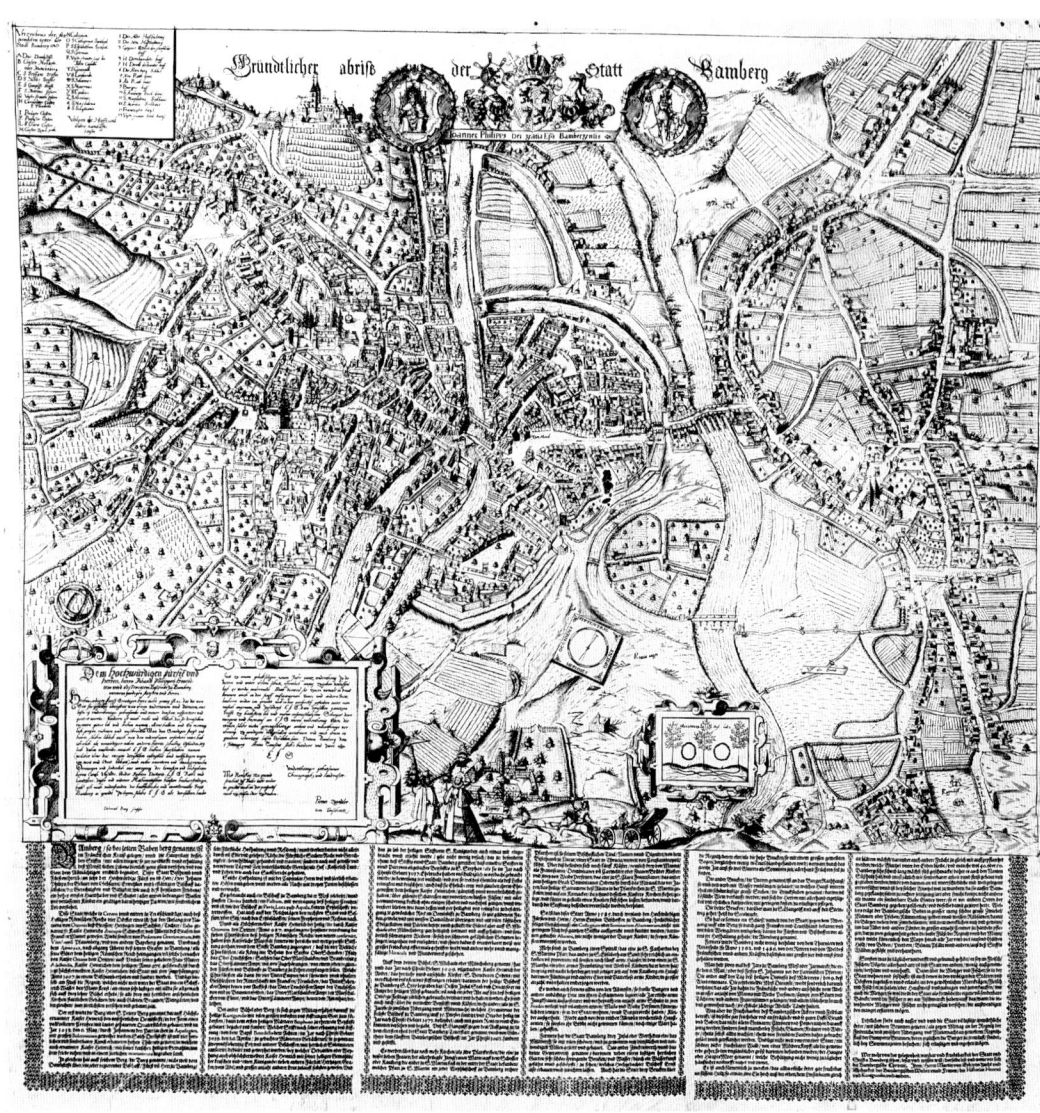

›Gründtlicher Abriss der Statt Bamberg‹, Kupferstich von Diderich Bang nach Petrus Zweidler, 1602. Nationalbibliothek Stockholm

Neue Residenz

Das Wasserschloß Concordia

Grüner Markt mit der
ehemaligen Jesuitenkirche
(jetzt Pfarrkirche St. Martin)

Die harte Auseinandersetzung endete ohne rechten Entscheid, Bamberg blieb, nur schwach und in seinen Vorstädten gar nicht befestigt, im Grunde offene Stadt; die Macht der immunen Stifte – auch die wirtschaftliche – war ungebrochen. Nürnberg, das solche Konflikte nicht kannte, konnte nun das bürgerliche Kapital in verstärktem Maße an sich binden. Diese Situation macht verständlich, daß Bamberg mit Schlettstadt, Hagenau und Ulm zu den vier Dörfern zählte, die in den Quaternionen, den konstruierten Vierergliederungen des Heiligen Römischen Reiches, aufgeführt wurden. Nürnberg hatte, als Brückenpfeiler zwischen Prag und Luxemburg von Kaiser Karl IV. besonders gefördert, im Konkurrenzkampf gegenüber Bamberg obsiegt. Dementsprechend mußte auch der künstlerische Ruhm Nürnbergs den von Bamberg verdunkeln, nicht ganz zu Recht, kamen doch Maler wie Pleydenwurff und Lautensack aus Bamberg nach Nürnberg und lieferten noch im 16. Jahrhundert Bamberger Schnitzer- und Malerwerkstätten bis weit ins Sächsisch-Thüringische und Pfalzbayerische hinein ihre durch Modernität, Subtilität und Pracht überzeugenden Werke. Bei den Bamberger Malern fällt zudem ihr besonderes Interesse an der Darstellung ihrer Stadt auf, doch mag dies kaum verwundern. Wer Bamberg selbst aufmerksam durchwandert, wird nicht nur im barocken Schmuck seiner Kirchen Werke dieser Künstler entdecken, sondern auch die stolzen Behausungen der Bürger des Spätmittelalters hinter den mehr oder weniger aufwendigen Barockfassaden erkennen.

Dennoch hat das Spätmittelalter Bamberg zweifellos eine Krise gebracht, die letztlich bis zum Ausgang des Dreißigjährigen Krieges anhielt. Reformatorische Strömungen konnten sich nicht wie in Nürnberg auf ein ebenso mächtiges wie reformbereites bürgerliches Stadtregiment stützen, die Gegenreformation fand gerade im adligen Domkapitel Widerstände; eine Zeitlang sah es sogar aus, als würde einer der Fürstbischöfe sein Land wie der Hochmeister des Deutschen Ordens in ein weltliches Fürstentum verwandeln wollen. Im Dreißigjährigen Krieg hatte die Stadt Bamberg, unbefestigt wie sie war, mehrfach partielle Zerstörungen vor allem an ihrer Peripherie, aber auch im Inneren hinnehmen müssen, und der Wiederaufbau kam mit religiöser Erneuerung und staatsrechtlicher Neuordnung nur zögernd in Gang. Getragen wurde dies nicht mehr vom alten Stiftsadel und den aus ihm hervorgegangenen Bischöfen, sondern von Fürsten, die ihre Wahl weitreichenden Verbindungen verdankten und deren Ziel es sein mußte, Sonderrechte jeder Art zurückzudrängen.

Nach Fürstbischof Marquard Sebastian Schenk von Stauffenberg (1683–1693), unter dem die Jesuiten sich endlich eine ihnen gemäße Kirche errichten konnten und der sich das kastellartige Schloß Seehof jenseits des Waldes vor der Stadt baute, war es dessen Nachfolger Lothar Franz von Schönborn, der, seit 1695 auch Kurfürst und Erzbischof von Mainz und damit Kanzler des Reiches, die Barockisierung der Stadt einleitete. Barockisierung bedeutete hier zuerst eine neue Dimension fürstlicher Repräsentation, dann die wechselseitige Zuwendung von Monumentalbauten und Stadt zueinander, ferner die nachdrückliche Förderung adligen und bürgerlichen Bauens in allen Teilen der Stadt und schließlich die Ausstattung mit angemessener Zier. Die neue Dimension fürstlicher Repräsentation wurde mit einem Residenzbau verwirklicht, der nun die Fesselung an die Tradition der Domherrenhöfe sprengte, stolz gegen die Stadt an den Rand des Burgberges trat und dabei doch mit einem hohen Eckpavillon burgartigen Charakter wiederaufnahm. Die Fassadengestaltung verzichtete allerdings auf hochbarocke Subordinationsmotive. Sie besann sich vielmehr eines großen Vorbildes der Hochrenaissance, der Superposition der antiken Ordnungen, wie sie Antonio da Sangallo der Jüngere und Michelangelo an den Hoffronten des römischen Palazzo Farnese beispielhaft und dem Baumeister der Bamberger Neuen Residenz Leonhard Dientzenhofer wohlbekannt vorgeführt hatten. Leonhard war der zweite jener Baumeisterbrüder, die aus Oberbayern über Prag nach Bamberg gekommen waren; er hatte seinen älteren Bruder Georg als Polier zum Bau der Jesuitenkirche hierher begleitet. Leonhard diente allerdings nicht nur dem Fürsten, sondern auch dessen Gegenspieler im engeren bambergischen Bereich, dem Abt von St. Michael, Christoph Ernst von Guttenberg, dem er zunächst einen neuen, weit über die Stadt und in die Landschaft hinauswirkenden Klosterbau aufführte und dann eine Kirchenfassade errichtete, die deutlich die noch strengen Regeln des römischen Frühbarock wiederaufnahm. Wie bei der Residenzfassade griff Leonhard Dientzenhofer dann auf das römische Cinquecento zurück, als er der Klosterkirche St. Theodor, jetzt den Karmeliten gehörig, nach Osten der Stadt zugewandt eine Fassade vorlegte. Mit diesen Rückgriffen wurde auch in Bamberg durchaus zeitgerecht der europäische Spätbarock eingeleitet, der sich vom römischen Hochbarock bewußt abwendete. Zuvor hatten bereits die Chorherren von St. Stephan 1626 damit begonnen, ihre Kirche in den Formen des Frühbarock zu erneuern; ab 1677 konnte der in Würzburg tätige Antonio Petrini nach der Unterbrechung des Dreißigjährigen Krieges diesen Bau formgetreu weiterführen, ohne allerdings die geplante Kuppel zu vollenden.

Bezeichnenderweise war es die Jesuitenkirche Zum Heiligsten Namen Jesu (jetzt Pfarrkirche St. Martin), 1685 mit Rückgriffen auf Motive Leon Battista Albertis von Georg Dientzenhofer entworfen, die als erste ihre Fassade dem Markt der Stadt zugewendet hat. Die Karmelitenkirche setzte dann die Zuwendung der Monumentalbauten zur Stadt hin fort, ihr folgte St. Michael mit dem Ausbau einer Chorfassade durch Johann Dientzenhofer, den jüngsten der Baumeisterbrüder, und zuletzt vollzog

St. Jakob vor dem Westtor der Burg noch 1770/71 mit der vermutlich von dem Würzburger Johann Michael Fischer entworfenen Fassade die Ausrichtung auf die Stadt.

Inzwischen hatte auch die Stadt ihrerseits damit begonnen, sich in einer Sequenz von Prospekten auf den Anstieg zu Dom und Residenz auszurichten. Hatte Lothar Franz von Schönborn, irritiert durch die Wechselfälle des Spanischen Erbfolgekrieges, den Bau der Neuen Residenz aufgegeben, so zog sein Neffe Friedrich Karl von Schönborn, vorher in Wien Reichsvizekanzler und jetzt zugleich Fürstbischof von Würzburg, aus dem, was sein Oheim begonnen hatte, die städtebaulichen Konsequenzen. Dies tat er allerdings nicht, indem er städtebauliche Prinzipien, die wir für barock und absolutem Fürstentum angemessen halten, rigoros nach dem Würzburger Vorbild durchsetzte, sondern indem er in eleganter Form das fortschrieb, was Bamberg als frühmittelalterliche Großstadt und als spätmittelalterliche Bürgerstadt an Voraussetzungen bereits bot. Offenbar noch unter Lothar Franz hatte ein wackerer bürgerlicher Bauherr an der Stelle, wo jenseits des Flusses die Überlandstraße zur Brücke hergezogen war, der von dort ansteigenden städtebaulichen Sequenz einen Anfang gesetzt, indem er den Pavillonbau der Residenz auf dem Domberg paraphrasierte, reduziert auf ein bürgerliches Eckhaus, das mit eben jener Kolossalordnung auftrumpfte, auf die der Fürst gerade verzichtet hatte. Friedrich Karl selbst brachte ein neues, die damals noch vorhandene untere Pfarrkirche flankierendes Klerikalseminar mit dem Weihbischofshof als Eckpavillon sowie ein neues Bürgerspital mit dem Verwalterbau als Eckpavillon ein. Beides ließ er von Balthasar Neumann entwerfen, über den er, die beiden fränkischen Fürstbistümer in seiner Hand vereinigend, als Baumeister verfügen konnte. Die Integration des Rathauses auf der Brücke über dem linken Regnitzarm in diese Sequenz vermochte Friedrich Karl wenigstens noch in Gang zu bringen. Ausgeführt wurde sie mit der dekorativen Fassadierung des seit dem 15. Jahrhundert unausgebaut gebliebenen Brückenturmes durch den Stadtbaumeister Martin Mayer 1749–51 und durch die 1755 angebrachten, inzwischen erneuerten Fassadenmalereien des Schwaben Johann Baptist Anwander, die dem Fürsten ebenso wie dem Bürger einen Tugendspiegel vorhalten. Dieses Rathaus bildet mit der rückliegenden Uferbebauung den Sockel des Domberges und des Michelsberges. Neben dem Dominikanerkloster sind Zucht- und Arbeitshaus sowie Allgemeines Krankenhaus Elemente dieser Sockelbebauung. Das Zucht- und Arbeitshaus,

Das Rathaus mit dem Brückenturm über dem linken Regnitzarm

ab 1754 wohl nach Plänen Johann Michael Küchels erbaut, ist ein bemerkenswertes Zeugnis dafür, wie schon zur Mitte des 18. Jahrhunderts in einem geistlichen Fürstentum die Voraussetzungen für einen humanen Strafvollzug geschaffen wurden; das 1787–89 errichtete Allgemeine Krankenhaus, von Fürstbischof Franz Ludwig von Erthal tatkräftig entscheidend gefördert und von seinem leitenden Arzt Adalbert Friedrich Marcus konzipiert, war bahnbrechend für die moderne Krankenhaushygiene – herausragendes Zeugnis dafür, daß dieser geistliche Staat durchaus ein aufgeklärter war. Inzwischen war es dem Fürsten ja auch gelungen, die altväterliche Stadtverfassung mit ihren Sonderrechten aufzuheben und das eben neu ausgestattete Rathaus zum Mittelpunkt einer einheitlich verwalteten Stadt zu machen.

Richtete sich die Stadt während der Barockisierung auf den Sitz der geistlichen und weltlichen Regierung aus, so kam diese auch im topographischen Sinne wörtlich der Stadt entgegen. Unter Friedrich Karl von Schönborn fiel schon 1739 das Osttor der Burg, unter Adam Friedrich von Seinsheim 1778/79 wurde der Anstieg durch Abtragungen vom Jakobstor herab und durch Aufschüttungen bis zum Flußübergang akkommodiert. Jeder, der zum Domberg – der beschriebenen Sequenz folgend – aufsteigt, muß dieser Maßnahme der Annäherung von Fürst und Bürger dankbar sein und kann bei genauer Beobachtung ihre Spuren erkennen.

Das fürstliche Beispiel war begleitet von adliger und bürgerlicher Bautätigkeit, die wiederum die Förderung des Fürsten und seiner Regierung genoß. Natürlich galt inzwischen das spätmittelalterlich freiliegende Fachwerk als unfein, und Neubauten in Fachwerk waren wegen ihres Holz- und damit Waldverbrauches unerwünscht. So zog denn Bamberg sein barockes Kleid an, gelegentlich auch geschmückt mit aufwendigen Neubauten, in denen der Bürger dem Adel keineswegs nachstand, der Adel seinerseits, nicht übermäßig begütert, den stadtbürgerlichen Maßstab nicht sprengte. Neben den Dientzenhofern und den Ingenieuroffizieren fürstlichen Dienstes fanden eine große Zahl bürgerlicher Maurermeister Tätigkeit; Namen und Werke sind allerdings nur gelegentlich durch Schriftquellen zu verbinden. Lust an heiterer Dekoration, etwa beim Stadtbaumeister Martin Mayer, steht neben eleganter Noblesse, die bei Johann Jakob Küchel Wiener Erinnerungen einbringt. Durch die Vermittlung von Balthasar Neumann wußte man, was in Frankreich inzwischen guter architektonischer Geschmack war; wo sich Italienerinnerungen einstellen, können sie durch einen Dientzenhofer evoziert sein, etwa durch Johann beim Wasser- und Gartenpalast des Ignaz Tobias Böttinger, der offenbar nicht nur als Hofrat dem Fürstbischof beistand, sondern auch gut für sich und die Seinen sorgte. Gärtnern und Gärten gab gerade das barocke

Bamberg, immer offene Stadt, besonderen Raum: Der Dom ist vom Grün seiner Domherrengärten umgeben, die Stifte St. Stephan und St. Jakob von ihren Chorherrengärten, von St. Michael steigt der Garten in Terrassen herab, vom ersten Bürgerpalast des Hofrats Böttinger steigt der Garten den Stephansberg hinan; Böttingers zweiter Palast ist über einen Garten mit der Flußlände verbunden, und schließlich eröffnete der Fürst seinen Bürgern auch eine Promenade. Zwischen ihren Häuserketten ernteten – und ernten teilweise noch heute – die Gärtner die Früchte ihres Fleißes, die Hügel hinan pflegten und lasen die Häcker ihre Reben. Manches hiervon ist erst in unserem Jahrhundert geopfert worden, aber noch immer durchwirkt das Grün wohltuend diese Stadt.

Von der Jesuitenkirche abgesehen wurde bei keinem der Kirchenneubauten aus der Zeit nach dem Dreißigjährigen Krieg die mittelalterliche Substanz völlig geopfert; daran hinderte neben umsichtiger Sparsamkeit der Bauträger wohl auch das Wissen um die Ehrwürdigkeit der Altertümer, gingen sie doch auf das heilige Kaiserpaar und einen heiligen Bischof zurück. Angemessenen Zierat und hinreichendes Licht sollten die alten Kirchen dennoch erhalten; so gab es für Stukkatoren wie die zugewanderten Vogel, für Altarschreiner und Holzbildhauer, für Vergolder und Faßmaler Arbeit genug.

Heute wird jeder, der die Kirchen Bambergs betritt, ebenso freundlich empfangen, wie er sich mit Ernst auf die große Vergangenheit hingewiesen sieht.

Das 19. Jahrhundert hat die Altstadt Bambergs nicht mit Industrien überwuchert, sondern schon frühzeitig in ihrer Eigenart respektiert. Die Erweiterungen des 19. und frühen 20. Jahrhunderts sind bei freundlicher Provinzialität geblieben. Unser Jahrhundert hat dieser Stadt zwar auch äußere und innere Wunden zugefügt, doch ein glücklicher Zufall hat im Zweiten Weltkrieg flächendeckende Zerstörungen von der Stadt abgewendet, so daß ihrer inneren und äußeren Erscheinung heute ein besonderer Seltenheitswert zukommt. Gegen die Gefährdungen, die unseren Städten in der zweiten Hälfte unseres Jahrhunderts drohen, Überlastung durch den Verkehr, Entleerung durch Stadtflucht, hat sich diese Stadt nicht ohne Erfolg gewehrt, wenn sich auch manche schmerzliche Beeinträchtigung, ja manche Störung nicht verhindern ließen. Immerhin konnte spürbar bleiben, daß ihre Steine von europäischer Geschichte reden, daß sich diese Geschichte im Stadtbild spiegelt, eine Geschichte, an der Bamberg nicht nur leidend, sondern oft und an wichtiger Stelle auch handelnd teilgenommen hat, Ost und West verknüpfend und daher nicht zu Unrecht gelegentlich als Mitte empfunden.

›Klein-Venedig‹ am Regnitzufer

Reinhard Roseneck

Denkmale der Montankultur –
das Erzbergwerk Rammelsberg und die Altstadt Goslar

Die Geschichte des Rammelsberges und die Geschichte der Stadt Goslar sind untrennbar miteinander verbunden. Ohne die reichen Erzvorkommen des Rammelsberges hätte Goslar niemals seine außerordentliche politische Bedeutung als wichtiges Machtzentrum im Heiligen Römischen Reich Deutscher Nation erlangen können. Auch hätte sich Goslar ohne die reichen Silber-, Blei- und Kupfervorkommen des Rammelsberges nicht zu einer blühenden Hansestadt mit prächtigem Stadtbild entwickeln können.

Doch bereits lange vor Gründung der Stadt Goslar, nämlich mindestens schon während

Blick auf den Rammelsberg von Südwesten. Im Vordergrund die Übertageanlagen des ehemaligen Erzbergwerkes, im Hintergrund der historische Stadtkern Goslars

der römischen Kaiserzeit, wurde am Rammelsberg Bergbau betrieben. Umfangreiche Erz- und Schlackenfunde, die eindeutig der Erzlagerstätte Rammelsberg zuzuordnen sind, konnten bis in das 3. Jahrhundert nach Christus datiert werden.

Mag der Abbaubetrieb in den ersten Jahrhunderten noch unkoordiniert und ohne wesentliche wirtschaftliche Bedeutung betrieben worden sein, so ist um das Jahr 968 bereits von einem geordneten Bergbaubetrieb auszugehen. In diesem Jahr wurde der Rammelsberg erstmals schriftlich erwähnt. In der Chronik des Corveyer Mönchs Widukind wird innerhalb der Schilderungen der Feldzüge Kaiser Ottos I. über »Venas argenti«, also Silberadern berichtet, die in »Saxonia« erschlossen worden seien und die zweifelsfrei zum Rammelsberg gehören.

Das Silber des Rammelsberges hatte für die mittelalterlichen Kaiser und Könige besonderen Wert als Grundstoff zur Herstellung von Silbermünzen. Eines der wichtigsten zeitgenössischen Währungsmittel, der sogenannte Otto-Adelheid-Pfennig, wurde größtenteils aus Rammelsberger Silber geprägt.

Die hohe Bedeutung, welche die reiche Erzlagerstätte für die mittelalterlichen Herrscher besaß, manifestiert sich insbesondere darin, daß Kaiser Heinrich II. zu Beginn des 11. Jahrhunderts in der Nähe des Rammelsberges eine Pfalz anlegen ließ, welche die nicht allzu weit entfernt im Harzvorland liegende Pfalz Werla ablöste. Die erste Reichsversammlung in Goslar ist für das Jahr 1009 belegt. Die Pfalz Heinrichs II. befand sich bereits am Standort des noch heute erhaltenen Pfalzbaus.

Auf den ersten Salier Konrad II., der unmittelbar nach seiner Krönung, die 1024 in Mainz erfolgte, Goslar besuchte, geht die Gründung eines wohl ebenfalls als Pfalz zu deutenden Bauwerkes auf dem Georgenberg nördlich der Goslarer Altstadt zurück. Die dort errichtete Stiftskirche wurde nach dem Vorbild der Pfalzkapelle Karls des Großen in Aachen auf oktogonalem Grundriß aufgeführt. Die heute sichtbaren Grundmauern sind allerdings zum großen Teil Aufmauerungen des 19. Jahrhunderts.

Unter Heinrich III. wurde Mitte des 11. Jahrhunderts die Pfalz wieder an den Fuß des Rammelsberges verlegt und dort mit der Errichtung eines Saalbaus begonnen, dessen Form und Ausmaße noch heute beeindrucken, wenngleich die zwischen 1868 und 1879 im Zusammenhang mit dem Aufleben des Reichsgedankens durchgreifend restaurierte Pfalz in einigen Teilen eine freie Neuschöpfung darstellt. Die mit dem Saalbau verbundene Pfalzkapelle St. Ulrich wurde ebenfalls nach dem Vorbild der Aachener Pfalzkapelle als Doppelkapelle auf oktogonalem Grundriß errichtet.

Als geistliches Gegenstück zum weltlichen Herrschaftsbereich gründete Heinrich III. gegenüber dem Palas die 1050 geweihte Stiftskirche St. Simon und Juda, den sogenannten Dom, von dem nach seinem Abbruch im Jahr 1819 allein die um 1160 errichtete Domvorhalle unzerstört erhalten blieb. An ihrem Giebel besitzt sie zwei Nischenreihen mit farbig gefaßten Relieffiguren aus dem frühen 13. Jahrhundert, darunter Heinrich III. mit einem Modell seiner Stiftskirche.

Der Pfalzstandort Goslar entwickelte sich zu einem der wichtigsten, den die ruhelos durch ihr Reich hastenden Kaiser und Könige bis zur Mitte des 13. Jahrhunderts für mehr als hundert Reichstage aufsuchten. Am Rande des Pfalzbezirkes wuchs Goslar zu einer bedeutenden Reichsstadt heran, die ebenfalls im Rammelsberger Bergbau ihre wirtschaftliche Grundlage hatte. Bis heute sichtbare Zeichen für den Wohlstand, der im Hochmittelalter, also zur ersten Blüte des Rammelsberger Bergbaus, in der Stadt Goslar herrschte, sind die zahlreichen Sakralbauten, die in dieser Zeit entstanden:

Blick von Osten auf die Hauptfront der Kaiserpfalz

Nordansicht der um 1160 entstandenen Domvorhalle, Überrest der ehemaligen Stiftskirche St. Simon und Juda

eine kreuzförmige Basilika mit zweitürmigem Westbau, die am Außen- und im Innenbau ihre romanische Gestalt in seltener Reinheit bewahrt hat.

Das ehemalige Spital Großes Heiliges Kreuz wurde zwar 1254 noch unter kaiserlichem Einfluß im Pfalzbezirk gegründet, entwickelte sich jedoch entscheidend unter dem Einfluß der Bürgerschaft. Der beeindruckende Gebäudekomplex mit dem langen in Bruchstein errichteten Hauptbau, in den 1669 18 Pfründnerkammern eingebaut wurden, mit der durch einen offenen Bogen mit der Halle verbundenen Kapelle, dem um 1500 in Fachwerk angebauten Küchengebäude sowie dem in Verlängerung des Hallenbaus im Jahr 1537 errichteten sogenannten Brüdernkloster stellt ein beeindruckendes Denkmal des frühen Sozialleistungswesens dar. Das bereits um die Jahrtausendwende in der Anlage bestehende Straßennetz wurde weiter ausgebaut und hat sich in seiner mittelalterlichen Struktur bis heute erhalten.

Die erste Blütezeit der Stadt Goslar, welche 1290 die Reichsvogtei und 1340 die Reichsfreiheit erworben hatte, endete im Jahr 1360 mit dem Zusammenbruch der Bergwerke, die daraufhin voll Wasser liefen, so daß sie nicht mehr zu betreiben waren. In der Folgezeit erwarb die Stadt Goslar von den jeweiligen Landesherren die Berghoheit, den Bergzehnten sowie das Vorkaufsrecht an den Erzen. Dieses erfolgte jedoch nur pfandweise, was sich später für die Stadt als verhängnisvoll erweisen sollte.

Nach vielen erfolglosen Versuchen erfahrener Bergleute, die aus den führenden Bergbauregionen der Zeit herbeigerufen worden waren, gelang es schließlich im Jahr 1455 Claus von Gotha durch den Einbau von sogenannten Heinzenkünsten, das Wasser aus dem Berg herauszupumpen. Als daraufhin nach rund einhundertjähriger Betriebsunterbrechung der Bergbau wieder aufgenommen werden konnte, erlebten der Rammelsberg und mit diesem auch die Stadt Goslar ihre zweite Blütezeit. Während das Silber aus den Gruben nunmehr mit großem Gewinn in der städtischen Münze verarbeitet wurde, betrieben die Kaufleute einen regen Handel mit den im Berg gewonnenen Metallen Kupfer und Blei.

Als Folge des wirtschaftlichen Aufschwungs setzte in Goslar ab der Mitte des 15. Jahrhunderts eine rege Bautätigkeit ein. Die in dieser Zeit entstandenen Neu- oder Umbauten ließen das prächtige Stadtbild entstehen, das noch heute von der gewachsenen Macht der Stadt und dem Reichtum ihrer Bürger zeugt. Die Pfarrkirchen wurden umgebaut, mit Anbauten versehen oder erhielten zum Teil prächtige Ausstattungen. Die durchgreifendste Verände-

Das 1254 gegründete Spital
›Großes Heiliges Kreuz‹

Blick in die Halle des Spitals
›Großes Heiliges Kreuz‹ mit
den Pfründnerkammern und
der Kapelle im Hintergrund

allen voran die Pfarrkirche St. Jacobi, die auf das frühe 12. Jahrhundert zurückgeht, und St. Peter und Paul auf dem Frankenberg aus der Mitte des 12. Jahrhunderts, die Marktkirche St. Cosmas und Damian aus der Mitte und die Klauskapelle aus der zweiten Hälfte des 12. Jahrhunderts. Hinzu kommt die 1186 geweihte Benediktinerinnen-Klosterkirche »St. Mariae in horto«, die heutige Neuwerkskirche,

Das Breite Tor mit dem 1505 entstandenen Rißlingsturm

Dicke Zwinger mit 24 Metern Durchmesser und 5,5 Metern Mauerstärke, der 1517 nicht nur zum Schutze der Stadt, sondern auch zum Schutze des Tiefen-Julius-Fortunatus-Stollens, des bedeutendsten Wasserlösungsstollens des Rammelsberges, errichtet worden war.

Anstelle eines Vorgängerbaus aus dem 12. Jahrhundert wurde ein neues Rathaus mit zum Marktplatz hin in Arkaden geöffneter, kreuzgewölbter Gerichts- und Markthalle erbaut, das im Innern prächtig ausgestaltet wurde und mit dem Huldigungssaal über eines der bedeutendsten Beispiele spätmittelalterlicher Raumdekoration in Deutschland verfügt.

Zahlreiche Gildehäuser entstanden, wie das Haus der Bäckergilde mit seinem hohen Untergeschoß aus Bruchstein, auf das Mitte des 16. Jahrhunderts ein reich mit Fächerrosetten verziertes Fachwerkspeichergeschoß mit Erker aufgesetzt wurde, und die sogenannte Kaiserworth, das Gildehaus der Tuchmacher. Dieser spätgotische, zweigeschossige Bruchsteinbau aus dem Jahr 1494, der sich mit sechs Arkaden zum Marktplatz öffnet, erhielt 1992 die durch restauratorische Untersuchungen ermittelte originale Fassadenbemalung zurück: eine durch die italienische Renaissance beeinflußte, auf den Putz aufgemalte Diamantquaderung auf oxydrotem Grund.

rung erfuhr dabei die Kirche St. Jacobi, die zwischen 1491 und 1506 von einer kreuzförmigen Pfeilerbasilika zu einer spätgotischen Hallenkirche umgebaut wurde.

Mit dem 1494 unter Einbeziehung einer romanischen Kemenate in Fachwerkbauweise als Spital errichteten St. Annenhaus hat sich ein Kleinod ganz besonderer Art erhalten. Der Hallenraum, in den um das Jahr 1700 zahlreiche Kammern eingebaut wurden, ist auf allen Wänden und Decken in barocker Formensprache ausgemalt. Hinzu kommt die einzigartige Ausstattung des Gebäudes, das heute ein eindrucksvolles Bild spätmittelalterlichen und barocken Hospitalwesens vermittelt, wie es in dieser authentischen Form kaum ein weiteres Mal zu finden ist.

Da der Rat der Stadt zu Recht die Begehrlichkeit der Herzöge von Braunschweig und Wolfenbüttel auf die florierenden Bergwerke und Metallhütten befürchtete, wurde Ende des 15. Jahrhunderts begonnen, die aus dem 11. Jahrhundert stammenden Stadtbefestigungsanlagen durchgreifend zu erneuern, auszubauen und mit einer Vielzahl von Wehrtürmen zu versehen. Neben weitläufigen Wall- und Mauerpartien haben sich zahlreiche Wehrtürme erhalten, darunter die mächtige, dreitürmige Anlage des Breiten Tores mit dem 1505 auf rundem Grundriß entstandenen Rißlingsturm von 20 Metern Durchmesser mit seinem hohen Kegeldach und der ebenfalls runde

Neben den geschilderten Bauten erhielt Goslar sein unvergleichliches Stadtbild jedoch durch die zahlreichen, zum größten Teil noch heute erhaltenen Bürgerhäuser. Die Altstadt, die ein Gesamtkunstwerk darstellt, besitzt den ungewöhnlich großen Bestand von ca. 1500

Blick über den Marktplatz auf das Rathaus, links die Kaiserworth, das Gildehaus der Tuchmacher. Der Brunnen wurde im frühen 13. Jahrhundert aus dem Metall des Rammelsberges gegossen.

Die ehemalige Ratsherren-
stube des Rathauses, seit dem
19. Jahrhundert Huldigungssaal
genannt, wurde nach 1500
vollständig auf der Holzvertäfelung ausgemalt.

Fachwerkgebäuden des 15. bis 19. Jahrhunderts,
von denen allein ca. 170 Gebäude aus der Zeit
vor 1550 stammen. Viele dieser Fachwerkhäuser sind mit aufwendigen und kunstvollen Verzierungen beschnitzt. Dieser außerordentlich
dichte Fachwerkbestand macht Goslar zum
repräsentativen Beispiel für die norddeutsche
Fachwerkbaukunst, deren Entwicklung in keiner anderen Stadt so umfassend und hochrangig dokumentiert ist. Doch auch die in anderen
Städten, zumal in dieser hohen Zahl, nicht
anzutreffenden Steinbauten (Kemenaten) des
12. bis frühen 16. Jahrhunderts, die häufig in
jüngere Fachwerkgebäude integriert wurden,
geben Goslar ein wahrlich »herrschaftliches«
Gepräge.

Die böse Vorahnung des Goslarer Rates
sollte sich im Jahr 1526 als richtig erweisen.
Nachdem Herzog Heinrich der Jüngere von
Braunschweig und Wolfenbüttel die Pfand-
summe für die Berghoheit, den Bergzehnten
und das Vorkaufsrecht für die Metalle an die
Stadt zurückgezahlt hatte, forderte er deren
Herausgabe. Als die Stadt diese verweigerte,
setzten kriegerische Auseinandersetzungen
ein, die im Jahr 1552 zur Kapitulation Goslars

führten. Der in diesem Jahr geschlossene sogenannte Riechenberger Vertrag schrieb dem
Herzog sämtliche von ihm beanspruchten
Rechte zu. Durch den Verlust des Rammelsberges sank die ihrer wirtschaftlichen Grundlage
beraubte Kaiserliche Freie Reichsstadt Goslar
in die politische Bedeutungslosigkeit ab. Nunmehr trugen die Braunschweiger Herzöge
dafür Sorge, daß der Bergbaubetrieb reibungs-
los weitergeführt wurde, da er ihnen fortan loh-
nende Einkünfte garantierte. Der Einsatz einer
funktionstüchtigen Bergverwaltung war das
erste sichtbare Zeichen der neuen Verhältnisse
am Rammelsberg.

Die Stadt Goslar und vor allem das Bergpatri-
ziat waren zwar nunmehr ihrer profitablen Einnahmequellen beraubt, die einfachen Berg-
und Hüttenleute sowie die sonstigen, mit dem
Berg- und Hüttenwesen verbundenen Bevölke-
rungskreise hatten jedoch auch weiterhin ihre
Lebensgrundlage im Rammelsberg. Auch
diese Epoche fand im Stadtbild Goslars ihren
sichtbaren Niederschlag. Während öffentliche
Bauten kaum noch errichtet wurden, war die
private Bautätigkeit ungebrochen, wie die
große Zahl an Bürgerhäusern des späten 16. bis

18. Jahrhunderts zeigt. Besonders eindrucksvoll für das Bauwesen dieser Epoche ist die vom Breiten Tor ausgehende, in die Stadtmitte führende Breite Straße, deren Bebauung nach einem verheerenden Brand Ende des 17. Jahrhunderts in einem Zuge mit überwiegend dreigeschossigen Fachwerkgebäuden in barocker Formensprache errichtet wurde.

Der erneute Aufstieg Goslars von einem einfachen Landstädtchen zur bedeutendsten Stadt der gesamten Region ist wiederum unmittelbar mit dem Rammelsberg verbunden. Als kurz vor Erschöpfung der Erzvorräte des Alten im Jahr 1859 das Neue Lager entdeckt worden war, konnte insbesondere ab 1866 unter preußischer Leitung die Erzförderung nachhaltig gesteigert und die dritte Blüte des Rammelsberges eingeleitet werden. Dies führte in den folgenden Jahrzehnten wieder zu einer verstärkten Bautätigkeit, welche die erste Erweiterung des Stadtgebietes über die Grenzen des alten Mauerringes hinaus brachte. Zu beiden Seiten der Wallanlagen wird der alte Stadtkern heute durch einen geschlossen erhaltenen Ring von Wohngebäuden des Historismus und des beginnenden Jugendstils umschlossen.

Nachdem in den dreißiger Jahren des 20. Jahrhunderts neue Erzaufbereitungsmethoden am Rammelsberg zum Einsatz kamen und im Zusammenhang damit völlig neue Übertageanlagen errichtet worden waren, konnte der Bergbau bis zur Erschöpfung der Lagerstätte kontinuierlich weitergeführt werden. Am 30. Juni des Jahres 1988 wurde der Bergbaubetrieb am Rammelsberg endgültig eingestellt.

Die Entwicklung Goslars von der bedeutenden Metropole im mittelalterlichen Kaiserreich über die Zeit als mächtige Kaiserliche Freie Reichsstadt, den daran anschließenden politischen Niedergang unter der Herrschaft der Braunschweiger Herzöge bis hin zum wirtschaftlichen Wiederaufstieg im 19. Jahrhundert findet ihren sichtbaren Niederschlag im noch heute erhaltenen Stadtbild, das wie ein Spiegel die letzten tausend Jahre der Entwicklung des Rammelsberges mit allen seinen Höhen und Tiefen reflektiert.

Die noch weitgehend von Wall- und Grünanlagen umgebene Altstadt Goslars zählt heute zu den bedeutendsten geschlossen erhaltenen historischen Städten Europas. Neben der großen Zahl von Gebäuden, die allein aufgrund der durch den Rammelsberg bewirkten guten wirtschaftlichen Lage der Stadt in Goslar errichtet werden konnten, befinden sich noch heute zahlreiche Bauten, die unmittelbar mit dem Bergbau zusammenhängen, die für die Berg- und Hüttenleute gebaut oder von diesen für deren eigene Zwecke errichtet wurden. Diese

Dreigeschossiges Fachwerkgebäude mit reichhaltigem Schnitzwerk, 1612 von dem Münzmeister Harmen Schlabusch errichtet

Bauten vermitteln die vielfältigsten Informationen über das Leben der Berg- und Hüttenleute außerhalb ihrer Arbeitsstätte, vor allem über deren wirtschaftliche und soziale Verhältnisse sowie über deren religiöses Leben.

Unsicherheiten und Gefahren des beruflichen Daseins führten zu einer tiefen Gläubigkeit der Bergleute, die in der Errichtung von Kirchen und Kapellen ihren Ausdruck fand. Die oft prächtigen Ausstattungen dieser Sakral-

Der im Jahre 1692 von dem vornehmen Handelsherrn, Brauer und Stadthauptmann Goslars, Hans Siemens, in Holzkonstruktion errichtete Fachwerkbau

Die Frankenberger Kirche, ehemals St. Peter und Paul, stammt aus der Mitte des 12. Jahrhunderts und diente den Berg- und Hüttenleuten als Pfarrkirche.

Die Klauskapelle am ehemaligen Klaustor, dem zum Rammelsberg führenden Stadttor; neben der Kapelle aus dem 12. Jahrhundert links das 1537 als verschiefertes Fachwerkhaus angebaute Hospital

bauten wurden häufig durch wohlhabende Berg- und Hüttenleute gestiftet. In der ersten, noch vor der Jahrtausendwende am Fuße des Rammelsberges von den Bergleuten angelegten Siedlung, dem Bergdorf, wurde um das Jahr 970 mit der Errichtung der St. Johanniskirche begonnen, von der die Grundmauern erhalten sind. Im frühen 12. Jahrhundert errichteten die Goslarer Berg- und Hüttenleute die stattliche Frankenberger Kirche, die noch heute über der Bergmannssiedlung am Frankenberg thront. Die aus dem 12. Jahrhundert stammende romanische Klauskapelle wurde den Goslarer Bergleuten im Jahr 1537 zugewiesen, nachdem die St. Johanniskirche im Bergdorf von den Goslarer Bürgern selbst im Zusammenhang mit den kriegerischen Auseinandersetzungen um den Rammelsberg zerstört worden war. In dieser unmittelbar am ehemaligen Klaustor, dem zum Rammelsberg führenden Stadttor, gelegenen Kapelle kamen die Bergleute regelmäßig vor der Einfahrt in den Berg zur Morgenandacht zusammen.

Seit dem Mittelalter wurden am Rammelsberg sowohl von den Bergleuten selbst – als Ausdruck ihrer bergmännischen Solidarität –

als auch durch die jeweiligen Landesherren Vorkehrungen zur sozialen Sicherung getroffen. Das moderne bergmännische Sozialleistungssystem, das Knappschaftswesen, dessen Errungenschaften heute zum selbstverständlichen Rechtsgut im Bergbau gehören, hat seine Wurzeln am Rammelsberg. Das dort bereits im Hochmittelalter im Bergdorf praktizierte und in der erhaltenen Bergordnung des Goslarer Rates von 1538 festgeschriebene bergmännische Sozialleistungssystem war als ältestes System dieser Art Vorbild für spätere bergmännische Sozialleistungssysteme in den Bergbaurevieren Mitteleuropas. Der sozialen Daseinsvorsorge diente auch ein im Jahr 1537 an die Klauskapelle angebautes Bergmannshospital. Um die bedürftigen Insassen des Hospitals versorgen zu können, zogen die Bergleute den sogenannten Büchsenpfennig ein. In einem an die Klauskapelle angebauten, verschieferten Fachwerkhaus hat sich das Hospital im Kern bis heute erhalten.

Sind von der ersten Bergmannssiedlung, dem Bergdorf, nur die Grundmauern der St. Johanniskirche erhalten, so besitzt Goslar mit der spätmittelalterlichen Siedlung der einfachen

sind in verputztem Bruchstein aufgeführt und mit Fenstern versehen, deren kielbogige Bedachungen von Blendfialen begleitet werden. Über diesen wurde 1526 ein Fachwerkgeschoß mit kräftigem Erker aufgerichtet, das an allen sichtbaren Holzteilen aufwendige figürliche Schnitzereien aufweist. Besonders beeindruckend ist außerdem das hohe, im Giebel mehr als 70 Grad steile Schieferdach des Hauses. Goslarer Bürger, die als Handwerker mit den Produkten des Rammelsberges ihren Lebensunterhalt verdienten, errichteten sich, wie der Metallgießer Magnus Karsten 1573 an der Bergstraße oder der Münzmeister Harmen Schlabusch 1621 an der Jacobistraße, ebenfalls stattliche Wohnhäuser. Beide Gebäude wurden üppig mit Rosetten und anderen Ornamenten sowie mit Spruchschwellen versehen.

Mit dem Bergbau verbunden waren auch die in der Stadt lebenden Hirten. Ihre Aufgabe war es, die Ziegen der Bergleute, die sogenannten Bergmannskühe, zu sammeln und auf die Waldweide zu treiben. Ein schlichtes, als Hirtenhaus bezeichnetes, 1582 errichtetes eingeschossiges Fachwerkgebäude hat sich am Rande des Frankenberger Viertels am Beginn der Peterstraße erhalten.

Nachdem die Stadt Goslar im Spätmittelalter die Berghoheit erlangt hatte, zu der auch

Das sogenannte ›Brusttuch‹ mit seinem spitzen Dach und dem hohen verschieferten Giebeldreieck, das 1521–26 durch den Bergwerks- und Hüttenbesitzer Magister Johannes Tilling erbaut wurde

Typische Bürgerhäuser in Fachwerkbauweise mit Speichergeschoß (links). Im Hintergrund ragt die aus dem 12. Jahrhundert stammende Marktkirche St. Cosmas und Damian hervor.

Berg- und Hüttenleute im Frankenberger Viertel ein einzigartiges Dokument montaner Wohnkultur. Ganze Straßenzüge haben sich dort, gesäumt von spätmittelalterlichen Fachwerkgebäuden, erhalten. Im Gegensatz zum zeitgenössischen Bürgerhaustyp, in dem Wohnen und Wirtschaften unter einem Dach erfolgten, diente das Bergmannshaus ausschließlich zum Wohnen. Dieses war eine Folge der räumlichen Trennung von Arbeitsstätte und Wohnung. Charakteristisch für die um 1500 im Frankenberger Viertel entstandenen Bergmannshäuser sind das Fehlen eines auf das Wohngeschoß aufgesetzten, überkragenden Lagergeschosses sowie die kleinen Hauseingangstüren, da weder sperrige Wagen noch die städtische Braupfanne in die Häuser zu bringen waren und folglich auch kein Speicherraum benötigt wurde.

Anders die prächtigen Häuser der Bergwerks- und Metallhüttenbesitzer, von denen ebenfalls zahlreiche erhalten sind. Das bedeutendste dieser Häuser, an deren Fassaden zum Teil das Symbol der Bergleute – Schlägel und Eisen – zu finden ist, ist das sogenannte ›Brusttuch‹, das sich der Bergwerks- und Metallhüttenbesitzer Magister Johannes Tilling im Jahr 1521 errichten ließ. Erd- und Zwischengeschoß

das Recht gehörte, Münzen zu prägen, wurde Ende des 15. Jahrhunderts ein neuer städtischer Münzhof errichtet, von dem ein zweigeschossiger Massivbau mit kräftigen, den Dachstuhl tragenden Knaggen sowie ein Fachwerkbau gleichen Alters erhalten blieben.

Seit dem Hochmittelalter wurde das künstlerische Schaffen in Goslar durch den Erzabbau im Rammelsberg sowohl mittel- als auch unmittelbar beeinflußt. Für zahlreiche Kunstwerke diente der Bergbau nicht nur als Motiv, er schuf in vielen Fällen auch die finanziellen und manchmal auch die materiellen Voraussetzungen zu deren Herstellung. Unter den vielen hochrangigen Kunstwerken, die unmittelbar für oder über das Bergwerk geschaffen wurden, ist das bedeutendste die 1477 datierte Goslarer Bergkanne. Die teilvergoldete Silberkanne, auf der sich zahlreiche plastische Darstellungen mit Motiven aus dem Bergbau befinden, zählt zu den bedeutendsten Goldschmiedearbeiten der Spätgotik. Aus dem Jahr 1675 stammt das sogenannte Bergbauglas, auf dem sich in farbiger Emailmalerei ebenfalls Darstellungen aus dem Bergbau befinden. Als drittes bedeutendes Gefäß, das im Zusammenhang mit dem Rammelsberg geschaffen wurde, hat sich die aus dem Jahr 1732 in Silber getriebene Rammelsberger Bergkanne erhalten, in die Szenen aus dem Rammelsberger Bergbau eingraviert sind. Auch an den Bauten der Stadt finden sich zahlreiche Dekorationsarbeiten mit bergbaulichen Motiven, so auch am ›Brusttuch‹, wo auf einigen Knaggen Bergbauszenen dargestellt sind.

Von den Kunstwerken, die aus dem Metall des Rammelsberges geschaffen wurden, ist der

ursprünglich im Dom, heute aber in der Domvorhalle aufgestellte sogenannte Kaiserstuhl zu erwähnen, dessen Rücken- und Seitenlehnen Bronzegüsse des ausgehenden 11. Jahrhunderts sind und der neben dem Thron Karls des Großen in Aachen der einzige erhaltene deutsche Kaiserthron ist. Ferner der bronzene Krodoaltar des 11. Jahrhunderts, der einer der seltenen erhaltenen Metallaltäre der Romanik ist. Auch der Marktbrunnen wurde, wie weitere Kunstwerke in Goslar, aus dem Metall des Rammelsberges hergestellt. Er stammt aus der Zeit um 1200 und konnte in dieser Form nur aufgrund der in Goslar vorhandenen hüttentechnischen Kenntnisse entstehen. Die untere Schale des doppelschaligen Brunnens zählt zu den Hauptwerken der mittelalterlichen Großbronzen.

Von den Kunstwerken, die ihre Grundlage in den aus dem Rammelsberg gewonnenen Reichtümern hatten, sei lediglich der im Goslarer Rathaus befindliche sogenannte Huldigungssaal erwähnt. Der kleine quadratische Raum ist vollständig mit figürlich bemalten hölzernen Wand- und Deckentafeln ausgekleidet. An der Decke umgeben 16 kleinere Bildtafeln, auf denen die vier Evangelisten und zwölf Apostel dargestellt sind, vier große Bildtafeln mit den Themen Verkündigung, Geburt, Anbetung der Könige und Darbringung im Tempel. An den Wänden sind im Wechsel zwölf Sibyllen und elf Kaiser sowie die Justitia, die Madonna mit Kind und der Stifter des Raumes dargestellt. In den Fensternischen finden sich die Schutzheiligen der Goslarer Kirchen. Hinter zwei zu öffnenden Bildtafeln an der Ostwand des Raumes befindet sich die kleine Ratskapelle, die 1506 geweihte Trinitatis-Kapelle, die ebenfalls vollständig figürlich ausgemalt ist. Der zu Beginn des 16. Jahrhunderts entstandene Raum ist eines der eindrücklichsten Beispiele spätmittelalterlicher Raumdekoration.

Als letztes der mit dem Rammelsberg unmittelbar verbundenen Kunstwerke soll eines der jüngsten erwähnt werden: Unmittelbar vor der Stillegung des Bergwerkes im Juni des Jahres 1988 wurde durch den bulgarischen Verpackungskünstler Christo ein Förderwagen aus der letzten Arbeitsschicht mitsamt Erz verpackt und damit zum Kunstwerk erhoben.

Am Rammelsberg selbst, der ja Wurzel oder Motor sämtlicher geschilderten politischen, wirtschaftlichen, städtebaulichen, sozialen und künstlerischen Entwicklungen war, hat sich am und im Berg eine Vielzahl baulicher Dokumente erhalten, die ein Jahrtausend Bergbaugeschichte ›vor Ort‹ anschaulich machen. Es befinden sich dort einige der ältesten Denk-

male des deutschen Bergbaus sowie ein in dieser Vollständigkeit einzigartiges Ensemble an unter- und übertägigen Anlagen.

Der mittelalterliche Bergbau am Rammelsberg, der anfangs noch als Tagebau erfolgte, bewirkte die weitläufige Haldenlandschaft, die zusammen mit jüngeren Halden heute aufgrund ihrer kargen Vegetation den Hang des Berges prägt. Die Halden des Rammelsberges zählen zu den ältesten Denkmalen des deutschen Bergbaus. Doch nicht nur die Topographie, auch die Pflanzenwelt am Rammelsberg wurde durch das Erzlager und den Erzabbau nachhaltig beeinflußt. Die Halden des Bergbaus haben die Voraussetzungen für eine einzigartige Pflanzenwelt geschaffen, die von erzhaltigen Böden abhängig ist. Neben den höheren Pflanzen wie Frühlings-Miere, Hallers Grasnelke und anderen sind es insbesondere die niederen Pflanzen, vor allem die verschiedenen Gesteins- und Bodenflechten, wie zum Beispiel die ›Lecidea silacea‹ oder die ›Aca-

Blick auf den im 15. Jahrhundert inmitten der Erzgruben am Hang des Rammelsberges errichteten Maltermeisterturm; im Hintergrund der historische Stadtkern Goslars

Viele der ins Mittelalter zurückgehenden Erzabfuhrwege sind am Hang des Rammelsberges als Hohlwege noch heute deutlich erkennbar.

Der um 1150 in einer Länge von 1000 Metern aus dem Fels herausgeschlagene Rathstiefste Stollen, dessen Firste und Wangen mit farbenprächtigen Vitriden ausgekleidet sind

rospora sinopica‹, die auch auf für höhere Pflanzen giftigen Substraten siedeln und die in vielen Fällen zu den größten Seltenheiten der europäischen Flechtenflora zählen.

Die in großer Zahl am Hang des Rammelsberges erhaltenen Erzabfuhrwege reichen ebenfalls in die Frühzeit des dortigen Bergbaus zurück. Das in den Gruben geförderte Erz wurde auf diesen Wegen zu den Hüttenplätzen transportiert. Durch die starke Beanspruchung der Wege schnitten diese immer tiefer in den Fels ein. Hatte sich ein Weg so tief in den Berg eingeschnitten, daß er nicht mehr benutzt werden konnte, so wurde unmittelbar daneben ein neuer Weg ausgefahren. Auf diese Weise entstanden am Hang des Rammelsberges zahlreiche Bündel von nebeneinanderliegenden Hohlwegen, die heute noch deutlich im Gelände erkennbar sind.

Da die Gruben, dem Erz folgend, immer tiefer in den Berg wuchsen, begann das in diese eindringende Wasser zum entscheidenden Problem für den Fortgang des Bergbaus zu werden. Weil ein natürlicher Wasserabfluß auf einem möglichst tiefen Niveau aus dem Berg heraus die sinnvollste Lösung war, wurde um 1150 der Rathstiefste Stollen aufgefahren, der noch vollständig erhalten und funktionsfähig ist. Dieser ca. 1000 Meter lange Wasserlösungsstollen, der in etwa einhundertjähriger Arbeit mit Schlägel und Eisen hergestellt wurde, ist eines der ältesten erhaltenen Stollenbauwerke des deutschen Bergbaus.

Als nach etwa einem Jahrhundert der Abbaubetrieb unter das Niveau des Rathstiefsten Stollens vorgedrungen war, wurde um 1250, mitten im Berg, der Feuergezäher Schacht auf ca. 22 Metern abgeteuft, um über diesen, mit Hilfe eines Wasserrades die Grubenwasser zu heben. Zwar ist der Schacht heute verfüllt, doch hat sich die darüber befindliche Radstube erhalten. Es handelt sich bei dieser um einen aus statischen Gründen mit Naturstein ausgemauerten und mit spitzbogigem Gewölbe versehenen Raum von 4,85 Metern Breite, 7,20 Metern Länge und 7,35 Metern Höhe. Als Auflager für die Achse des ehemals in dieser Radstube befindlichen Wasserrades, das einen Durchmesser von ca. 6 Metern gehabt haben dürfte, dienten zwei Wandkammern an den Längsseiten des Gewölbes. Das Feuergezäher Gewölbe ist der älteste ausgemauerte Grubenraum Europas.

Der bei den mittelalterlichen Gruben am Hang des Rammelsberges um 1500 errichtete Maltermeisterturm, dessen rundem Schaft aus Bruchstein ein hohes, kegelförmiges Schieferdach aufsitzt, diente ehemals zur Überwachung der Gruben. Beim Maltermeisterturm, der seit 1578 als Anläuteturm genutzt wurde, handelt es sich um das älteste erhaltene Tagegebäude im deutschen Bergbau.

Da die Gruben in immer größere Tiefen vordrangen, wurde vom Rat der Stadt Goslar zur Lösung der erneut auftretenden Wasserpro-

Blick in das vollständig in Bruchstein ausgemauerte Feuergezäher Gewölbe, um 1250 erbaut. Der mit einem spitzbogigen Gewölbe ausgestattete Grubenraum diente ehemals zur Aufnahme eines hölzernen Wasserrades.

bleme im Jahr 1486 mit dem Vortrieb des sogenannten Meißner Stollens begonnen, der im Jahr 1585, nach der Änderung der Besitzverhältnisse am Rammelsberg, durch Herzog Julius von Braunschweig und Wolfenbüttel vollendet und fortan Tiefer-Julius-Fortunatus-Stollen genannt wurde. Der ca. 2600 Meter lange Wasserlösungsstollen, der 40 Meter tiefer als der Rathstiefste Stollen im Rammelsberg einkommt, tritt aus einem tiefliegenden Mundloch in den Wallanlagen der Stadt nach übertage aus. Nicht weit hinter dem Mundloch wird das in einem offenen Graben geführte, stark eisensulfat-, also ockerhaltige Grubenwasser in die um 1590 angelegten Ockersümpfe geleitet, wo der Ockerschlamm zur Verwendung als Farbpigment gesammelt wurde. Die vier hintereinander angeordneten Absetzteiche haben sich in der Nähe des Breiten Tores erhalten.

Als Gemeinschaftsleistung von Stadt Goslar und Herzog Heinrich dem Jüngeren wurde im Jahr 1561 im Tal zwischen Rammelsberg und Herzberg der Herzberger Teich angelegt, der die Aufgabe hatte, mit dem gespeicherten Wasser in niederschlagsarmen Zeiten die Wasserräder im und am Berg kontinuierlich mit Aufschlagwasser zu versorgen.

Nachdem der Bergbaubetrieb bis in die Mitte des 18. Jahrhunderts ohne nennenswerte Höhen und Tiefen verlaufen war, führte der ehemalige Oberbergmeister Johann Christoph Roeder zwischen 1764 und 1810 am Rammelsberg grundlegende Umgestaltungen sowie entscheidende betriebliche Verbesserungen durch. Die Aktivitäten Roeders waren auf die Sicherheit des Betriebes, die Verbesserung des Erztransportes sowie den effektiveren Einsatz der Wasserkraft gerichtet. Zahlreiche bemerkenswerte Denkmale zeugen von diesen Aktivitäten.

Um die Einsturzgefahr des Grubengebäudes zu verringern, begann Roeder damit, die beim Erzabbau entstandenen Hohlräume wieder zu verfüllen. Da das erzhaltige Gestein rückstandslos aus der Grube herausgefördert wurde, richtete er übertage, oberhalb des Maltermeisterturmes, den noch heute vorhandenen Communion-Steinbruch ein, dessen Steine als Versatzmaterial in die Grube hereingeschafft wurden.

Da sämtliche Schächte der zahlreichen Bergwerke am Hang des Rammelsberges lagen, das Erz also zunächst bis in diese Höhe gehoben wurde, um sodann mit gleicher Kraftanstrengung wieder den Hang hinabgeschafft zu werden, und die Transportwege in dem jahrhundertealten, verwinkelten Grubengebäude immer mühsamer und damit kostspieliger geworden waren, ließ Roeder kurz vor 1800 vom Fuß des Rammelsberges aus einen Stollen bis zu den Hauptförderstrecken treiben. Auf diesem, Tagesförderstrecke genannten Stollen, der in weiten Teilen erhalten ist, konnte das Erz horizontal aus dem Berg herausgeschafft werden.

Der Tiefe-Julius-Fortunatus-Stollen – teilweise in Gewölbemauertechnik ausgeführt – wurde als zweiter Wasserlösungsstollen zwischen 1468 und 1585 aufgefahren.

Das originale Kehrrad in der Radstube des Serenissimorum-Tiefsten-Schachtes im Roeder-Stollensystem aus der Zeit um 1800

Das Kernstück der Reformen Roeders war jedoch die Erneuerung des gesamten Wasserwirtschaftssystems, das heute das am besten erhaltene und weitläufigste untertägige Wasserkraftsystem Deutschlands ist und mit seinen beiden Wasserrädern zu den bedeutendsten Denkmalen des deutschen Bergbaus zählt.

Nachdem Roeder 1768 den Herzberger Teich durch eine Erhöhung der Staumauer erheblich vergrößert hatte, leitete er dessen Wasser in den später nach ihm benannten Roeder-Stollen ein. Durch das Stollenmundloch, ein kleines aus Naturstein gefertigtes Portalbauwerk mit einer rundbogigen, keilsteingerahmten Öffnung, floß das Wasser in das Stollensystem hinein und beaufschlagte zunächst das Wasserrad in der Kanekuhler Kehrrad-Stube, das im Gegensatz zur Radstube nicht mehr erhalten ist. Als nächste Station erreichte das Wasser die Serenissimorum-Kehrrad-Stube, in der das originale Kehrrad, das einen Durchmesser von 9 Metern besitzt, aus Roeders Zeit erhalten ist. Die Bezeichnung Kehrrad beschreibt ein Wasserrad, auf dem zwei gegeneinander versetzte Schaufelkränze angeordnet wurden, so daß sich das Rad, je nachdem auf welchen der beiden Schaufelkränze das Wasser von oben aufgegeben wurde, in die eine oder in die andere Richtung drehte, die Förderseile also auf- oder abgewickelt wurden. Die Bedienung des Rammelsberger Kehrrades stellte zudem eine

Besonderheit dar, denn sie erfolgte über ein frühes Beispiel einer Fernsteuerungsanlage, und zwar über ein Gestänge von ca. 90 Metern Länge. Weiter floß das Wasser zum unmittelbar unter dem Kehrrad aufgestellten Kunstrad, das lediglich einen Schaufelkranz besitzt, da es sich nur kontinuierlich in eine Richtung zu drehen hatte, um die Pumpen im Schacht zu betätigen. Dieses Kunstrad mit einem Durchmesser von 6 Metern ist ebenfalls erhalten geblieben. Die letzte Anlaufstelle des Aufschlagwassers, bevor es durch den Rathstiefsten Stollen wieder aus dem Berg herausfloß, war das untere Kunstrad, das ebenfalls, im Gegensatz zur Radstube, nicht mehr erhalten ist.

Die von Roeder entwickelten Künste dienten bis 1906 zur Wasserlösung und Erzförderung. Sie waren in diesem Jahr überflüssig geworden, da der gesamte Bergbaubetrieb auf elektrische Energie umgestellt worden war. In diesem Zusammenhang mußten Teile der Übertageanlagen durch neue Gebäude ersetzt werden. Mit der in neoromanischen Formen gestalteten Energiezentrale ist das bedeutendste dieser Gebäude erhalten geblieben. Eine entscheidende Maßnahme zur Effektivierung des Bergbaubetriebes war die Schaffung eines zentralen Hauptförderschachtes. 550 Meter vom Mundloch der Tagesförderstrecke entfernt, wurde ab 1905 der sogenannte Richtschacht zunächst auf 300 Meter niedergebracht, der mit seiner kompletten Ausstattung im wesentlichen bewahrt ist. Überhaupt ist in den weitläufigen, erhaltenen Teilen des Grubengebäudes die technische Ausstattung jeweils vollständig erhalten geblieben. Gerade darin liegt ja der besondere Wert eines technischen Kulturdenkmales.

Erwähnenswert ist schließlich auch der 1909 unterhalb des Maltermeisterturmes angelegte Schieferbruch, aus dem fortan der Grubenversatz gewonnen wurde. Die sogenannte Schiefermühle stellt sich heute als eine eindrucksvolle ca. 300 Meter lange, ca. 150 Meter breite und ca. 50 Meter tiefe Grube dar.

Aufgrund ihrer äußerst feinen Verwachsung war eine Aufbereitung der Rammelsberger Erze, also eine Trennung des tauben vom erzhaltigen Gestein, bis zum Jahr 1935 nicht möglich, so daß das Erz lediglich grob vorsortiert zu den Hütten transportiert werden mußte. Obwohl schon um 1910 in Australien und in den Vereinigten Staaten von Amerika das Verfahren der Flotation, also der chemischen Trennung unterschiedlicher Erzqualitäten, eingeführt worden war, konnten die bereits frühzeitig begonnenen Versuche mit Rammelsberger Erz erst 1935 erfolgreich abgeschlossen werden.

Zur vollständig erhaltenen technischen Ausstattung des Erzbergwerkes Rammelsberg gehört die rund 50 Meter untertage befindliche Trommelfördermaschine des Richtschachtes.

Um das neue Aufbereitungsverfahren auch am Rammelsberg einsetzen zu können, war eine weitere, die letzte Umstrukturierung des Bergwerkes notwendig. Der Architekt Fritz Schupp, der zu den bedeutendsten deutschen Industriebaumeistern des 20. Jahrhunderts zu zählen ist, begann 1935 zusammen mit seinem Partner Martin Kremmer den Bau völlig neuer Übertageanlagen. Die Architekten standen dabei vor der schwierigen Aufgabe, ihre Architektur sowohl den technischen Vorgängen als auch den reizvollen landschaftlichen Gegebenheiten entsprechend zu gestalten. Als besonderes Problem erwies sich dabei die Hanglage des Neubaukomplexes. Die architektonische Lösung ist aus heutiger Sicht ohne Einschränkungen als herausragend zu bewerten.

Das oberste Niveau der Übertageanlagen war den Architekten durch die Hängebank des 1936 abgeteuften Rammelsbergschachtes vorgegeben. Dieser Schacht schuf die Voraussetzungen für die Konzeption der heute erhaltenen Erzaufbereitungsanlage, da nunmehr in diesen neuen Hauptförderschacht das gesamte in der Grube gewonnene Erz auf das Niveau gehoben wurde, von dem aus es dem natürlichen Gefälle folgend bergab lief. Am höchsten Punkt der Anlage erhebt sich somit das 1937 errichtete Fördergerüst des Rammelsbergschachtes, das teilweise in die quer zum Hang liegende Schachthalle eingebaut ist. Darunter befindet sich das Kernstück der gesamten Übertageanlagen, die Erzaufbereitungsanlage, die sich in abgetreppter Form mit vier nach unten an Breite zunehmenden Baukörpern bis zum oberen Zechenplatz erstreckt. Von der ersten Verfahrensstufe über alle Aufbereitungsstufen hinweg bis zur Verladung des fertigen Produktes folgte das Erz in der neuen Aufbereitungsanlage dem natürlichen Gefälle und nutzte auf diesem Weg einen Höhenunterschied von 48 Metern aus.

Das beeindruckende Bild der sich an den Hang des Rammelsberges schmiegenden Aufbereitungsanlage mit ihren in Stufen übereinander angeordneten Baukörpern, deren Lagerhaftigkeit die Architekten mit zwei gegen den Hang gestellten Giebeln optisch entgegenwirkten, wird durch die im Tal anschließenden Bauten noch verstärkt. Diese wurden gestalterisch in die Gesamtanlage mit einbezogen und so gruppiert, daß ein ›cour d'honneur‹, also ein Ehrenhof, entstand. Die hohe architektonische Qualität der Gesamtanlage wird auch dadurch deutlich, daß sich sämtliche Gebäudeteile bezüglich ihrer Gestaltung sowie der verwendeten Materialien zu einer harmonischen Einheit zusammenfügen. Den Architekten Fritz Schupp und Martin Kremmer ist es gelungen, ohne die technischen Aufgaben der Gebäude zu verleugnen, am Rammelsberg eine der baukünstlerisch beeindruckendsten Bergwerksanlagen des 20. Jahrhunderts zu schaffen. Von besonderer Bedeutung ist ferner, daß nicht nur untertage, sondern auch in den Anlagen übertage die gesamte maschinelle und sonstige Ausstattung mit sämtlichen Fördermaschinen, den wichtigsten Grubenfahrzeugen, den Aufbereitungsmaschinen und vielem anderen erhalten geblieben ist.

Bei seiner Stillegung im Jahr 1988 war der Rammelsberg mit weit über tausendjährigem Bergbau das älteste ununterbrochen betriebene Metallerzbergwerk der Welt. Am Rammelsberg und in der Stadt Goslar haben sich auf engstem Raum Denkmale des Bergbaus erhalten, die diesen seit seiner ersten Blüte im Hochmittelalter nahtlos bis in die heutige Zeit mit all seinen kulturellen Auswirkungen vor Ort nachvollziehbar machen. Kein anderes europäisches Bergwerk besitzt einen qualitativ und quantitativ dem Rammelsberg vergleichbaren Bestand an Bergbaudenkmalen, der zudem eine derart lange Zeitspanne repräsentieren kann.

Die langjährigen, intensiven Bemühungen der Niedersächsischen Landesdenkmalpflege um die Erhaltung dieses hochrangigen Denkmalkomplexes führten wenige Tage vor Stillegung des Rammelsberges zum Erfolg: Der Rat der Stadt Goslar faßte den Beschluß, das Bergwerk zu erhalten und darin ein Besucherbergwerk mit ergänzendem Bergwerksmuseum einzurichten. Seitdem werden die Übertageanlagen sukzessive restauriert und das untertägige Grubengebäude wo nötig gesichert und für Besucher erschlossen. Denkmalpflegerisches Ziel war und ist die Erhaltung sämtlicher Architektur-, Anlagen- und Ausstattungteile des Rammelsberges, so wie sie am Tage der Stillegung vorgefunden wurden. Der Besucher soll sicher sein, daß er eine historische Arbeitswelt erlebt, die sich tatsächlich in diesem Zustand befunden hat, und er soll jederzeit in der Lage sein, die authentische, historische ›Schicht‹ des Denkmals von der neu hinzugefügten museums- oder nutzungsbedingten architektonischen ›Schicht‹ zu unterscheiden. Museal aufbereitete Spezialthemen werden ohne optische Störung des Gesamteindrucks als dezentrale Ausstellungssegmente in die Gesamtanlage integriert.

Das »Rammelsberger Bergbaumuseum« steht Besuchern seit 1990 offen und bietet eindrucksvolle Einblicke in den historischen Rammelsberger Bergbau.

Friedrich Schorlemmer

»Über den wahren Schatz der Kirche«
Die Luthergedenkstätten in Wittenberg und Eisleben

Worauf die Reformation abzielte, wird in den nachgelassenen Gebäuden der Luthergedenkstätten kaum sichtbar. Geschichte und Geschichten müssen erzählt werden, ehe die Steine wieder reden. Zumal die Zeugnisse des 16. Jahrhunderts in Feuersbrünsten und Kriegen verlorengingen oder nach Abrissen und Umbauten der Jahrhunderte jeweils ihrer Zeit anverwandelt wurden. Jede Epoche legte nicht nur Hand an – sie deutete auch, indem sie bewahrte. Aus einer kleinen Stadt in karger Landschaft, »am Rande der Zivilisation«, erwuchs das ehrgeizige Renaissance-Universitätsprojekt Leucorea (also weißer Berg = Witten-Berg). Dort wirkte der Augustiner-Eremit aus dem Mansfeldischen als Professor, der an das Wort erinnerte: »Der Geist ist ein Wühler.« Der Widerspruch zwischen Heiliger Schrift und Heiliger Katholischer Kirche rüttelte ihn, und so rüttelte er schließlich an den Grundfesten des zentralistischen römischen Machtgefüges – ohne jede Haus-Macht, nur mit der Wirkkraft von Worten. »Die Zeit zu schweigen ist vergangen, und die Zeit zu reden ist gekommen.« So demütig wie seiner Sache gewiß richtete er eine umfassende Petition an den christlichen Adel deutscher Nation, um die Kirche grundlegend zu reformieren und auf ihre Basis zurückzuführen.

Zu den Orten gehören Geschichten:
Die Blitze vom Himmel bei Stotternheim führten einen vatergeschädigten Jurastudenten zu heiligen Schwüren. – Religiöse Gewissensqualen und existentielle Ängste im Studierturm von Wittenberg mündeten in befreiende Erkenntnis. – Hammerschläge an die Tür der Schloßkirche kamen aus »der Liebe zur Wahrheit und in dem Bestreben, diese zu ergründen«. – Seine standhafte Haltung in Worms machte ihn zum Helden der Nation. – Kidnapping im kurfürstlichen Auftrag rettete einen Gebannten. – Ein Tintenfaß auf der Wartburg wurde zum sprachmächtigen Anschlag auf den »Teufel«.

Warnschriften gegen hartherzige Fürsten und Schmähschriften gegen aufrührerische Bauern brachten diese Hoffnung der deutschen Nation ins Zwielicht. Konstitutionelle Unduldsamkeit trug zur Aufsplitterung der Reformbewegung bei. Was als Reformation der Gesamtkirche angelegt war, sollte über die Kichenspaltung in den Dreißigjährigen Krieg führen. Immer wieder sind es Sätze, die Fanfaren geblieben sind, und deren Klarheit bis heute Menschen ergreifen und befreien. »Ein Christenmensch ist ein freier Herr aller Dinge und niemandem untertan.«

Lieder wurden Schutz und Trutz in bedrängender Zeit, so trostreich wie mißbrauchbar. Männerfreundschaften zwischen sehr unterschiedlichen Typen erwiesen sich als außerordentlich produktiv. Ein Mönch-Nonne-Haushalt in einem Kloster wird zum Vorbild des protestantischen Pfarrhauses. Die dokumentierten Tischreden aus der Lutherstube holen die hochgeistigen und hochgeistlichen Fragen in die Alltagserfahrung. Das Priestertum aller Gläubigen erfordert die Mündigkeit. Die Mündigkeit setzt Bildung der ganzen Gesellschaft voraus. Glaubwürdigkeit der Botschaft ist nicht ohne sozialen Ausgleich erreichbar. Und wer suggeriert, Gott sei käuflich, versündigt sich an der Botschaft von der freien Gnade. Aber über allen Zweifel erhaben und der Bewunderung der Jahrhunderte gewiß bleibt die sprachschöpferische Leistung, die wohl nur einem Manne möglich war, der so große Widersprüche in sich vereinen konnte, so poltrig und unbeherrscht wie feinsinnig und zart.

Jede Epoche legte nun an die steinernen Zeugnisse der Reformation nicht nur Hand an – sie deutete auch, indem sie bewahrte. So wurde Wirkungsgeschichte »versteinert«, obwohl es den Reformatoren ganz und gar ums so ewige wie flüchtige Wort ging. Am anschaulichsten wird dies in der Wittenberger Schloßkirche, diesem wilhelminisch-protestantischen Prachtbau, dieser protestantischen »Geschichtsstunde aus der Sicht des 19.

Jahrhunderts«, wo die Chorherrenplätze von den Fürsten eingenommen werden, wo statt des Bischofsstuhls ein Kaiserstuhl und wo anstelle der zwölf Apostel die Wittenberger Reformatoren wie Säulenheilige die Kirche zieren. Der Kaiserstuhl und der Altar stehen auf Reich-Weite. Der sinnreichste Ort ist gewiß das bescheidene Grab des großen Doktors, der sich selber als »feisten Doktor und alten, stinkenden Madensack« titulierte.

Nicht auf seine Leistung, auf Gnade allein wollte er sein Selbstbewußtsein bauen. Unter der Kanzel ist er begraben. Das ist der »zentrale« Ort für reformatorische Erinnerung: Die ›Viva Vox‹, das lebendige, aufrüttelnde, aufrichtende und tröstende Wort, wird hier jederzeit ausgesandt und wartet auf Antwort. Verbum domini manet in aeternum. Verbrauchte und mißbrauchte Worte auch. Ein »deutscher Christ« rief 1933 über Luthers Grab hinweg dem Bischof der deutschen Christen zu: »Mein Reichsbischof, ich grüße dich!« Ein Vertreter der Bekennenden Kirche lästerte über solche Mißtöne: »Nun glaube ich an die Lehre von der Realrotation der Gebeine Luthers in seinem Grabe.«

Wer Lutherstätten besucht, muß lesen und beim Sehen mithören. Daß wir noch etwas zu sehen bekommen, ist Luther zu verdanken; hatte er doch den Äxten der Bilderstürmer 1522 Einhalt geboten. Und in Glaubenssachen müsse jeder Mensch frei entscheiden dürfen. Aus der Freiheit dürfe kein »Zwang zur Freiheit« werden. Die Schloßkirche, einst die reliquienhaltigste Kirche Deutschlands, wurde zum Ort des legendären Thesenanschlags. Während die Historiker immer noch streiten, ist die Legende längst Geschichte. Die originale Tür verbrannte im Siebenjährigen Krieg. Die Thesen, gefaßt in eine Bronzetür, behalten ihre Aura. Einiges spricht noch heute direkt an: »So soll das ganze Leben der Christen eine Buße sein. Dem Armen zu geben oder dem Bedürftigen zu leihen, ist besser als sich mit Ablaß freizukaufen.« In den Jahrhunderten seither kommen allerlei Weltverbesserer, auch komische Käuze hierher, um ihren eigenen Thesen Lutherschen Nachdruck zu verleihen.

Dieser neugotische Nach-Bau ist als Thingplatz des deutsch-preußischen Protestantismus konzipiert, gipfelnd in der Turmhaube, einer Mischung aus Kaiserkrone, Pickelhaube und Wasserturm. Wie eine Bauchbinde mit Mosaiksteinen wirkt sie: »Ein feste Burg ist unser Gott, ein gute Wehr und Waffen.« Wie leicht ließ sich Wehr-und-Waffen-Gott daraus ableiten, der »mit uns« zu Felde zog! Ein Ausgangspunkt für friedliche Revolution konnte selbst dieser obrigkeitshörige Raum werden, da man Luthers Worte ernst nahm, daß nicht mit Gewalt, sondern allein mit dem freimütigen Zeugnis der Wahrheit den Mächtigen gegenüber zu treten und ins Gewissen zu reden sei. 1983 wurde hier angesichts des zerbrochenen (Sandstein-)Schwertes des Petrus die Idee zum Umschmieden eines Schwertes geboren. Und im Herbst 1989 versammelten sich viele tausend Menschen zum »Gebet um Erneuerung«. Worte des inneren Friedens führten zu einem zivilisierten gesellschaftlichen Umbruch. »Sieben Thesen zum Dialog« heftete der Wittenberger Pfarrer Gottfried Keller am 31. Oktober 1989 vor 15 000 Demonstranten an die Rathaustür, über der die von allen Machthabern vergoldete Mahnung steht: »Fürchte Gott, ehre die Obrigkeit und sei nicht unter den Aufrührern.« Friedlicher Wechsel wurde Erfüllung eines Vermächtnisses Luthers, der 1546 in einer seiner letzten Tischreden in Eisleben gesagt hatte: »Also soll's auch zugehen, wenn man will Einigkeit machen, da muß Einer dem Andern nachgeben und nachlassen; sonst, wenn ein Jeglicher will recht haben und keiner dem andern weichen ... da wird nimmermehr Einigkeit.« Plädoyer für den Kompromiß von einem Mann, der als notorisch rechthaberisch galt.

In Eisleben schließt sich der Kreis eines bewegten Lebens. Dort stehen das Geburts- und das Sterbehaus: Ort des ersten Schreies, der ersten getrosten Schritte. Und Ort letzter gehauchter Worte, des letzten getrosten Schrittes. Just dort, wo Luther zur Welt kam, verließ er diese Welt mit Worten, die wie die Summa seiner Theologie klingen: »Wir sind Bettler, das ist wahr.« Nicht anders denn als ein getrösteter Satz ist das zu hören. Er gehört zu den drei berühmtesten, geradezu geschichtswirksamen Sätzen, die historisch nicht verbürgt sind: Zwischen Gewissensbindung, Glaubensgewißheit und Trotz soll er in Worms seine Rede mit dem Satz geschlossen haben: »Hier stehe ich, ich kann nicht anders. Gott helfe mir. Amen.« Und genau dieses »Ich kann nicht anders« ist nicht verbürgt. Aber es stimmt. Hatte er doch 1520 an seinen Vertrauten Spalatin geschrieben: »Erwartet alles von mir, nur nicht Flucht und Widerruf: Fliehen will ich nicht, widerrufen noch viel weniger, darin stärke mich der Herr Jesus!«

Noch heute blühen liebliche Apfelbäumchen in Hänschens (Luthers ältester Sohn) Garten, gleich hinter dem »Lutherhause«, das aus dem Augustiner-Eremitenkloster wurde, als Mönch und Nonne sich vermählten. Der Kurfürst hatte es dem Herold der Reformation zum Geschenk gemacht. Seither war es Kombination von Herberge, Pfarrhaus und Privatuniversität. Daß Luther, öfter einfache Bilder aus der Natur gebrauchend, gesagt haben könnte: »Und wenn ich wüßte, daß morgen die Welt unterginge, so würde ich doch heute noch ein Apfelbäumchen pflanzen«, wäre denkbar, zumal er lebenslang apokalyptische Untergangsängste und gleichzeitig kindliche Sehnsucht nach dem »lieben jüngsten Tag« hatte.

Schwerkrank, mitten im bitterkalten Winter, zog er, das reißende Hochwasser der Elbe überquerend, nach Eisleben, um Erbstreit zwischen zwei protestantischen Grafen zu schlichten. Dann brach es ausgerechnet hier in Eisleben noch einmal aus ihm heraus, was zum Finstersten seiner Person gehört: sein abgrundtiefer Anti-Judaismus. Auch das muß man mit hören, wenn man heute in seinem Schreibzimmer stille wird und auf die Andreaskirche, seine letzte Predigtstätte, blickt. Späte Notizen werden Vermächtnis: »Den Vergil kann in seinen Bocolicis und Georgicis niemand verstehen, er sei denn für fünf Jahre Hirte oder Landwirt gewesen; den Cicero in seinen Briefen (so stelle ich mir's vor) versteht niemand, wenn er nicht zwanzig Jahre in einem hervorragenden Staatswesen sich betätigt hat; die Heilige Schrift meine niemand genügend verschmeckt zu haben, er habe denn hundert Jahre mit den Propheten Kirchen geleitet.« Es war nicht nur die ungeheure Sprachleistung, die aus dem kollektiven Werk der Bibelübersetzung in Wittenberg entstand – es war die Hochschätzung der Schrift selbst. »Was Christum treibet« wurde zum Interpretationsprinzip: Christus ist wahrer Mensch und wahrer Gott. Der für uns Gekreuzigte ist der für uns Erweckte. Die Theologia crucis richtet sich gegen die Theologia triumphans der goldbestückten römischen Machtkirche. Somit steht man im »Zentrum der Reformation«, wenn man sich vor dem Altar der Wittenberger Stadtkirche befindet. Der predigende Luther verweist auf den gekreuzigten Jesus, dessen Lendentuch so durchscheinend leicht weht, daß in diesem Tode schon der Sieg des Lebens aufleuchtet. Kein Ostern ohne Karfreitag. Kein Wort ohne Glaube. Keine Gnade ohne das Bekenntnis der Sünde. Aber eben auch kein Bildersturm, genausowenig wie die Anbetung von Bildern. Es muß theologisch verwundern, daß dieser Altar 1547 nicht nur die Konzentration der Reformation auf die drei »heilsnotwendigen Sakramente« Taufe, Abendmahl und Buße ins Bild setzt, sondern Wittenberger Bürger »altarwürdig« macht: Melanchthon ist als Taufender dargestellt (das Priestertum aller Gläubigen unterstreichend, denn Melanchthon war nie ordinierter Pfarrer und hat wohl auch nie getauft). Luther sitzt im Kreis der Apostel um den runden Tisch des Abendmahls. Und Bugenhagen, der seel-sorgende Freund Luthers, ist ruhender Pol bei der offenen Beichte, einem dramatischen Konfliktszenario zwischen einem, der seine Schuld bekennt, und einem, der halsstarrig bleibt. Der eine bekennt und wird frei, der andere wird – oder bleibt! – gefesselt.

Die Gemeinde, die sich durch die Jahrhunderte vor diesem Altar versammelt, soll dieses Bild nicht anbeten, sondern *gleichzeitig werden* mit dem, was dort dargestellt ist. Um den eigenen Glauben geht es, dieses durch nichts sicherbare Grundvertrauen, daß Gott uns gut ist und uns dies in Wassertaufe, Mahlgemeinschaft und Schuldvergebung sichtbar zuwendet. Sogleich aber wieder der Schock: Vom runden Tisch ausgestoßen Judas, der Wittenberger Jude, mitten unter den ehrbaren Wittenberger Bürgern sitzend, der Fremde, rothaarig, hakennasig, die Hand an der Geldkatze. So, als ob Jesus und seine Jünger nicht auch Juden gewesen wären! Seit dem Ende des 13. Jahrhunderts prangt die »Judensau« hoch oben an der Stadtkirche. 1938 verwiesen hier deutsche Christen die Nazigrößen stolz auf ihre alte antisemitische Tradition. Erst 1988 wurde auf dem Erdboden, wie ein Stolperstein, ein Mahnmal eingebracht. Kein Vorübergehen mehr möglich. Mitschuld am Holocaust.

Bereits 1508 lebte der Augustinermönch, der Bub aus dem Mansfeldischen, aus dem sozialen Milieu des Bergbau- und Hüttenwesens, der von einem Gewitter überraschte, von Ängsten besetzte Aussteiger aus der väterlich erwarteten Juristenlaufbahn, in der seit 1502 zum Standort einer Renaissance-Reformuniversität avancierten kleinen Stadt als Professor und Prediger, vertieft in die Bibel, in beständiger Angst vor dem strafenden

Gott-Vater, dem zu genügen keine Geißelung ausreicht, bis er in jenem legendären Turmerlebnis im Lutherhaus zum Durchbruch kommt. Gott ist kein Krämer, der gute Werke aufrechnet, sondern ein Schenkender, der Liebe zuwendet: »Der Glaube ist der Täter; die Liebe ist die Tat.« Am nächsten ist man dem Menschen Luther in der Lutherstube, dem Kernstück jenes Hauses, wo die »Wahrheit im Gespräch« entwickelt wurde. Hier ist der Geburtsort des protestantischen Pfarrhauses. Hier stand tapfer, energisch und umsichtig die einst entlaufene Nonne Katharina von Bora diesem Genius in großartiger Weise zur Seite. Dieses Haus birgt seit 100 Jahren ungehobene Schätze: 5500 Handschriften vom 12. bis 20. Jahrhundert, davon 3500 aus der Reformation, 8000 Drucke aus dem 16. Jahrhundert und 10 000 Graphiken. Die Hauptausstellung, deren Konzept aus dem Jahre 1983 stammt, ist gleichzeitig ein Dokument des inneren Aufbrechens der DDR-Ideologie durch weitgehenden Verzicht auf ideologische Geschichtsschreibung. Das Haus ist nicht verstanden ohne das Ambiente, den Blick über die alte Stadtmauer auf die Elbwiesen einerseits und andererseits die gesammelte Atmosphäre in jenem alten Klosterhof mit altem Brunnen und schönen Bäumen. Vom Kollegraum des Predigerseminars sieht man direkt hinüber auf das Lutherhaus – hoffend, daß das wirkende Wort sich wieder einstellt.

Als authentischstes Bauwerk aus jener Zeit ist uns aber das Melanchthonhaus erhalten, einen Steinwurf entfernt. Diese Freundschaft der beiden so unterschiedlichen Männer wurde produktiv. Der eine kompromißbereit, der Diplomatie vertrauend, damit die Wahrheit nicht tödlich werde. Der andere dekretiert: »Der Heilige Geist ist kein Skeptiker.« Er drückt den Finger auf seine Wahrheitssätze. Er behält ein tief skeptisches Menschenbild. Melanchthon traut dem Menschen zu, daß Bildung und Besonnenheit sicherere Schutzwehre sein könnten gegen die Furie des Krieges als alle Rüstung. Anschaubar sind diese beiden Männer auf dem Marktplatz. Stiernackig, unbeweglich scheinend Luther, mit der Hand auf der Schrift. Das Postament verlassend, einen Schritt vorangehend, mit einer Verhandlungsrolle in Händen und den Blick freundlich in weite Horizonte gerichtet Melanchthon.

Die Lutherstätten als Weltkulturerbe provozieren Rückbesinnung, damit es vorangeht mit einer Welt, in der wiederum alles käuflich scheint.

Rathaus und Stadtkirche der Lutherstadt Wittenberg

Die Schloßkirche in Wittenberg

Blick in den Innenraum der
Schloßkirche

Peter Findeisen

Zur Baugestalt der Lutherstätten
in Wittenberg und Eisleben

Die Lutherstube in der Lutherhalle zu Wittenberg

Innenraum der Stadtkirche von
Wittenberg

Die meisten der mit Martin Luther und Philipp
Melanchthon verbundenen Stätten der Reformation liegen im Bundesland Sachsen-Anhalt.
In Wittenberg, der alten Residenz der Kurfürsten von Sachsen, wirkten beide Reformatoren
über Jahrzehnte ihres Lebens. Eisleben, der
Hauptort der ehemaligen Grafschaft Mansfeld,
ist die Geburtsstadt Martin Luthers, und hier,

am Ziel einer Reise, starb er 1546 im Alter von
63 Jahren. Im 15. Jahrhundert war Eisleben ein
Brennpunkt des Kupferbergbaus und der Kup-
ferverhüttung, weswegen sich Luthers Eltern,
aus Thüringen kommend, hier niedergelassen
hatten. In der aufstrebenden Stadt Wittenberg,
Universitätsstadt seit 1502, hatte der Orden der
Augustiner-Eremiten ein Kloster eingerichtet,
in das Luther entsandt wurde. Damit ist der
orts- und landesgeschichtliche Zusammenhang
jener Gebäude angedeutet, die heute als Stätten der Reformation weithin Beachtung finden.
Sie haben die Zeiten überdauert, indem sie genutzt und somit auch verändert wurden. Ihre
Gestalt ist nicht zuletzt durch die Wertschätzung geprägt, die ihnen schon bald, insbesondere im 19. Jahrhundert, entgegengebracht worden ist.

Die Lage dieser Häuser und Kirchen im jeweiligen Stadtganzen ist aufschlußreich, denn in
Eisleben wie in Wittenberg sind die spätmittelalterlichen Stadtstrukturen erhalten, das gilt
ebenso für den Verlauf der Straßen, den Zuschnitt der Grundstücke sowie für einen erheblichen Anteil der älteren, zum Teil noch im 15.
und 16. Jahrhundert entstandenen Wohnbebauung. Das Geburtshaus Luthers findet man im
alten Eislebener Petriviertel, einem vorstädti-
schen Quartier von Handwerkern und Hüttenleuten. Dagegen spiegelt der Standort des anderen Lutherhauses – am Markt und nahe der
Hauptkirche St. Andreas – das hohe Ansehen,
daß der Reformator am Ende seines Lebens genoß, als er in diplomatischer Mission hierher gerufen wurde.

In Wittenberg lag das Augustiner-Mönchs-
kloster am östlichen Rand der Stadt. Wie sein
Nachfolgebau, das Collegium Augusteum der
Universität, bildete es im Stadtgefüge gewissermaßen den Gegenpol zum kurfürstlichen
Schloß. Die Mitte dieses langgestreckten, sehr
klar gebauten Stadtkörpers bildet der Markt,
mit dem Rathaus und den Bronzestandbildern
der beiden Reformatoren davor; ganz nahe die
große Stadtpfarrkirche St. Marien, der ehemalige Kirchhof durch eine Straßenzeile vom Markt
getrennt. Vom Markt zum Augusteum schließlich die Collegienstraße und in dieser, als eines
der kleineren Wohngebäude, das Haus von
Philipp Melanchthon.

Das Lutherhaus im Augusteum

Von dem Kloster, der kleinen Kirche und den übrigen Gebäuden ist allein das ehemalige Schlafhaus, der Südflügel des Klostergevierts, erhalten geblieben. Im wesentlichen sind die Abmessungen noch die alten, und wer das Erdgeschoß aufmerksam betrachtet, bemerkt noch Reste des klösterlichen Kreuzgangs. Mehrfach gab es Grund zu eingreifenden Veränderungen: Als Freihaus seit 1532 Luthers Eigentum, mußten die großen Räume für die Zwecke des privaten Haushalts und seiner Tischgemeinschaft verkleinert werden. Zum Abschluß dieser Umbauten ließ Katharina von Bora, Luthers Ehefrau, im Jahr 1540 ein neues Hauptportal einsetzen. Mit einem Reliefbildnis des Hausherrn geschmückt, ist es als »Katharinenportal« ebenso berühmt geworden wie die mittlere der drei aus Luthers Zeit stammenden Stuben im Obergeschoß. Diese galt mit ihrer ansehnlichen Vertäfelung und den Wandbänken schon bald nach Luthers Tod als eine Sehenswürdigkeit ersten Ranges, und so ist es bis heute geblieben.

1564 zum Universitätsgebäude bestimmt, wurde das Haus erneut verändert. Der große, die Hoffront bestimmende Treppenturm ist damals angebaut worden. Das Äußere des Hauses spricht – den Einzelformen nach – jedoch die Sprache des 19. Jahrhunderts: Seit 1842 ging es darum, dem veränderten, schlicht erscheinenden Haus seine geschichtliche Würde zurückzugeben. Bei einem architektonisch einfach strukturierten Gebäude wie diesem war ein solches Anliegen nicht mit der Frage nach dessen ursprünglicher Gestalt verknüpft. Vielmehr beförderte die Kunstlosigkeit dieser Architektur gerade den Wunsch, das Haus als Denkmal seiner geschichtlichen Bedeutung sinnfällig erscheinen zu lassen. Ein dieser Bedeutung – dem regionalen Kontext des Ursprungsbaues wie den jüngeren Veränderungen – angemessener Stil mußte gefunden werden. Nach Entwürfen von Friedrich August Stüler wurde der Umbau dann von 1847 bis 1856 ausgeführt, orientiert auch am Leitbild englischer Colleges, denn inzwischen war das Haus dem 1817 in Wittenberg eingerichteten Predigerseminar zugeordnet worden. 1883, zum 400. Geburtstag Luthers, konnte im Haus zugleich das reformationsgeschichtliche Museum »Lutherhalle« eröffnet werden. Von der beeindruckenden Fülle dieser insbesondere an reformatorischen Druckschriften reichen Sammlung wird in der gegenwärtigen Ausstellung ein ansehnlicher Ausschnitt gezeigt, wegweisende Zeugnisse zur Lebens- und Wirkungsgeschichte Luthers. Die akademische Tradition der (1817 mit Halle vereinigten) Universität wird im »Großen Hörsaal« durch Kur-

fürsten- und Gelehrtenporträts verbildlicht. Glanzstück ist hier das letzte der Universitätskatheder aus der Zeit um 1700, geschmückt mit den Insignien dieser Hochschule, den Bildnissen Luthers und ihres ersten Rektors.

Das Melanchthonhaus

Im Verlauf der Collegienstraße tritt das schmale Giebelhaus prägnant in Erscheinung. Dreigeschossig, im städtischen Umfeld eher klein, doch dank seiner außerordentlich guten baulichen Überlieferung in den Blick fallend, präsentiert sich das Wohnhaus als anspruchsvolle Architektur: Die rundbogigen Giebelaufsätze, ein Motiv der oberitalienischen Frührenaissance, bewiesen in der Mitte der dreißiger Jahre des 16. Jahrhunderts den Kunstsinn eines bürgerlichen Bauherrn, und ebenso stadtbildprägend wirkte der gleichgestaltete Giebel an der Rückfront des Hauses. Das Professorenhaus war 1536 mit Hilfe der kurfürstlichen Kasse und der Stadtverwaltung gebaut worden. Nach 1560 verblieb es im Besitz der Erben Melanchthons. Aus Privathand wurde es 1845 vom preußischen Staat erworben.

Die Wohnräume im Haus sind die alten geblieben, unbeschadet der veränderten Eingangshalle und des Einbaus einer bequemen Barocktreppe nach 1700. Zur Straße hin gelegen, erweckt das Wohn- und Sterbezimmer Melanchthons den Eindruck, der sich nach der Lektüre eines Berichtes aus dem Jahr 1560 – die letzten Tage und Stunden des Reformators sind geschildert – ergibt. Zum ursprünglichen Bestand gehören die schönen Rundbogenpforten in den Wänden. Das Mobiliar, der Ofen und die Ausmalung sind tüchtige Arbeiten von 1898. In der im oberen Geschoß gelegenen »Scholarenstube« bezeugen die nach 1538 auf die Wände gemalten studentischen Wappen den Lehrbetrieb des großen Humanisten und Theologen. Nicht in der Bedeutung der Exponate, wohl aber in der feinfühligen Berücksichtigung aller Räume zeichnet sich die seit 1997 im ganzen Haus eingerichtete biographische Ausstellung vor der 1983 in der Lutherhalle vorgenommenen Museumsinstallation aus.

Die Stadtkirche

Die große Hallenkirche, mit ihren westlichen Doppeltürmen ein Wahrzeichen der Stadt, ist vom 13. bis zum 15. Jahrhundert erbaut worden. Zwischen dem Turmpaar und dem frühgotisch-strengen Chor wurde im ersten Drittel des 15. Jahrhunderts das behäbig proportionierte

Das Melanchthonhaus
in Wittenberg

Das Geburtshaus Luthers in Eisleben, Hofseite

Die sogenannte »Thesentür« an der Nordseite der Schloßkirche von Wittenberg

Langhaus eingefügt. Aus dem dritten Viertel des 16. Jahrhunderts stammt die über der Sakristei nördlich am Chor gelegene »Ordinandenstube«. Mit diesem Anbau und vor allem einer Vielzahl von Ausstattungsstücken stellt sich die Kirche als Stätte der Reformation dar. Berühmt ist der Hochaltar, einer der großen Cranach-Altäre, der den alten Typus des Flügelaltars mit den durch die Reformatoren neu formulierten Heilsbotschaften belegt. Im geschlossenen Zustand führen die Bilder der Aufrichtung der Ehernen Schlange und der verhinderten Opferung Isaaks zu zentralen protestantischen Themen hin: Gesetz und Gnade sowie die Erlösung allein durch den Glauben. Geöffnet zeigt der Altar das Abendmahl Christi mit seinen Jüngern, die Taufe, die Beichte und die Predigt vom Kreuze Christi, Darstellungen, die auf die Wittenberger Gemeinde bezogen sind, in der Luther, Bugenhagen und Melanchthon als handelnde Personen auftreten. Neben dem Hochaltar gilt es, den Schatz gemalter und skulptierter Epitaphe des 16. Jahrhunderts zu betrachten, eine Hinterlassenschaft bedeutender Familien der Stadt, die fast ausnahmslos in den zwei Schiffen des Chorraums versammelt ist: Von Dürers und Cranachs Kunst geprägte Themen wie Geburt, Kreuzigung und Auferstehung Christi oder Christus als der Gute Hirte wurden hier mit den Bildnissen der Verstorbenen verbunden. Das Epitaph für den Superintendenten Paulus Eber (gest. 1560) greift mit dem »Weinberg des Herrn« noch einmal auf die Polemik der Reformationszeit zurück: Da steht die Verwüstung des Weinberges Gottes durch die Papisten und ihr Gefolge auf der einen Seite, die Rekultivierung durch Luther und die Reformatoren auf der anderen. Die schönen Emporen und die Kanzel im Langhaus rühren von einer

grundlegenden Umgestaltung im frühen 19. Jahrhundert her. Damals sind die malerischen vielgestaltigen Emporen und Betstuben entfernt worden, mit denen seit den Zeiten Luthers der Raum nach und nach gefüllt worden war.

Die Schloßkirche

Das feste und zugleich wohnliche Schloß des sächsischen Kurfürsten Friedrich des Weisen (1486–1525) erscheint nach den schweren Schäden des Siebenjährigen Krieges (1760) und dem Umbau zum Hauptwerk der Festung Wittenberg (1819) weithin ohne den alten Glanz: Die Eleganz dieser spätgotischen Architektur, der eine von frühneuzeitlich-klassischer Bildung berührte Ausstattung zur Seite gestellt war, ist allein noch an den schönen offenen Treppenhallen zum Hof hin ablesbar. Friedrich der Weise war ein frommer Mann und seine Reliquiensammlung ein großer, nahezu unermeßlicher Schatz. Für diesen hatte er die Stifts- und Schloßkirche als Gehäuse bestimmt, und seit der Begründung der Hochschule war sie zugleich Universitätskirche geworden. Diese mehrfache Zweckbestimmung erklärt ihre ungewöhnliche Größe: Von drei Schloßflügeln beansprucht sie ein Drittel. Anders als bei den Wohnflügeln ist die ursprüngliche Baugestalt der Kirche gut erkennbar geblieben, wenn auch die Umbauten des 19. Jahrhunderts, insbesondere die Erhöhung des Turmes mit der weit ausladenden Laterne, vor allem in der Fernsicht den Bau prägen. Die Außenmauern der Kirche sind die alten geblieben, und unberührt erhielten sich die Gräber von Martin Luther und Philipp Melanchton wie auch die von Kurfürst Friedrich dem Weisen und seinem Bruder und Nachfolger, Kurfürst Johann dem Beständigen.

Das stadtseitige, zum Straßenraum hingewendete Portal ist als »Thesenportal« berühmt geworden, denn der Überlieferung nach hatte Luther seine 95 Thesen zur öffentlich-akademischen Disputation hier angeschlagen. Über die Zeiten hinweg erhalten geblieben, ist dieses Portal seit 1853 mit bronzenen Türflügeln eindrucksvoll geschmückt. Das alte, weniger von der Funktion als Hofkirche denn von der Stifts- und Universitätstradition geprägte Innere war 1760 verlorengegangen. Als schlichter, auf die stattliche Altarwand gerichteter Emporensaal vermochte der 1770 wiederhergestellte Raum keine Erinnerung an die Schloßkirche Friedrichs des Weisen wachzuhalten. Von daher wurde in der ersten Hälfte des 19. Jahrhunderts mehrfach geplant, das Bauwerk in seiner alten Würde und Gestalt wiederherzustellen. Das Thesenportal bezeugt in seiner heutigen Form ein solches weitergehendes Wiederherstellungskonzept. Der Architekt Friedrich Adler hat von 1883 an »in gewissenhaftem Anschlüsse an die stylistischen Grundauffassungen vom Ende des XV. und Anfang des XVI. Jahrhunderts« den Raum wiederhergestellt, richtiger gesagt: neu geformt. Es ging Adler und dem preußischen Kronprinzen als Auftraggeber um eine neue, die historische Bedeutung des Bauwerks unterstreichende Sakralität, die sich sehr eindrucksvoll im Innern darstellt: Als die frühere Schloßkirche Friedrichs des Weisen 1892 festlich wiedereröffnet wurde, war sie ersichtlich zur Denkmalskirche der deutschen Reformation geworden, deren Schirmherrschaft nunmehr an die Hohenzollern auf dem deutschen Kaiserthron gefallen war. Der hochgewölbte, in spätgotischem Stil kostbar ausgebaute Raum ist in diesem Sinn ausgestattet, und diese Ausstattung ist noch weiter als die Wölbung oder die Emporen vom ursprünglichen Baubestand entfernt: Der feinskulptierte Altaraufsatz zeigt Christus und die »Apostelfürsten« Petrus und Paulus als Garanten der an diesem Ort neu begründeten Kirche, wozu (anstelle der sonst üblichen Apostelfolge) nunmehr die Reihe der überlebensgroßen Standbilder führender Reformatoren tritt. Mit Bildnismedaillons in den Emporenzwickeln ist die Reformation Luthers zugleich in die Tradition mittelalterlicher Reformbewegungen seit Petrus Waldus und Johann Hus gestellt. Daß damit nicht die ursprüngliche Bedeutung der Kirche wiedererlangt, sondern vielmehr eine neue, durchaus auch auf die konfessionspolitischen Spannungen der Zeit bezogene Ausdeutung des Bauwerks hergestellt worden ist, liegt auf der Hand. Den meisten Besuchern ist daran gelegen, die Gräber von Luther und Melanchthon aufzusuchen. Diese werden durch gleichartig gestaltete Bronzeplatten bezeichnet, auf denen in knappen Worten Name, Geburts- und Sterbedatum angegeben sind.

Die Denkmale für Luther und Melanchthon

Mitten auf dem Marktplatz, vor dem mächtigen Renaissance-Rathaus, erhebt sich seit 1821 auf hohem Granitsockel das Bronzestandbild Luthers, ein Berliner Guß nach dem 1805 gezeichneten Entwurf von Johann Gottfried Schadow. Von äußerlich gleicher Gestalt und ebenso unter einem gußeisernen Baldachin ähnlich einer gotischen Tabernakelfigur die Statue Melanchthons von 1860, nach einem Modell von Friedrich Drake, in Lauchhammer gegossen. Mit Luthers Denkmal wurde in Deutschland erstmals ein »bürgerliches« Standbild aufgerichtet, das

für das 19. Jahrhundert wegweisende Bedeutung erhielt.

Das Geburtshaus Luthers

Das zweistöckige Haus im Eislebener Petriviertel unterscheidet sich von den bescheideneren Häusern seiner Umgebung. Wie an den Einzelformen der Fassade abzulesen ist, entstand das Haus erst im 17. Jahrhundert. Es ist das Portal, dessen üppiger Aufsatz mit dem Brustbild Luthers auf den geschichtlichen Ort verweist: Das nach einem Brand 1693 wieder aufgebaute Haus steht an der Stelle des alten Geburtshauses, und es wurde unter sehr deutlicher Bezugnahme auf die Tradition des Vorgängerbaus errichtet. Ein gewöhnliches Wohnhaus ist es seither nicht mehr. Heute Gedenkstätte und Museum, war es anfänglich städtische Elementarschule und – mit dem »schönen Saal« im Obergeschoß – festlicher Versammlungs- und Gedächtnisraum für den großen Sohn der Stadt. Mit der allegorischen Figur eines Schwans wurde hier an Luther erinnert, hingegen war es kein Anliegen, ein »Geburtszimmer« im Haus kenntlich zu machen. 1867 kam es zur Freistellung des Hauses nach Osten hin und zur Überarbeitung der Hoffront.

Das Sterbehaus Luthers

Weitere Erinnerungen an Luther verbinden sich mit den Kirchen der Stadt. Vor allem aber ist es ein vornehmes Bürgerhaus in der Nähe der Haupt-Pfarrkirche St. Andreas, das als Sterbehaus Luthers die Besucher zur Besichtigung einlädt. Bevor das Gebäude 1863 grundlegend restauriert wurde, erschien es bescheidener – die Fassade, aber auch der solide Seitenflügel im Hof haben damals ihre ansehnliche Gestalt erhalten. Im ersten Obergeschoß werden Vorraum und Stube gezeigt, die Räume, in denen der Reformator am 18. Februar 1546 verstorben ist. Die prachtvollen Balkendecken lassen den Wohlstand erkennen, in dem der Hausbesitzer, Dr. Drachstedt, als gräflicher Beamter gelebt hat. Die Einrichtung beider Zimmer geht auf einen Entwurf von Friedrich Wanderer zurück, der 1888 im Sinn der Inszenierung dieser historischen Stätte in vorzüglicher handwerklicher Arbeit ausgeführt wurde. Die Ausstellungen in beiden Lutherhäusern geben über orts- und landesgeschichtliche Bezüge zur Reformation Auskunft. Auch in Eisleben steht ein Lutherdenkmal auf dem Marktplatz. Von Rudolf Siemering 1883 geschaffen, verkörpert es im Vergleich zu dem Standbild Schadows ein neues, kämpferisches Lutherbild.

Horst H. Siewert

Das Denkmal Lübecker Altstadt

Die Hansestadt Lübeck am südwestlichen Rand der Ostsee blickt auf eine über 850jährige Geschichte zurück. Bei ihrer Gründung im Jahre 1143 durch Adolf von Schauenburg war wohl kaum abzusehen, welche zentrale Rolle ihr dereinst im Ostseeraum zufallen würde. Aber schon einige Jahre später begann Heinrich der Löwe zu ahnen, welch ein hervorragender Handelsplatz Lübeck sein könnte. Er forderte daher von seinem Vasallen Adolf zunächst vergeblich eine Beteiligung am Lübecker Handel. Erst 1159 kam es zum Ausgleich zwischen den beiden Feudalherren, und Lübeck wurde erneut an gleicher Stelle, aber nun durch Heinrich den Löwen gegründet, das zweite Mal allerdings mit Bestand.

Das Verfügungsrecht über die Stadt ging jedoch schon bald an den deutschen Kaiser Friedrich I. über, da Heinrich beim Kaiser in Ungnade fiel. Dafür geriet die Stadt in den zunehmenden Einflußbereich des dänischen Königs, der Lübeck von 1201 bis 1225 besetzt hielt. Als es Lübeck nach der Befreiung von der Dänenherrschaft möglich wurde, 1226 die Reichsfreiheit zu erlangen, waren die Grundlagen für den Aufstieg der Stadt zur »Königin der Hanse« gelegt.

Für Lübecks Geschichte ist es bezeichnend, daß die Stadt seit ihrer Gründung nie einem starken feudalen Zugriff ausgesetzt war, sondern immer die konkurrierenden Interessen der Fürsten, Könige und Kaiser für sich nutzen konnte. Gleiches gilt für die Auseinandersetzung des städtischen Bürgertums mit dem in Lübeck ansässigen Bischof, die andere Städte wie zum Beispiel Köln sehr viel Kraft gekostet hat. Lübecks Entwicklung wurde durch den Umstand gefördert, daß bei seiner Gründung der Rechtsraum Stadt bereits zur historischen Realität geworden war und nicht mehr neu erstritten werden mußte. Mit großzügigen Privilegien und ökonomischen Anreizen versuchten erst Adolf von Schauenburg und dann Heinrich der Löwe tatkräftige Kaufleute und geschickte Handwerker nach Lübeck zu locken. Dies führte nicht nur zu einer Festigung des städtischen Rechtsraumes, sondern auch zu dessen Ausbau.

Blick von St. Petri auf die Marienkirche

Mit der Verleihung der Reichsfreiheit 1226 war Lübeck endlich in der Lage, seine wirtschaftlichen Interessen eigenständig in die Hand zu nehmen. Es konnte nun seine Wirtschaftspolitik ohne Bindung an eine Territorialherrschaft selbst gestalten. Damit war auch die Grundlage dafür gelegt, daß Lübeck Visby als wichtigsten Handelsplatz an der Ostsee abzulösen vermochte. Nachdem es dann noch gelang, durch ein Bündnis mit Hamburg den Landweg zwischen Elbe und Trave zu beleben und gegenüber Dänemark die Sundfahrt zu sichern, war Lübeck zum Zentrum des Ost-West-Handels geworden.

Ergänzt wurde dieser Ausbau Lübecks zum Handelszentrum durch weitere Städtebünde zur Sicherung des Seeverkehrs und der Handelsprivilegien im Ostseeraum. Damit begann sich aus dem Zusammenschluß einzelner Kaufmannsgilden zu »Hansebünden« ein Hansebund der Städte zu entwickeln, der erstmals 1356 zu einem allgemeinen Hansetag in Lübeck zusammentrat. Mit der Einberufung der Hansetage hatte sich der Wandel der »Kaufmannshanse« zur Städtehanse endgültig vollzogen, und Lübeck war zum Vorort beziehungsweise ›Haupt‹ der Hanse geworden.

Die Hanse stellte über mehrere Jahrhunderte eine europäische Wirtschaftsmacht dar, eine territoriale Großmacht war sie aber nicht. Sie war ein Geflecht von Städtebündnissen, dem bis zu zweihundert Städte angehörten. Zusammengehalten wurde dieser Bund durch ein einheitliches wirtschaftspolitisches Interesse ohne territoriale Ambitionen. Das gemeinsame Interresse lag begründet in der Absicherung wirtschaftlicher Privilegien und rechtlicher Ansprüche gegenüber den Territorialmächten und dem Raubrittertum zu Lande und auf dem Wasser. Die Hanse verknüpfte nicht nur den damals hochentwickelten Westen mit den nördlichen und östlichen Märkten, sondern auch letztere mit den traditionellen Handelsstraßen, die bis in den Mittelmeerraum führten. Lübeck besaß aufgrund seiner geowirtschaftlichen Lage am südwestlichen Rand der Ostsee, wo sich die See- und Landwege des Ost- und Nordseeraumes kreuzten, eine zentrale Stellung in diesem Handelsgeflecht, die es aufgrund seiner besonderen rechtlichen Privilegien zur Führung im Hansebund ausbauen konnte.

Der hansische Städtebund hielt länger als irgendein Städtebund jener Zeit. Dennoch ging auch seine Existenz mit den neuen Wirtschaftsströmen und den neuen Territorialstaaten der Neuzeit allmählich zu Ende. Die Entdeckung Amerikas veränderte die europäischen Handelsströme, wodurch Lübeck aus seiner zentralen handelspolitischen Stellung verdrängt wurde. Die Stärkung und Ausdehnung der territorialen Herrschaftsgebiete der Könige und Fürsten Europas erschwerten der Hanse und auch Lübeck die Sicherung ihrer Handelswege. Der immer stärker spürbar werdende Zugriff der feudalen Mächte auf das Handelsgeschehen ließ die gemeinsame Sicherung der hansischen Handelsinteressen immer fragwürdiger werden. Die unterschiedlichen Interessen der Hansestädte, die ehemals einem gemeinsamen überregionalen Handelsziel untergeordnet worden waren, traten immer deutlicher hervor und stellten die Einheit des Bundes zunehmend in Frage.

Der Dreißigjährige Krieg brachte das Dilemma der Hanse endgültig an den Tag. Die mit wechselndem Kriegsglück sich andauernd ändernden Interessenlagen förderten die Uneinigkeit des Hansebundes. So scheiterte nach Beendigung des Dreißigjährigen Krieges der Versuch, die Hanse zu beleben. Zu dem 1669 nach Lübeck einberufenen Hansetag entsandten neben der gastgebenden Stadt ganze acht Städte ihre Vertreter. Dieser war dann auch der letzte Hansetag des einst so bedeutenden Städtebündnisses. Der Niedergang der Hanse bedeutete für Lübeck als handelspolitisches Zentrum des Bündnisses eine schwere Belastung, die sich auch in veränderten Handelsbeziehungen niederschlug. Dennoch gelang es der Hansestadt, ihre wirtschaftliche Kraft und wirtschaftspolitische Bedeutung im Ostseeraum zu erhalten. Lübeck war noch bis in das 19. Jahrhundert hinein ein wesentlicher Vermittler des Handels zwischen Ost- und Nordsee. In Verbindung mit der Hansestadt Hamburg lenkte es einen beträchtlichen Teil des Ost-West-Handels über die Landenge von Schleswig-Holstein und unterlief dadurch immer wieder die Versuche Dänemarks, diesen Handel gänzlich zu kontrollieren.

Die politischen und wirtschaftlichen Veränderungen des 19. Jahrhunderts brachten für Lübeck erneute Belastungen mit sich. Die Festigung der Nationalstaaten sowie der aufstrebende Imperialismus drohten die Hansestadt weiter an den Rand der Handelsströme zu drängen. Dem versuchte Lübeck unter anderem durch den Beitritt zum Norddeutschen Bund 1866 und dem Zollverein 1868 Rechnung zu tragen. Dadurch suchte die Stadt an den sich bildenden deutschen Nationalmarkt Anschluß zu finden.

Der Bau des Nord-Ostsee-Kanals veränderte die Situation der Stadt nachhaltig, weil der Handelsverkehr zwischen Ost- und Nordsee nun gänzlich an Lübeck vorbeizugehen drohte. Um dem entgegenzuwirken, baute Lübeck weitgehend auf eigene Rechnung den Elbe-Trave- beziehungsweise Elbe-Lübeck-Kanal, der im Jahre 1900 eingeweiht wurde. Damit sollte der Lübecker Hafen direkt an den mitteleuropäischen Binnenmarkt angeschlossen werden und seine Lage an der Südwestecke der Ostsee eine neue Attraktivität gewinnen.

Der Elbe-Lübeck-Kanal zeigt aber nicht nur die veränderte handelspolitische Situation, in der sich die Hansestadt Lübeck seit dem 19. Jahrhundert befand, sondern auch den Strukturwandel der Stadt. Mit der zunehmenden Industrialisierung Europas reichte eine handelspolitische Umorientierung der ehrwürdigen Handelsstadt nicht mehr aus. Lübeck versuchte, sich zu einer Stadt zu wandeln, die neben dem Handel auch als Industriestandort an Bedeutung gewann. So war der Elbe-Lübeck-Kanal nicht nur als Handelsstraße gedacht, sondern sollte im Lübecker Stadtgebiet auch die industrielle Produktion fördern. Damit wurde sehr bewußt ein Industriestandort entwickelt, der auf der Nahtstelle zwischen der Ostsee einerseits und dem nordostdeutschen Binnenmarkt andererseits eine besondere handelspolitische Situation nutzen konnte.

Spätestens mit diesem Wandel von einer Kaufmannsstadt zu einem modernen Industriestandort verließ Lübeck seine engere hansische Tradition. Dennoch wirkt diese Tradition auch heute noch weiter sowohl im Bewußtsein der über 200 000 Menschen, die derzeit in der Hansestadt leben, wie auch im Bild der historischen Altstadt, das trotz der Zerstörung, die Kriege und die geänderten Lebensverhältnisse verursacht haben, immer noch von der Architektur und dem Städtebau der Hansezeit geprägt wird.

Lübeck wurde nicht nur an einer handelspolitisch günstigen Position, sondern auch an einer strategisch idealen Stelle gegründet.

Blick auf das Holstentor,
links die Marienkirche, rechts
St. Petri

Das Burgtor im Norden

196   HORST H. SIEWERT

Dort, wo Trave und Wakenitz zusammenflie-
ßen, umspülen diese beiden Flüsse eine Halbinsel, die nur im Norden eine feste Landverbindung aufwies. An diesem Punkt war schon in
slawischer Zeit eine Burg errichtet worden, die
die über die Halbinsel führenden Verkehrs-
wege kontrollierte. Die beiden Flüsse schütz-
ten die Halbinsel durch ihre Wasser- und
Sumpfflächen, so daß sie ideale Vorausetzun-
gen bot für die Gründung einer deutschen
Kaufmannssiedlung in dem unruhigen Naht-
bereich zwischen slawischen und deutschen
Interessengebieten.

Auch wenn das historische Lübeck heute
noch in einer relativ geschlossenen Form in
Erscheinung tritt, so ist diese Stadt keineswegs
von Beginn an als einheitliches Stadtensemble
gegründet worden. Es ist vielmehr davon auszugehen, daß Lübeck sich aus drei Siedlungs-
kernen gebildet hat. Da wäre einmal der Burg-
bezirk im Norden der Altstadt an der ehemals
einzigen Landverbindung der Halbinsel, von
der man annehmen muß, daß sie Adolf von
Schauenburg 1143 übernommen hat. Zum

anderen ist im Süden der Halbinsel ein weiterer Siedlungskern anzunehmen, der seit 1160
als Dombezirk ausgewiesen ist. Dazwischen
muß es dann die Kaufmannssiedlung gegeben
haben, die durch Markt und Hafen bestimmt
wurde. Diese drei Siedlungskerne sind sehr
schnell zu einer die ganze Halbinsel umfassenden Gesamtstadt zusammengewachsen.

Auch die Stadtstruktur Lübecks wies nicht
von Beginn an die kompakte geschlossene
Form auf, wie sie uns noch heute gegenüber-
tritt. Archäologische Befunde haben gezeigt,
daß die Bebauung ursprünglich aus locker
zusammengesetzten Gebäudeanlagen bestand.
Doch bereits im 13. Jahrhundert beginnt sich
das Bild Lübecks sehr rasch zu wandeln und
nähert sich schon bald dem Bild, das wir uns
heute von der Stadtstruktur machen. Die ursprünglich hölzernen Gebäude wurden durch
Steinbauten ersetzt. Das gilt nicht nur für die
Kirchen und die öffentlich repräsentative Architektur, sondern auch für die Bürgerhäuser.
Etwa um die Mitte des 14. Jahrhunderts, also
knappe zweihundert Jahre nach der Gründung

Blick über den Mühlenteich
auf den Dom

Rathaus

Westfassade der Katharinenkirche

der Stadt, war dieser Strukturwandel abgeschlossen.

Das Straßennetz mit den wichtigsten Plätzen war in seinen Grundzügen festgelegt. Das Straßenraster macht noch heute einen recht rationalen Eindruck und deutet darauf hin, daß sich die Stadt nicht frei, sondern planvoll entwickelt hat. Eine Nord-Süd-Achse, die vom Mühlentor im Süden bis zum Burgtor im Norden die Stadt durchzieht und sich im Stadtzentrum in zwei parallele Straßen aufteilt, verbindet die wichtigsten Plätze der Stadt untereinander sowie mit dem Marktplatz und dem dortigen Rathaus. Von dieser auf dem Höhenrücken des Siedlungshügels zwischen Wakenitz und Trave verlaufenden Straßenachse gehen in fast regelmäßigem Rhythmus Querstraßen ab, die zu den beiden Wasserläufen im Osten und Westen führen. Die Querstraßen selbst sind unter sich durch Gassen verbunden, so daß ein strenges, aber durchlässiges Straßensystem den Siedlungsraum der Stadt in entsprechend gut erschlossene Baublocks aufteilt.

In Lübeck kam wohl den zum Hafen führenden Querstraßen besondere Bedeutung zu, war doch dieser das Fundament der städtischen Wirtschaft. Der Hafen wurde durch die Trave, die die Stadt mit der Ostsee verbindet, gebildet und gliederte sich in den an der Untertrave im Norden gelegenen Seehafen und den an der Obertrave im Süden eingerichteten Hafen für die Binnenschiffahrt. Letzterer war faktisch der Endpunkt des Stecknitzkanals, der Lübeck seit 1398 mit der Elbe verband und vor allem den Salzhandel mit Lüneburg erleichterte.

Auch die Blockstruktur mit ihren Grundstücksparzellen und der Straßen- bzw. Blockrandbebauung war in der Mitte des 14. Jahrhunderts ebenfalls im wesentlichen entwickelt, wenn auch im Laufe der Zeit verschiedene Grundstücke noch weiter unterteilt und aufgegliedert wurden. Deutlich zeichnete sich aber die heute noch das Stadtbild bestimmende geschlossene Straßenrandbebauung der Bürgerhäuser mit jeweils gemeinsamen Brandwänden ab. Dabei herrschte das selbstbewußt zur

Straße gestellte Giebelhaus vor. Nur in den kleineren Querstraßen und Gassen machte das traufständige Haus deutlich, daß hier weniger bedeutende Bürger wohnten.

Das giebelständige Kaufmannshaus war zunächst eher ein Speicher- und Geschäftsgebäude und weniger ein Wohnhaus. Das Erdgeschoß bestand nur aus einem großen Raum, der Diele, in der gelagert, gehandelt und gelebt wurde. Später wurden aus dieser Diele einzelne Räume und Stuben ausgegrenzt. Als Raumtyp hat sich die Diele aber bis heute erhalten. Das erste Obergeschoß und das große Dach dienten ursprünglich ebenfalls als Lagerraum. Doch im Laufe der Zeit wurden das Obergeschoß und vereinzelt auch das untere Dachgeschoß für Wohnzwecke genutzt und baulich entsprechend umgewandelt.

Überragt wurde die städtische Bebauung Lübecks von den sieben Türmen der fünf großen Kirchen der Stadt, die bereits Mitte des 14. Jahrhunderts alle, einschließlich des Doms und der Marienkirche, fertiggestellt waren. Aber auch die drei wichtigsten Klöster der Stadt, das Johannes-, das Katharinen- und das Burgkloster, wurden in dieser Zeit erbaut. (Das St.-Annen-Kloster entstand erst im 16. Jahrhundert.) Die wichtigsten öffentlichen Gebäude wie das Rathaus und das Heiligen-Geist-Hospital entstanden ebenfalls in diesen Jahren, wie auch die Stadt, soweit notwendig, von einer Mauer umgeben wurde. Die Tatsache, daß die Hansestadt Lübeck zur Mitte des 14. Jahrhunderts in ihren städtischen Grundelementen bereits vollendet war, zeigt deutlich, welch rege Bautätigkeit in jenen Jahren geherrscht haben

Das Heiligen-Geist-Hospital

sche Ursprünge, doch wurden diese bis in die Mitte des 14. Jahrhunderts mit Ausnahme weniger heute noch erhaltener Reste durch die damals modernere Gotik überlagert beziehungsweise ersetzt. Der Lübecker Kirchenbau, die öffentliche Profanarchitektur einschließlich Rathaus und Stadtbefestigung wie auch das Lübecker Dielenhaus, das bis in die jüngste Vergangenheit der vorherrschende Bürgerhaustyp gewesen ist, waren im wesentlichen durch die Formen des 13. und 14. Jahrhunderts geprägt. Diese Prägung strahlte weiter nach Osten aus. Das Haupt der Hanse wurde somit auch zum Vorbild im Städtebau, in der Architektur sowie im allgemeinen kulturellen Schaffen des Ostseeraums.

Mit der bis in die Mitte des 14. Jahrhunderts reichenden Bauphase war die Bautätigkeit in Lübeck jedoch nicht beendet. Sie zeigte sich von da an aber mehr im Aus- und Umbau der Häuser sowie in einer Ausschmückung der Kirchen, Klöster und öffentlichen Gebäude. Im Unterschied zu anderen Städten führten Prosperität und Wachstum Lübecks nicht zu Stadterweiterungen, sondern schlugen sich in einer intensiveren Ausnutzung des vorhandenen Stadtraums nieder. Neben der Urbarmachung von Sumpfgebieten an Trave und Wakenitz und einer Verdichtung der Straßenrandbebauung wurden vor allem die Blockinnenbereiche aufgesiedelt. Hier entstanden die sogenannten Gängeviertel, die ehemals jede mittelalterliche Stadt mehr oder weniger aufzuweisen hatte, die heute aber in größerem Umfang nur noch in Lübeck zu finden sind.

Wir können davon ausgehen, daß im Jahre 1356, als der erste Hansetag in Lübeck abgehalten wurde, die Stadt in ihren wesentlichen Merkmalen bereits zu erleben war und die Delegierten aus den verschiedenen Städten schon von weitem durch die sieben Türme der fünf großen Kirchen der Stadt begrüßt wurden. Bezeichnend ist, daß wir heute noch die Lübecker Stadtsilhouette in sehr ähnlicher Weise erleben können wie die Delegierten vor über sechshundert Jahren. Wie weit trifft das aber auch auf das Bild der einzelnen Straßen zu? Wir dürfen uns wohl vorstellen, daß sich die Häuser jener Zeit weitgehend glichen. Sicher gab es Unterschiede, letztlich besaßen sie aber alle gotische Fassaden, die nicht nur den Lübecker Straßen ein einheitliches Bild verliehen, sondern auch denen anderer Hansestädte sehr ähnlich waren. Der von uns heute so geschätzte ästhetische Reiz hat sich erst im Laufe der historischen Entwicklung durch eine differenzierte Stilbildung ausgeformt. Unter diesem differenzierten Architekturbild sind aber immer noch die alten Straßenführungen, die

Das Schabbelhaus in der Mengstraße

muß, aber auch, welch bedeutendes wirtschaftliches Potential die Stadt damals schon besaß, haben doch andere Städte Zeiträume bis in das 19. Jahrhundert gebraucht, um gleiche Bauaufgaben zu bewältigen.

Die hier nur andeutungsweise skizzierte Bauphase der Hansestadt Lübeck in ihren ersten zweihundert Jahren war aber nicht nur eine quantitative Leistung, sondern beinhaltete auch einen stilbildenden kulturhistorischen Akt. Wurde doch der damals vorherrschende gotische Stil Westeuropas in eine osteuropäische Backsteinarchitektur transferiert. Zwar hatte die Architektur in Lübeck sowohl im Kirchen- wie auch im Profanbau romani-

Blockstruktur und das Architekturgefüge der ersten Bauperiode Lübecks wiederzufinden. Dies ist wohl auch ein wesentlicher Grund dafür, daß uns die Lübecker Altstadt trotz ihrer differenzierten Ästhetik immer noch als geschlossenes einheitliches Stadtdenkmal erscheint.

Diese Kontinuität von Städtebau und Architektur fand ihr Ende im 19. Jahrhundert. Die sich wandelnden gesellschaftlichen Verhältnisse paßten nicht mehr in die überkommenen Stadtstrukturen. Handel und Verkehr gingen neue Wege. Die Produktion der Lebensgüter wurde revolutioniert und die Lebensweise der Menschen umgekrempelt. Die Städte expandierten in unregulierten Formen und in einer bis dahin nicht gekannten Dimension. Seuchen und gesellschaftliche Unruhen schienen ihren Ursprung in den Altstädten zu haben. Die Idee der neuen und modernen städtischen Tradition nahm Gestalt an. So ist es kein Zufall, daß die Idee der Stadtsanierung und der Gedanke des Denkmalschutzes Kinder des 19. Jahrhunderts sind. Im Vordergrund stand aber noch bis in die siebziger Jahre unseres Jahrhunderts die Idee der großflächigen Stadterneuerung.

Von der Idee bis zur Realisierung war es noch ein langwieriger und teurer Schritt. Nur große Städte, die als Wirtschaftszentren der neuen Industriegesellschaft über genügend Prosperität verfügten, waren in der Lage, mit der Umgestaltung ernst zu machen. In Lübeck, das nun nicht mehr Mittelpunkt eines internationalen Handelsbundes war, wurden nur spärliche Ansätze der Stadtsanierung unternommen. Auch nach 1945, als in Folge der wahnsinnigen Kriegszerstörungen in Mitteleuropa Architekten und Städtebauer glaubten, daß die ›Chance‹ des Stadtneubaus beziehungsweise der Stadtsanierung endlich gekommen war, hatte Lübeck nicht die Kraft, seine Erneuerungspläne großflächig zu verwirklichen. Die Randlage unmittelbar an der innerdeutschen Grenze, in die die Stadt nach 1945 gerückt wurde, sowie der große Flüchtlingsstrom, den Lübeck aufnehmen mußte und der die Einwohnerschaft in kürzester Zeit fast verdoppelte, ließen keine wirtschaftlichen Reserven für die großflächig geplante Stadtsanierung zu.

Nachdem sich der Luftkrieg Ende 1941 zugespitzt und immer brutalere Formen angenommen hatte, wurde Lübeck in der Nacht vom 28. zum 29. März 1942 als erste deutsche Stadt von über zweihundert britischen Kampfflugzeugen angegriffen. Bei dieser Bombardierung wurde etwa ein Fünftel der Altstadt zerstört. Da aber Lübeck im Spätherbst 1944 zum Verbindungshafen bestimmt wurde, über den

Kriegsgefangene Post ihrer Angehörigen erhielten, blieb die Hansestadt von weiteren Zerstörungen verschont, die gerade zum Schluß des Krieges die meisten deutschen Großstädte erleiden mußten.

Nach 1945 begann auch in Lübeck eine intensive Diskussion über den Wieder- beziehungsweise den Neuaufbau der Altstadt. Sollten die zerstörten Teile der Stadt in der alten historischen Form wieder aufgebaut werden, oder sollten Teile der Trümmer als Mahnmal belassen und das Stadtzentrum verlagert werden. Oder aber sollte die ›Chance‹ der Kriegszerstörung genutzt und die Errichtung eines neuen Lübeck begonnen werden?

Haus Nr. 76 in der Julius-Leber-Straße

Große Petersgrube

Resultat dieses neuen Städtebaus war die mitteleuropäische Einheitsstadt, die nur noch an einzelnen modernen architektonischen Höhepunkten oder an den verbliebenen Traditionsinseln wie historischem Rathaus und Altstadtkirche von anderen Städten zu unterscheiden war. Das Wort von der »Unwirtlichkeit der Städte« wurde den Glücksvisionen der Städtebauer entgegengehalten. Das Versprechen der Städtebauer, eine neue gesunde Stadt zu kreieren, in der die Tradition durch das Glück der Bewohner ersetzt werden könne, war nicht eingelöst worden. Die Erfüllung dieses Versprechens war wohl auch nicht möglich, da es auf der illusionären Annahme gründete, daß der Mensch als gesellschaftliches Wesen ohne Tradition die Zukunft zufrieden meistern könne. Zwar ist jedem einsichtig, daß, wenn der Mensch das Rad in jeder Generation neu erfindet, er für immer in den Anfängen seiner Kulturgeschichte verharren muß. Doch für den

So qualifiziert und ernsthaft die Diskussion um die Altstadt nach 1945 auch gewesen sein mag, die tatsächliche Entwicklung lief an ihr vorbei. Als 1949 der neue Lübecker Bebauungsplan der Öffentlichkeit vorgestellt wurde, war von dieser Diskussion nicht mehr die Rede. Ein Hamburger Stadtbaurat, der als Gutachter zu dieser Vorstellung eingeladen war, diagnostizierte als größtes Hindernis für einen vernünftigen zukunftssicheren Wiederaufbau Lübecks die Tatsache, daß die alliierten Bomber nicht ganze Arbeit geleistet hätten. Über die Reaktion der Öffentlichkeit ist nichts Genaues berichtet, ausgesprochener Protest ist jedoch nicht überliefert.

In Lübeck wurde nun damit begonnen, die Stadt nach den Kriterien des ›modernen‹ Städtebaus ganz neu aufzubauen und zu sanieren. Neben der Trennung von Wohnen, Arbeiten und Erholen sollte auch eine moderne City die städtischen Zentrumsfunktionen übernehmen. Gute Straßenverbindungen sollten dem Verkehr freien Lauf sichern und die verschiedenen Funktionsbereiche miteinander verbinden. Die City sollte nicht nur bequem erreichbar, sondern auch ungehindert durchfahrbar werden. Dementsprechend wurden die Nord-Süd- und Ost-Westachsen der Altstadt verbreitert beziehungsweise ihre Verbreiterung vorbereitet. Nur noch einzelne ausgesuchte Traditionsinseln sollten inmitten einer neuen, durchsonnten modernen Stadt an das alte Lübeck erinnern. Dies war kein spezielles Lübecker Konzept, sondern eine zu dieser Zeit in Mitteleuropa, also auch in Deutschland, allgemein vorherrschende städtebauliche Anschauung.

Dachstuhl und Seilwinde in der Alfstraße, Haus Nr. 38

Städtebau sollte diese Einsicht nun nicht mehr gelten. Die Generation des 20. Jahrhunderts wollte sich ihre Stadt neu schaffen »wie in einem früher unbewohnten Land« (Schinkel). Vor dieser Entwicklung hatte Schinkel schon zu Beginn des 19. Jahrhunderts gewarnt. Doch war seine Warnung in Vergessenheit geraten. Erst die Proteste der betroffenen Bürger, die in den neuen Städten leben sollten, riefen diese Warnung in die Erinnerung zurück.

Der Protest der Bürger gegen den Städtebau der Nachkriegszeit eröffnete der Altstadt eine neue Chance. Die Wünsche der Bürger richteten sich nicht auf Neubau, sondern auf die vorsichtige Umgestaltung der Altstadt und deren Anpassung an unsere heutigen Lebensbedürfnisse unter Beibehaltung ihres historischen Charakters und Zeugniswertes. Damit war der Denkmalschutz zu einem wesentlichen Verbündeten des Bürgerprotestes geworden. Hier schien ein alternatives Konzept erkennbar, das der Flächensanierung Einhalt gebieten konnte. Geschichte war nun nicht mehr in die Lehrbücher und Museen verbannt, die man sich an Feiertagen zu Gemüte führt, sondern sie sollte wieder in den täglich erfahrbaren Lebensräumen in Erscheinung treten und damit auf diese als ein Gestaltelement einwirken. Auf dem Weg zur Arbeit oder zur Schule, beim Stadtbummel oder beim Einkaufen sollte Geschichte in den altehrwürdigen Gebäuden der Stadt ohne große historische Vorkenntnisse ganz selbstverständlich wieder erfahrbar sein. Dem Erbe der Vergangenheit sollte eine Zukunft gesichert werden. Erhalten durch Nutzen war die Devise.

Die Hansestadt Lübeck beschloß 1975, die nach 1949 verfolgten städtebaulichen Konzepte aufzugeben; statt dessen stellte sie die Erhaltung der historischen Altstadt in das Zentrum ihrer Sanierungspolitik. Dabei sollte das Woh-

nen in der Altstadt gefördert werden und die Zentrumsfunktion der Stadtmitte erhalten bleiben. Nun stellte sich heraus, daß die Armut der Hansestadt nach 1945, die eine konsequente Verwirklichung der Nachkriegsplanung verhindert hatte, ein großes Glück gewesen war. Dadurch hatte sich ein Altbaubestand erhalten, der nicht nur quantitativ, sondern auch qualitativ von besonderem Wert war. Allerdings sah sich dadurch die Stadt und mit ihr die Denkmalpflege vor ganz neue Probleme gestellt.

Die Aufgabe der Denkmalpflege besteht in der Erhaltung historischer Bausubstanz als Zeugnis der Kultur-, Stadt- und allgemeinen Geschichte. Dabei spielt der Zeugniswert eine besondere Rolle. Realisiert werden soll die Erhaltung durch Nutzung, ohne daß der Zeugniswert der Denkmale verlorengeht. Am ehesten ist dieser Erhaltungsauftrag bei solchen Gebäuden durchzuführen, bei denen sich der Nutzungswandel relativ harmlos ausgewirkt hat, wie zum Beispiel bei den fünf großen Lübecker Kirchen. Schwieriger liegt der Fall beim Lübecker Rathaus, das vordergründig gesehen eine über siebenhundertjährige Nutzungskontinuität aufzuweisen hat, denn der Bürgermeister und die Stadtverwaltung residieren noch heute in diesem Gebäude. Der Preis für diese Nutzungstradition war aber ein ständi-

Diele im Koberg, Haus Nr. 2

ger Wandel und schließlich ein totaler Innenumbau am Ende des 19. Jahrhunderts.

Auch das Wohnen scheint eine lange Tradition in der Altstadt zu haben. Man denke aber an den technischen Komfort und die Sicherheitsanforderungen, die unseren Lebensgewohnheiten eigen sind und denen unsere heutigen Wohnhäuser gerecht werden müssen. Das frühere Wohn- und Geschäftshaus einer großbürgerlichen Kaufmannsfamilie soll nun von einer modernen Kleinfamilie genutzt werden. Ein Bürgerhaus, das einst mit repräsentativer Wirtschaftsdiele, heizbarer Vorderstube (Dornse), Seitenflügel und Speicherböden erbaut wurde, wird heute unterteilt in Wohn-, Kinder- und Schlafzimmer, Küche und Nebenräume. Das ehemals durch offenen Kamin oder einzelne Öfen beheizte Haus wird im modernen Wohnkomfort durch eine Zentralheizung klimatisiert. Das Wasser, das einst vom Brunnen des nächstgelegenen Platzes oder komfortabler aus dem Hofbrunnen geschöpft werden mußte, fließt heute aus der bis in das Haus reichenden Wasserleitung und kann in der Regel nicht nur kalt, sondern gleich erwärmt entnommen werden. Die früher spärliche Beleuchtung durch Kienspan oder Kerze wird durch eine moderne elektrische Ausleuchtung der Räume ersetzt. Es geht bei der heutigen Erhaltung von Denkmalen durch Nutzung wohl kaum um das originale Haus der Vergangenheit, sondern eher um die moderne Aneignung dieser Häuser unter Verwendung historisch originaler Substanz.

Noch vielschichtiger wird das Problem von Erhalt und Nutzung, wenn es sich nicht mehr um Einzelgebäude, sondern um ein ganzes Stadtdenkmal handelt. Bedenken wir doch, welche Veränderung gerade unsere städtische Lebensweise in den letzten zweihundert Jahren durchlaufen hat. Die Ähnlichkeiten des städtischen Lebens in Lübeck zwischen dem 14. und dem 18. Jahrhundert sind weit größer als die zwischen dem ausgehenden 18. Jahrhundert und heute. Bei einem Stadtdenkmal geht es nicht mehr um die Erhaltung einzelner bedeutender Bauwerke wie der Marienkirche, des Rathauses oder des Holstentors. Es geht auch nicht um eine einfache Summierung einzelner Baudenkmale. Es handelt sich nun um die Erhaltung einer Gesamtstruktur von Kunst, Architektur, Stadtraum und Stadtgefüge, deren Spannweite vom Dom bis zur Gangbude, vom Marktplatz bis zur Grundstücksparzelle reicht. Damit spitzt sich aber auch der Widerspruch zwischen dem Anspruch der Denkmalerhaltung und der modernen Nutzungsbedürfnisse zu. Denn die Gesellschaft will zwar in beziehungsweise mit der Altstadt leben und den

Vorbildliche Giebelrestaurierung in der Depenau

Reiz der historischen Stadt für ihr neues Lebensgefühl in Anspruch nehmen, sie ist aber nicht oder nur sehr bedingt bereit, ihre Lebensansprüche darauf einzurichten, und es ist wohl auch kaum zu wünschen, daß sie sich wieder mittelalterlich gebärdet.

In dem hier erörterten Zusammenhang ist es notwenig, sich klar zu machen, daß die Veränderungen im Städtebau der letzten Jahrzehnte keine abstrakten Theorien darstellen, sondern in mehr oder weniger präziser Weise die gesellschaftlichen Veränderungen und die daraus resultierenden Realitäten widerspiegeln. Insofern bedeutet auch die Hinwendung zur Altstadterhaltung keine grundsätzlich neue städtebauliche Theorie, sondern nur eine Variation des bisherigen städtebaulichen Konzeptes. Die gesellschaftliche Arbeitsteilung mit der daraus resultierenden räumlichen Differenzierung schlägt sich also auch in der erhaltenden Altstadtsanierung nieder. City, Wohnen, Arbeiten und Erholen sind funktional getrennte Bereiche, die in unterschiedlichen Stadträumen und Landschaftsbezirken angesiedelt werden. Der Verkehr bleibt die Klammer, der die separierten Bereiche zusammenhält. Diese städtische Realität widerspricht in ganz wesentlichen Momenten der historischen Stadtstruktur, in der derartige Differenzierungen nicht zu finden waren.

Das neue Lübecker Sanierungskonzept sieht zwar ein Nebeneinander von Wohnen, Arbeiten und Citybereich in der Altstadt vor, doch entspricht das nicht der ehemaligen historischen Funktionsmischung, da die heutige Altstadt nicht das komplette Spektrum der modernen städtischen Realität umfaßt, zu der auch die Vorstadtbereiche und das Umland gehören. Dies zeigt sich zum Beispiel darin, daß sich an jedem Morgen die Verkehrsströme derer, die ihren Wohnort in der Altstadt verlassen, um in den Vorstädten zu arbeiten, mit denjenigen kreuzen, die ihre Vorstadtwohnung gegen einen Arbeitsplatz in der Altstadt tauschen oder sich dorthin begeben, um einzukaufen. Die Funktionsmischung in der Altstadt ist nur eine äußerliche, keine der Stadtstruktur wirklich entsprechende. Also auch beim Stadtdenkmal findet keine Rückführung der Gesellschaft in das Mittelalter statt, sondern eine Aneignung historisch überkommener Altstadtsubstanz unter neuen gesellschaftlichen Bedingungen.

In diesem Spannungsfeld von Aneignung, Nutzung und Erhaltung liegt nicht nur ein Widerspruch begründet, der sich immer wieder in unterschiedlichen Interessenschwerpunkten und Konflikten zwischen Denkmalpflege und Nutzer äußert, sondern es beinhaltet auch eine gemeinsame Chance von Architektur, Städte-bau und Denkmalpflege. Da nämlich die Aneignung historischer Bausubstanz dem Nutzer Rücksichtnahme auferlegt, zwingt sie ihn zur Besinnung und öffnet den Weg für Gestaltungsvielfalt und Bestandsqualität in Architektur und Städtebau. Sie bewahrt damit die Entwicklung vor kurzfristiger Modernität und führt Veränderung und Kontinuität zu einer Symbiose. Der durch die Vorstellung des ewig Modernen geprägte permanente Gestaltwandel des von uns selbst erbauten Lebensraumes erfährt durch die Erhaltung historischer Architektur und Stadträume eine Gestaltkontinuität. Damit wird für die Nutzer beziehungsweise die Bewohner einer Stadt eine längerfristige Identifikation ermöglicht.

Dem Erhalt und der Aneignung historischer Bausubstanz verdanken wir aber noch eine weitere Steigerung der Lebensqualität unserer gebauten Umwelt. Da nämlich diese Bausubstanz historisch unter anderen sozialgeschichtlichen Bedingungen entstanden ist, erlaubt ihre Erhaltung heute eine Großzügigkeit, wie sie bei Neubauten, die direkt auf unsere Sozial- und Sicherheitsnormen abgestellt sind, nicht zu erreichen ist. Wohnungszuschnitte erhalten durch die Rücksicht auf die überlieferte Bausubstanz eine individuelle Qualität, die in diesem Umfang durch noch so gute Planung am

Blick in den Glandorpshof

Reißbrett nicht erzielt werden kann. Stadträume, deren historische Struktur und Altbausubstanz erhalten blieben, sind in einem sonst nicht gekannten städtischen Komfort erfahrbar. Nur so ist zu verstehen, warum etwa die Mietskasernen des 19. und frühen 20. Jahrhunderts, die schon während ihrer Entstehung als menschenunwürdig verschrien waren, heute unter anderen gesellschaftlichen Bedingungen so große Beliebtheit erfahren. So ist aber auch zu verstehen, warum die Altstadt, die seit dem ausgehenden 19. Jahrhundert bis in unsere Zeit hinein als besonders anfällig für Seuchen, soziale Unruhen und Armut galt, für uns heute einen so hohen Wert darstellt, daß wir sie mit sehr viel Aufwand und Mühen zu erhalten suchen.

Die Erhaltung historischer Bausubstanz leistet jedoch nicht nur einen Qualitätsbeitrag für die Gestaltung unserer Umwelt, sondern prägt auch unser Geschichtsbewußtsein. Dieses Bewußtsein tritt nicht immer und überall in Erscheinung, ist aber eine wesentliche Grundlage unserer Zivilisation und Kultur, wie auch wichtige Voraussetzung für gesellschaftliche Entwicklung schlechthin, was das oben bereits angeführte Beispiel der Erfindung des Rades deutlich gemacht hat. Die Behauptung mag wohl übertrieben sein, daß mit der Zerstörung der Altstädte seit dem 19. Jahrhundert dieses Bewußtsein abhanden gekommen sei. Es wurde aber sicher aus dem täglichen Erfahrungsraum zurückgedrängt und abstrahiert. Mit der Altstadterhaltung drückt sich Geschichte wieder im Alltag aus. Der Bewohner der Stadt erfährt sie bewußt oder unbewußt. Dabei ist die Verantwortung für Architekten, Städtebauer und Denkmalpfleger sehr hoch, da es sich um Geschichtsdokumente handelt und Geschichte im nachhinein nicht verändert oder reproduziert werden kann, auch wenn die heutigen technischen Möglichkeiten hier manchen in Versuchung führen. Geschichte ist ein komplexes Ganzes, das nicht teilbar ist, aus dem man sich auch im nachhinein nicht ausschließlich die schönen Stücke herausgreifen kann.

Viele Geschlechter haben an der Lübecker Altstadt gebaut und ihre Zeugnisse an uns vererbt. Sie haben so teil an der heutigen Vielfalt des Stadtbildes und der Stadtstruktur. Auch wir müssen, wenn wir in der Altstadt leben wollen, an ihr weiterbauen. Sich in die Vielfalt der Tradition einzufügen und diese fortzuführen ist heute die Aufgabe der Städtebauer und Architekten in Kooperation mit der Denkmalpflege. Um das in einer Zeit sicherzustellen, in der die Architektur und der Städtebau von einem modisch schnell wechselnden Individualismus bestimmt werden, hat man in Lübeck eine Gestaltungssatzung erarbeitet. Mit ihr sollen moderne Architektur und historisches Stadtbild zu einem Ensemble zusammengefügt werden. Durch eine Erhaltungssatzung soll sichergestellt sein, daß der Erhalt des Stadtdenkmals nicht nur in seinen kunstgeschichtlichen Besonderheiten, sondern auch in der regulären historischen Architektur gewährleistet ist. Mit der Eintragung der historischen Gebäude, von der Kirche bis zur Gangbude, in das Denkmalbuch soll gesichert werden, daß das Stadtdenkmal als Dokument einer bedeutenden Geschichtsepoche der Hansestadt Lübeck erhalten bleibt und wirken kann. Mit der Erarbeitung eines Denkmalplanes will die Denkmalpflege eine Grundlage schaffen, mit der Zielkonflikte im Sinne der Altstadterhaltung reguliert werden können. Denn Zielkonflikte wird eine moderne Gesellschaft immer wieder produzieren, wenn sie den Anspruch hat, mit all ihren heutigen Notwendigkeiten in einem Stadtdenkmal leben zu wollen.

Lübeck erbt heute mit seiner historischen Altstadt ein Stadtgefüge, das in seiner Maßstäblichkeit seinen Bewohnern entgegenkommt und das sich über Jahrhunderte bewährt hat. Diese Bewährung zeigt sich unter anderem in seiner Fähigkeit, den verschiedenen Zeitepochen zu entsprechen, ohne seinen Charakter zu verlieren. Wenn wir uns heute in diese Tradition der Stadtentwicklung einreihen, haben wir die Chance, einen Städtebau zu betreiben, der flexibel und korrigierbar ist. Indem die Denkmalpflege die dazu notwendige Rücksicht einfordert, leistet sie einen entscheidenden Beitrag zu einem besseren und rationelleren Städtebau. Insofern ist Lübeck mit seiner historischen Altstadt keine modisch bestimmte, sondern eine wirklich moderne Stadt, die ihren typischen Charakter auch noch in der Zukunft behalten wird.

Hermann Bauer

Die kirchliche Architektur des Barock in Süddeutschland

Die kirchliche Architektur des 18. Jahrhunderts war in den süddeutschen, katholischen Ländern weitgehend Sache der Klöster. Architekturgeschichte wurde mit Klosterkirchen oder den meistens von Klöstern eingerichteten Wallfahrtskirchen geschrieben, hier waren die Innovationen zu finden, und hier entstanden die neuen Ideen.

Aber spät erst, Jahrzehnte nach dem Dreißigjährigen Krieg, ließen die politische Lage im Land und die finanzielle Situation der Klöster neue Pläne zu. Typisch für diese Konsolidierung der Klöster war die bayrische Oberpfalz. Diese war ursprünglich weitgehend kalvinistisch geworden, nach 1623 konnten die Wittelsbacher sie wiedergewinnen und rekatholisieren. Nachdem zunächst Kurfürst Maximilian I. die Erträge der säkularisierten Klöster in der Oberpfalz für seine Kriegskasse verwendet hatte, kam es erst unter seinem Nachfolger Ferdinand Maria zu einer Konsolidierung. Die Prämonstratenser von Speinshart bauten seit 1674 in großem Stil an ihrem Kloster, ab 1691 an der Kirche. Ähnlich geschah es in Waldsassen; die Zisterzienserabtei wurde über dem inzwischen verfallenen Kloster bis 1690 wiederhergestellt, die Kirche war 1704 vollendet. Die alten Vorstellungen von einem Kloster als einem Konglomerat verschiedenster Zweckbauten um die Kirche und innerhalb einer Umgrenzung galten nun nicht mehr – wenn nur irgendwie möglich, sollten jetzt der Kirche als Zentrum die Klosterbauten symmetrisch zugeordnet werden, sollten Höfe anstelle von Kreuzgängen entstehen und vor allem Fassaden die Bedeutung des Klosters anschaulich machen.[1] Das galt auch im Schwäbischen, wo die Prämonstratenser von Obermarchtal seit 1674 eine neue Klosteranlage planten, die dann erst um die Jahrhundertwende fertig wurde, zusammen mit der 1701 geweihten Kirche. Der Spanische Erbfolgekrieg brachte gerade in der ersten Blütezeit eine Zäsur und für die Klöster erhebliche finanzielle Belastungen. So blieb bei den Benediktinern von Weingarten der am Ende des 17. Jahrhunderts geplante Neubau von Stift und Kirche liegen, und es konnte erst 1715 der Grundstein zum Kirchenneubau gelegt werden. Im Kanton Schwyz konnte die Benediktinerabtei von Einsiedeln gerade noch durch den Eingriff der Obrigkeit am Leben erhalten werden, als 1525 der letzte Mönch zu den Lehren Zwinglis übergegangen war. Seit 1633 wurde ein Neubau diskutiert, aber erst 1704 kam es zur Ausführung der Pläne für die Abtei, die Stiftskirche konnte 1735 geweiht werden.

Die kirchlichen Großbauten des ausgehenden 17. Jahrhunderts in Süddeutschland haben vieles gemeinsam. Michael Thumbs Obermarchtaler Klosterkirche ist dafür recht typisch. Im längsrechteckigen Grundriß ist etwa auf halber Länge ein seichtes, ebenfalls rechteckiges Querhaus eingezogen, Wandpfeiler teilen den Innenraum, sie nehmen jeweils Kapellen und im Obergeschoß Emporen zwischen sich auf; sie tragen eine Längstonne, vom einzelnen Wandpfeiler zum jeweils gegenüberliegenden gliedern Gurte diese Tonne. Auf eine Kuppel, das Würdemotiv der italienischen Barockarchitektur schlechthin, ist verzichtet. Nördlich der Alpen war tatsächlich zunächst die Gestaltung einer dominierenden Kuppel ein Problem. Der Kirchenbau von St. Michael in München (begonnen 1583), maßgebend nicht nur für andere Jesuitenkirchen, sondern generell für den katholischen Süden Deutschlands, war schließlich ganz ohne Kuppel geblieben. Der Großbau noch vor dem Dreißigjährigen Krieg, der Dom von Salzburg, seit 1611 geplant (u. a. von Scamozzi), aber erst 1653 nach der Fertigstellung durch Santino Solari geweiht, besitzt zwar eine oktogonale Vierungskuppel, jedoch in geradezu zögerlicher Dimensionierung. Die Stiftskirche St. Lorenz von Kempten, eines der ersten Kirchenprojekte nach dem Krieg, 1652 nach Plänen von Michael Beer begonnen, besaß anstelle einer überkuppelten

[1] Dazu: H. und A. Bauer, Klöster in Bayern, München 1985.

Vierung ein an das Langhaus wie eine eigenständige Kapelle angeschobenes Oktogon mit vier eingestellten Stützen. Einzig die Kirche der neu nach München gekommenen Theatiner, seit 1663 im Bau, erhielt unter Enrico Zuccalli eine Kuppel; alles an dieser Kirche ist allerdings italienischen Zuschnitts und abhängig von Vorbildern wie dem römischen S. Andrea della Valle. Die Theatinerkirche in München stellt innerhalb der Entwicklung des süddeutschen Kirchenbaus eine Ausnahme dar. Denn hier ist die Ablehnung der großen Tambourkuppel allgemein. Die Tendenzen gingen vielmehr hin zu nur noch seicht und damit rhythmisch zusammenhängend gewölbten Räumen, ohne den Aplomb eines eigenständigen vertikalen Zuges. Dem entspricht auch, daß seit den dreißiger Jahren des 18. Jahrhunderts Wölbungen der Längsräume kaum mehr entsprechend der Gliederung im Aufriß (durch Säulen oder Pilaster) unterteilt wurden, sondern dem Freskanten jetzt durchgehende Bildfelder zur Verfügung gestellt wurden. Als Cosmas Damian Asam in der Zisterzienser-Klosterkirche von Fürstenfeld 1731 noch in relativ kleinen Feldern, die durch Gurtbogen voneinander getrennt waren, freskieren mußte, wurde dies kritisiert: »... da der welche Maurermeister dem Maler wenig Raum liesse, so musten die Gedanken der Malerey rückweise [= in Stücken] angebracht werden«[2]. ›Moderner‹ ist dagegen die Ausstattung einer anderen bayrischen Zisterzienserkirche, der von Aldersbach, die vom gleichen Cosmas Damian Asam schon 1720 freskiert worden war, jetzt im Langhaus mit einem einzigen, die Joche übergreifenden Bildfeld. Seitdem ist in der süddeutschen Rokokokirche die Wölbung stets als Bildträger konzipiert, wodurch das gemalte Bild (vom Himmel) die tektonische Funktion der Wölbung überlagert.

Die Frage nach den Kräften, welche die kirchliche Architektur des 18. Jahrhunderts in Süddeutschland prägten, läßt sich naturgemäß nicht durch Aufzählung von Namen oder Schulen beantworten. Zu vielfältig ist das historische Bild der Einflüsse, Traditionslinien, Verflechtungen. Dennoch lassen sich Hauptlinien der Entwicklung nachzeichnen.

Bis zum zweiten Jahrzehnt des 18. Jahrhunderts sind es häufig italienische Namen von Architekten, die für die Großbauten verantwortlich zeichnen. Selten kommen diese aber aus den Zentren des von Rom oder Turin geprägten Barock, eher aus den welschen Gebirgstälern, es sind oft Comaschi, aus dem Misox, allgemein aus dem Tessin etc. Die Zuccalli kamen aus Roveredo, ebenso die Viscardi, Barelli kam aus Bologna, Lurago aus der Gegend von Como.

Gegen die Welschen setzten sich im Laufe der Zeit zunehmend einheimische Baumeister durch. Im alemannischen und schwäbischen Südwesten waren es die sogenannten »Vorarlberger«. In München lösten Joseph Effner, Johann Michael Fischer und die Brüder Asam ebenfalls die bislang dominierenden Italiener ab. Es entstand ein eigener Typus des Sakralbaues, den man auch als die »bayrische Rokokokirche« bezeichnen kann. Der im Grenzbereich von Schwaben und Bayern tätige Dominikus Zimmermann, gebürtiger Wessobrunner, war in seinen Kirchenbauten eher von den Vorarlbergern abhängig.

Dann gab es die verzweigte Familie der Dientzenhofer, die aus Oberbayern nach Prag auswanderten und von hier aus wieder zurückkehrten, die nicht nur als Vermittler des italienischen Spätbarock eines Guarino Guarini fungierten, sondern ihrerseits wieder von Einfluß waren auf den größten Architekten in Mainfranken, Balthasar Neumann.

Immerhin lassen sich in diesem groben Raster die bedeutendsten Kirchenbauten Süddeutschlands einfügen: von Einsiedeln über St. Gallen, Weingarten, Zwiefalten, die Wies, Banz, Vierzehnheiligen, St. Michael in Berg am Laim bis Weltenburg.

Seit dem Ende des 17. Jahrhunderts gibt es in Süddeutschland einen Typus des Kirchenbaues, der von der Prämonstratenser-Abteikirche in Obermarchtal sehr gut repräsentiert wird. Der Neubau wurde 1686 nach Plänen von Michael Thumb begonnen, vier Jahre später, nach dessen Tod, übernahm Thumbs Bruder Christian zusammen mit seinem Vetter Franz Beer die Bauführung. Das Längsrechteck des Raumes teilen etwa auf halber Höhe kurze Querhausarme, der Mönchschor ist durch Pfeiler in drei Joche geteilt, das Laienhaus wird durch drei Wandpfeiler auf jeder Seite untergliedert. Eine Tonne mit Stichkappen nach den Seiten überwölbt den Raum, über dem Untergeschoß sind zwischen den Pfeilern und den Wandpfeilern Emporen eingezogen, so daß hier Kapellen entstanden. Die Kunstgeschichte spricht von einem »Vorarlberger Schema«, denn es findet sich in Kirchen, die aus der Tradition eines Bereiches stammen, den man schon in seinem

[2] In Tal und Einsamkeit. 725 Jahre Kloster Fürstenfeld. Bd. II, Aufsätze, Fürstenfeldbruck 1988, S. 226.

Zusammenhang als Schule bezeichnet hat. Michael Thumb, Michael Beer, aus dem Bregenzerwald stammend, sind Vertreter einer jeweils in vier Generationen als Baumeister tätigen Familie.[3]

Deutlich ist in Obermarchtal noch das Weiterwirken des nördlich der Alpen wohl wichtigsten Gründungsbaues seit der Renaissance, der Jesuitenkirche St. Michael in München (ab 1583), spürbar, war diese doch maßgebend für die weiteren Kirchen der Jesuiten in Oberdeutschland. Das System der Tonnenwölbung über Wandpfeilern und einer Geschoßtrennung durch Emporen wurde gerade von den Jesuitenarchitekten weiterverfolgt – anders als in München aber wurde später die Wölbung nicht mehr bis auf Emporenhöhe heruntergezogen, sondern die mit Pilastern oder Halbsäulen besetzten Wandpfeiler reichten bis in das Obergeschoß hinein. Eine Vorstufe zu Obermarchtal bildete die Jesuitenkirche in Dillingen, 1610 von dem Graubündner Johann Alberthaler erbaut. Aber auch im Werk von Michael Thumb gibt es vor Obermarchtal Rückgriffe auf das System von St. Michael in München, so in der Wallfahrtskirche auf dem Schönenberg bei Ellwangen (1682).

In den späten sechziger Jahren des 17. Jahrhunderts wanderten insgesamt fünf Brüder aus der Familie der Dientzenhofer aus ihrer Heimat bei Aibling in Oberbayern weg. Der älteste, Georg Dientzenhofer, ging vermutlich zunächst nach Passau, wo es Arbeit am Dom gab, welcher nach einem Brand seit 1668 unter Carlo Lurago wieder aufgebaut wurde. Dann finden sich die Brüder in Prag wieder, einer, Christoph, blieb dort, während die anderen wieder nach Westen zogen. In Böhmen jedenfalls haben die Dientzenhofer viele Anregungen aus der österreichischen Architektur etwa eines Fischer von Erlach oder Lukas von Hildebrandt aufgenommen, aber sie haben in Böhmen und später in Bayern einen eigenständigen Typus des Kirchengebäudes geschaffen. 1679 hatte Guarino Guarini für die Theatiner in Prag einen Plan gezeichnet, der zwar im Stich publiziert, aber nie zur Bauausführung gelangte. Einige revolutionäre und moderne Elemente zeichnen diesen Bau aus: Zwar wird die Wölbung durch eine Dreierfolge von steilen Kuppeln mit Laternen gebildet, aber diese sind tambourlos und als eine einzige Wölbungseinheit aneinander gekoppelt. Der Grundriß stellt eigentlich eine sehr freie Variante einer Wandpfeilerkirche dar; zwischen den diagonal gerichteten, mit Säulen besetzten Wandpfeilern sind ovale Kapellennischen entstanden, während durch die Ausrichtung der Wandpfeiler auf die sich überschneidenden Oval- und Kreisformen der Wölbung ein Raum gebildet wird, der zugleich höchst komplizierte wechselnde Aspekte von Raumbildern bietet. In den Wandpfeilerkirchen von Brévnov (1709) und St. Klara in Eger (1708) führte Christoph Dientzenhofer dieses System Guarinis noch weiter, indem er jetzt fast flach gewordene Kuppeln aneinanderfügte, wobei die trennenden Gurte nicht mehr im rechten Winkel das Gewölbe überspannten, sondern den Kurven folgten, und indem er die Wand geradezu in rhythmische Schwingungen versetzte. Infolge der Taktverschiebung zwischen Wandpfeilern und darüber aufsitzenden Gurten der Wölbung ist ein geradezu theatralisches Architekturszenario entstanden. Man kann von einer »dynamisierten Waldpfeilerhalle« sprechen.[4] Johann Dientzenhofer hat diesen Typus in der von 1710 bis 1719 von ihm erbauten Klosterkirche von Banz in Franken aufgenommen, wo im Grundriß und damit in der Wölbung sich insgesamt acht Ovale überschneiden.

Unweit von Banz, auf dem Hügel gegenüber, liegt die Wallfahrtskirche von Vierzehnheiligen, zum Zisterzienserkloster Langheim gehörig. Nachdem zunächst andere Baumeister, Gottfried Heinrich Krohne und der Bamberger Ingenieur Johann Michael Küchel, Pläne gefertigt hatten, wurde schließlich Balthasar Neumann ab 1742 hinzugezogen. Er hatte sich dabei mit bereits bestehenden Vorleistungen auseinanderzusetzen – um so mehr ist das Ergebnis zu bewundern. Schon in der Hofkirche der Residenz von Würzburg (ab 1732) hatte Neumann das Dientzenhofersche System der kurvierten Wand bei entsprechenden Wölbungsverschneidungen weiterentwickelt. In Vierzehnheiligen ist der kurvierte Wandpfeilerraum, aus einer Folge von Ovalen entwickelt, mehr als eine geistreiche Lösung geworden. Über dem zentralen Gnadenaltar schließt sich das Längsoval der Wandpfeiler, ein Zentralbau, der doch wieder in der Längsrichtung, zum Eingang und zum Chor hin, offen ist – in systematischen Ambivalenzen bietet der Raum geradezu unwirkliche Aspekte.[5]

[3] Dazu: N. Lieb, Die Vorarlberger Barockbaumeister, München 1976[3].

[4] H. G. Franz, Dientzenhofer und ›Hausstätter‹, München 1985, S. 61.

[5] Dazu: B. Schütz, Balthasar Neumann, Freiburg 1986.

Eines der größten Projekte der süddeutschen Architektur des 18. Jahrhunderts war der Neubau der Abteikirche der Benediktiner von Ottobeuren. Seit 1711 war das Kloster entstanden, 1737 wurde der Grundstein zur Kirche gelegt. Ehe es allerdings zur Ausführung des Baues kam, entwickelte sich eine Planungsgeschichte, die allein die Tendenzen im süddeutschen Kirchenbau zu beleuchten geeignet ist. Nachdem Pläne und Gutachten von verschiedenen Architekten, darunter Dominikus Zimmermann und der italienische Stukkator Andrea Maini, eingeholt worden waren, wurde der Riß von Simpert Kraemer, einem schwäbischen Baumeister, angenommen. Dieser Riß ging allerdings bald an den kurbayerischen Hofbaumeister Joseph Effner zur Überarbeitung, jedoch nicht dieser, sondern sein Münchner Kollege Johann Michael Fischer erhielt schließlich 1748 den endgültigen Auftrag. Fischer darf als der bedeutendste Architekt des Rokoko in Altbayern gelten.[6] Er war durch die Vorgaben der Planung einigermaßen gebunden, aber anstelle der zunächst geplanten Tambourkuppel setzt Fischer jetzt über die Vierung eine Kuppel über dem Halbkreis, die anderen Kuppelwölbungen des Langhauses sind queroval. Damit ist nicht nur die Wölbung dem Gesamteindruck des Raumes hinzugeschlagen, der sich aus dem Blick zum Altar hin ergibt; weil vielmehr diese Wölbung mit Himmelsbildern freskiert ist, scheinen die vertikalen Architekturglieder unbelastet in den Himmel hineinzuragen. Fischers Werk umfaßt Großbauten für Klöster ebenso wie kleine Dorfkirchen; er wandte in seinen Rissen das traditionelle Schema der Wandpfeilerhalle an (Dießen), oder er experimentierte mit Saalformen (Rinchnach) – am häufigsten gibt es bei ihm jedoch Synthesen von Zentralbauten und längsgerichteten Kirchenräumen. St. Michael in Berg am Laim bei München (ab 1737) ist eines der Beispiele, in denen die Grundform eines Oktogons mit Längs- und Querarmen so kombiniert ist, daß dem Besucher zwar die Erinnerung an die ›Archetypen‹ ›Rotunde‹ oder ›Basilika‹ angeboten wird, dem gleichen Betrachter eröffnen sich jedoch wechselnde Bilder von Architektur. Es sind Effekte ähnlich dem Theater, mit denen derjenige konfrontiert ist, der sich vom Eingang her nach vorne bewegt. Gerade der Chorraum ist in vielen dieser »bayerischen Rokokokirchen« wie eine Bühnenerscheinung separiert.[7] Die Benediktiner-Abteikirche in Weltenburg an der Donau, ab 1716 nach einem Plan von Cosmas Damian Asam erbaut, formuliert in extremer Weise diese Tendenzen. Über dem ovalen Hauptraum ist in einem »dôme percé«, also einer zweischaligen Kuppel, deren untere Schale durchbrochen, das Fensterlicht nur indirekt zu sehen, wobei durch die Öffnung dem hohlkehlenartig gebildeten unteren Kuppelrudiment ein Blick auf ein Himmelsfresko freigegeben wird, auf eine Flachdecke gemalt, die als solche überhaupt nicht realisiert wird – wie in theatralischer Illusion. Ähnlich ist der Altarraum gebildet. Hier steht die Reiterfigur eines hl. Georg vor einem indirekt beleuchteten Wandbild der abschließenden Nische, die architektonisch jedoch nicht in Erscheinung tritt, sondern Träger eines Theaterprospektes ist.

In verschiedensten Formen und Lösungen ist als durchgehendes Prinzip des süddeutschen Kirchenbaues eine Zweischaligkeit angestrebt, entweder aus Wandpfeilern oder eingestellten Stützen konstruiert, so daß Außenwand und Fenster nicht die definitive Raumgrenze bilden, sondern davor in selbständigen und freien Bewegungen der architektonischen Glieder ein Szenarium entsteht, das Längsrichtungen ebenso wie Zentrierungen imaginiert. Es ist, als würde Architektur ›aufgeführt‹.

Süddeutschland besitzt kaum mehr Klosterkirchen aus dem Mittelalter. Alle Klöster bauten entweder neu oder versahen die alten Kirchen, wie es in Kirchweihpredigten des öfteren hieß, »mit einem neuen Kleid«[8]. In einer Beschreibung von 1724 ist die Rede vom Freisinger Dom als einer »mit neuem Hochzeitskleid gezierten Braut«, die den Bischof als Bräutigam erwartet. Dieses ›Brautkleid‹ der Ecclesia bestand aus einer Stuckierung und den Fresken. Freisings Dom war das erste Beispiel einer solchen neuen Auszierung, die unter Bischof Eckher ab 1723 erfolgte. Grundlage war die romanische Domkirche, die ausschließlich nach erfolgter Renovierung so aussah oder gesehen werden sollte, wie es ein Kupferstich von 1724 zeigt, der den Einzug des Fürstbischofs und seines Hofstaates in die erneuerte Kirche darstellt. Wie in einem Logentheater war an den Wänden und vor allem an der Decke eine himmlische Erscheinung inszeniert, die wie eine Neuinterpretation der alten Geschichte Freisings verstanden sein will. Die alte, historische Kirche ist in ihrer Substanz wie eine Reliquie gefaßt und zugleich durch die transzendentalen Bilder gedeu-

[6] Siehe: N. Lieb, Johann Michael Fischer, Regensburg 1982.

[7] Siehe: B. Rupprecht, Die bayerische Rokoko-Kirche, Kallmünz 1959.

[8] Dazu: P. Hawel, Der spätbarocke Kirchenbau und seine theologische Bedeutung, Würzburg 1987.

tet. Das Wort ›transzendental‹ kann man in diesem Fall durchaus verwenden, denn hier wird die Geschichte des Domes, seiner Heiligen, voran des Patrons St. Korbinian, als Teil des vom Himmel gestifteten Heils dargestellt.

Es gab genug politische Gründe, die theatralische Inszenierung einer solchen Neufassung einer mittelalterlichen Kirche mit einem besonderen Sinn zu befrachten. Ganz ähnlich vollzog sich die Barockisierung der mittelalterlichen Klosterkirche von Rottenbuch ab 1737 wie auch in Steingaden 1741 und vor allem in der bedeutenden Reichsabtei von St. Emmeram in Regensburg, die ab 1731 durch die Brüder Asam neu dekoriert wurde. Derartige ›Restaurierungen‹ mit Einschluß der alten Substanz sind unbedingt als Teil der Architekturgeschichte dieser Zeit und dieses Bereichs zu sehen, zeigt sich doch darin eine Identität von Architektur und Dekoration (das Wort ist hier unzulänglich), die unübersehbar ist. Architekturgeschichte wird im Rokoko geradezu Ornamentgeschichte.

Einer der wenigen Großbauten, die noch nach 1770 begonnen wurden, ist die Klosterkirche von Wiblingen. Zunächst hatte der Münchner Architekt Johann Michael Fischer Pläne gefertigt, aber als dieser 1766 starb, war mit dem Bau noch nicht begonnen worden. Danach erhielt Johann Georg Specht den Auftrag, Fischers Pläne zu modifizieren und neue Vorschläge auszuarbeiten, 1772 begannen endlich die Bauarbeiten. Die ausgeführte Kirche steht jetzt in deutlicher Abhängigkeit von Peter Thumbs St. Galler Anlage. Ein gestreckter Längsraum ist in der Vierungsmitte zu einer Rotunde ausgeweitet, während Fischer noch Querarme als deutlich nach außen abgesetzte Rundungen vorgeschlagen hatte. So entstand jetzt unter Specht ein Innenraum, der sich mit solchen von Fischer, etwa dem späten Rott am Inn (von 1759–63) oder auch dem Vorbild St. Gallen vergleichen läßt. Vergleichbar ist jeweils die Kombination von Zentral- und Längsraum. Dabei fällt auf, wie sehr in Wiblingen im Sinne einer neuen (klassizistischen) Vereinheitlichung und Klärung sowohl die einzelnen Raumteile als auch die tektonischen Glieder separiert sind. Die Nahtstellen sind klar, zwischen Tragen und Lasten wird unterschieden; das Ornament der Dekoration (in den neuen ›Zopfformen‹) veranschaulicht und unterstreicht dies. Die Führung des Lichtes durch die Fenster ist direkt, nüchtern und hat nichts mehr zu tun mit barocker Theatralik. Noch sind die Wölbungen freskiert (durch Januarius Zick), aber ähnlich wie in der Abteikirche von Neresheim (1771–75 von Martin Knoller freskiert) gibt es eine Diskrepanz zwischen dem strengen Weiß der Architekturglieder und den farbigen Deckenbildern. Die Zeit der Deckenbilder ist zu Ende und damit auch die Möglichkeit einer illusionistischen Aufhebung der Architekturgrenzen. Es war kein Anlaß zu solchen Veränderungen der kirchlichen Architektur, aber es ist symptomatisch, wenn im Kurfürstentum Bayern 1770 ein Generalmandat, den Bau von Landkirchen betreffend, nicht nur zur Sparsamkeit, sondern auch zur Bescheidenheit im architektonischen Aufwand mahnte: ». . . Damit aber, wenn ein Landgotteshaus neu zu erbauen wäre, alle Uebermaaß verhütet, und nicht eines jeglichen Pfarrers oder Beamten Eigendünkel, die willkürliche Anordnung des Baues überlassen, sondern vielmehr eine so viel möglich durchgängige Gleichförmigkeit in der Kirchenarchitektur nach dem Beyspiele von Italien beobachtet werden möge; so werden Wir durch erfahrne und verständige Baumeister verschiedene Muster von Grundrissen und Profils . . . verfassen lassen, dergestalt, daß mit Beybehaltung einer reinen und regelmäßigen Architektur alle überflüßige Stukkador- und andere öfters ungereimte und lächerliche Zierrathen abgeschnitten, an denen Altären, Kanzeln und Bildnissen eine der Verehrung des Heiligthums angemessene edle Simplicität angebracht werde.«[9]

[9] H. Heß, Das kurfürstlich bayerische Generalmandat, München 1989, S. 10.

Wieskirche, Gesamtansicht der Wallfahrtskirche von Norden ▷

Blick in den Chor der Wieskirche ▷▷

Hermann Bauer

Die Wieskirche

Heute, da es vor der Wieskirche zu erheblichen Parkplatzproblemen kommen kann, wird nicht mehr so recht deutlich, wie abgeschieden und in welch schöner Lage diese Kirche erbaut wurde. Wie kam es aber zu einem derart bedeutenden Bau am Fuß der ersten Vorberge zwischen Lech und Ammer, eine Wegstunde vom nächsten Ort, Steingaden, entfernt?

Eine erste Antwort auf diese Frage gibt die Bezeichnung ›Pfaffenwinkel‹ für das annähernd dreieckförmige Gebiet südlich von München, westlich von Loisach und Isar, im Süden von den Bergen begrenzt und hier bis in die Allgäuer Berge, gegen Füssen vorstoßend. ›Pfaffenwinkel‹ wurde dieses Land schon im 18. Jahrhundert (eher respektvoll als abwertend) wegen der hier dicht angesiedelten Klöster, darunter zwölf große, genannt. Die Anhäufung hat historische Gründe. Seit den agilolfingischen Herzögen, den im hohen Mittelalter mächtigen Grafen von Andechs-Dießen, galt diese Region als wertvolles, reiches und auch strategisch wichtiges Siedlungsland, das von den Herren gerne Klöstern gestiftet wurde, nicht nur um des Seelenheiles willen, sondern weil die Klöster die Einrichtung schlechthin waren, die Kultur – im Sinne von Pflege des Landes wie der Bildung – garantierten. Alle Klöster, die meisten mit den traditionsreichen ›Prälatenorden‹ der Benediktiner und Augustiner-Chorherren besetzt, taten sich viel auf ihr ehrwürdiges Alter und damit ihr gottgewolltes Dasein zugute. Wessobrunn feierte im 18. Jahrhundert ausgiebig sein tausendjähriges Bestehen, ebenso Polling und Benediktbeuern. Wobei das Stiftungsdatum bei diesem engen Nebeneinander durchaus Argument im friedlichen Konkurrenzkampf der Klöster sein konnte.

Hier spielte auch das im 18. Jahrhundert noch einmal aufblühende Wallfahrtswesen eine große Rolle. Fast jedes der Klöster betreute eine solche Wallfahrt, sei es, daß deren Ziel gleichsam ›im Haus‹ lag wie in Andechs oder als eigene Kirche in der Umgebung, wie auf dem Peißenberg, der zu Kloster Rottenbuch gehörte. Wallfahrten brachten den Klö-

stern nicht nur Reputation, sondern auch erhebliche Einnahmen.

1147 war das Prämonstratenserstift von Steingaden durch den Bayernherzog Welf VI. gegründet worden. Schon 1740 begann man im Kloster sich auf die Sechshundertjahrfeier vor-

Das Gnadenbild des »Gegeißelten Heiland« im Tabernakelaufbau des Hochaltars
◁ Deckenfresko über dem Chor von Johann Baptist Zimmermann.

zubereiten und plante als wichtigste Maßnahme Umbau und Verschönerung der alten,
dunklen romanischen Kirche. Da trat allerdings etwas ein, was für Kloster Steingaden fol-
genreich werden sollte. Gegen 1732 wurde für
die aufwendige Karfreitagsprozession die ge-
schnitzte und sehr realistisch bemalte Figur
eines Christus an der Geißelsäule mitgeführt.
Eindruck scheint diese Statue allerdings kaum
gemacht zu haben, denn 1738 schenkte man sie
der Wiesbäuerin Maria Lori. Sie hatte das aus-
gemusterte Stück erbeten, um es als Andachts-
bild in der Schlafkammer aufzustellen.

Am 15. Juni 1738 berichtete die Wiesbäuerin
ihrem Beichtvater, sie habe beim Beten vor
dem »Gegeißelten Heiland«, wie er jetzt immer
genannt wurde, sehen müssen, daß dieser Trä-
nen vergossen habe. Dies war der Anfang der
Wies-Wallfahrt. Im Kloster Steingaden war
man zunächst noch sehr zurückhaltend und
gebot der Wiesbäuerin Stillschweigen. Aber
schon kamen Nachbarn und Bittflehende aus
der näheren Umgebung und hängten auch
erste Votivbilder auf. Die Wallfahrt zum »Wies-
herrle« wurde unaufhaltsam. Der Bischof von
Augsburg versuchte noch zu steuern, indem er
eine Gutachterkommission von Theologen einrichtete, die über die Glaubwürdigkeit und
Bedeutung des weinenden und hilfreichen Bil-
des befinden sollte. Diskutiert wurde dabei
generell, was ein Wunder sei, und man befand,
daß weniger ein »miraculum« vorliege als vielmehr ein »beneficium vel gratia«, ein göttlicher
Gnadenerweis also, der den Glauben bestär-
ken könne. Die Entwicklung der Wallfahrt
überrollte aber alle theologischen Überlegungen zu einer aufgeklärten Anschauung vom
Begriff des Wunders, und man empfahl, die
Wallfahrt »in der Hauptsach zu befördern«.
Jetzt sah auch das Kloster Steingaden seine einmalige Chance, zu später Stunde zu einer Wallfahrt zu kommen. Bald wurden Baupläne für
eine Kirche in der Wies erstellt.

Auf einem um 1759 geschriebenen Zettel, der
sich im ehemaligen Wallfahrtsarchiv fand, ist
die Chronologie des Baues festgehalten (hier
die Übersetzung des lateinischen Textes):
»1738 14. Juni die gnadenreiche Bildnis ver-
goß Thränen
1740 Die kleine Kapelle wird erbaut, in der
das Hl. Bild aufgestellt wird
1744 17. März wird diese Kapelle geweiht, und
vom Hochwürdigsten Abt von Steingaden die
erste Messe gelesen
1745 man beginnt die große Kirche zu bauen,
und das Haus für die Unterbringung der Beicht-
väter (...)
1749 31. August: feierliche Übertragung der
gnadenreichen Bildnis in die neue Kirche

1754 1. Sept.: feierliche Weihe dieser Kirche
(...)«[1]

Unter Abt Hyacinth Gassner wurde mit dem
Chor der Wieskirche begonnen, der 1746 unter
Dach war, so daß 1749 das Gnadenbild hierher
übertragen werden konnte. Die langgestreckte
Form des Chores, überhaupt seine Größe,
berechtigen zu der Vermutung, man habe diesen zunächst als die endgültige Kirche geplant.
Entsprechende Fotomontagen, in welchen die
Fassade unter Weglassen des Hauptraumes
direkt an den Chor angeschoben ist, sind recht
einleuchtend. Wann man sich zum großen Bau
– unter einem neuen Abt, Marian Mayr – entschloß, ist nicht genau auszumachen; fertig,
und zwar mit der Ausstattung der Altäre, wurde
die Wieskirche jedenfalls nicht vor 1759.

Als Architekten gewann das Kloster von
Steingaden den Wessobrunner Dominikus
Zimmermann. Dieser erhielt den Auftrag nicht
per Zufall, galt er doch im süddeutschen Raum,
von Schwaben bis ins kurfürstliche Bayern, als
Spezialist für Klosterbauten. Von einer zur
anderen Abtei wurde er empfohlen, die lange
Liste seiner Neubauten und auch Dekoratio-
nen führt von der Kartause Buxheim nach
Maria Medingen und Kloster Schussenried, für
dessen Prämonstratenser er ab 1727 bereits die
Wallfahrtskirche von Steinhausen gebaut hatte.

Der Versuch, die Form der Wieskirche archi-
tekturgeschichtlich abzuleiten, führt uns zu
Plänen und Bauten der sogenannten ›Vorarlberger‹ Schule, also einer Gruppe von in der
Schweiz, im Vorarlberg und in Schwaben tätigen Baumeistern und Maurern, die ihr Zentrum in Au im Bregenzerwald hatten. In
diesem Kreis um den Einsiedler Klosterbau-
meister Kaspar Moosbrugger kursierten Pläne
mit Ovalgrundrissen und Hallenchören in dieser Form. Derartige Zeichnungen waren im
Kloster Schussenried vorhanden und können
Zimmermann schon bei seiner Planung für
Steinhausen inspiriert haben.

Dominikus Zimmermann war wie sein Bruder Johann Baptist ein ›Wessobrunner‹, was
mehr bedeutet, als nur bei dem alten Kloster
im ›Pfaffenwinkel‹ geboren zu sein.

Schon im 16. Jahrhundert sind uns aus den
Weilern um Wessobrunn Bauhandwerker, Mau-
rer, Gipser bekannt, an der Wende zum 18. Jahrhundert waren die ›Wessobrunner‹ ein ebenso
fester Begriff wie die ›Graubündner‹, ebenfalls
Wanderkünstler, die während der sommerli-
chen Saison über ganz Europa ausschwärmten
und im Winter zu Hause in Skizzen oder
Modeln ihre Arbeit vorbereiteten. Die Schmu-
zer, Üblher, Feichtmayr waren schließlich als
Dekorateure von Versailles bis Potsdam und St.
Petersburg beschäftigt, vor allem aber in Süd-

[1] Die umfangreiche ältere Literatur zur Wieskirche ist aufgeführt, in: Die Wies. –
Geschichte und Restaurie-
rung, Arbeitsheft 55, Bayeri-
sches Landesamt für Denk-
malpflege, M. Petzet, Hg.,
München 1992; hier auch in
den einzelnen Aufsätzen der
neueste Forschungsstand die
Wieskirche betreffend.

deutschland. Sie waren aus mehreren Gründen gefragt: Sie waren gut organisiert und in der Lage, für den jeweiligen Auftrag entsprechende Trupps zusammenzustellen, sie waren immer auf dem laufenden, was die neuesten und modernen Ornamente betraf, und sie waren in ihrer Zusammenarbeit so vielseitig, daß sie eine Kirche wenn nötig bauen, freskieren und stukkieren konnten.

Johann Baptist Zimmermann, der ältere der Brüder, wurde 1680 bei Wessobrunn, sein Bruder Dominikus 1685 dort geboren. Seine Wieskirche ist nicht von ungefähr Architektur, an welcher das Ornament strukturell beteiligt ist. Dabei ist diese Ornamentalisierung der Architektur bei Zimmermann gegen die Jahrhundertmitte zunehmend, wie ein Vergleich mit der Wallfahrtskirche von Steinhausen zeigt, die Zimmermann ab 1727 erbaute. In der Wies wie dort handelt es sich beim Hauptraum um ein Oval mit eingestellten Stützen, also eine Hallenkirche. Während in Steinhausen die Pfeiler noch weitgehend von klassischem Zuschnitt sind und in ihrer Form denen der Klosterkirche von Weingarten ähneln, sind es in der Wieskirche Zwillingspfeiler von ungewöhnlicher Form, im Querschnitt ein Mittelding zwischen Pfeiler und Säule, rund, aber mit vier Graten – fast immateriell im Licht stehend und augenscheinlich kaum als tektonische Glieder fungierend. Für den Chor der Wieskirche ist noch eine Zeichnung Zimmermanns erhalten; es ist der Entwurf für eine völlig ungewöhnliche Form: Über den Säulen des Obergeschosses gibt es kein Gebälk, sondern große, durchbrochene Rocaille-Kartuschen. Gerade an der kritischen tektonischen Stelle ist statt fester Elemente Ornament eingesetzt, das zugleich den Rahmen für das Deckenbild formt. Ornament ist hier nicht nur der Architektur anmodelliert, es bildet Architektur. Entsprechendes gilt für den Hauptraum der Wies, wo Rocailleornament ebenfalls den Übergang zwischen den tragenden Pfeilern und einer substantiell nicht mehr in Erscheinung tretenden Wölbung vermittelt. Vorgebildet ist dies schon in Steinhausen, wo geschwungene Ballustraden und schwingende Gebälkstücke den spielerischen Übergang der Architektur zum Deckenfresko schaffen. Steinhausen ist noch in Stein gewölbt, in der Wieskirche ist das Fresko auf eine flache Kuppel gemalt, die aus einem Holz-Lattengerüst besteht, am Dachstuhl hängt und als Freskogrund verputzt ist.

Zuletzt durchgeführte Untersuchungen haben gezeigt, wie genial diese Art von Wölbung angelegt ist, eine Meisterleistung der Bauleute und äußerst widerstandsfähig. Sichtbares Ergebnis dieser Ornamentalisierung und Auf-

hebung der Tektonik – technisch wie optisch – ist der Eindruck von fast unwirklicher Erscheinung der Architektur. Die Säulen tragen anschaulich nichts als ein kurzes Kämpferstück, sie wirken wie Versatzstücke vor einem Raum, dessen Grenzen sich als immateriell aufzulösen scheinen; das Ornament der Rocaille an den architektonischen Nahtstellen suggeriert dies. Dagegen ist das Freskobild des Himmels am Übergang, wie schon festgestellt, nicht architektonisch begrenzt, sondern ornamental.

Das Fresko im Hauptraum wurde von Johann Baptist Zimmermann 1753/54 gemalt; dessen Inhalt wie der des Chorfreskos wurde dem Maler wohl von einem Konventualen des Klosters Steingaden vorgegeben.

Hauptthema der Freskierung ist die Erlösungstat Christi durch seine Menschwerdung und seinen Opfertod. Das Deckenbild über dem Chor zeigt, wie Gott das Opfer seines Sohnes angenommen hat. Aus den Leidens-

Zwillingspfeiler mit Rocaille-Ornamentierung

Die Wies im Schnee ▷

werkzeugen, den Arma Christi, sind Siegeszeichen geworden. Während ›unten‹ noch der Schmerz über die Leiden Christi in der Trauer der Engel deutlich wird, ist diese Trauer zu einem Triumph über den Sieg Christi geworden. In den kleineren Fresken des Umganges der Wieskirche sind die Wunder und Heilungen Christi die Themen, während im Oval des großen Hauptbildes der Himmel der Wiederkunft Christi in seiner Herrlichkeit am Jüngsten Tag das Thema bildet. Auf der einen Seite sieht man das Tor zur Ewigkeit. Es ist verschlossen, das Ewigkeitssymbol der Schlange bekrönt es; darüber ist zu lesen: »Tempus non erit amplius«. Chronos liegt besiegt am Boden, ein Engel tritt auf, einen Fuß auf der Erde, den anderen im Wasser nach der Apokalypse des Johannes: »Und ich sah einen anderen starken Engel vom Himmel herabkommen, angetan mit einer Wolke. Über seinem Haupt stand der Regenbogen, und sein Angesicht war wie die Sonne und seine Füße wie Feuersäulen. Der hielt ein aufgeschlagenes Buch in seiner Hand. Und er setzte seinen rechten Fuß auf das Meer und seinen linken auf das Land und ... erhob seine rechte Hand zum Himmel und schwor bei dem, der in alle Ewigkeit lebt ... Es wird keine Zeit mehr sein.« Gegenüber sieht man den Thron des Weltenrichters, ebenfalls nach der Apokalypse. Über den weiten Himmel spannt sich der Regenbogen, auf dem Christus erscheint. Er weist auf seine Wundmale, Engel tragen das Kreuz als das Siegeszeichen. Die Apostel, auf Wolken sitzend, sind nach alter Bildtradition Zeugen der Wiederkunft Christi, hoch oben erscheinen die neun Chöre der Engel, die ebenfalls Christus in seiner Wiederkunft begleiten. Neben Michael, dem Seelenwäger, ist eine weibliche Gestalt zu sehen, die

als Ecclesia, die Braut des Lammes, gedeutet werden kann, wie Honorius Augustodunensis es beschreibt. In einem Barockfresko ist diese Thematik wie auch die der Etimasia recht ungewöhnlich, sie entspricht allerdings dem Anschaulichen des gesamten Kirchengebäudes. Hier wird ein besonderes Verhältnis zur Zeit deutlich. Die apokalyptische Vision vom »tempus non erit amplius« gibt uns einen Schlüssel zum Verständnis. Der Wallfahrer, der Besucher, der Kunsthistoriker, wen immer man annehmen will, erlebt eine Kirche, die sich vor seinen Augen in einen himmlischen Heilsraum verwandelt. Die Architektur ist ein Rahmen, die Verwandlung ein permanenter theatralischer Akt. Das scheinbar Provisorische in der Architektur hat somit nicht nur auf dieser Ebene des Technischen einen Sinn, sondern auch auf der Ebene der inhaltlichen Sinngebung. Vor diesem »tempus non erit amplius« ist das Irdische ein Provisorium, das es zu durchschreiten gilt. Nicht von ungefähr sehen wir über dem Kirchenraum nicht das Jüngste Gericht und die Ankunft des Richters, sondern die des Erlösers, der Gott mit den Menschen versöhnt hat.

An ungewöhnlicher Stelle, an den vier Piedestalen der Zwillingssäulen im Kirchenschiff, stehen überlebensgroße Holzfiguren, weiß gefaßt, der vier lateinischen Kirchenväter. Sie sind es, die gleichsam die im gesamten Bildprogramm verkündete Heilslehre den Gläubigen nahebringen. Daß die Wies eine Bußkirche ist, ersieht man an der augenfälligen Position von insgesamt vier Beichtstühlen; wie das Gestühl sind sie reich mit Rocaillen ornamentiert und holzsichtig, was einen augenfälligen Kontrast zum dominierenden Weiß von Wänden und Stuck ergibt.

Deckenfresko von Johann Baptist Zimmermann im Hauptraum: ›Christus als Weltenrichter auf dem Regenbogen‹

Martin Warnke

Der barocke Bauintendant

In zahlreichen Ländern kann es einem Autofahrer passieren, daß der Ausbau einer Straße plötzlich abbricht und ihm das so erklärt wird, daß es sich nicht mehr um eine Staatsstraße, sondern um eine Kommunalstraße handle. In einem solchen Wechsel des Zustandes einer Straße ist ein geschichtlicher Prozeß aufbewahrt, in dem der barocke Bauintendant eine wichtige Rolle gespielt hat.

Lange war das offene Land in Territorien aufgesplittert, die nur mit Sondergenehmigungen oder Sonderzahlungen zu durchqueren waren. Eine Stadt hatte ihr Umland, aber das nächst benachbarte Gebiet konnte etwa einem Grafen gehören. Es lag dann in seinem Belieben, ob er einen Weg, einen Kanal, ein Jagdrevier, die von dem Nachbargebiet ausgingen, in seinem Gebiet fortsetzte und dort etwa für Brücken und Befahrbarkeit sorgte. Daß es im modernen Flächenstaat handlungsfähige Behörden gibt, die lokale oder private Ansprüche zugunsten überlokaler Interessen zurückzudrängen vermögen, wird nicht unwesentlich der einstmaligen Entfernung einer höfischen Bauorganisation verdankt, deren Befugnisse sich über weitere Territorien erstreckten.

Die Sicherung von Grenzen gegen eine gemeinsame Gefahr durch Kastelle oder Wälle, Flußregulierungen, Eindeichungen, forstwirtschaftliche Maßnahmen, Begleitschutzregelungen und Vorkehrungen für durchreisende Besucher: All solche allgemeinen Erfordernisse verlangten eine besondere fachliche und amtliche Kompetenz für überregionale Dispositionen.

Die Übernahme der örtlichen, in Städten, Grafschaften oder Diözesen verankerten Verantwortungen für infrastrukturelle Aufgaben durch überörtliche Verfügungsinstanzen bereitet sich seit dem späteren Mittelalter in den verschiedenen Ländern mit unterschiedlicher Intensität vor. Im 15. und 16. Jahrhundert sind es die fürstlichen Höfe, welche die Voraussetzungen für die Wahrnehmung einer überregionalen Bauverantwortung schaffen. Neben dem Amt des Schloßbaumeisters, dessen Befugnis auf einen Hauptbau beschränkt war, entstand an manchen Höfen das Amt eines »Landbaumeisters«. Die Stellen waren mit »Dienstpferden« ausgestattet, damit sie ihre überregionalen Aufgaben schnell und wirksam wahrnehmen konnten.[1] Der Königliche Baumeister Philibert Delorme hatte in Frankreich seit 1547 immer zehn bis zwölf Pferde zur Verfügung.[2] Die in solche Ämter berufenen Baumeister mußten nicht nur mit entsprechenden Befugnissen und Mitteln ausgestattet werden, sondern von ihnen mußten auch Eigenschaften und Fähigkeiten erwartet werden, die weit über die künstlerischen oder baupraktischen Aufgaben hinausgingen.

Die überkommenen Organisationsstrukturen herrschaftlichen Bauens haben im Zeitalter des Barock wenige neue Elemente erhalten, doch ist die Entwicklung zu einer zentralen Zusammenführung der Kräfte im Bauwesen ungemein beschleunigt worden. Der Hofbaumeister war auch schon in der Vergangenheit durch die Finanzorganisation des Hofes entlastet von wirtschaftlichen und geldlichen Verpflichtungen; er war ein fest besoldeter Staatsdiener, der mit den höfischen Finanzkammern im Rücken operieren konnte. Die Finanzreserven der Höfe bestanden aus den »Steuergeldern«, die in der Regel von Parlamenten oder Ständen bewilligt werden mußten. Diese waren bestrebt, eine Verstetigung der Steuererhebungen zu verhindern und deren Genehmigung auf besondere staatliche Notfälle zu beschränken. Überregional wirksame Baumaßnahmen konnten zu den gesamtstaatlichen Notmaßnahmen gezählt und als dem öffentlichen Wohl zuträglich bestimmt werden. Insofern war die Verknüpfung der Bauziele mit einer gesamtstaatlichen

Ansicht der Würzburger Residenz von der Gartenseite

[1] Vgl. hierzu Martin Warnke, Hofkünstler, Köln 1985 S. 225 ff.
[2] A. Blunt, Philibert Delorme, London 1958.

Verantwortung vorbereitet. Nach vielfältigen vorausgegangenen Anläufen werden unter König Heinrich IV. von Frankreich organisatorische Maßnahmen getroffen, die einen stärkeren Zugriff der Finanzverwaltung und eine effektivere Zentralisation befördern. Der wichtigste Minister des Königs, der Finanzintendant Sully, wurde 1599 zum »*grand voyer de France*«, also zum Oberinspekteur ernannt, der mit einem Stab von Beamten in allen Bauangelegenheiten die Oberaufsicht wahrnahm.[3] Diesen Konzentrationsbestrebungen entsprach es, daß damals nicht nur gleiche Ausbildungsstandards für die Architekten in allen französischen Provinzen festgelegt, sondern 1607 auch Bauvorschriften für bestimmte städtische Bauaufgaben erlassen wurden, die überall zu befolgen waren. Ihren Höhepunkt erreichte diese Zusammenfassung baupolitischer Aktivitäten in den ersten Jahrzehnten der Regierung Ludwigs XIV. Es ist bezeichnend, daß die »administrative Revolution« im Jahre 1661, mit der der 22-jährige König seine Unabhängigkeit bewies, von einer baupolitischen Demonstration ihren Ausgang nahm: Bei einem Fest im August 1661 im prunkvollen Schloß Vaux-le-Vicomte, das der königliche Oberintendant und Minister Nicolas Fouquet sich errichtet hatte, war der König von dem konkurrierenden Glanz so irritiert, daß er die Ablösung und Einkerkerung des Ministers veranlaßte. Jenes Schloß aber sollte stellvertretend für alle Schlösser mit einem einzigen Unternehmen, mit dem Schloß von Versailles, in den Schatten gestellt werden. Ludwig engagierte dafür Fouquets Leute, den Architekten Le Vau, den Gartenarchitekten Le Nôtre und den Wassertechniker Francine, die in Vaux-le-Vicomte tätig gewesen waren. Der König eliminierte auch auf dem Feld des repräsentativen Aufwandes alle Konkurrenz; er duldete keine Nebensonnen. Fouquet hatte, wie Mazarin auch, sein Ministeramt noch als legitime Chance zur privaten Bereicherung gesehen.[4] Das wurde dann anders mit dem bürgerlichen Tuchhändlersohn Colbert, der der wichtigste Minister Ludwigs XIV. werden sollte, für den er sämtliche Finanzen, dazu die Landwirtschaft, den Handel, die Marine, die Kolonien, und insbesondere seit 1664 auch das gesamte Bauwesen als Oberintendant, als »*Surintendant et Ordonnateur général des Bâtiments, Tapisseries et Manufactures de France*« inspizierte, finanzierte und kontrollierte. Ihm unterstand der Königliche Architekt, Louis Le Vau, der seinerseits Scharen weiterer Architekten und Bauleute befehligte. Le Vaus Titel spiegeln die zusammengefaßten Zuständigkeiten: »*Conseiller du Roi, intendant ordonnateur général et premier architecte des bâtiments royaux, secrétaire de la Maison et Couronne de France*«.[5]

Colbert rechtfertigt die enormen Geldsummen, die für die Künste unter Ludwig XIV. ausgegeben werden, aus einem Gesamtkonzept, das sowohl wirtschaftliche wie staatspolitische Gesichtspunkte umfaßte. Möbel- und Teppichmanufakturen, die mit über 200 Beschäftigten die Ausstattung der königlichen Bauten lieferten, waren Musterbetriebe, die dem Staat durch Export ebenso nützlich sein sollten wie die merkantilistischen Wirtschaftsmaßnahmen insgesamt. Die wichtigsten kunstpolitischen Neuerungen Colberts, die Reorganisation und Verstaatlichung der bestehenden Kunstakademien und die Gründung einer Architekturakademie im Jahre 1671, sollten die geschmackliche Ausrichtung der französischen Staatskunst auf einen klassischen Stil verpflichten, in dem sich der Ruhm und die umstrittene Autorität des Königs darstellen konnten.[6] Die in den Akademien entwickelten Normen für das Bauen werden die Architektenausbildung aller Hochschulen Europas bis in das 20. Jahrhundert hinein bestimmen. Bezeichnend für die propagandistische Absicht all dieser Maßnahmen ist, daß Colbert mit André Félibien auch einen Geschichtsschreiber und mit Israel Sylvestre einen Stecher in der Bauverwaltung einstellte. Beide sollten der künstlerischen Leistungskraft des Königreiches ein Zeugnis ausstellen und der Verbreitung des königlichen Formenschatzes dienen. Tatsächlich hat sich die normierende Kraft der kunstpolitischen Aktivität in Frankreich nicht nur nach innen, sondern auch nach außen ausgewirkt: Allenthalben in Europa baute man neue Residenzen, die dem Anspruch von Versailles nahezukommen suchten. Aus Schweden entsandte man den Königlichen Architekten Nicodemus Tessin nach Frankreich, damit er Maßstäbe für ein Schloßprojekt in Stockholm einhole. Christopher Wren hielt sich in Paris und Versailles auf, bevor er wegen des Brandes der Londoner City 1666 zurückgerufen wurde und dort sein neues Formenrepertoire beim Wiederaufbau zur Anwendung bringen konnte. Kronprinz Frederik (IV.) von Dänemark besuchte selbst Versailles und

[3] Vgl. hierzu Myra Nan Rosenfeld, The Royal Building Administration in France from Charles V to Louis XIV, in: Spiro Kostoff (Hg.), The Architect. Chapter in the History of the Profession, New York 1977, S. 170 ff.

[4] Jean-François Solnon, La Cour de France, Paris 1987, S. 381 f.

[5] Für all diese Vorgänge bleibt grundlegend Louis Hautecœur, Histoire de L'Architecture classique en France, Paris 1943–1966, Bd. I, S. 244 ff., I/3, S. 13 ff., Bd. II, S. 413 ff.

[6] Vgl. Hanno-Walter Kruft, Geschichte de Architekturtheorie, München 1991, S. 139 ff.

baute dann als König in seinem Land Frederiksborg. In Petersburg, in Wien, in Madrid, in Arolsen, Caserta wie im feindlichen England – überall wird man die herrschaftliche Architektur, deren Einrichtungen und deren Ergänzung um weite Parks nach französischem Muster anlegen. Diese Nachwirkung entsprach durchaus dem Bestreben Colberts, der eine Überlegenheit der *gloire* Frankreichs gegenüber derjenigen aller anderen Staaten erreichen wollte.

Auf allen Ebenen dieser Entfaltung eines kunstpolitischen Willens verbindet sich die Baukunst fast unwillkürlich mit gesamtstaatlichen Zwecken. Der Bauakademie, deren Protektor Colbert war, sollte jedes Bauvorhaben zur Genehmigung vorgelegt werden. Die seit langem in Gang befindliche Entwicklung, über Bauzuständigkeiten zugleich staatliche Präsenz zu zeigen, hat unter Ludwig XIV. einen so großen Nachdruck bekommen, daß seither eine staatliche Mitverantwortung für bauliche Pläne auch privater Bürger selbstverständlich erscheint.

In anderen europäischen Monarchien ist eine vergleichbare Konzentration baupolitischer Befugnisse und eine ähnliche Expansion formpolitischer Interessen kaum zu verwirklichen gewesen – selbst in Frankreich überlebte sie Colbert nur in abgeschwächter Form. Dennoch ist deutlich zu beobachten, daß sich auch in anderen Hauptstädten der Hofarchitekt alten Typs zu einer Art Staatsarchitekt hin entwickelte, dem immer mehr hoheitliche Befugnisse zuwuchsen und der somit gleichsam ein Medium einer flächenstaatlichen Intensivierung wurde.

Im Berufsbild des Architekten tritt im 17. Jahrhundert ein Element auf, das dessen Eignung für die Durchsetzung staatlicher Bauinteressen kennzeichnet: Viele bedeutende Architekten dieses kriegerischen Jahrhunderts haben ihre Karriere im Militär begonnen. Die gewaltigen Bastionen, mit denen sich die größten Städte Europas gewappnet hatten, aber auch die waffentechnischen Entwicklungen bewirkten, daß Techniker und Bauingenieure für die Kriegsführung immer wichtiger wurden. Daraus erklärt sich, daß die Ritterakademien in ihrem Lehrprogramm für die adligen Zöglinge auch die Architektur als regelrechtes Fach aufgenommen hatten.[7] Einer der gefeiertsten Militärs, der Marquis de Vauban, der mehr als fünfzig Festungen belagert hatte und 1703 zum Marschall von Frankreich ernannt wurde, war zugleich einer der größten Festungsbaumeister aller Zeiten. Als Generalkommissar für das Fortifikationswesen umgab er Frankreich mit einem Festungsgürtel, wobei er 33 selbst gebaut und etwa 300 hergerichtet hat. Vielleicht ist auch nicht zufällig, daß er über eine heimlich gedruckte Reformschrift zum Steuerwesen, das er auch für höhere Stände umsetzen wollte, stürzte und wenige Tage danach starb.

Offensichtlich konnte sich im Militärbereich ein architektonisches Potential herausbilden, das auch für die Belange der Zivilarchitektur wichtig wurde. Hier wurden Kräfte entwickelt, die ihr beträchtliches technisches Know-how für übergeordnete staatliche Zwecke zu aktivieren gewohnt waren.

Der erste Direktor der Pariser Architekturakademie, François Blondel, war ursprünglich Mathematiker am Collège de France und hatte in der Architektur allenfalls als Inspekteur aller Kriegshäfen, in welcher Funktion er es bis zum *maréchal* brachte, Erfahrungen gesammelt, bevor er dann von Ludwig XIV. die Verantwortung für alle Bauten in Paris übertragen bekam. Dieser Wechsel von einer militärischen Ingenieurtätigkeit zur zivilen Baukunst ist kennzeichnend für eine Reihe bedeutender Architekten auch in dem kriegsgeschüttelten deutschen Sprachraum. In Dresden kam Johann Georg Starcke 1663 als Kriegsingenieur an und wurde dort als »*Geheimer Cämmerier und Ingenieur*« bestallt, der »fleissige Risse und Anschläge« liefern, Werk- und Bauleute beaufsichtigen, aber »im Felde als Hauptmann eine Kompanie Fußvolk führen« soll; 13 Jahre später wurde er Kammerdiener und «Oberlandbaumeister« und bald auch »Generalquartiermeisterleutnant beim Generalstab«; als solcher begleitete er den Kurfürsten 1689 auf dem Feldzug nach Frankreich.[8]

Maximilian Welsch, der ein »Baudirigirungsgott« genannt wurde, war zunächst Militäringenieur in kaiserlichen Diensten und zum General ernannt worden, bevor er sich in seiner Eigenschaft als kurmainzischer Baudirektor auf zivile Aufgaben wie Gärten und Lustschlösser umstellte und Beisitzer des vom Kurfürsten geschaffenen »Mainzer Baukollegium« wurde.[9] Er ist dann von Balthasar Neumann verdrängt worden, der ebenfalls

7 Vgl. F. Thöne, in: Zeitschrift für Kunstwissenschaft, Bd. 4 (1950), S. 198 ff.; Jean Adhemar, L'éducation visuelle des fils de France et l'origine du Musée de Versailles, in: Revue des Arts, Bd. 6 (1956), S. 28–34.

8 Ernst Sigismund, in: Thieme-Becker: Allgemeines Lexikon der Bildenden Künstler von der Antike bis zur Gegenwart, Bd. 31 (1937), S. 480.

9 Ebda., Bd. 35 (1942), S. 361–363.

als Militäringenieur angefangen hatte. Neumann war zunächst Fähnrich in der Garde des Fürstbischofs gewesen und nahm als Ingenieur am Feldzug gegen die Türken und an der Belagerung Belgrads teil und wurde 1718 Ingenieurhauptmann. 1720 übernahm er die Bauleitung des Schlosses und schon zwei Jahre später auch die Leitung des ländlichen Bauwesens, des Festungsbaus und der fürstbischöflichen Privatbauten. Außerdem war er Mitglied der Stadtbaukommission für Würzburg. 1731 bewarb er sich mit Erfolg an der Universität um eine Lehrstelle für Architektur. Er bot an, zu unterweisen die »mathesin und deren anhenkenden wissenschaften, als da ist fortification, civilarchitectur, und welchen vorgehen muß die geometrie, arithmetica; endlichen … die mechanischen künste … die machinen in zugwerk, alle art brunnenwerkh, allerhand mühlwerk und nebst denen großen globis ein stuckh land zu geographie«.[10] Der Höhepunkt seiner militärischen Laufbahn war 1741 die Ernennung zum Obristleutnant des Fränkischen Kreises und zum Obristen der Kreisartillerie. Als der Fürstbischof ihn 1723 zur Weiterbildung nach Paris schickte, empfahl er ihm, seine militärischen Ränge nicht zu nennen, »damit allenfalls desto weniger nachdenken dadurch verursachet werden möge«. Solche Rücksichten galten nicht mehr, als Giovanni Battista Tiepolo, ein Jahr vor Neumanns Tod, dessen Bildnis in sein großes Deckenfresko im Treppenhaus der Würzburger Residenz zu malen hatte. Obwohl das Gesamtprogramm des Fresko vom Licht des Apoll, also des Gottes der Friedenskünste, erfüllt ist, erscheint Balthasar Neumann in seiner Obristenuniform und auf einer Kanone sitzend; offenbar geht ihm der militärische Rang über seinen Rang als Hofbaumeister und Schöpfer jenes Treppenhauses, das heute seinen Ruhm ausmacht. Wie relativ sein Militärrang war, geht daraus hervor, daß sein weit unbedeutenderer Nachfolger und Schüler, Johann Michael Fischer, eine ähnliche Karriere vom Ingenieurleutnant bis zum Oberstleutnant des Fränkischen Kreises durchgemacht hat und ebenfalls zugleich das Amt eines Hofbaumeisters wahrnahm.

Allenthalben etablierte sich ein militärisch geschulter Sachverstand und Durchsetzungswille im höfischen Bauwesen.[11] Johann Friedrich Eosander wird 1699 in Berlin als Hauptmann und Hofarchitekt eingestellt; später verfaßte er eine Schrift mit dem Titel: ›Kriegsschule oder der deutsche Soldat‹. Er wird den Bildhauer-Architekten Andreas Schlüter 1706 verdrängen, nachdem dessen Bau eines Schloßturmes eingestürzt war. – Der für Münster und Umgebung so prägende Architekt Johann Conrad Schlaun wurde 1724 kurkölnischer Oberlandingenieur und 1745 gar Generalmajor: »Er war nicht mehr nur für das gesamte öffentliche Bauwesen verantwortlich, also für Vermessungen, Straßen, Kanäle, Mühlen, Brücken, Zuchthäuser und Zehntscheunen, sondern auch für den Zustand der vier Festungen des Hochstiftes, die Ausbildung der Artillerie, die Inspizierung der Zeughäuser, sogar für die gesamte Bewaffnung und Ausrüstung aller Truppen, bis zum Flintenriemen, zumindest zeitweise auch für die Verpflegung«, so daß man den Eindruck hatte, er sei »sowol in artillerie als Bau Sachen ein sonderlichen Oeconomus, dergleichen vielleicht wenig zu finden«.[12]

Es ist deutlich, daß der Architekt in ein Wirkungsfeld eingespannt war, das weit über die Verantwortung für die ästhetische Erscheinung einiger Hauptbauten eines Landes hinausging. Militärische Vorkehrungen prägten damals das Alltagsleben der Menschen in der Stadt schon dadurch, daß fast alle verfügbaren Kräfte auf die immer aufwendiger und komplizierter werdende fortifikatorische Sicherung konzentriert werden mußten. Hier war die Zuständigkeit des Militäringenieurs dauernd gefragt. So konnte der Hofarchitekt mit seiner ausgreifenden Zuständigkeit über bauliche Maßnahmen das bürgerliche Leben auf dem Land und in den Städten immer wieder mit Zeichen staatlicher Präsenz überziehen. Unzählige Medaillen und schriftliche Verlautbarungen feiern die Einweihung und die Fertigstellung eines Gebäudes, denn das Bauen ist zu einem Gradmesser nicht nur für die Ruhmsucht eines Fürsten, sondern ebenso für die Leistungsfähigkeit und -bereitschaft der fürstlichen Regierung zugunsten des allgemeinen Wohls geworden.

Militärische und zivile Bauten waren möglicherweise noch die am wenigsten wirksamen Bestandteile des Tätigkeitsfeldes des barocken Bauintendanten. Für das alltägliche Leben waren die Maßnahmen, die das Amt für die Infrastruktur des Landes zu leisten hatte, für die Kanalisierung, für die Chausseen und Brücken, für die Häfen, Leuchttürme und Märkte, für die Lagergewölbe und Verkaufshallen, vielleicht wichtiger. Alle diese

[10] Alle Angaben nach Annegret von Lüde, Studien zum Bauwesen in Würzburg 1720 bis 1750, Diss. Hamburg 1987, S. 96 ff.

[11] Vgl. auch Werner Fleischauer, Die Künstler der Renaissance- und Barockzeit in der bürgerlichen Gesellschaft, in: Zeitschrift für württembergische Landesgeschichte, Bd. 10 (1951), S. 146 f.

[12] Hans Georg Volkhardt, Schlaun als Soldat und Ingenieur, in: Katalog ›Schlaun und das Militärwesen des Fürstbistums Münster‹, 1973, S. 157.

Würzburger Residenz,
Kaisersaal ▷

Treppenhaus ▷▷

Aktivitäten aber waren angetrieben und von einer Absicht, die man eine Öffentlichkeits-
arbeit unter den Bedingungen des Absolutismus nennen könnte. Das trifft auch auf ein
Hauptaufgabenfeld des Amtes eines Kunstintendanten zu, das wir kaum noch nachvollziehen können, weil es nur aus sekundären Quellen zu erschließen ist: Es ist der große
Bereich der ephemeren Veranstaltungen. Feierlichkeiten und Feste waren zu jeder Gelegenheit, die ein fürstlicher Haushalt zu bieten hatte, zu inszenieren, zu Geburten, zu Ge-
burtstagen, Regierungsjubiläen, Hochzeiten, Beerdigungen, zu Staatsbesuchen, Bündnis-
sen, Siegen, Friedensschlüssen oder zu jedweder erdenklichen Gelegenheit. Nicht immer
waren die aus diesem Anlaß gefeierten Feste für das breite Volk bestimmt, sondern oft
nur für ein ausgewähltes höfisches Publikum. Aber etwa die im 17. und 18. Jahrhundert
besonders beliebten, aufwendigen Feuerwerke erreichten die breitere Untertanenschaft.
Selbst hier war manchem Architekten die militärische Ausbildung von Nutzen. Bauwerke,
Brunnen, Schiffe, Inseln oder Berge konnten als Schauplatz von Feuerwerken errichtet
werden. So wurde 1739 in Versailles eine Berghöhle mit einem Wasserbecken angelegt,
aus dem ›Vulkan‹ herausragte, der mit seinen Helfern im Takt auf einen Amboß schlug
und dadurch ein Wasserfeuerwerk in Gang setzte. Sonst hat auch Ludwig XIV. gerne
persönlich Feuerwerke entzündet, so wie in Dresden schon Johann Georg II. von Sachsen
seit 1635 Feuerwerke hat »selbst angegeben und fertigen lassen, auch theils selbst labori-
ren helffen und verbrandt«.[13] Angesichts der Bedeutung solch ephemerer Veranstaltungen, bei denen manchmal ganze Stadtlandschaften zu einer Kulisse für einen herrscher-
lichen Auftritt umgestaltet werden mußten, konnte es ebensowenig schaden, wenn der
Kunstintendant Erfahrungen im Theater gesammelt hatte, so wie es etwa bei Inigo Jones
in London der Fall gewesen war.

Die Fürsten selbst haben die Wichtigkeit, die der Bausektor für sie gewonnen hatte,
auch dadurch bestätigt, daß sie sich oft persönlich eingehend um die Bauangelegenheiten
kümmerten und daß sie sogar selbst Entwürfe vorlegten. Ludwig XIV. beriet sich fast täglich mit seinen Bauintendanten, und man traut ihm ebenfalls zu, daß er selbst Eingriffe in
Gestaltungsprozesse für den einen oder anderen Bau vorgenommen hat, so wie dann
Friedrich der Große für manche der von ihm geplanten Bauten auch persönlich Entwürfe gezeichnet hat.[14] Der englische Staatstheoretiker Thomas Hobbes hat im Jahre 1651 einen alten Vergleich wiederbelebt, wenn er schrieb, ein guter Staat sei nur mit Hilfe eines
guten Architekten zu bauen.[15] Die Metapher vom Herrscher als Baumeister ist die zuge-
spitzte Zusammenfassung der Entwicklungen, die hier zu skizzieren waren: Wie der Staat
Vollmachten erworben hat, unsere Umwelt weitgehend in seiner Regie zu gestalten und
damit ganz allgemein die Vorstellung zu befördern, daß die Welt, in der wir leben, mach-
bar und konstruierbar sei.

[13] Alle Beispiele bei Karl
Mösenedder, Artikel ›Feuer-
werk‹ im Reallexikon zur
Deutschen Kunstgeschichte,
Bd. 8, Sp. 530–607.

[14] Vgl. B. Jestaz, Le Trianon
de Marbre ou Louis XIV
Architecte, in: Gazette des
Beaux-Arts, Bd. 74 (1969),
S. 259–286, und Hans-Joa-
chim Giersberg, Friedrich II.
und die Architektur, in:
Katalog ›Friedrich II. und
die Kunst‹, Sanssouci 1986,
Teil II, S. 192 ff.

[15] Thomas Hobbes, Leviathan
(Hg. I. Fetscher), Berlin
1976, Kap. 29, S. 245.

Spiegelkabinett

Hofkirche ▷

Grünlackiertes Zimmer

◁ Ausschnitt aus dem Deckengemälde im Treppenhaus: ›Huldigung des Fürstbischofs Carl Philipp von Greiffenklau‹

Wilfried Hansmann

Die Residenz in Würzburg

Die Würzburger Residenz zählt zu den glanzvollsten Fürstenhöfen Europas. Mit keinem
anderen Schloß des 18. Jahrhunderts in
Deutschland verbindet sich ein vergleichbar
ehrgeiziges Bauprogramm. Selten war die
Gruppe der am Baugeschehen beteiligten
Künstler und Kunsthandwerker so hochrangig
international zusammengesetzt wie hier. Nirgendwo ist die »Synthese des europäischen
Barock« überzeugender betrieben worden und
glücklicher gelungen. Die besten Architekten
ihrer Zeit lieferten Entwürfe: so Johann Lucas
von Hildebrandt aus Wien, Robert de Cotte
und Germain Boffrand aus Paris. Der technisch
wie künstlerisch geniale Hofbaumeister in
fürstbischöflichen Diensten, Balthasar Neumann, erstellte die Ausführungspläne. Bildhauer und Stukkateure wie Johann Wolfgang
van der Auvera und Antonio Bossi gehörten zu
den Besten ihres Fachs. Schließlich der Griff
des Fürstbischofs Carl Philipp von Greiffenklau nach den Sternen: der Venezianer Giovanni Battista Tiepolo malte die Fresken im
Treppenhaus und im Kaisersaal.

Den Grundstein zum Neubau der Residenz
legte 1720 Fürstbischof Johann Philipp Franz
von Schönborn. Von Anfang an galt das Unternehmen nicht als dessen Privatangelegenheit,
sondern als Aufgabe der gesamten Familie
Schönborn – als Monument ihres Ruhmes und
ihrer Kaisertreue. So bündelten sich in diesem
Bauprojekt die verschiedensten Einflüsse.
Lothar Franz von Schönborn, Kurfürst von
Mainz und Fürstbischof von Bamberg, Oheim
des Johann Philipp Franz, griff mit seinem
Architekten Maximilian von Welsch in die Planung ein, der jüngere Bruder des Bauherrn,
Reichsvizekanzler Friedrich Karl von Schönborn in Wien, führte den kaiserlichen Hofarchitekten Johann Lucas von Hildebrandt ins Pla-
nungsgeschehen ein. Ein Bauwerk von so
hohem Anspruch war nur an der als führend
geltenden französischen Architektur zu messen; deshalb waren der Rat und das Urteil der
namhaftesten Baumeister Frankreichs – Robert
de Cotte und Germain Boffrand – willkommen.
Die Vielfalt der Bauideen und der Formen –

Französisches, Italienisches, Flandrisches, Wie-
nerisches – schmolz Balthasar Neumann, auf
den die Grundideen des Residenzbaus zurückgehen, zur bedeutendsten Herrschafts-
architektur nach Versailles und Schönbrunn
zusammen, wobei ihm anfangs Johann Dientzenhofer zur Seite stand. Man hat Neumann
als den eigentlichen Bauherrn der Residenz
bezeichnet, denn er überlebte drei Fürstbischöfe und leitete das Baugeschehen von der
Grundsteinlegung bis zur Vollendung.

Beim Tode des ersten Bauherrn Johann Philipp Franz 1724 war erst der Nordwestpavillon
aufgeführt, die anschließenden Trakte standen
im Rohbau. Unter dem nachfolgenden Fürstbischof Christoph Franz von Hutten (1724–29)
stockte das Bauunternehmen. Erst mit dem
Regierungsantritt des Fürstbischofs Friedrich
Karl von Schönborn 1729 wurden die Arbeiten
intensiv wiederaufgenommen. 1744 war die
gesamte Residenz unter Dach und die Innenausstattung im Gange. Nach dem Tode Friedrich Karls von Schönborn 1746 stockten die
Arbeiten erneut unter dem Nachfolger Anselm
Franz Graf von Ingelheim. Erst dessen Nachfolger Carl Philipp von Greiffenklau (1749–55)
trieb die Ausgestaltung der Prunkräume im
Corps de logis voran. Fürstbischof Adam Friedrich von Seinsheim (1755–79) führte die Aus-
stattungsarbeiten schließlich in den noblen,
kargen Formen des Louis-seize fort.

Nach der Säkularisation wurde die Residenz
für zehn Jahre Wohnsitz des Großherzogs von
Toscana. 1815 gelangte sie an die bayerische
Krone. Beim Bombenangriff auf Würzburg am
16. März 1945 sank auch die Residenz in Schutt
und Asche. Nur der Mittelbau mit der großarti-
gen Raumfolge Balthasar Neumanns und den
Fresken Tiepolos trotzte dem Inferno. Die
exemplarisch sorgfältigen Wiederaufbau- und
Restaurierungsarbeiten durch die Bayerische
Verwaltung der Staatlichen Schlösser, Gärten
und Seen konnten 1987 mit der Rekonstruktion
des Spiegelkabinetts abgeschlossen werden.

Künstlerisch wesentlich ist die große äußere
Form des Residenzkomplexes. Zwei Bauthe-
men sind verwirklicht: das Zwillingsschloß und

›Amerika‹ aus Tiepolos
Deckengemälde im
Treppenhaus

Stadtfront des Schlosses
mit Ehrenhof

Würzburg, Residenz, Grundriß
des Hauptgeschosses:

1 Vestibül (Erdgeschoß);
2 Gartensaal (Erdgeschoß);
3 Treppenhaus; 4 Weißer Saal;
5 Kaisersaal
6–10 *Südliche Kaiserzimmer*
6 Vorzimmer; 7 Audienz-
zimmer; 8 Venezianisches
Zimmer; 9 Spiegelkabinett;
10 Galerie
11, 12 Dienerschaftszimmer;
13 Gang; 13a Durchgangs-
zimmer
14–21 *Nördliche Kaiserzimmer*
14 Vorzimmer; 15 Audienz-
zimmer; 16 Rotes Kabinett;
17 Gründamasten-Zimmer;
18 Parade-Schlafzimmer;
19 Erstes Gastzimmer;
20 Zweites Gastzimmer;
21 Grünlackiertes Zimmer;
22 Dienerschaftszimmer
23–29 *Staatsgalerie*
23 Erstes Galeriezimmer;
24 Zweites Galeriezimmer;
25 Drittes Galeriezimmer;
26 Viertes Galeriezimmer;
27 Nordoval-Galeriesaal;
28 Fünftes Galeriezimmer;
29 Sechstes Galeriezimmer;
30 Dienerschaftszimmer
31–38 *Ingelheimzimmer*
31 Saal; 32 Rotes Vorzimmer;
33 Grünes Schreibzimmer;
34 Gelbes Eckkabinett;
35 Blaues Vorzimmer;
36 Gelbes Audienzzimmer;
37 Grünes Eckkabinett;
38 Huttenkabinett;
39 Dienerschaftszimmer
40 Charlottengang;
41 Schriftenstand;
42 Fürstensaal; 43 Hofkirche

der Corps de logis, der Saalbau. Nach anderer
Interpretation verbindet die Würzburger Residenz den in Frankreich ausgebildeten Typus
des Landschlosses mit Ehrenhof mit dem
mehrhöfigen Typus des Stadtpalastes. Die Mittelachse ist auf die Spitze der Bastion der barok-
ken Stadtbefestigung ausgerichtet, die an der
Ostseite das Baugelände eingrenzte.

Zwei gleichartige Palastbauten um jeweils
zwei Innenhöfe prägen die Stadtfront. In der
Tiefe des Ehrenhofes verbindet der Corps de

logis die durch Eckpavillons betonten Zwillingspaläste. Zum Vorplatz ist als Bindeele-
ment das einstige Ehrenhofgitter von Johann
Georg Oegg hinzuzudenken (1821 beseitigt, an
seiner Stelle seit 1894 der Franconia-Brunnen);
Gittertore am Rennweg und am Gesandtenbau
zeugen noch heute vom Können dieses virtuo-
sen Hofschlossers und seines Sohnes Anton
Oegg.

Die heutigen Seitenfronten zum Rennweg
im Norden und zum Garten im Süden bekräfti-
gen den Eindruck zweier Paläste. Ovale Mittel-
rotunden sind hier die dominierenden Motive.
Sie stehen in Verbindung mit Querflügeln, die
die Innenhöfe trennen. Neumann bekämpfte
die Ovalrotunden, eine Planidee Maximilian
von Welschs, bis zuletzt als Fremdkörper ohne
Analogie im Gesamtkomplex. Neumanns
Alternative waren kubische Mittelbauten;
doch er konnte den Fürstbischof nicht für eine
Änderung gewinnen.

Die Gartenfront nach Osten faßt die Themen ›Zwillingspaläste und Saalbau‹ zusammen, durchdringt und vollendet sie. Der Mittel-
pavillon ist eine von Neumann überarbeitete
Variation des Mittelbaus am Oberen Belvedere
in Wien, Hildebrandts Meisterwerk. Dennoch
ist in Würzburg etwas Neues, von andersartiger
Wirkung, entstanden. Hildebrandt gibt dem
Mittelbau am Oberen Belvedere »ein unge-
wöhnliches Verhältnis, indem er in der Mitte
Doppelstützen, außen einfache verwendet;
dadurch verliert sein Bau gerade dort scheinbar
an Stabilität, wo sie am meisten benötigt ist, an
der Ecke. Neumann hat das normale Verhältnis
durch Einfügen von Doppelstützen außen und

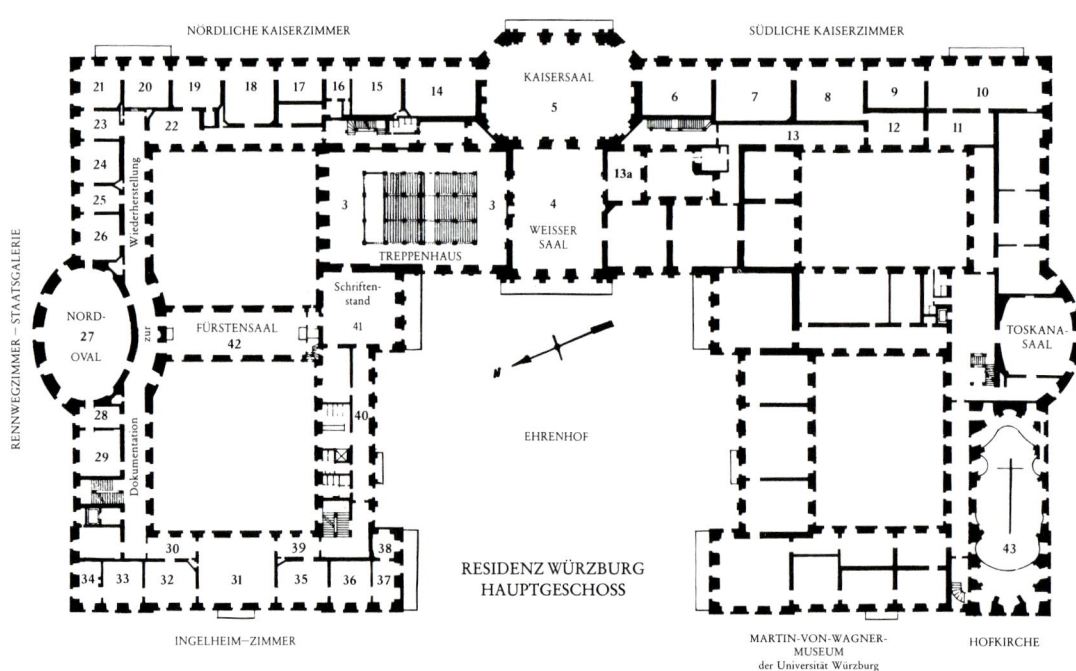

einfachen innen wieder hergestellt; außerdem sind seine Fensterverhältnisse ansprechender. Durch die Zurückhaltung in der Gliederung der Flügelbauten und durch Bereicherung des Mittelteils mit dem Giebel sowie durch die glänzende Überleitung beim Zusammenschluß der einzelnen Bauteile weiß er die Dominante glücklich zur gesteigerten Wirkung zu bringen und hat so eine Vollkommenheit zu erreichen vermocht, die dem Hildebrandtschen Werk versagt blieb« (Georg Eckert).

Integrale Motive der Residenzkonzeption sind die vier Innenhöfe. Sie begründen die Interpretation des Nord- und Südblocks als Zwillingspaläste mit; die klaren, sorgsam proportionierten Innenhoffronten sind Ausgangspunkt für die Fassadengliederung der ganzen Residenz mit der charakteristischen Fensterordnung für die Doppelfolge von Voll- und Halbgeschoß.

Freilich werden die Außenfassaden ungleich reicher gestaltet, trennende Gurtgesimse zwischen Voll- und Halbgeschossen fehlen, nun verklammern unten eine toskanische und oben eine komposite Pilaster- oder Säulenordnung jede Geschoßeinheit in unterschiedlichen Intervallen. Die untere Stockwerkzone setzt sich von der oberen durch horizontalen Fugenschnitt ab. Auf französischen Einfluß ist die Gestaltung der Ehrenhoffronten mit ihrem Arkadenmotiv zurückzuführen. Die Fensterrahmungen der Voll- und Halbgeschosse sind differenziert. Die Bauplastik, in ihrer Vielfalt verschwenderisch, ist strikt an die Fenster- und Pilasterordnung oder an die Giebel- und Abschlußbalustraden gebunden; nach Neumanns Architekturauffassung kommt der Bauplastik kein Eigenleben im Gesamtbild zu.

Die letztgültige Ausformung der Fassadenarchitektur war nicht mühelos gefunden. Woher Planvorschläge auch kamen, Neumann überarbeitete sie wenigstens in einem Punkt, bevor er sie verwirklichte: in den Maßverhältnissen.

Kaum ein Betrachter, der nicht die handwerkliche Perfektion bewundert, mit der Neumanns Steinmetze und Bildhauer den gelbgrünlichen Sandstein bearbeitet haben. Mit dem Baufortgang nahm die Sorgfalt beim Herrichten und Vermauern der Quader zu. So sehr wir heute Schönheit und Wärme des Natursteinmaterials schätzen, Neumann würde das Äußere der Residenz im steinsichtigen Zustand als unvollendet betrachtet haben. Nach neuen Befunden ließ er den Sandstein einheitlich mit Pigmenten streichen, die nichts anderes waren als gemahlener Sandstein von der gleichen Sorte wie der verbaute, gebunden mit Kalk und Kasein. Die Fugen wurden mit Kitt geschlossen, dem ebenfalls gemahlener Sandstein zuge-

geben war. Die Gliederungselemente setzten sich im weißlichen Ton, vielleicht silbergrau, gegen die im Sandsteinton gefaßten Wandflächen ab. Die Skulpturen waren in weiß gehalten.

Die Hinwendung zum Imperialen ist nicht nur durch wienerische Formen am Außenbau zum Ausdruck gebracht, sondern auch durch die innere Organisation des Palastes und dessen Ausstattung, die vor allem in den fruchtbarsten Perioden der Schloßbaugeschichte geschaffen wurde: unter den Fürstbischöfen Friedrich Karl von Schönborn und Carl Philipp von Greiffenklau.

Die Haupträume sind im Corps de logis zusammengefaßt: zu ebener Erde Vestibül und Gartensaal, an der Nordseite des Vestibüls führt das Treppenhaus ins Hauptgeschoß. Zunächst erreicht man die »Salle des gardes«, wegen der Fassung und der züngelnd-lebendigen Stukkaturen von Antonio Bossi Weißer Saal genannt, und von hier aus gelangt man nach einer Wende um neunzig Grad in das Herzstück des Schlosses, in den Kaisersaal.

Dorthin aber führte nicht der offizielle Weg etwa eines auswärtigen Gesandten zum Fürstbischof. Friedrich Karl von Schönborn hatte sein »hochfürstliches Appartement«, die Staatsraumfolge, 1733–37 im Südblock zum Ehrenhof und zu einem kleineren Teil zur Stadt hin einrichten lassen; Anfang des 19. Jahrhunderts wurde es neu ausgestaltet und teilweise baulich verändert, 1945 brannte es aus. Es bestand aus erster Antichambre (auch große Tafelstube) im Pavillon der Südostecke des Ehrenhofes, zweiter Antichambre, Audienzzimmer, großer Retirade, Schlafzimmer in Verbindung mit einem Kabinett und kleiner Retirade, Bibliothek, Garderobe, Kammerdienerzimmer und Aufwartzimmer; über einen angrenzenden Korridor erreichte der Fürstbischof die Hofkirche.

Die große Raumfolge der Schloßmitte setzt mit Vestibül und Gartensaal ein. Ohne Freistützen, damit Karossen unbehindert einfahren, wenden und vor der Stiege an der Nordseite halten konnten, ist das Vestibül von imponierender Weite. Gewagt sein flachgespanntes Gewölbe, dessen Spiegel sich der Horizontalen nähert. Die Ränder des Gewölbes sind stark durch Archivolten und deren Stichkappen aufgezehrt. Die Kräfte, die zu bändigen waren, werden an Atlanten Johann Wolfgang van der Auveras erlebbar; ihre Muskeln drohen unter der Last des Gewölbes zu zerreißen. Stuck von Lodovico Bossi und Grisaillemalerei von Franz Anton Ermeltraut (1765/66) nehmen ihm viel von der Klarheit und Monumentalität seiner Erscheinungsform.

Östlich mündet das Vestibül in eine Sala terrena, den querrechteckigen, lichterfüllten Gartensaal. Neumann zeichnete ihn durch zweierlei aus: durch einen Kranz gewölbetragender Freisäulen toskanischer Ordnung aus Marmor, die einen Kernraum mit Umgangsraum formieren, zum anderen durch eine rhythmisch wechselnde Farbigkeit der Marmorsäulen. Sie ist sorgfältig überlegt. Friedrich Karl von Schönborn wünschte »treyerley Marmor«. Neumann schlug für die Langseiten des Gartensaals zwei schwarze Säulen zwischen zwei gelben, an den Schmalseiten zwei rote Säulen vor, die zugeordneten Lisenen in entsprechendem Ton (oder aber auch alle schwarz, rot oder gelb). Weit subtiler die Ausführung! Die geplanten schwarzen Säulen in der Mitte der Langseiten wurden zu lichten gelben; nur Basis und Kapitell dieser Säulen aus Naturmarmor und der Rücklagen aus Stuckmarmor erscheinen in Grau. Die äußeren Säulen der Langseiten sind jetzt in Graurot gewählt, die beiden Säulen der Schmalseiten in Braunrot, alle mit gelben Basen und gelben Kapitellen, »welches« – nach Neumann – »sehr wohl stehet«. Indem Neumann die dunkleren Tonwerte in den Bereich der Querachse legte, visualisiert er mit den gelben Säulen eng an der Hauptachse den Bezug zum Licht, das vom Garten her einströmt.

Neumann berichtete dem Fürstbischof von der »Einristung des Curiosen gewöhlms der Sala terrena« und meinte mit ›curios‹ die schöne, kunstvolle Machart, die Neugierde erwecken kann. Über den Säulen, deren Kapitelle das blockhafte Stück des toskanischen Gebälks tragen, sind vier verschiedene Spannweiten ausgeführt, die größte über den gelben Säulen. »Solch wahrhaft ›curiose‹ Anordnung hat den Zweck, die Freisäulenstellung der ovalen Mitte anzunähern. Diese ist erreicht in dem mittleren Gewölbe, dessen Rand von graziösen Stichkappen weitgehend aufgezehrt wird, so daß die Wölbung, wie mit leichten Spangen nur befestigt, sich wie ein Baldachin über der Mitte aufwölbt« (Erich Hubala). Die Farbigkeit der Marmorsäulen griff Johann Zick in seinen Gewölbemalereien von 1750 auf. Die festlich-kühle Stimmung des Gartensaals ist ebenso von der Sphäre des Gartens geprägt wie die Thematik der Bilder: am Hauptgewölbe ›Göttermahl im Freien‹ und ›Zug der Diana‹. Die Stukkaturen schuf Antonio Bossi 1749.

Nach Neumanns Zeugnis erregte das Treppenhaus, ein Hauptwerk barocker Raumarchitektur überhaupt, schon während des Rohbaus 1737–39 die Gemüter. Als die Umfassungsmauern emporwuchsen, verwunderte sich »anjetzo jeder man über den grossen blatz der haubtsti-

gen«. Der Treppentyp – ein Unterlauf mündet auf ein Wendepodest, von dem aus zwei Stiegen im Gegensinn nach oben führen – ist der geläufigste des 18. Jahrhunderts (vgl. das Treppenhaus von Schloß Augustusburg in Brühl, siehe S. 292).

Man schreitet aus der erdhaft dunklen Zone des Vestibüls hinauf in einen hellen freien Saal mit allseitigem Umgang um die Treppe und riesigem Muldengewölbe. Überwältigend das Opfer an Raum, das Neumann dem Verlangen nach Festlichkeit und Mühelosigkeit brachte. Durch Zwischenpodeste unterbrochen und so in die Länge gedehnt, tragen die Läufe sanft in die Höhe. Überall da, wo sie ihm konstruktiv entbehrlich schien, nahm Neumann Mauermasse weg. Selbst die Schachtwände der Treppe verwandelte er in Arkaden, durch die das Licht auf die Stufen und das Umkehrpodest effektvoll hereinflutete (leider sind die Arkaden unter Fürstbischof Adam Friedrich von Seinsheim zu leeren Wandflächen vermauert worden).

Fürstbischof Friedrich Karl von Schönborn erkannte bereits die Qualität des Räumlichen, als alles noch im Rohbau stand: »... das allerschönste aber ist ... das Stigen und das Vestibuli ungemein große gewölber, welche samt der Sala terrena u. d. Haubtsaal vorttrefflich wohl reuhsirt seyind ..., die in ihrem rauhen Mauerwerk aussehen, als ob sie gegossen wären ...«

Das Muldengewölbe über dem Treppenraum ist ein Wagestück sondergleichen. Es hat

Weißer Saal mit Durchblick ins Treppenhaus

eine Spannweite von 19 mal 32,60 Metern bei einer Stichhöhe von 5,50 Metern. Der untere Ansatz der 24 bis 30 cm starken Gewölbeschale besteht aus Ziegel, der obere Teil zur Minderung des Eigengewichts aus Tuffstein; aus Ziegel wiederum sind die Verstärkungsgurte auf dem Rücken des Gewölbes gefügt. Das Steinmaterial ist mit ›Heißkalkmörtel‹ zu einer nahezu homogenen Schale vermauert, die fast einer Betonschale entspricht. Neumann zweifelte nicht an der Haltbarkeit seiner Konstruktion. Um sie zu beweisen, wollte er nach einer Anekdote unter dem Gewölbe Kanonen abfeuern; wahrscheinlich unterblieb dieses Experiment. Als aber im Zweiten Weltkrieg das brennende Dachwerk auf das Gewölbe krachte, hielt es der Erschütterung stand.

Neumann dachte sich für das Gewölbe, ferner als Tür- und Fensterbekrönung eine ähnlich spritzige Stuckdekoration, wie sie Antonio Bossi im Weißen Saal verwirklichte; das Treppengeländer und die Brüstung des Umgangs sollten aus züngelndem Rocaillewerk bestehen. Bekannt sind Dekorationsentwürfe für die Schachtwände und die Wand gegen den Weißen Saal. Alles blieb unausgeführt bis auf die Pilastergliederung des Treppensaals. 1752/53 bemalte Tiepolo das Gewölbe mit dem größten Fresko, das jemals geschaffen wurde: Apollo als Schirmherr der Künste und Fürstbischof Carl Philipp von Greiffenklau als fränkischer Maecenas, dessen Bildnis von Fama zum Licht emporgehoben wird und dem in grandiosem Aufzug die vier Erdteile huldigen. In erweitertem Sinne muß diese unübertroffene Weltdarstellung als Verherrlichung des Geistes verstanden werden, der die ganze Schöpfung erfüllt und in Würzburg sich unter der Herrschaft des Fürstbischofs durch große Werke der Kunst manifestiert.

Unter Fürstbischof Adam Friedrich von Seinsheim erhielt der Treppenraum seine bis heute bewahrte Ausstattung im damals modernsten Geschmack: à la Romaine. Der Stuck von Lodovico Bossi (1765–66) und die Skulpturen der Balustrade von Peter Wagner (1771–76) sind der Neumannschen Raumschöpfung und dem Meisterwerk Giovanni Battista Tiepolos nicht ebenbürtig.

Der Kaisersaal ist als gemeinsamer Vorsaal der beiden angrenzenden Prunkappartements aufzufassen, und in dieser Eigenschaft war er auch Ort für festliche Gastmähler. Kaisersäle waren durch ihre Ikonographie geprägte Räume. Im Mittelpunkt ihrer Bildprogramme stand die bildhafte Präsenz von kaiserlichen Ahnen. Würzburg besitzt in diesem Sinne keinen wirklichen Kaisersaal, denn er zeigt keine Herrschergalerie, statt dessen malte Giovanni

Battista Tiepolo 1751/52 in seiner meisterhaften theatralischen Phantasiesprache in der Gewölbezone Ereignisse aus der Stauferzeit, bei denen das Bistum Würzburg eine führende Rolle spielte: Die Trauung Kaiser Friedrich Barbarossas mit Beatrix von Burgund durch den Würzburger Bischof Gebhard und die Belehnung Bischof Herolds mit dem Herzogtum Franken auf dem Reichstag zu Würzburg durch Kaiser Friedrich Barbarossa. Im Deckenspiegel erscheint die Allegorie des ›Genius Imperii‹, verkörpert durch Friedrich Barbarossa, dem Apollo im Sonnenwagen die Braut Beatrix von Burgund zuführt.

Nicht mehr Friedrich Karl von Schönborn, sondern Carl Philipp von Greiffenklau, der das fürstliche Mäzenatentum der Schönborn fortsetzte und diesem Hause durch Herkunft und Begabung verwandt war, vollendete die imperiale Sinngebung des Schlosses. Greiffenklau wußte den Bogen aus dem Mittelalter in die Gegenwart hinüberzuspannen: den Bischofs-

gestalten beider Historienbilder ließ er seine eigenen Porträtzüge geben.

Formal und künstlerisch gehört der Kaisersaal, den Balthasar Neumann gestaltete und Antonio Bossi stuckierte, zu den großen Ereignissen barocker Bau- und Ausstattungskunst; er ist ein Gesamtkunstwerk von unvergleichlicher Farbharmonie und Vollkommenheit.

Die Raumfolgen beiderseits des Kaisersaals, eine einzige Enfilade in der ganzen Länge des Gartenflügels und durch ihre exponierte Lage dem Appartement des Fürstbischofs übergeordnet, standen als Fürsten- und Kaiserzimmer für hohe und allerhöchste Besucher bereit und sollten bei solchen Anlässen den Glanz des Würzburger Hofes im würdigen Lichte erscheinen lassen.

Die südlichen Kaiserzimmer, 1740–42 dekoriert, 1945 ausgebrannt, doch größtenteils rekonstruiert unter Verwendung der geretteten ursprünglichen Ausstattung oder anderer Kunstwerke, bilden ein vollständiges Apparte-

›Apollo im Sonnenwagen mit Beatrix von Burgund‹, Ausschnitt aus dem Deckenfresko im Kaisersaal von Giovanni Battista Tiepolo

ment für den Kaiser, bestehend aus Vorzimmer, Audienzzimmer, Schlafzimmer, Spiegelkabinett und Galerie.

Friedrich Karl von Schönborn bestimmte die Ausstattung der Zimmer im Rokokostil hauptsächlich selber und zog hierfür Wiener oder in Wien geschulte Dekorationskünstler heran, die unter dem Hofmaler und Dessinateur Johann Rudolph Byss arbeiteten. Als Hauptausstattungsstücke im Vor- und Audienzzimmer dienen Brüsseler Wirkteppiche mit Szenen aus der Geschichte Alexanders des Großen – passend zur imperialen Sphäre dieser Räume.

Das Schlafzimmer, auch Venezianisches Zimmer, hat seine kostbare »blonde« Nußbaumholzvertäfelung mit aufgelegten vergoldeten Zieraten aus Zinn und eingelassenen Tafelbildern bewahrt.

Das Spiegelkabinett, 1742–45 von dem Bildhauer Johann Wolfgang van der Auvera und dem Stukkateur Antonio Bossi geschaffen, wurde 1945 völlig zerstört; es galt als das vollkommenste Raumkunstwerk des Rokoko und als das schönste seiner Art. Eigenartig das Zusammenspiel von verspiegelten, vergoldeten und farbig in Hinterglasmaltechnik gestalteten Wandgläsern, dazu eine unübertreffbare Formenvielfalt des Stucks. Auf der Grundlage aller verfügbaren Fotografien, eines erhaltenen Spiegelfragments, das technische Hinweise bot, und eines präzisen Deckfarbenaquarells von Georg Dehn (1876) wagte man 1979–87

den Versuch einer Rekonstruktion. Zumindest ist erreicht, daß sich zusammen mit den originalen geretteten Einrichtungsstücken die grandiose Wirkung des verlorenen Raumkunstwerks heute nacherleben läßt.

Die nördlichen Kaiserzimmer, unter Friedrich Karl von Schönborn 1743 begonnen, aber durch ihn nicht mehr vollendet, 1945 ausgebrannt, jetzt rekonstruiert unter Verwendung der geretteten ursprünglichen Ausstattung, gliedern sich in zwei ungleiche Hälften: Die fünf ersten Zimmer nach dem Kaisersaal, das Appartement der Kaiserin, sollten im Prunk der Rokoko-Ausstattung die südlichen Kaiserzimmer fortsetzen; die restlichen Räume wurden unter Adam Friedrich von Seinsheim in den Formen des späten Rokoko im Übergang zum Klassizismus gestaltet. Schönster Raum dieser Ausstattungsperiode ist das Grünlackierte Zimmer. Die Wände zeigen ein leuchtendes Grün, das lasierend auf einem Silbergrund aufgetragen wurde.

Die angrenzenden Rennwegzimmer 23–29 dienen seit 1974 als Staatsgalerie mit hauptsächlich venezianischen Gemälden des 17. und 18. Jahrhunderts, darunter zwei Gemälde Giovanni Battista Tiepolos – ›Rinaldo im Zauberbann Armidas‹ und ›Rinaldos Trennung von Armida‹ –, die 1753 in Würzburg entstanden.

Den stilgeschichtlichen Höhepunkt in der Ausstattung der Residenz unter Fürstbischof Adam Friedrich von Seinsheim bilden die so-

Saal der Ingelheimzimmer

genannten Ingelheimzimmer des Nordflügels (1776 ff.), vom Hofstukkateur Matterno Bossi zusammen mit dem Hofbildhauer Peter Wagner gestaltet. Die Räume gelten als »eines der edelsten Werke des beginnenden Klassizismus in Deutschland« (Edmund Renard). Das auffälligste Merkmal im Erscheinungsbild ist versilberter Stuck auf farbig gefaßten Wänden. Fünf der Räume haben noch die von Johann Peter und Carl Anton Castelli 1724–25 im Stil der Régence stuckierten Decken beziehungsweise Hohlkehlen bewahrt – die frühesten Stuckdekorationen in der Würzburger Residenz.

In der Dedicatio zur Festschrift anläßlich der Hofkirchenweihe 1743 schrieb Balthasar Neumann, die Stadt Würzburg sei beglückt, »da sie nunmehro in Dero Hochfürst[lichen] Residenz mit ehrerbietsamen augen betrachtet und bewunderet eine durch zehen jahrenfrist verfertigte ... prachtichste Hof-Kirch«. Angesichts ihrer »zier-volle(n) ausarbeithung« werde jedermann überzeugend belehrt, wie liebevoll und furchtsam Gottes Herrlichkeit geachtet werde, »welchem zur wohnung solcher fürstlich-kostbare Sitz bereitet ist«. Mit seiner Schrift wollte Neumann auch den »vielen jahrhunderten erst vorkommende nachfahren zu unserer verehrung und ihrer bewunderung« bezeugen, »wie sehr unser Franckhen in diesen jahren beglückht gewesen seye mit seinem obristen hirten, Fürsten-Vatter und Landsregenten, welcher, da er nichts als grosse thaten zu unternehmen pflegt und auszuführen wünscht, ein solches, wie in anderm allem also besonders in Herstellung diese Kost-prächtigen residenz- und Hof-Kirch mercklichst bethätiget und bekräftiget hat«. Die Rede ist von einem der vollendetsten Kirchenräume das Barock. Mehrere Vorprojekte sind bekannt, bei denen Neumann mit Johann Lucas von Hildebrandt konkurrierte. Der Fürstbischof behielt sich vor, aus Neumanns und Hildebrandts Planvorlagen »daß beste demnächst herauszuwehlen«.

Ein erfolgloses Projekt von Hildebrandt mit Kuppelrotunde wurde zum Ausgangspunkt für eine unkonventionelle Raumkonzeption Neumanns. Dieser entwarf den Grundriß auf der Grundlage von Ovalfiguren. In den langgestreckten achtachsigen Raumgrundriß trug er – bei der Hauptquerachse beginnend – eine Gruppe von fünf Ovati auf: ein großes längsgerichtetes im Zentrum, zwei quergelagerte Außenovati, die das Mittelovato berühren, hinzu kamen zwei flachere, quergerichtete Klammerovati über den Berührungspunkten. Alle raumbildenden Gestaltungsschritte sind in diesem System ovaler Figuren angelegt. Ihre Überschneidungspunkte bezeichnen die

Zweites Gast- oder Teezimmer

Standplätze der Stuckmarmorsäulen vor den Längsmauern. Mit Wölbschalen zwischen kurvig geführten Gurten auf ›sitzenden Pilastern‹ überkuppelt, konstituieren die Säulen drei Rotunden, denen die beiden Klammerovati gleichsam eingebildet sind, als Füllung der Lücken zwischen den Rotunden. Diese sekundären Ovale lassen sich verstehen als Konstruktionslinien, die in der Ausführung wie Hilfslinien auf einer Zeichnung ausradiert wurden. Völlig sind sie freilich nicht aus dem Raumbild eliminiert. Wir treffen sie aber an anderen Stellen an als im Gewölbebereich: Sie motivieren den leichten Einschwung der Wandstücke zwischen den Rotunden, zum andern folgt die Orgelempore samt ihrer vorderen Säulenstellung der Kurvatur des westlichen Klammerovatos. Die konstruktionsimmanenten Säulen entlang der Längswände sollen »die kreisenden, in sich selbst zurückkurvenden und stets eigenständig behauptenden Ovati auch im Aufbau anschaulich und gleich einem mitwachsenden Korsett durchrüsten und straffen« (Harmen Thies). Der Betrachter erkennt die Zuordnung an der Stellung der Säulen und an der kurvigen

Ausformung ihrer Sockelstirnseite. Als »Elemente artikulierender Verdichtung des Gefüges« (Thies) erweisen sich die Säulen im Eingangs- und Chorbereich.

Die Ausgestaltung des Raumes mit farbigem Stuckmarmor und vergoldetem Stuck ist prunkend. Entwürfe Hildebrandts zeigen, daß die Idee der Dekoration in der Hauptsache sein Anteil am Gesamtkunstwerk der Hofkirche ist. Neumann sah einen Hochaltar vor, der bis in die Gewölbezone hinaufragte. Ausgeführt wurde die Lösung, die Friedrich Karl von Schönborn 1734 wünschte: mit einem Altar und einem zweiten – privat für sich selbst – auf der Chorempore darüber. Der Bauherr und Hildebrandt bestimmten auch die Farbigkeit des Raumes: »weilen die ganze Kirche viel Weiß, Gold und hohe Farbe hat«, sei für die Kontrastwirkung im Gesims schwarzer und gelbbrauner Marmor zu verwenden, schrieb der Fürstbischof 1736 dem Schöpfer der Gewölbemalereien, Johann Rudolph Byss. Dieser malte in den Gewölben das ›Martyrium der Frankenapostel Kilian, Kolonat und Totnan‹, die ›Himmelfahrt Mariens‹, den ›Engelssturz‹ und die ›vier Evangelisten‹. Für die Seitenaltäre schuf Giovanni Battista Tiepolo 1752 die Leinwandgemälde ›Engelssturz‹ und ›Himmelfahrt Mariens‹. Stukkaturen und Stuckfiguren stammen von Antonio Bossi, die Skulpturen am Hochaltar (Kilian und Burkhard) und an den Seitenaltären von Johann Wolfgang van der Auvera.

Friedrich Karl von Schönborn wollte die Hofkirche kostbar und prächtig, ihr fürstlichrepräsentativer Charakter sollte sie von den Pfarrkirchen in der Stadt unterscheiden; deshalb verbot der Bauherr auch, Beichtstühle einzubauen.

1945 beschädigten Feuer und Wasser die Hofkirche, insbesondere die Gewölbemalereien schwer. Die glänzend gelungene Wiederherstellung konnte 1963 abgeschlossen werden.

Den Residenzplatz flankieren an der Nordseite der um 1700 von Antonio Petrini errichtete Rosenbachhof und an der Südseite der Gesandtenbau, eine Kopie des Rosenbachhofs von Johann Philipp Geigel 1765–70. Von Geigel stammen auch die an die Gebäude angrenzenden Kolonnaden mit hohen Abschlußsäulen aus der Zeit um 1770.

Die Ausgestaltung des Hofgartens begann erst nach Vollendung der Residenz, wurde aber niemals fertiggestellt. Der Ostgarten nach Entwurf von Johann Prokop Mayer nach 1770 zieht sich über Terrassen in die Spitze der Bastion hinauf. Peter Wagner und seine Werkstatt schufen die Gartenplastiken. Den Südgarten legte Hofgärtner Johann Demeter nach Plänen

Johann Michael Fischers von 1756–58 an; von Wagner stammen hier die Skulpturengruppen ›Raub der Europa‹ und ›Raub der Proserpina‹. Im heutigen Zustand sind die Gartenanlagen im Osten und Süden der Residenz das Ergebnis einer Regenerierung aus neuerer Zeit – ohne den Anspruch, einen bestimmten historischen Zustand rekonstruieren zu wollen. – Den Südwestgarten gestaltete Johann Philipp Geigel 1793 im englischen Landschaftsstil.

Neben den museal genutzten Prunkräumen, die den Besuchern zur Besichtigung offenstehen, birgt die Residenz eine Reihe staatlicher Einrichtungen: Institute der Universität, das Martin-von-Wagner-Museum der Universität, das Staatsarchiv, eine Außenstelle des Bayerischen Landesamtes für Denkmalpflege und anderes.

Literatur

Erich Bachmann/Burkhard von Roda/Rolf Kultzen, Residenz Würzburg und Hofgarten. Amtlicher Führer, 11. Nachkriegsaufl. München 1988 (mit umfassendem Literaturverzeichnis).

Frank Büttner, Giovanni Battista Tiepolo. Die Fresken in der Residenz zu Würzburg, Würzburg 1980.

Georg Eckert, Balthasar Neumann und die Würzburger Residenzpläne, Straßburg 1917.

Max H. von Freeden/Carl Lamb, Das Meisterwerk des Giovanni Battista Tiepolo. Die Fresken der Würzburger Residenz, München 1956.

Wilfried Hansmann, Balthasar Neumann. Leben und Werk, Köln 1988[3].

Erich Hubala/Otto Mayer, Die Residenz zu Würzburg, Würzburg 1984.

Bernhard Schütz, Balthasar Neumann, Freiburg 1986.

Richard Sedlmaier/Rudolf Pfister, Die fürstbischöfliche Residenz zu Würzburg, München 1923.

Harmen Thies, Grundrißfiguren Balthasar Neumanns. Zum maßstäblich-geometrischen Rißaufbau der Schönbornkapelle und der Hofkirche in Würzburg, Florenz 1980.

Ansicht von Schloß Augustusburg Luftaufnahme von Süden ▷

Treppenhaus mit Blick in den Gardensaal ▷▷

Speise- oder Musiksaal
Gelbes Appartement. Blick aus dem Schlafzimmer durch die Enfilade

Deckengemälde von Carlo Carlone im Speise- oder Musiksaal: Apollo als Führer der Musen ▷

Unteres Vestibül und Treppenhaus in Schloß Falkenlust

Ansicht des Schlosses Falkenlust

◁◁ Schloß Augustusburg. Audienzsaal des Großen Neuen Appartements mit Blick in den Garten

Lackkabinett
in Schloß Falkenlust ▷

Wilfried Hansmann

Schloß Augustusburg und Schloß Falkenlust in Brühl

Schloß Augustusburg

Bauherr des Schlosses Augustusburg war Clemens August (1700–1761), der fünfte und letzte Kurfürst und Erzbischof von Köln aus dem Hause Wittelsbach. Als er 1723 die Kurwürde erhielt, übernahm er zwar die Bonner Residenz seines Onkels und Vorgängers Joseph Clemens als Regierungssitz, doch Clemens August wollte seine eigene Herrscherwürde in einem von ihm selbst errichteten Schloßbau dargestellt sehen. Den Grundstein hierzu legte er 1725 in den Ruinen einer Wasserburg in Brühl, die im 13. Jahrhundert als Landesburg der Kölner Erzbischöfe errichtet und 1689 im Dritten Eroberungskrieg Ludwigs XIV. zerstört worden war. Clemens August schätzte Brühl wegen der Schönheit der Landschaft und der Gunst für die geliebte Falkenjagd.

Drei Jahre nach der Grundsteinlegung war der Rohbau fertiggestellt. Den Plan zu der dreiflügelig nach Osten geöffneten Anlage – zunächst noch nicht als Residenz, sondern als Jagdschloß gedacht – entwickelte der Westfale Johann Conrad Schlaun, damals Oberbaumeister des Kurfürsten. Die auffallend geringen Abmessungen des Gebäudes haben einen nüchternen Grund: Clemens August wollte durch die Wiederverwendung der Wasserburgruinen Baukosten sparen. Schlaun hatte deshalb zu untersuchen, welche Mauerteile erhalten werden konnten. So erklärt sich, warum die heutige Anlage nur wenig umfangreicher ist als der Vorgängerbau. Dessen Mauern blieben im Nordflügel des Schlosses teilweise bis ins zweite Obergeschoß bestehen. Schlaun übernahm auch den schweren Rundturm des Mittelalters an der Nordwestecke und errichtete einen gleichartigen an der Südwestecke als Kapellenturm. In der Fassadenarchitektur ließ Schlaun – gerade von einer Studienreise aus Italien zurückgekehrt – Bauformen Francesco Borrominis und Giovanni Lorenzo Berninis anklingen. Das Schloß sollte von den Wassergräben der alten Landesburg umgeben bleiben. Schlaun plante, ihre Vorburg zur Stadt hin symmetrisch auszubauen und vor dem Ehrenhof des Schlosses einen Ziergarten anzulegen.

Vermutlich hätte Schloß Augustusburg die Gestalt einer kurkölnischen Landesburg Schlaunscher Prägung behalten, hätte nicht der bayerische Kurfürst Karl Albrecht, der Bruder Clemens Augusts, den Vorwurf geäußert, wie man so etwas Altertümliches bauen könne. Clemens August ließ sich zu einer grundlegenden Planänderung bewegen, und Karl Albrecht entsandte aus München seinen Hofarchitekten

Blick in die »Cour d'honneur«

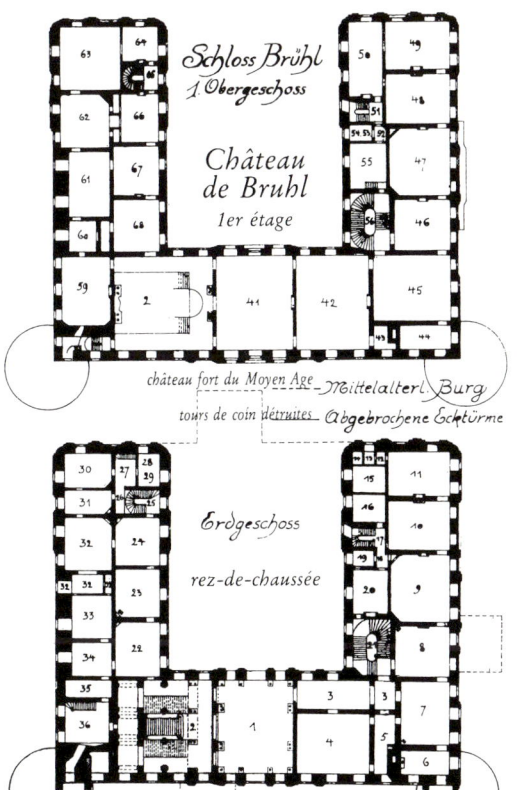

Grundriß des Schlosses, Erdgeschoß und erstes Obergeschoß

Erdgeschoß: 1 Vestibül; 2 Treppenhaus; 3 sog. Falkengang; 4 Sommerspeisesaal; 5 Anrichte; 6–11 Sommerappartement; 22–24 Ritterstube und Vorzimmer des Blauen Winterappartements (25–36 teils im Zweiten Weltkrieg, teils schon vorher zerstört)
Erstes Obergeschoß: 2 Treppenhaus; 41–50 Großes Neues Appartement; 59–68 Gelbes Appartement (63 und 64 Cabinet de la musique und Indianisches Lackkabinett, im Zweiten Weltkrieg zerstört)

Blick aus dem Vestibül ins Treppenhaus. Stuck von Giuseppe Artario, Carlo Pietro Morsegno und Joseph Anton Brilli

François de Cuvilliés und den Gartenkünstler Dominique Girard nach Brühl. Schlaun wurde als Bauleiter abgelöst; fortan war er nur noch in Westfalen für den Kurfürsten tätig. Cuvilliés erhielt den Titel »erster Baumeister«. Da er nur selten in Brühl sein konnte, übernahm der kurkölnische Hofarchitekt Michael Leveilly die Bauleitung vor Ort.

Cuvilliés entwickelte einen Gesamtplan für die Umgestaltung des eben erst durch Schlaun vollendeten Rohbaus. Diese Überlegungen betrafen die gesamte Innenraumdisposition und die Gärten. Cuvilliés' Gedanke war, dem Bau die nicht mehr zeitgemäßen Züge einer Wasserburg zu nehmen und statt dessen eine moderne Residenz mit Lustschloßcharakter zu gestalten. Die Wassergräben wurden zugeschüttet, und vor der Südfront entstand nach

den Plänen Dominique Girards ein großartiges Gartenareal. Zwei Orangerien an der Stadtseite verbanden Wirtschaftstrakt und Kirche der Franziskaner als Hofkirche mit dem Schloß.

Im Inneren änderte Cuvilliés völlig die Raumanordnung Schlauns, indem er die Repräsentationsgemächer nach Süden orientierte – dem neuen Garten zu (Schlaun hatte sie umgekehrt vom Hauptflügel aus in den Nordflügel gelegt). Schließlich überarbeitete Cuvilliés die Außenfassaden und ließ die Rundtürme abbrechen. Jetzt erst erhielt das Schloß das Gesicht einer repräsentativen Residenz.

Für Clemens August waren höchste Prachtentfaltung und erlesene Qualität gleich welcher Richtung willkommen, wenn sie nur sein Bedürfnis nach Genuß, Repräsentation und Erhöhung seiner Person erfüllten. Niemals ging vom Fürsten ein Stildiktat aus, nach dem sich die Baumeister und Kunsthandwerker hätten richten müssen. Nur eins war entscheidend: die Künstler mußten die besten ihres Faches sein. Italienisches findet sich regellos neben Französischem, Niederländischem oder Süddeutschem. Brühl läßt die Entwicklung des Rokoko in allen Facetten erleben wie kein zweites Schloß dieser Art.

Die Bauzeit betrug rund vierzig Jahre. Trotz vielerlei Verzögerungen wegen oft versiegender Gelder wurde Schloß Augustusburg eines der glanzvollsten Gesamtkunstwerke des 18. Jahrhunderts in Europa. Clemens August erlebte die Vollendung zwar nicht, doch waren bei seinem Tode 1761 die meisten Appartements und die künstlerisch bedeutendste Ausstattung der Prunkräume fertiggestellt. Der Nachfolger, Kurfürst Max Friedrich von Königsegg-Rothenfels, führte die Arbeiten nach den Plänen seines Vorgängers zu Ende.

Nach dem Zusammenbruch des Kurstaates 1794 wurde Schloß Augustusburg von französischen Revolutionstruppen besetzt und arg demoliert. Kein Möbelstück blieb erhalten. 1815 gelangte das Schloß an die preußische Krone. Es wurde als königliche, später als kaiserliche Residenz am Rhein restauriert. Nach dem Zweiten Weltkrieg ging das Gebäude in den Besitz des Landes Nordrhein-Westfalen über, das für weitere Restaurierungen sorgte und dafür auch heute noch die Gelder bereitstellt.

Nach 1945 waren umfangreiche Wiederaufbau- und Konservierungsarbeiten zu leisten: Eine Bombe hatte einen Teil des Nordflügels weggerissen, in die Westwand des Hauptflügels war eine Artilleriesalve mit verheerender Wirkung eingeschlagen. Erst als die ärgsten Kriegsschäden behoben waren, konnte mit der Sicherung der gesamten Gebäudesubstanz begonnen werden.

Die Restaurierungen der fünfziger und sechziger Jahre zielten auf Wiedergewinnung des ursprünglichen Erscheinungsbildes aller Räumlichkeiten. Veränderungen des 19. Jahrhunderts, damals als Verschandelung verschrien und noch nicht als eigenständige Leistungen erkannt, beseitigte man rigoros. Diese Maßnahmen betrachtet heutige Denkmalpflege, die das »gewachsene Kunstwerk« mit all seinen historischen Schichten zu bewahren sucht, als fragwürdig.

Schloß Augustusburg war zugleich Lustschloß und Residenz. Der Kurfürst widmete sich hier den Regierungsgeschäften, gewährte Audienzen, führte Verhandlungen mit Staatsmännern. Daneben fanden hier die Festlichkeiten des Hofes statt. Das Leben in der Residenz war geregelt durch die Hofordnung. Alles

unterlag einem bis ins kleinste ausgearbeiteten Zeremoniell. Dessen Hauptschauplatz waren Treppenhaus und Großes Neues Appartement, die Hauptraumfolge des Schlosses. Hierzu gehören insgesamt zehn Räume: Treppenhaus, Gardensaal, Speise- oder Musiksaal, erstes und zweites Vorzimmer, Audienzsaal, Paradeschlafzimmer, Kabinett, Bibliothek und Nepomukkapelle.

Diese Raumfolge war für das Empfangs- und Regierungszeremoniell vorgesehen. Hier versammelte sich beim Empfang eines auswärtigen Fürsten oder eines Gesandten zur Audienz der gesamte Hofstaat. Er war hierarchisch gegliedert in vier Gruppen, angefangen bei den Küchenjungen und Zuckerbäckergehilfen, die sich zusammen mit den Klosterfrauen unten an der Treppe einfinden durften, über die Mili-

Audienzsaal des Großen
Neuen Appartements

Fuchsjagd. Gemälde von
Joseph Billieux an der Decke
des Audienzsaals

tärs und die Begleitung des Gastes im Gardensaal bis hin zu den höchsten Geistlichen im
ersten Vorzimmer.

Die Hauptraumfolge ist künstlerisch in besonderer Weise gestaltet. Ihr vielfältig in Stuck
und Malerei inszeniertes Bildprogramm stellt
einen mythologisch-allegorischen Kommentar
über die Bedeutung und das Selbstverständnis
des Kurfürsten dar. Dieser Kommentar beginnt
im Treppenhaus, Balthasar Neumanns architek-
tonischem Meisterwerk, »die wirkungsvollste,
glücklichste, prächtigste und schönste Leistung
des Rokoko in ganz Deutschland« (Paul Clemen). Nach dem Aufstieg über einen Mittel-
lauf führen von einem Podest aus zwei Ober-
läufe ins Piano nobile. Neumanns Auffassung
von plastisch durchgliedertem Raum mittels
Doppelsäulen und Gewölbebrücken ist im
Erdgeschoß beispielhaft zu erleben. Mit jedem
Schritt in die Höhe wird der Raum lichter. Farbiger Stuckmarmor an Säulen, Gewölben und
Wänden und das prachtvolle Deckenfresko von
Carlo Carlone vereinigen sich in diesem Raum
zu unübertroffener Farbharmonie. Im Mittelpunkt des Bildprogramms, das auf die ruhmrei-
che Gestalt des Clemens August zentriert ist,
steht seine vergoldete Stuckbüste in einer
Triumpharchitektur. Noch bevor man den Trep-
penaufstieg beginnt, beherrscht sie den Blick
des Betrachters.

Im Deckenfresko des angrenzenden Garden-
saals ist der Kommentar über den Fürsten fort-
gesetzt. War Clemens August im Treppenhaus
als kurkölnischer Herrscher Mittelpunkt des
Programms, so verherrlicht dieses Deckenfresko – wieder von Carlo Carlone – den Höhe-

punkt in der Geschichte des Hauses Wittelsbach: das Kaisertum Karls VII., des bereits
erwähnten Bruders von Clemens August, Karl
Albrecht. Nach einer zeitgenössischen Beschreibung stellt das Fresko die Götterver-
sammlung dar, die die Aufnahme eines Helden
unter die Himmlischen beschlossen hat. Der
Held auf dem Thron ist nicht Karl VII. leibhaf-
tig, sondern die Gestalt repräsentiert ihn als
»historische Figur« in einer »poetischen Historie«. Religio, Nobilitas, kriegerische Stärke,
guter Rat und Weisheit umgeben den thronenden Helden als seine Eigenschaften, während
Justitia ihm die kaiserlichen Insignien dar-
reicht und die vier Erdteile – herbeigerufen
durch Fama – ihm mit Geschenken huldigen.

Der folgende Raum ist der Speise- oder
Musiksaal. Er war Schauplatz der sogenannten
öffentlichen Bankette, aber auch Aufwartungs-
platz beim Empfangszeremoniell. Mit dem
ungewöhnlich aufwendigen Ausstattungspro-
gramm in Stuck und Malerei ist die Verherrlichung des Kurfürsten ins Kosmologische
gesteigert. Personifikationen und Embleme
der Tages- und Jahreszeiten, der Elemente, der
Künste und Herrschertugenden, von Handel,
Handwerk, Jagd und Kriegskunst an den Wänden und im Deckenstuck sind der Darstellung
von Apollo und den neun Musen auf Carlones
Deckenfresko zugeordnet. Hier erscheint auch
– von Fama vorgeführt – in den Himmelshöhen
das Kreuz des Hochmeisters des Deutschen
Ritterordens, eine Würde, die Clemens August
besonders schätzte.

Im ersten Vorzimmer öffnet sich gleichsam
eine neue Welt: die Welt des Gartens, auf den

der Blick durch Fenstertüren fällt. Garten-
motive sind auch bevorzugt im Deckenstuck
des Raumes aufgenommen. Es ist die Absicht
spürbar, den Betrachter für einen Augenblick
konzentriert auf die Gartenatmosphäre einzu-
stimmen, die für die weitere Raumfolge wichtig bleibt.

Erstes und zweites Vorzimmer sind bewußt
schlicht gestaltet – gemessen am verschwende-
rischen Reichtum des benachbarten Audienzsaals. Der Kontrast soll den Effekt des Erstau-
nens im Audienzsaal erhöhen.

Jeder, der ihn betritt, ist gefesselt von der
reichsten und wohl auch schönsten Decke des
späten deutschen Rokoko. Malerei und vergol-
deter Stuck verbinden sich zu einer Wirkung,
die höchsten Prachtanspruch suggeriert und zugleich Distanz gebietet. Die Stukkaturen rah-

men gemalte Jagdszenen von Joseph Billieux.
Sie erinnern an die Jagdleidenschaft Clemens
Augusts. Die Falkenjagd, die er mit besonderer
Hingabe in Brühl betrieb, erscheint stilisiert im
vergoldeten Stuck zusammen mit seinen Würdezeichen. Dahinter steht die noch im 18. Jahrhundert lebendige Vorstellung aus der Ethik
des Stauferkaisers Friedrich II., nur der könne
ein Amt im Staate verwalten, der es in der
schwierigen Kunst der Falkenjagd, die höchste
Disziplin, Ausdauer und Scharfsinn erfordere,
zur Meisterschaft gebracht habe. Die Ausführung der Decke ist von delikater künstlerischer
Qualität bis in die Details hinein. Der Stil
Joseph Billieux' zeichnet sich durch Nuancen-
reichtum der Farbgestaltung aus.

Um die Plastizität des Stucks auf dem grü-
nen Fond zu steigern, sind um die Stuckmotive
Scheinschatten gemalt. Auch an trüben Tagen
wird so die Illusion erweckt, die Sonne wirke in
den Raum hinein.

In keinem der Räume des Großen Neuen
Appartements erlebt man eindrucksvoller die
Absicht des Rokoko, Innenraum und Garten
engstens aufeinander zu beziehen: Die Stuckdecke nimmt die Strukturen der Broderiebeete
auf, das Grün der Holzvertäfelung und der
Decke korrespondiert mit dem Grün des Gartens.

Eine ähnlich reich gestaltete Decke wie der
Audienzsaal hat das benachbarte Paradeschlafzimmer. Sie zeigt innerhalb einer überreichen
Vergoldung gemalte Szenen: Begegnungen
und Vergnügungen im Park nach Gemälden
von Antoine Watteau und Nicolas Lancret, vermittelt durch Stichvorlagen.

Affen als Falkner.
Aus der Decke des Kabinetts
im Großen Neuen
Appartement

Wandbrunnen im Speisezim-
mer des Gelben Appartements

Speisezimmer im Sommer-
appartement

Fliesen aus dem Speisezimmer
im Sommerappartement

Ins Kabinett zieht sich der Kurfürst zur Ent-
spannung zurück oder bittet hierher zu einer
zwanglosen Konversation. Die leichte Art der
Deckenmalerei – wie im Audienzsaal und im
Paradeschlafzimmer von Billieux – entspricht
glänzend der Funktion dieses Raumes. Zartfar-
bene Treillagen, galante Begegnungen und
köstliche Affendrolerien entzücken das Auge.
Die Affen beschäftigen sich vor allem mit der
Jagd: auch mit der Falkenjagd. Das, was der
Kurfürst bei seinem Aufenthalt in Brühl ernsthaft ausübte und an anderer Stelle als Herr-
schaftsbefähigung demonstrierte, wird hier
amüsant karikiert.

Das Gelbe Appartement, im ersten Obergeschoß des Nordflügels gelegen, war die Privat-
wohnung des Kurfürsten. Eine der elegante-
sten Raumfolgen der Zeit überhaupt, wurde sie
von 1728 an unter François de Cuvilliés in den
Formen der Régence und des frühen Rokoko
ausgestattet. Neben einigen Kabinetten, dem
Schlafzimmer, Vor- und Audienzzimmer gehört zum Gelben Appartement ein Speisezimmer. Es ist – wie auch die meisten anderen
Räume – ganz auf Gold und Weiß, den Farb-
klang der französischen Raumkunst, abgestimmt. In zwei Marmornischen sind Brunnen
eingestellt mit Putten, die vor dem Wasser-
strahl fliehen, den ein Schwan ins Becken speit.
Diese Gruppen, von Guillielmus de Grof in
Blei gegossen, sind die besonderen Schmuck-
stücke des Speisezimmers. Im Stuck, in den

Wandschnitzereien und in den Supraporten
sind all die Köstlichkeiten ausgebreitet, die
einst auf die kurfürstliche Tafel kamen.

Für den Aufenthalt an heißen Sommertagen
stand im Erdgeschoß des Südflügels das Sommerappartement bereit. Seine Gestaltung
sollte bewußt Kühle assoziieren. Die Wände
der Räume ließ Clemens August teilweise ganz
mit niederländischen Fliesen in seinen Haus-
farben Weiß und Blau verkleiden und die
übrige Ausstattung in meist kalten Farbtönen
darauf abstimmen. Der Fußboden wurde mit
Marmor ausgelegt. Öffnete man die Fenstertüren, so gelangte man gleich nach draußen auf
die Terrasse und hinunter in den Ziergarten.
Das Rauschen der Springbrunnen und ihr Anblick, schrieb 1767 Lady Mary Coke, lasse die
angenehme Kühle des Sommerappartements
noch bewußter empfinden.

Schönster Raum ist der Sommerspeisesaal. Seine Fliesenwände prunken mit üppig gesteckten Blumenvasen, Genreszenen nach niederländischen Meistern und Figuren der Commedia dell'arte, alles in der Rotterdamer Manufaktur ›De Bloempot‹ von Jan Aelmis um 1738 gefertigt.

Der Garten

Der Garten von Schloß Augustusburg ist die spätestbekannte Schöpfung Dominique Girards. Noch heute ist sein »garten-dessein so er für Ihro Churfürstliche Durchlaucht dahir gemacht« und für das er am 28. Februar 1728 einen Abschlag von 50 Louisdor erhielt, im Schloß zu sehen.

Girard fand ein älteres wasserumwehrtes Parkareal vor, den Tiergarten, dessen unregelmäßige Umrißform er unangetastet ließ. Den Wassergraben bezog er in ein ausgedehntes Kanalsystem ein; es umgrenzt das Gelände, umschloß einst westlich des Ziergartens den Nutzgarten und östlich ein Boskett.

Schwerpunkt der Anlage ist vor der Südseite des Schlosses der große, von Alleen gesäumte Ziergarten, in den man über die Terrasse hinun-

tersteigt. Leicht eingetieft, besteht er aus einem zweiteiligen Broderieparterre aus Buchs und Rasen und dem halbrund in die Zierbeete einschwingenden Spiegelweiher. Dieser wird gespeist aus dem runden Becken der großen Fontäne mittels einer flachen Kaskade. Die beiden Broderieparterres, jedes mit rundem und vierpaßartigem Brunnenbecken, stehen an Lebendigkeit der ornamentalen Zeichnung keiner anderen Gartenschöpfung des 18. Jahrhunderts nach. Das Filigran der Buchsornamente fassen Blumenrabatten ein. Die Zwickel seitlich der Kaskade füllte Girard mit ornamental durchbrochenen, von schmalen Buchsstreifen umrandeten Rasenstücken. Sie leiten den Blick auf die grüne Kulisse des Tiergartens. Die seitlichen Boskets haben Dreieckform. Girard vermochte sie souverän an das Hauptparterre anzubinden: Die großen Rundsäle haben in der Mitte von Bäumen umsäumte Boulingrins mit achteckigen Brunnen, deren Springstrahlen durch Diagonalachsen einmal auf die große Fontäne in der Hauptachse, zum anderen auf die Springstrahlen der vierpaßartigen Brunnen der Broderiebeete bezogen sind. Alle Brunnen sind erneuert.

Der Ziergarten wurde von 1933 bis 1935 durch die preußische Verwaltung der Staatlichen Schlösser und Gärten rekonstruiert. Als

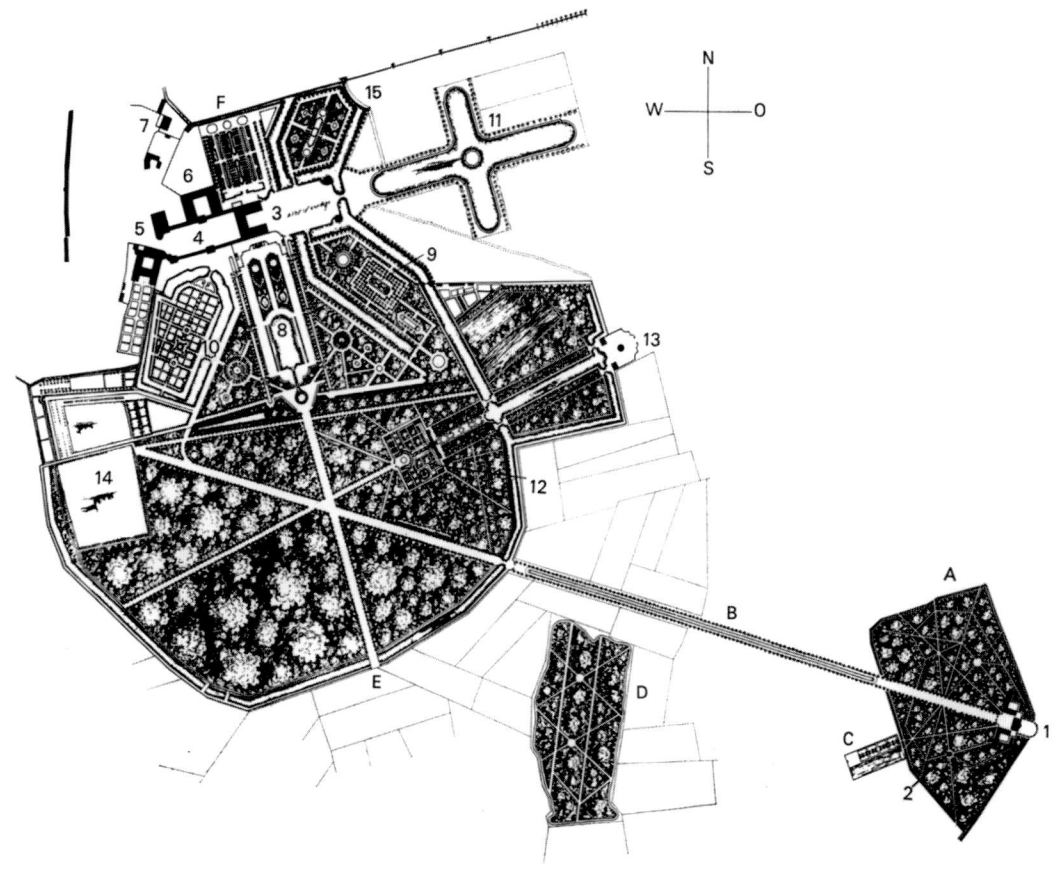

Umzeichnung des Girardschen Gartenplans nach Renard

A Falkenlustbusch; B Falkenlustallee; C Krautgarten; D Waldstück; E Tierpark; F Nordgarten
1 Schloß Falkenlust; 2 Kapelle im Falkenlustbusch; 3 Schloß Augustusburg mit Ehrenhof; 4 Westlicher Hof vor Schloß Augustusburg; 5 Franziskanerkirche; 6 Küchengebäude; 7 Kellnerei, darunter Marstall, genannt Hubertusburg; 8 Südparterre mit Spiegelweiher; 9 Östliches Boskett, genannt Rosengarten; 10 Küchengarten; 11 Großes Wasserkreuz (nicht ausgeführt); 12 Indianisches Haus; 13 Schneckenhaus; 14 Seeweiher; 15 Nördliches Boskett

Grundlage diente der Plan Girards. Um 1980 erwies sich eine Erneuerung der Zierbeete als unumgänglich, denn der Buchs der Ornamentpflanzung war vergreist; an zahllosen Stellen war er bereits verdorrt, so daß die Zeichnung der stickereiartigen Prunkbeete verlorenzugehen drohte.

Ein Broderieparterre erfordert eine farbige Gestaltung mit toten Materialien: weißer oder gelber Sand für die Grundfläche, zerstoßene Kohle zur Ausfüllung der Buchsornamente, roter Ziegelsplitt für die Einfaßstreifen von Rasenbändern. Ein solches Farbensemble bringt die Pracht der gepflanzten Zierornamente erst zur vollen Entfaltung. Bei der Erneuerung 1985/86 wurden aus Kosten- und Pflegegründen haltbarere Materialien gewählt als die, die der Barock verwendete: statt Sand feiner Kies, statt Kohle Basaltsplitt.

Die Sommer- und Herbstblumen der Rabatten werden seit 1984 wieder in der historisch geforderten rhythmischen Anordnung gepflanzt. Heute präsentiert sich das Brühler Parterre – neben dem von Schloß Schwetzingen – als das authentischste Beispiel eines französischen Gartens. Die beiden gedeckten Lindenalleen, die den Ziergarten begleiten, wurden unter Clemens August angepflanzt; mehr als die Hälfte der Bäume – die meiste Zeit im Formschnitt geblieben – hat noch dem lustwandelnden Kurfürsten Schatten gespendet.

Der Tiergarten wurde von 1842 an nach Plänen Peter Joseph Lennés zu einem Landschaftsgarten umgestaltet.

Schloß Falkenlust

Falkenlust ist eine der intimsten Bauschöpfungen des frühen Rokoko in Deutschland. Das Gebäude diente für die fürstlichste aller Arten zu jagen, die Falkenjagd. Clemens August betrieb sie mit Leidenschaft, und das flache Land zwischen Brühl und Wesseling bot für dieses fürstliche Vergnügen ideale Bedingungen. Im Mittelpunkt des Geschehens stand der Kampf der abgetragenen Falken mit fliegenden Reihern. Wollten sie ihre Nahrungsgründe im Altrheingebiet bei Wesseling erreichen, so mußten sie die Ebene um Falkenlust überqueren, wo sie durch die Falken, die der Kurfürst und seine Helfer hatten aufsteigen lassen, nach spannendem Kampf in den Lüften zu Boden gezwungen wurden. Die Falkner folgten den miteinander kämpfenden Vögeln zu Pferde, um sie rasch zu trennen, wenn sie niedergegangen waren. Vom Belvedere des Schlosses aus beobachteten die Damen und Herren des Hofes den Ausgang des Kampfes zwischen Jagd- und Beutevögeln in den Lüften.

Für den Bau von Schloß Falkenlust dürften praktische Erwägungen maßgebend gewesen

Schloß Falkenlust. Stich von Nikolaus Metteley nach einer Zeichnung von Johann Martin Metz, um 1750

sein. Unterzubringen war der Falkenhof mit den Jagdvögeln, die ständig von erfahrenen Falknern gepflegt werden mußten. Für die Pferde waren Ställe zu schaffen. Schließlich bedurfte es eines Gebäudes als Schauplatz für den gesellschaftlichen Rahmen um die Falkenjagd. François de Cuvilliés entwarf die Pläne. Die örtliche Bauleitung übernahm Michael Leveilly, auf den wahrscheinlich auch der größte Teil der Innenausstattung zurückgeht. 1729 legte Clemens August den Grundstein. Spätestens 1731 wurde mit der künstlerischen Raumausstattung begonnen.

Neben der Funktion als Refugium der Jagdgesellschaft diente Falkenlust als Ort für politische Geheimverhandlungen. Gelegentlich bat Clemens August Favoritinnen in das Lusthaus zu intimen Soupers.

Falkenlust blieb in seiner künstlerischen Substanz im wesentlichen so erhalten, wie es im 18. Jahrhundert konzipiert und ausgeführt worden war; dies ist nicht zuletzt der Familie Giesler zu verdanken, die das Schloß seit 1832 fast 130 Jahre lang bewohnte. 1960 gingen Schloß und Falkenlustbusch in den Besitz des Landes Nordrhein-Westfalen über. Nach umfangreicher Restaurierung wurde das Schloß zu ausschließlich musealer Nutzung bestimmt.

Schon die Lage des Schlosses ist wohlüberlegt. Cuvilliés errichtete es am Ostrand des Fal-

kenlustbusches, so daß ein möglichst rasches Ausreiten zur Falkenjagd möglich war. Vom Brühler Schloßpark führt eine jetzt wiederhergestellte Allee auf Schloß Falkenlust zu. Vor dem zweigeschossigen Hauptgebäude begrenzen zwei eingeschossige rechtwinklige Nebengebäude die »cour du château«. Sie waren für die Falknerei, ihr Personal, für die Pferde und den Küchenbetrieb eingerichtet. In der Gesamtanlage heben sie das Haus des Kurfürsten hervor und rücken es – kommt man über die Allee vom Brühler Schloßpark – in hoheitsvolle Distanz.

Falkenlust vertritt einen in Frankreich entwickelten Gebäudetypus in knappster, reinster Form: die »maison de plaisance«. Sie ist streng vom Grundriß her zu definieren; ›Klarheit‹ und ›Bequemlichkeit‹ sind ihre Prinzipien. Vom Eingangshof vermittelt im Erdgeschoß das Vestibül den Zugang zum Treppenhaus rechts, zur Garderobe links und zum Salon in der Mittelachse. Rechts und links vom Salon liegen die Salle de Compagnie oder das Speisezimmer und das Schlafzimmer für einen Gast des Kurfürsten. Dieses ist verbunden mit einem Kabinett und der Garderobe. In ihr befindet sich eine Nische für die nicht erhaltene Toilette. Die Treppe führt ins Privatappartement des Kurfürsten im Obergeschoß, das nahezu die gleiche Raumdisposition wie das

Brühl, Schloß Falkenlust, Lackkabinett. Supraporte mit chinoiser Lackmalerei auf Leinwand und chinoiser Zierschnitzerei mit Reiher am Nest

Zierschnitzerei mit Meißener Porzellanvögeln

Stuckdecke von Giuseppe Arfario (1733) und Wandvertäfelung mit Teilen aus chinesischen Paravants (um 1700)

Ausschnitt eines Paneels mit Landschaftsdarstellung aus einem chinesischen Goldlackparavant der K'anghsi-Zeit (um 1700)

Erdgeschoß aufweist: Vestibül, Salon, Schlafzimmer, anstelle des Speisezimmers ein chinesisches Kaffeekabinett, schließlich eine Garderobe und als Besonderheit ein Spiegelkabinett. Wenn auch der intime Charakter des Gebäudes im Grundriß zum Ausdruck kommen mußte, gelang es Cuvilliés doch, den Haupträumen eine gewisse Großzügigkeit zu geben.

Das Vestibül des Erdgeschosses zeigt die Bestimmung des Schlosses an: In den Ecknischen des Raumes erscheinen Satyrn als Schützer der Reiher und Nymphen als Falknerinnen mit Jagdfalken des Clemens August. So wird mythologisch die Sphäre der Falkenjagd umschrieben, eine irreale, traumhafte, zugleich aber auch mit sinnenhaften Reizen erfüllte Welt, in die sich die höfische Gesellschaft des Rokoko so gerne versetzte.

Im unteren Salon versammelte sich die Jagdgesellschaft des Kurfürsten. Von hier aus begab sie sich nach draußen über die »avant cour« zur Falkenbeize. In den unteren Salon kehrten die Falkner zurück, um in fröhlicher Runde den Jagdausgang zu feiern.

Ein Fußboden aus weißem Marmor und die Wandverkleidung mit niederländischen Fliesen in Weiß und Blau – in den Farben der kurkölnischen Falkenjagd und des Hauses Wittelsbach – geben dem Raum eine kühle Atmosphäre. Im subtilen Deckenstuck erscheinen Falknerinnen und Falkner bei der Jagd. In lebensgroßen Porträts an den Wänden und in Supraporten sind die wirklichen Jagdteilnehmer bis heute gegenwärtig, darunter der Kurfürst als der Gastgeber. Alle tragen die blaue, silberverzierte Uniform der Falkenjäger, wie sie am Hof Clemens Augusts vorgeschrieben war.

Neben dem Salon liegt das Speisezimmer. Die Wände sind mit einer ockergelben, von Spiegeln unterbrochenen Boiserie verkleidet, ihre Füllungen bemalt. Die an Vielfalt und Lebendigkeit kaum zu übertreffende Rocailledekoration in Blautönen läßt allenthalben das Falken-Reiher-Thema anklingen und umschließt kartuschenartige Felder mit Früchtestilleben und Landschaften, braun in braun mit fast impressionistischer Lässigkeit gemalt.

Der Hausherr begegnet als der genießerische, sinnenfrohe Fürst auf dem Kaminbild von Joseph Vivien im Lackkabinett, dem erlesensten Raum des Erdgeschosses. Clemens August, bekleidet mit einem Seidenschlafrock und einer roten Nachtmütze aus Samt, sitzt auf einem roten Sessel, den ein blauer Vorhang hinterfängt. Der kostbare Schlafrock aus Silberbrokat und die Tee- oder Kaffeetasse aus Chinaporzellan, die Clemens August graziös in der Rechten hält, weisen darauf hin, daß verfeinerter Lebensgenuß ein Vorrecht des Fürsten ist.

Den Herrschern des 18. Jahrhunderts galt China als das Land des heiteren, sorgenfreien Lebens und des höchsten Luxus, wovon sie einen Abglanz in ihrer eigenen Umgebung zu verwirklichen versuchten. So ist der Raum mit dem Clemens-August-Porträt ein chinesisches oder – wie man sagte – »indianisches« Lackkabinett: ein Beispiel für inszeniertes China. Alle Füllungen sind schwarzgrundige Lackmalereien à la chinoise auf Holz oder Leinwand in vergoldeten Schnitzrahmen mit Konsölchen für Porzellane. Die Lackmalereien – vermutlich größtenteils in Paris gefertigt – verbreiten schon durch ihre glänzende Oberfläche »indianische« Stimmung, ist doch die Lackkunst ostasiatischen Ursprungs.

Zur Vorstellung von einem Chinahaus gehörte wesentlich Porzellan. In Europa behalf man sich mit niederländischen Fliesen, die Clemens August über alles liebte. Mit ihnen ließ er auch das Treppenhaus vom Boden bis zur Decke verkleiden. Ihr Weiß und Blau sind die charakteristischen Farben des Chinaporzellans, zugleich wieder Symbolfarben des Kurfürsten. Grundmotiv der Wandgliederung ist ein Netz aus Fliesen mit den Rauten des Wittelsbachischen Hauswappens. Dieses Rautennetz schließt zwei Motivgruppen von Bildfliesen ein: die Teilnehmer an der Jagd, ferner Beute- und Jagdvögel. Der Betrachter soll die Flächendekoration, aber auch die mit raschem Pinsel gemalten Einzelbilder genießen. Die Fliesen sind keine Marktware, sondern eigens für Clemens August von der Manufaktur ›De Bloempot‹ des Jan Aelmis in Rotterdam angefertigt: Auf den Hauben der Falken ist überall das Monogramm CA zu finden.

Die Treppe führt hinauf ins Privatquartier des Kurfürsten. Hier ist die Ausstattung noch reicher, noch kostbarer gestaltet als im Erdgeschoß. Allenthalben klingt auch hier in der Dekoration, vornehmlich in den Stuckdecken, die Falken-Reiher-Thematik an. So im oberen Salon. Er war wie der untere Salon Gesellschaftsraum und nur mit Sitzmöbeln ausgestattet. Wand- und Deckenstuck sind die künstlerischen Schwerpunkte des Raumbildes.

Eine köstliche Anspielung auf die Eigenschaft des Falkners zeigt die Stuckdecke des kurfürstlichen Schlafzimmers. In den Eckmotiven erscheinen gute und nachlässige Falkner: Zwei wenden sich von den Jagdvögeln ab, rauchen Pfeife und schlafen, zwei wenden sich ihnen zu und beschäftigen sich mit ihnen. Stand man vor dem Bett des Kurfürsten, so erblickte man darüber die guten Falkner. Clemens August hatte von seiner Schlafstätte aus die nachlässigen Falkner als abschreckende Beispiele vor Augen.

Höhepunkt aller Räumlichkeiten in Falkenlust ist das Spiegelkabinett. In die blaugefaßte
Boiserie der Sockel- und Wandzone sind all-
seitig Spiegel eingelassen, mit vergoldetem
Schnitzwerk verschwenderisch gerahmt. Die
Spiegel lösen die Raumgrenzen auf, der
Betrachter fühlt sich in eine Sphäre traumhaf-
ter Irrationalität versetzt. Zum Glanz des Gol-
des kam eine verwirrende Zahl an Porzellan
aus China in den Farben Weiß und Blau hinzu –
heute durch entsprechende Stücke ersetzt. Die
ursprüngliche Kollektion wurde laut Testament des Kurfürsten nach seinen Tode veräu-
ßert, um Schulden zu begleichen.

Die Kapelle im Falkenlustbusch nahe dem
Schloß ist in der Art einer Eremitengrotte
errichtet. Spätestens 1733 stand der Rohbau,
1740 weihte der Kurfürst die Kapelle mit
großem Gepränge. Sie hat die Gestalt eines
Gartenpavillons. Außenbau und Innenraum
zeigen als Hauptausstattungselement Grotten-
werk von Peter Laporterie in phantasievoller
Komposition.
Schloß Augustusburg und Schloß Falkenlust
stehen als Museen allen Besuchern zur Besich-

tigung offen. Schloß Augustusburg dient seit
Bestehen der alten Bundesrepublik Deutschland dem Bundespräsidenten als Repräsenta-
tionsstätte für den Empfang ausländischer
Staatsgäste. Das Treppenhaus bietet alljährlich
den festlichen Rahmen für die ›Brühler Schloß-
konzerte‹.

François Rousseau, Falkenjagd
vor Schloß Falkenlust,
um 1760

Literatur

Paul Clemen/Ernst Polaczek, Die Kunstdenkmäler
des Landkreises Köln (Die Kunstdenkmäler der
Rheinprovinz 4/I), Düsseldorf 1897, S. 98 f.

Wilfried Hansmann, Schloß Augustusburg zu Brühl
(Rheinische Kunststätten 23), 6. Aufl. Neuss 1990
(mit umfassendem Literaturverzeichnis).

Ders., Das Jagdschloß Falkenlust zu Brühl (Rheinische Kunststätten 149), 6. Aufl. Neuss 1990 (mit
umfassendem Literaturverzeichnis).

Wilfried Hansmann/Gisbert Knopp, Schloß Brühl.
Die kurkölnische Residenz Augustusburg und
Schloß Falkenlust, Köln 1982.

Christian Graf von Krockow

Potsdam als Darstellung Preußens

Potsdam ist die Stadt, in der sich die Darstellung Preußens zu Bildern und Symbolen verdichtet. Leider versäumen die meisten Besucher einen Hauptteil der Darstellung, weil zwar alle Wegweiser sie nach Sanssouci führen, aber keiner das Jagdschloß Stern für wichtig erachtet. Das ist ein Bau Friedrich Wilhelms I., der einzige, den der sparwütige »Soldatenkönig« sich gönnte. Der Vater Friedrichs des Großen ist aber ebenso bedeutsam wie sein berühmter Sohn; er war der langfristig prägende Erzieher zum Preußentum, er hat die Fundamente eines staunenswerten Staates geschaffen, der sich aus armseligen Anfängen zur deutschen Schicksalsmacht, zur europäischen Großmacht emporkämpfte. Wer Preußen verstehen will, sollte zu diesem König fahren.

Sein Jagdschloß Stern liegt am Rande von Potsdam-Babelsberg. Es heißt so, weil es am Mittelpunkt eines Wald- und Jagdreviers errichtet wurde, in das man sternförmig Schneisen geschlagen hatte, um das Wild aufzuspüren. »Wirklich ein Schloß?«, fragt allerdings – und womöglich enttäuscht – der Besucher. Denn was er sieht, ist ein schlichtes niederländisches Bürgerhaus, das ohne aufzufallen irgendwo an einer Gracht von Amsterdam oder Leiden stehen könnte – oder auch im ›Holländischen Viertel‹ von Potsdam. Doch dort wurde für schlichte Bürger, für Handwerker, gebaut. Die Giebelseite mit ihrer Backsteinfassade, drei Fenster schmal, mißt gerade neun, die Längsseite 16 Meter; fast die Hälfte des Hauses braucht bereits der Hauptraum oder Jagdsaal für sich. Licht durchflutet ihn von drei Seiten aus hohen Schiebefenstern, die wiederum den niederländischen Einfluß verraten. An der Innenwand befindet sich ein großer Kamin, über dem fünf Gemälde Seine Majestät beim Waidwerk zeigen.

Ein zweiter wichtiger Raum ist die Küche, die »zu der königlichen Herrschaft eigenen Gebrauch und Plaisir« bestimmt war. Denn Friedrich Wilhelm liebte es, höchstselbst mit Töpfen und Pfannen zu hantieren und die Gäste seines »Tabakkollegiums« zu bewirten, freilich eher deftig deutsch als französisch verfeinert. Es bleiben noch Flur, Adjutantenzimmer und ein spartanischer Schlafraum. Das Bett erinnert an Schlafkästen in friesischen Seemanns- und Fischerkaten. Neben dem Bett öffnet sich der Zugang zum Weinkeller, höchst praktisch, sei es als Schildwache oder zum eigenen Gebrauch und Plaisir.

Je mehr wir uns in den Anblick vertiefen, desto deutlicher schlägt die Enttäuschung ins Staunen um: Wie konnte ein König von Preußen sich hiermit begnügen? Das Staunen wächst weiter, wenn wir Vergleiche suchen. Das Vorbild des Zeitalters, das strenge Etikette mit der repräsentativen Prachtentfaltung verband, stammte aus Frankreich, aus dem Sonnenkönigtum Ludwigs XIV., das in Versailles seinen Ausdruck fand. Überall suchten große und kleine Herrscher dem nachzueifern, etwa August der Starke von Sachsen, der es sich leisten konnte, wie auch alle anderen, die es sich eigentlich nicht leisten konnten. Und überall entstanden die großen barocken Schloßanlagen, die den Fürsten und seinen Hofstaat von den Bürgern distanzierten; bloß als Beispiel sei das württembergische Ludwigsburg genannt, das zeitgleich mit dem Jagdschloß Stern erbaut wurde.

Wesentlich ist, daß das Schloß Friedrich Wilhelms uns *das preußische Prinzip* zeigt, das nicht nur in Potsdam, sondern ebenso in Berlin und im ganzen Lande gelten sollte. Ein Besucher faßte das Staunen des Zeitalters angemessen in Worte, wenn er schrieb: »Ich sehe hier einen königlichen Hof, der nichts Glänzendes und nichts Prächtiges hat als seine Soldaten. Es ist also möglich, daß man ein großer König sein kann, ohne die Majestät in dem äußerlichen Pomp und einem langen Schweif buntfarbiger, in Gold und Silber beschlagener Kreaturen zu suchen. Hier ist die hohe Schule der Ordnung und der Haushaltskunst, wo Große und Kleine sich nach dem Exempel ihres Oberhauptes mustern lernen.«

Das Preußen des Soldatenkönigs brach also mit der europäischen Norm, es schlug einen »Sonderweg« ein. Wenn man fragt, wie es dazu kam, stößt man auf den niederländischen Einfluß, wie das Jagdschloß Stern ihn zeigt. Dieser Einfluß stammte vorab aus einer konfessionellen Wahlverwandtschaft. Im Streit um Gebietsansprüche am Niederrhein war im Jahre 1613 der brandenburgische Kurfürst Johann Sigismund zum Calvinismus übergetreten, um sich den niederländischen Beistand zu sichern. Daraus ergab sich eine Nähe und Verschwägerung der Häuser Oranien und Hohenzollern; wie sein Großvater und Namenspatron, der Große Kurfürst, hatte Friedrich Wilhelm I. in seinen Jugendjahren die Niederlande besucht und kehrte tief beeindruckt zurück: Welch ein Wohlstand, welch ein Reichtum sogar, verglichen mit dem armen, rückständigen, immer noch von den Wunden des Dreißigjährigen Krieges geschlagenen Preußen!

Offenbar gab es nur einen Weg, um das Vorbild in den brandenburg-preußischen Sand und Sumpf zu verpflanzen: Man mußte die calvinistischen Bürgertugenden übertragen, die in den Niederlanden am Werke waren: Fleiß, Sparsamkeit, Ord-

Das Jagdschloß Stern

nungssinn, Leistungsbereitschaft, Pflichterfüllung. Folgerichtig fegte Friedrich Wilhelm, kaum daß er den Thron bestiegen hatte, all den barocken Prunk oder Plunder seines prachtliebenden Vaters beiseite. Fortan lebte der König seinen Untertanen vor, was er ihnen einimpfen wollte. Nicht zuletzt kämpfte er wider die Neigung zum Müßiggang, bekanntlich aller Laster Anfang; dazu erließ er Anordnungen über Anordnungen. Die Marktfrauen etwa sollten gefälligst nicht schwatzen, sofern sie nicht gerade verkauften, sondern Strümpfe stricken. Und wehe dann jeder, die er beim unermüdlichen Visitieren ohne Strickstrumpf ertappte! Aber es handelte sich nicht bloß um Kuriositäten; der ganze Staat sollte sozusagen nach dem Prinzip des Strümpfestrickens, des Fleißes und der Sparsamkeit, der Zeit- und der Pfennigfuchserei organisiert werden; eine der ersten Institutionen, die der König gleich nach seiner Thronbesteigung schuf, war die »General-Rechen-Kammer«, von der aus ein direkter Weg bis zum Bundesrechnungshof unserer Tage führt.

Es läßt sich absehen, daß die preußische Tugendrevolution überall – und bereits in der Familie des Königs – auf Kopfschütteln, Unverständnis, Widerstand stieß. Nur mit dem Lebenseinsatz seiner ganzen Person konnte Friedrich Wilhelm sie voranbringen. »Parol' auf dieser Welt ist nichts als Müh' und Arbeit«, schrieb er einmal an seinen Freund, den Fürsten Leopold von Anhalt-Dessau. Man könnte das ein preußisches Motto nennen. Womöglich noch treffender formulierte es der Volksmund: »Preuße zu sein ist eine Ehre, aber kein Vergnügen.«

Im übrigen enthielt das preußische Prinzip eine Schwachstelle: Wenn der Sohn und Thronerbe *nicht* fortführte, was der Vater begann, wenn er zur europäischen Norm zurückkehrte, war alles umsonst gewesen, eine Lebensleistung für nichts erbracht, womöglich dem Spott preisgegeben. Die Neigung vieler Väter, Söhne nach dem eigenen Bilde zu formen, steigerte sich daher bei Friedrich Wilhelm zu einer Besessenheit, hinter der als Triebkraft die Angst um sein Preußen stand. Hier hat der schreckensvolle Konflikt seine Wurzeln, der in der Szene von Küstrin, in der Hinrichtung des Freundes und Fluchthelfers Katte vor den Augen des achtzehnjährigen Friedrich, seinen Höhe- und Wendepunkt erreichte.

Mit Theodor Fontane zu reden, ist etwas »finster Unheimliches« um Küstrin, um diese Hinrichtung, die ein Vater wider den Sohn inszenierte, um ihn zum Preußen zu machen. Der Vater siegte; am Ende seiner Tage konnte Friedrich Wilhelm sagen, er sterbe zufrieden, weil er einen würdigen Nachfolger habe. Das erwies sich als wahr; auf dem Fundament, das der »Soldatenkönig« gelegt hatte, schuf Friedrich die Großmacht Preußen, leichtsinnig und ruhmsüchtig erst, dann mit dem Einsatz letzter Willenskraft. Und nicht nur als Schlachtenheld, sondern auch oder erst recht im Frieden ist er »der Große« geworden, der an keinem Tag seiner beinahe ein halbes Jahrhundert währenden Amtszeit die Regentenpflichten versäumte.

Aber in der Wende von Küstrin war zugleich das preußische Menschenopfer angelegt, verdeckt erst, dann zunehmend deutlicher: das Opfer der persönlichen Neigungen, der Fähigkeit zu Freundschaft und Liebe, das Opfer eines Lebensglücks. Es begann für Friedrich, unerbittlich, der Weg in die Vereinsamung, in die Herzensversteinerung, bis hin zur Menschenverachtung, die eine Selbstverachtung enthielt. Wie anders soll man die zunehmende Vernachlässigung der eigenen Person, die Verschmuddelung des alternden Mannes deuten? Wie sonst seine Todeswahrheit, den letzten Wunsch, nur ja nicht bei Menschen, die er nicht mehr ertrug, sondern bei seinen Hunden begraben zu werden?

Und wie andererseits ist es zu deuten, daß weder die Nachfolger auf dem Thron noch die nachfolgenden preußisch-deutschen Generationen diese Todeswahrheit ertrugen, je weiter entfernt übrigens, desto weniger, daß sie verdrängten und zur platten Glorifizierung umlogen, was man hätte sehen können? »Es ist nicht nötig, daß ich lebe, wohl aber, daß ich meine Pflicht tue« – immerfort ist das zitiert, landauf und landab gerühmt und schon den Schulkindern eingeprägt worden, als sei es ein Religionsersatz, die Sinnerfüllung preußisch-deutschen Wesens. Oder als sei es keines Nachdenkens, bloß der Verachtung wert, daß bereits zu Lebzeiten Friedrichs, 1776, in der amerikanischen Unabhängigkeitserklärung das Gegenprinzip formuliert wurde, das dazu bestimmt war, Epoche zu machen: *pursuit of happiness,* das Streben nach Glück als menschliches Grundrecht, das zugleich dem Gemeinwesen einen Maßstab setzt.

Um es unmißverständlich zu sagen: Das preußische Heiligtum, die deutsche Kathedrale der Pflichterfüllung, an der über Generationen hin so viele gemauert haben, türmt sich auf einer Schädelstätte des Glücks. Heute können wir das erkennen und vielleicht sogar begreifen, nachdem an seinem 205. Todestag der Wunsch Friedrichs nach einer Beisetzung bei seinen Hunden endlich erfüllt worden ist. Begreifen müßten wir auf der Terrasse von Sanssouci dann freilich auch, daß die Heiterkeit, die uns hier umstrahlt, eine Fassade war, eine verzweifelte Inszenierung, um die Einsamkeit zu übertäuben und sie vor der Welt zu verbergen.

Das Standhalten vor Friedrichs preußischer Wahrheit sollte uns zudem gegen eine Ideologie wappnen, die das Opfer des Menschlichen gar nicht mehr fühlte, sondern es zum Hohen und Höchsten, zum Heldischen verklärte. In unserem Jahrhundert ist sogar als das Glück proklamiert worden, zum Selbstopfer gerufen zu sein – wie es, 1932, Ernst Jünger als ein Sprecher des Zeitgeistes formulierte: »Das höchste Glück des Menschen besteht darin, daß er geopfert wird, und die höchste Befehlskunst darin, Ziele zu zeigen, die des Opfers würdig sind.« Das erwies sich durchaus nicht als Wahn – oder wenn es denn einer war, als der abgründig wirksame. Das weist voraus in die deutsche Katastrophe.

Man kann den Sachverhalt noch einmal aus den Tugenden anschaulich machen, zu denen Friedrich Wilhelm I. seine Untertanen erzog. Sebastian Haffner hat diese Tugenden so beschrieben: »Pflichterfüllung war in Preußen das erste und oberste Gebot und zugleich die ganze Rechtfertigungslehre: Wer seine Pflicht tat, sündigte nicht, mochte er tun, was er wollte. Ein zweites Gebot war, gegen sich selbst gefälligst nicht wehleidig zu sein; und ein drittes, schon schwächeres, sich gegen seine Mitmenschen – vielleicht nicht

geradezu gut, das wäre übertrieben, aber: anständig zu verhalten. Die Pflicht gegen den Staat kam zuerst. Mit diesem Religionsersatz ließ sich leben, und sogar ordentlich und anständig leben – solange der Staat, dem man diente, ordentlich und anständig blieb. Die Grenzen und Gefahren der preußischen Pflichtreligion haben sich erst unter Hitler gezeigt.«

Doch war es da nicht zu spät? Machte eine Generationen hindurch eingeübte Pflichterfüllung nicht hilflos und unfähig zum Widerstand, als der Staat eben nicht mehr anständig, sondern von Verbrechern regiert wurde? Oder womöglich noch schlimmer: Hat dieser Religionsersatz etwa das Verbrechen mit dem guten Gewissen gepanzert? Darauf, nur Befehlen gehorcht, also ihren Dienst, ihre Pflicht getan zu haben, konnten sogar die sich berufen, die die Mordmaschine des »Holocaust« bedienten. Darauf haben sie sich berufen.

Wie aber paßt das zu den Bildern aus Potsdam, wie dazu, daß es sich im Ursprung um die klassischen Bürgertugenden handelte, die Friedrich Wilhelm I. in den Niederlanden vorfand? Die Antwort scheint einfach: Es gab in Preußen kein selbstbewußt tatkräftiges Bürgertum wie in Leiden oder Amsterdam; es war durch den Dreißigjährigen Krieg tief und langfristig ruiniert worden. Was es gab, waren der Obrigkeitsstaat und seine Untertanen. Darum mußte alle Tatkraft vom Staat ausgehen – und alles Selbstbewußtsein davon, ihm dienen zu dürfen. So wurden die Tugenden preußisch verwandelt; so haben sie statt einer staunenswerten Bürgergesellschaft den staunenswerten Staat geschaffen, für den nicht der Wohlstand zählte, sondern die Macht.

Macht aber ist ein Mittel, kein Selbstzweck; die Frage stellt sich daher, wozu man sie nutzt. Und das im Wortsinne *Fragwürdige* an den preußischen Tugenden ist, daß sie dazu schweigen. Es handelt sich um sogenannte Sekundärtugenden. Das heißt, die Leistungsbereitschaft sagt aus sich selbst noch nicht, wofür sie eingesetzt wird, und die Pflichterfüllung nicht, wem sie dient: ob dem König von Preußen oder Adolf Hitler. Die Frage nach den vorrangigen, primären Werten, nach den Zielen ist daher entscheidend wichtig. Und sie muß beantwortet werden, sonst in der Tat kann auch das Verbrechen sich rechtfertigen. Sonst bleibt nur: die Warnung vor solchen Tugenden. Was jedoch in der neueren deutschen Geschichte sich anbahnte, durchsetzte und am Ende verhängnisvoll auswirkte, war eben dies, daß die sekundären Tugenden von der Frage nach dem Ziel abgeschnitten, zum Selbstzweck erhoben und dann zum Inbegriff preußisch-deutschen Wesens verklärt wurden.

In genau diesem Sinne wurde am Beginn der Gewaltherrschaft, am 21. März 1933, der »Tag von Potsdam« inszeniert und Preußen von den Nationalsozialisten beansprucht, als gehöre es ihnen. Postkarten erschienen, auf denen unter den Bildern Friedrichs, Bismarcks, Hindenburgs und Hitlers zu lesen war: »Was der König eroberte, der Fürst formte, der Feldmarschall verteidigte, rettete und einigte der Soldat.« Und Gereimtes wurde verbreitet:

> »Du bist nicht gestorben, König Fritz.
> Du lebst! Und Dein Blick hat uns alle durchglüht,
> Und all das Große, das jetzt geschieht.
> Du gabst unserm Führer den Krückstock zur Hand:
> ›Da, mach Er mir Ordnung im Preußenland.
> Er kann's! Von allen nur Er allein,
> Er soll meines Willens Vollstrecker sein!‹«

Dabei waren Hitler und seine Gefolgsleute nach Herkunft und Haltung gewiß so unpreußisch wie nur möglich. Es mochte sich also um Schmierentheater handeln – aber als propagandistisch wirksam erwies es sich dennoch. Man knüpfte, sei es im Mißbrauch, an die preußischen Tugenden an.

Nachdem dies alles gesagt ist, indem wir als Verhängnis erkennen, wenn das Mittel sich verselbständigt und die Ziele verschwinden, sollte gleichwohl erlaubt oder sogar geboten sein, die Frage nach den preußischen Tugenden noch einmal und neu zu stellen. Denn es *sind* Tugenden, unverzichtbare dazu. Die Primärtugenden bleiben stets auf sie angewiesen wie alle übergeordneten Zielsetzungen und Wertvorstellungen. Was nützen »Grundwerte«, was Menschenwürde, Toleranz, was Freiheit, Frieden und alles übrige, wenn niemand sich davon in die Pflicht nehmen läßt? Sind wir inzwischen womöglich zum anderen Extrem gelangt? Paart sich nicht allzuoft eine vollmundige Selbstgerechtigkeit des Guten und Wahren mit der Wehleidigkeit – und mit der Gier, sich zu bereichern?

Und wie eigentlich wäre ein Widerstand gegen die Gewaltherrschaft möglich gewesen ohne das Pflichtgefühl? War nicht der 20. Juli 1944 der letzte Preußentag in der deutschen Geschichte? Kaum zufällig leuchten an ihm, in ihrem Untergang so viele Namen aus der preußischen Geschichte noch einmal auf: Tresckow, Schwerin, Yorck, Moltke . . .

Der Besucher, der sich, um die Anschauung reicher und mit Gedanken beschwert, von der Darstellung Preußens in Potsdam verabschiedet, sollte im Widerstreit seiner Gefühle vielleicht noch ein wenig weiter in die Mark Brandenburg hineinfahren: bis ins Oderland, nach Friedersdorf südlich von Seelow. Dort findet er in der Dorfkirche den Grabstein jenes Obristen von der Marwitz, der im Siebenjährigen Krieg Friedrichs Befehl verweigerte, das sächsische Schloß Hubertusburg zu plündern – »weil«, wie er sagte, »dies sich allenfalls für Offiziere eines Freibataillons schicken würde, nicht aber für den Kommandeur Seiner Majestät Gensdarmes«. Auf dem Grabstein steht geschrieben:

> »Er sah Friedrichs Heldenzeit
> und kämpfte mit ihm
> in allen seinen Kriegen
> Wählte Ungnade
> wo Gehorsam nicht Ehre brachte«

In der Gedenkrede des ersten Bundespräsidenten, Theodor Heuss, zur zehnten Wiederkehr des Aufstandes gegen Hitler heißt es dazu: »So mag das Preußische als moralische Substanz begriffen werden. Und wenn irgendwo, dann steht sein Denkmal in einer Dorfkirche der Mark Brandenburg. In Friedersdorf.«

Hans-Joachim Giersberg

Die Potsdamer Kulturlandschaft
Park Sanssouci, Neuer Garten, Park Babelsberg, Schloß Glienicke, Pfaueninsel, Park Sacrow

Jede deutsche Landschaft hat ihre eigene künstlerische Ausprägung. Sie wird bestimmt durch die natürlichen Gegebenheiten und die geschichtlichen Bedingungen, die eine besondere kulturelle Entwicklung ermöglichten. Brandenburg gehört in dieser Beziehung wohl nicht zu den reichsten Ländern Deutschlands, und doch hat sich zwischen Elbe und Oder eine Kunstlandschaft herausgebildet, die ihr Profil nicht nur von mittelalterlichen Bauten wie Kirchen, Rathäuser und Stadtbefestigungen, sondern auch von den Schloßbauten auf dem Lande sowie in den Residenzen vom späten 17. bis zur Mitte des 19. Jahrhunderts bezieht. Seit dem frühen 15. Jahrhundert herrschten die Hohenzollern als Kurfürsten in Brandenburg und ab 1701 als Könige in, später von Preußen. Die anfänglichen Schwierigkeiten, vor allem mit dem einheimischen Adel, konnten bald überwunden werden, so daß sich ein zentraler absolutistischer Staat herausbildete, dessen Residenz Berlin wurde. Dort entstand ein erster Schloßbau in den Formen der Renaissance, der unter dem Kurfürsten Friedrich Wilhelm (1620–88), genannt der »Große Kurfürst«, erweitert, seine eigentliche Pracht aber erst unter dem ersten preußischen König Friedrich I. (1657–1713) durch Andreas Schlüter und dessen Nachfolger Eosander von Goethe erhielt.

Der allgemeinen europäischen Tendenz folgend, suchte auch der Große Kurfürst eine von der Hauptresidenz nicht zu weit entfernt gelegene Dependance, die dem barocken Lebensgefühl den geeigneten Rahmen geben konnte. Das 993 erstmals erwähnte Potsdam, das jedoch trotz des im 14. Jahrhundert erhaltenen Stadtrechts bis zur Mitte des 17. Jahrhunderts kaum den dörflichen Charakter verleugnen konnte, wurde nach 1660 vom Großen Kurfürsten neben Berlin zu seiner zweiten Residenz erwählt. Aus der ehemals eine Furt, später eine Brücke über die Havel schützenden Burg war um 1600 ein bescheidenes Renaissance-Schloß geworden, das nun durch einen Neubau nach holländischem Vorbild ersetzt wurde. Man wird zu Recht annehmen müssen, daß der Was-

serreichtum der Potsdamer Umgebung und die sich zur Jagd eignenden Wälder den Ausschlag für die Wahl des Kurfürsten gegeben haben. Neben dem neuen Stadtschloß entstanden in der Umgebung kleinere Lustschlösser, die durch Alleen beziehungsweise Sichtschneisen in ein Bezugssystem eingebunden waren. Die Anregung zur großflächigen, landschaftlichen Erschließung dieses Areals mit Schlössern, Alleen und Tiergärten gab der Statthalter des Großen Kurfürsten, Johann Moritz von Nassau-Siegen, der in seiner Residenz Kleve am Niederrhein eine ähnliche landschaftsbezogene Gestaltung vorgenommen hatte. In bezug auf Potsdam schrieb er 1664 dem Großen Kurfürsten, daß das Eiland – gemeint war die Insel Potsdam – ein Paradies werden müsse. So entstand schon im späten 17. Jahrhundert eine Verbindung von Architektur und weiträumiger Gartenkunst, die Auftakt und programmatische Bestimmung für die Gestaltung der Potsdamer Landschaft in den nächsten Jahrhunderten werden sollte.

Seit dem Großen Kurfürsten haben sich alle preußischen Könige bis zum letzten deutschen Kaiser, Wilhelm II. (1859–1941), der 1918 abdankte, in den Sommermonaten vornehmlich in Potsdam aufgehalten. Nur in den seltensten Fällen zog man in das Schloß des Vorgängers, und wenn es trotzdem notwendig war, baute man dieses nach eigenen Vorstellungen um, wie Friedrich der Große das Potsdamer Stadtschloß für seinen Winteraufenthalt. Meist jedoch wurden neue Schlösser errichtet und neue Gärten angelegt. Das betraf nicht nur die Könige, sondern im 19. Jahrhundert auch die Prinzen. So entstand in der Potsdamer Umgebung ein Kranz von Schlössern und Gärten, vom Park Sanssouci, dem Neuen Garten und der Pfaueninsel im 18. Jahrhundert bis zu Glienicke, Babelsberg, Sacrow und den neuen Teilen wie Charlottenhof am Park Sanssouci im 19. Jahrhundert.

Die bereits unter dem Großen Kurfürsten am Ende des 17. Jahrhunderts postulierte Idee der großen, alles verbindenden Landschaftsgestaltung wurde von Peter Joseph Lenné (1789–

Horti medii Sanssouciani prospectus.
Vûe au milieu dans le jardin Roial, de Sans Soucy.
Med. Fol: N° 44.

Veduta nel mezzo del giardino Reale, di Sans Soucy.
Prospect des mittlern theils des Königl: =Garten zu Sans Soucy.
Aver. Balthasar Probst. exud. A.V.

Schloß Sanssouci, Parterre und östlicher Lustgartenbezirk. Kolorierter Kupferstich von Georg Balthasar Probst, um 1750

1866), der 1816 nach Potsdam kam und hier bis zu seinem Tode wirkte, nicht zuletzt unter dem starken Einfluß Friedrich Wilhelms IV. wieder aufgenommen und zu einer bis dahin ungeahnten Vollendung geführt. Lennés 1833 entworfener »Verschönerungsplan der Umgebung von Potsdam« bezog sich nicht nur auf die Parkanlagen, sondern verband diese durch gestaltete Zonen, die zum Teil auch landwirtschaftlich genutzt wurden, zu einem großen 180 qkm umfassenden architektonischen und landschaftsgestalterischen Gesamtkunstwerk entlang der Havel.

Kunstsinnige Auftraggeber wie Friedrich der Große, Friedrich Wilhelm II. und Friedrich Wilhelm IV. gaben Baumeistern wie Georg Wenzeslaus von Knobelsdorff (1699–1753), Carl von Gontard (1731–91), Karl Friedrich Schinkel (1781–1841) und Ludwig Persius (1801–45) sowie den Gartengestaltern Johann August Eyserbeck (1762–1801), Peter Joseph Lenné und Hermann von Pückler-Muskau (1785–1871) die

Möglichkeit, – wenn auch meist unter starker Mitsprache des Bauherrn – ihre künstlerischen Fähigkeiten zu entfalten. Dabei ist immer wieder festzustellen, daß sich königliche Auftraggeber und ausführende Künstler bereitwillig vor allem architektonischen Einflüssen aus Italien, England, Frankreich, Holland und Rußland öffneten, was besonders im Hinblick auf das landschaftsverbundene Bauen zu einer abwechslungsreichen Vielfalt geführt hat.

Die geschichtliche und künstlerische Zusammengehörigkeit des bis zur Pfaueninsel reichenden Potsdamer Landschaftsraumes war durch die Nachkriegsereignisse, vor allem aber durch den Bau der Berliner Mauer 1961, empfindlich gestört worden. Die Wiedervereinigung nach 1990 ermöglichte nicht nur ein Wiedererleben der Potsdamer Landschaft in ihrer Gesamtheit, sondern es bestand nun auch die Chance, den von der damaligen Regierung der DDR eingebrachten Eintragungsvorschlag in die Welterbeliste der UNESCO für die Potsdamer Parkanlagen und

den Vorschlag der Bundesregierung für den Berliner Teil (Pfaueninsel und Glienicke) unter einer Position in die Welterbeliste festzuschreiben, was im Dezember 1990 geschehen ist.

Wenn auch die Ereignisse des letzten Jahrhunderts, vor allem der Zweite Weltkrieg und seine politischen Folgen, ihre sichtbaren Spuren hinterlassen haben, so ist die Potsdamer Kulturlandschaft, getragen von ihren reizvollen natürlichen Bedingungen wie Wasser, leichte Hügel und Wälder sowie der künstlerischen Verfeinerung durch Architektur und Gartenkunst, heute wieder ein Ensemble von außergewöhnlicher Größe und einmaliger künstlerischer Qualität.

Kernstücke dieser Potsdamer Kulturlandschaft sind die einzelnen Parkanlagen, sie sollen nun in der Reihenfolge ihres Entstehens vorgestellt werden, wobei Veränderungen und Ergänzungen nachfolgender Jahrhunderte immer einbegriffen werden.

Der Park Sanssouci

Am 10. August 1744 unterschrieb der preußische König Friedrich II. (1712–86) eine Kabinettsordre zur Anlage eines Weinberges vor den Toren der Stadt Potsdam. Das Gelände des sogenannten »Wüsten Berges« mag ihm nicht unbekannt gewesen sein, befand sich doch in der Nähe der Küchengarten seines Vaters, in dem er sich bei »festlichen Gelegenheiten« aufhalten mußte. 1743 berichtete Friedrich seiner Mutter, daß er auf dem nahen Hügel gespeist hätte und daß die Aussicht davon sehr schön sei; es handelt sich dabei zweifellos um den Standort des späteren Schlosses Sanssouci.

Weinberge gab es seit dem Mittelalter in Brandenburg, und auch der Große Kurfürst hatte sich neben seinen Lustschlössern in der Potsdamer Umgebung Weinberge anlegen lassen. Das Besondere an dem Weinberg in Sanssouci ist aber, daß er zum Herzstück einer großen Parkanlage wurde. Anfangs waren die

Schloß Sanssouci mit oberer Weinbergterrasse

Potsdam, Park und Schloß Sanssouci. Ansicht aus der Vogelperspektive ▷

Schloß Sanssouci, Marmorsaal

Schloß auf dem Weinberg ein eingeschossiges Gebäude in der Art der französischen »maison de plaisance« sein, da er in Sanssouci nicht repräsentieren, sondern seinen persönlichen Neigungen, die der Musik, der Philosophie, der Dichtkunst und dem Gespräch mit Freunden galten, nachgehen wollte.

So entstand auf dem Hügel mit Blick in die Weite der Havellandschaft ein Bauwerk, das im östlichen Teil die Wohnräume des Königs, im westlichen die der Gäste aufnahm. Bauherrn und Baumeister standen Bildhauer wie Friedrich Christian Glume, Georg Franz Ebenhech und Johann Peter Benckert, Stukkateure wie Johann Michael Merck und Karl Joseph Sartori zur Seite, die vor allem in der Innendekoration jenen Stil schufen, der als »Friderizianisches Rokoko« in die Kunstgeschichte eingegangen ist und der sich bei aller Fantasie besonders durch die Diszipliniertheit des Ornaments und die Klarheit des tektonischen Wandaufbaues von dem oft überquellenden Reichtum in Süddeutschland unterscheidet. Friedrich der Große hat an diesem Stil Zeit seines Lebens festgehalten, auch dann noch, als bereits im nicht weit entfernten Dessau/Wörlitz der frühe Klassizismus Einzug gehalten hatte.

Das Schloß Sanssouci hat der König 39 Sommer, ausgenommen in Kriegszeiten, bewohnt und ist auch in seinem dortigen Arbeits- und Schlafzimmer am 17. August 1786 gestorben. In der bereits mit dem Terrassenbau 1744 angelegten Gruft wurde er jedoch entgegen seinen wiederholten testamentarischen Festlegungen nicht bestattet; dies geschah erst 205 Jahre später an seinem Todestag im Jahre 1991. Sanssouci ist damit nicht nur die mit erlesenem Geschmack und von hervorragenden Künstlern errichtete und dekorierte Wohnstätte Friedrichs des Großen, sondern nun auch der Ort seines Begräbnisses und erhält damit neben der kunstgeschichtlichen eine weit über die Grenzen hinausgehende geschichtliche Dimension.

Für das Werden von Sanssouci gibt es keinen gleich zu Beginn erdachten und auszuführenden Gesamtplan. Doch sehr schnell wurde deutlich, daß die Anlage nicht auf die Terrassen und das Schloß beschränkt bleiben konnte. So entstanden bald neue Gartenteile und Gebäude, deren Ordnungssystem der Hügel und die parallel dazu von Ost nach West verlaufende Hauptallee vorgaben. Nach Sanssouci ließ Friedrich der Große 1747 durch Knobelsdorff auf halber Höhe westlich des Schlosses ein Haus zur Unterbringung der Orangenbäume, die im Sommer die Terrassen zieren, errichten. Es wurde nach 1770 durch Georg Christian Unger und Johann Christian Hop-

sechs in der Mitte im Bogen einschwingenden Terrassen auf ein in der Ebene gelegenes Lusthäuschen orientiert, aber bereits im Januar 1745 befahl Friedrich II. den Bau eines Schlosses auf der Höhe, das 1747 fertig war und den Namen »SANS, SOUCI« erhielt, der sich bald auf die ganze Parkanlage übertrug.

Die Idee für Weinberg und Schloß ist von Friedrich selbst ausgegangen. Ihm zur Seite stand Georg Wenzeslaus von Knobelsdorff, den er bereits in Neuruppin mit der Errichtung des Apollotempels im dortigen Amaltheagarten und später mit der Erweiterung der kronprinzlichen Residenz in Rheinsberg betraut hatte. Nach dem Willen des Bauherrn sollte das

penhaupt d. J. in ein Gästewohnhaus mit sieben Kavalierszimmern und vier Sälen umgewandelt. Besonders die von den Gebrüdern Spindler geschaffenen zwei Intarsienkabinette und die Säle, hier vornehmlich der Jaspissaal, zeigen noch einmal den Gestaltungsreichtum des Friderizianischen Rokokos. Das Gebäude erhielt nun den Namen Kavalierhaus, bald aber Neue Kammern.

Auf der östlichen Seite des Hügels wurde mit dem Schloßbau ein Gewächshaus angelegt und der davorgelegene Garten in Terrassen gegliedert. Im Jahre 1756 bekam der Landbaumeister Johann Gottfried Büring den Auftrag, an dieser Stelle eine Bildergalerie zu errichten, die im Äußeren der Gestalt des Orangenhauses/Neue Kammern entsprechen sollte. Sie erhielt aber in der Mitte eine Kuppel, und das dadurch entstandene, optische Ungleichgewicht gegenüber den Neuen Kammern wurde erst beseitigt, als dieses Gebäude 1772 auch einen bekrönenden Mittelaufbau bekam.

Der große, sich nahezu über die ganze Länge des Gebäudes erstreckende Galerieraum wird in der Mitte durch die Rotunde betont; am Ende befindet sich auf der östlichen Seite ein Kabinett für »kleine Schildereyen« und westlich ein Treppenhaus, das den Zugang zur obersten Terrasse und damit unmittelbar zum königlichen Schloß ermöglicht. Büring war ein Schüler Knobelsdorffs, und so kann man bei der Bildergalerie sowohl in der Gestaltung des Außenbaues als auch in den Innendekorationen immer wieder Elemente dieses wohl wichtigsten friderizianischen Baumeisters antreffen.

Friedrich der Große hatte seit Rheinsberg eine Vorliebe für die französische Rokoko-Malerei, vor allem für deren Hauptvertreter Antoine Watteau und die Schüler Lancret und Pater. Ihre Bilder waren im Neuen Flügel des Schlosses Charlottenburg in Berlin, in der Wohnung Friedrichs im Potsdamer Stadtschloß, vor allem aber in der Kleinen Galerie des Schlosses Sanssouci ausgestellt. Nach 1750 wandelte sich der Geschmack des Königs; er versuchte mehr und mehr sogenannte »große Galeriestücke« der flämischen und italienischen Barockmalerei zu erwerben, wobei Rubens sowie van Dyck und deren Schulen bevorzugt wurden. Die Agenten in Paris und Amsterdam wurden zu schnellen Käufen gedrängt, so daß nach Fertigstellung im Jahre 1763 – die lange Bauzeit erklärt sich aus dem Siebenjährigen Krieg – die Galerie auch mit Gemälden ausgestattet werden konnte. Zum ersten Mal findet man eine streng nach Schulen getrennte Einteilung: auf der westlichen Hälfte die flämische, auf der östlichen die italienische Spätrenaissance und

Barockmalerei; in der Rotunde und im Kleinen Kabinett befinden sich Werke verschiedener Schulen, darunter auch vereinzelt Gemälde deutscher und französischer Künstler. Infolge des Zweiten Weltkrieges hat die Galerie zwei Drittel ihres Bestandes eingebüßt. Die Wiedereinrichtung konnte nur mit adäquaten Werken aus anderen Schlössern erfolgen, so daß sich die Galerie zwar heute nicht mehr mit dem vollständigen originalen Bestand, aber als Festraum mit von Friedrich dem Großen gesammelten Bildern darstellt.

Der Sanssouci-Hügel erhielt seine endgültige Ausdeutung durch zwei Grotten: im Westen die Felsengrotte (1749) und im Osten

Schloß Sanssouci, Bibliothek

Schloß Sanssouci, Innenansicht der Bildergalerie

Park Sanssouci, Chinesisches Haus

Chinesisches Haus, Innenansicht

die Neptungrotte (1753–57), so daß sich über die Neuen Kammern beziehungsweise die Bildergalerie nahezu symmetrisch eine formale und inhaltliche Steigerung bis hinauf zum Schloß selbst ergibt.

Nach Osten konnte sich der Park kaum ausdehnen, da die Stadt zu nahe war, und so bildet hier das Obelisk-Portal den Abschluß. Aber nach Westen gab es genug Freiraum, vor allem der sogenannte Rehgarten, ein ehemaliges Jagdgebiet, wurde nun in die Gestaltung einbezogen. Während Knobelsdorff in der Mitte des Parkes auf der Hauptallee eine Kolonnade nach Versailler Vorbild errichtete, die jedoch bereits 1795 wegen Baufälligkeit abgetragen wurde, entstand nach Entwürfen von Johann Gottfried Büring südlich der Allee das Chinesische Haus, dem nach 1764 auch eine abseits stehende Küche hinzugefügt wurde. Die Freude des Königs am Exotischen drückt sich im reich vergoldeten Figurenschmuck, in der Form des Gebäudes – der Grundriß ist ein Kleeblatt – und nicht zuletzt in der chinoisen Ausmalung des Kuppelraumes aus.

Das größte Bauwerk im Rehgarten entstand aber nach dem Siebenjährigen Krieg zwischen 1763 und 1769 mit dem Neuen Palais und den dazugehörigen Wirtschaftsgebäuden, den Communs. Entwürfe für ein Gästehaus waren schon 1755 angefertigt worden, der Krieg hatte jedoch eine Realisierung verhindert. Das Palais sollte Verwandten und Freunden des Königs bei Besuchen in Sanssouci eine standesgemäße Unterkunft bieten und ist deshalb im Inneren in einzelne Appartements eingeteilt, die man über vier einfach ausgestattete Treppenhäuser erreichen kann. Für die Vergnügungen der Hofgesellschaft standen Säle, Galerien und ein Theater zur Verfügung. Küche und Personal sowie Stallungen und Remisen waren in den gegenüberliegenden Communs untergebracht. Friedrich der Große hatte sich selbst eine Wohnung im kleinen Südflügel einrichten lassen, die bereits 1765 fertig war. Wohl unter starker Mitsprache des Königs verwendeten die Baumeister Johann Gottfried Büring, Heinrich Ludwig Manger und nach 1765 Karl von Gontard sowohl Einflüsse des holländischen Palladianismus als auch der Berliner Architektur um 1700 und machten dadurch architektonisch auf die Tradition des preußischen Königtums aufmerksam. Noch mehr aber ist dieses Palais mit den Communs und der sie verbindenden Kolonnade eine bauliche Machtdemonstration nach dem Siebenjährigen Krieg.

Mit dem Neuen Palais hatte der Westteil des Parkes ein neues Schwergewicht erhalten, das zwar kaum in den Park selbst ausstrahlt, aber diesem Bereich einen neuen Bezugspunkt gibt. So ist es nicht verwunderlich, daß Friedrich der

Neues Palais, Gartenfront

Neues Palais, Marmorsaal

Neues Palais, Rote Damastkammer

Schloß Charlottenhof

Park um Schloß Charlottenhof, Blick in Richtung zum Neuen Palais

Schloß Charlottenhof, Eßzimmer

Schloß Charlottenhof, Schreibzimmer

Blick auf die Orangerie mit Denkmal Friedrichs II.

Große hier noch eine Erweiterung von Sanssouci vorsah und mit dem neu angelegten Weinberg am Klausberg, dem dazugehörigen Gebäude für den Winzer, dem Drachenhaus, und dem abschließenden Belvedere, das gleichzeitig der letzte friderizianische Bau war, die eigentlichen Parkgrenzen sprengte.

Nach dem Tode Friedrichs des Großen 1786 hatte zwar der Nachfolger, sein Neffe Friedrich Wilhelm II., anfangs die Absicht, in Sanssouci zu wohnen und ließ deshalb von dem aus Wörlitz bei Dessau herbeigerufenen Baumeister Friedrich Wilhelm von Erdmannsdorff das Arbeits- und Schlafzimmer seines großen Vorfahren umgestalten, doch sein Interesse galt bald dem Neuen Garten.

Neben Friedrich dem Großen ist es im 19. Jahrhundert mit Friedrich Wilhelm IV. (1795–1861) ein weiterer preußischer König, dessen intensive bau- und gartenkünstlerische Ambitionen Sanssouci geprägt haben. Er ließ den Park des 18. Jahrhunderts erweitern, mit neuen Gebäuden schmücken und in die Lennésche Kulturlandschaft einbinden.

Die erste Vergrößerung erfolgte mit der Hinzunahme des Parkteiles Charlottenhof nach 1825 und dem Umbau des aus dem 18. Jahrhundert stammenden Gutshauses zum Sommersitz des Kronprinzen. Peter Joseph Lenné konnte hier zum ersten Mal seine Fähigkeiten als genialer Landschaftskünstler auf bisher ungestaltetem Terrain beweisen, zum anderen waren Karl Friedrich Schinkel und Ludwig Persius die adäquaten Architekten des Schlosses. So vermochte hier Schinkels feinsinniger Klassizismus einen faszinierenden Kontrapunkt zu den italienischen Landbauten nachempfundenen Römischen Bädern zu setzen. Dieser eigentlich als Wohnung des Hofgärtners gedachten Anlage wurden 1830 ein antikisierender Teepavillon und nach 1835 der Nachbau eines römischen Wohnhauses hinzugefügt.

Als Friedrich Wilhelm IV. 1840 auf den Thron kam und ein Jahr später das Schloß Sanssouci bezog, ließ er die Seitenflügel durch Persius erweitern und erhöhen. Damit begann ein Weiterbauen auf dem Sanssouci-Hügel, den Friedrich Wilhelm IV., ausgehend vom sogenannten Winzerberg, mit dem neu errichteten Triumphtor im Osten bis zum friderizianischen Belvedere im Westen als Triumphstraße zu Ehren Friedrichs des Großen auszugestalten suchte. Als einziges großes Bauwerk wurde die Orangerie zwischen 1850 und 1864 nach Ideenskizzen des Königs, Plänen von Persius und in der Ausführung von Stüler und Hesse verwirklicht. Die italienischen Vorbilder sind diesem Bauwerk genauso anzumerken wie der nach 1845 errichteten, nach frühchristlich-römischen

Atrium der Römischen Bäder

Schloß Cecilienhof im Neuen
Garten

Anregungen mit separatem Glockenturm ausgestatteten Friedenskirche sowie einem Pfarr-
und Schulgebäude und dem als Schloß Marly
bezeichneten Kavalierhaus.

Die in einem Moschee ähnlichen Gebäude
von Ludwig Persius 1841 installierte Dampf-
maschine an der Havel ermöglichte nun endlich auch das Spiel des Wassers in den bis dahin
leeren beziehungsweise an vielen Stellen des
Parkes neu angelegten Fontänenbecken in
Sanssouci. Die neuen Gebäude führten auch
zur Abrundung und Erweiterung des Parkes
durch Peter Joseph Lenné, der nun zusätzlich
den Hopfengarten, die Orangerie-Terrassen,
den Nordischen und den Sizilianischen Garten
sowie den Marlygarten anlegte.

Mit dem Tode Friedrich Wilhelms IV. 1861
und fünf Jahre darauf mit dem Peter Joseph
Lennés endet die Gestaltungszeit des Parkes
Sanssouci.

Der Neue Garten

Wie anfangs vermutet, zog der Nachfolger
Friedrichs des Großen, Friedrich Wilhelm II.,
der 1786–97 regierte, nicht in das Schloß Sanssouci, sondern ließ sich im Osten der Stadt am

Heiligen und am Jungfernsee einen eigenen
Park anlegen und mit dem Marmorpalais auch
einen Sommersitz errichten. Das Gelände, ehemals Weingärten der Potsdamer Bürger, war
ihm von gelegentlichen Aufenthalten aus kron-
prinzlicher Zeit bekannt. Einen Teil hatte er
bereits 1783 erwerben können, doch 1787 fiel die
Entscheidung, einen Park anzulegen, der im
Gegensatz zu den älteren Gärten von Sanssouci den Namen »Neuer Garten« erhielt. Mit
der Gestaltung war der aus Dessau stammende
Johann August Eyserbeck beauftragt worden,
der auch Potsdamer Gärtner mit einbezog. Es
entstand ein romantisch-sentimentaler Garten
mit relativ kleingliedriger Struktur und belebt
durch chinesische, ägyptische, maurische und
gotische Elemente in Plastik und Architektur.
Neben neuen Einsiedeleien, Grotten und Ruinen blieben auch die älteren Häuser der ehemaligen Besitzer bestehen und vervollständig-
ten so ein Bild, das den Vorstellungen vom
»Zeitalter der Empfindsamkeit« entsprach.
Peter Joseph Lenné hat dann nach 1816 den
Neuen Garten als erste Potsdamer Anlage
umgestaltet und große zusammenhängende
Landschaftsräume geschaffen, von denen aus
der Blick in die Umgebung, vor allem bis nach
Glienicke, Sacrow und zur Pfaueninsel reicht.

294   HANS-JOACHIM GIERSBERG

Mit dem Bau des Schlosses im Neuen Garten, dem Marmorpalais, wurde der friderizianische Baumeister Karl von Gontard beauftragt, nach dessen Entwurf zwischen 1787 und 1789 der Außenbau errichtet wurde. Der hügelförmige Kubus mit belvedereartigem Aufbau weist einerseits auf englische und holländische Einflüsse hin, reflektiert aber auch die Reiseeindrücke, die Friedrich Wilhelm (II.), 1780 in Rußland und Polen sammeln konnte. Von besonderem Raffinement ist der Farb- und Materialzusammenklang des unverputzten roten Ziegelmauerwerks der Wände mit dem grauen schlesischen Marmor und den architektonischen Gliederungselementen, denen das Haus seinen Namen verdankt. Die Gestaltung der Innenräume übernahm ab 1790 Karl Gotthard Langhans, der Baumeister des Brandenburger Tores in Berlin. Die um ein zentrales Treppenhaus gruppierten Räume mit einer Grotte im Erdgeschoß und einem sich über die ganze Front zum Heiligen See erstreckenden Saal im Obergeschoß reichten für die Hofhaltung bald nicht mehr aus, weshalb an den Hauptbau 1797 zwei eingeschossige Seitenflügel wiederum in unverputztem roten Ziegelmauerwerk mit Marmorgliederung angefügt wurden. Der Innenausbau erfolgte allerdings erst 1843–45 nach Entwürfen von Persius und Hesse.

Das Marmorpalais war im 19. Jahrhundert vornehmlich Residenz der preußischen Kronprinzen, doch entsprach es nur bedingt den Anforderungen eines moderneren Hoflebens. So verfügte Kaiser Wilhelm II. den Bau eines neuen kronprinzlichen Schlosses im Neuen Garten. Den Auftrag dazu erhielt Paul Schultze-Naumburg, der den Schloßbau, orientiert an englischen Vorbildern, von 1913 bis 1916 ausführte. Die kronprinzliche Familie bewohnte das Haus bis 1945. In den Juli- und Augusttagen des genannten Jahres fand hier die Potsdamer Konferenz der drei alliierten Siegermächte Sowjetunion, USA und England statt, als dessen Ergebnis das sogenannte Potsdamer Abkommen die Geschicke Deutschlands nach dem Krieg nachhaltig bestimmt hat.

Die Pfaueninsel

Der Dichter Theodor Fontane beschreibt in seinen ›Wanderungen durch die Mark Brandenburg‹ die Pfaueninsel als »ein Märchen, ... ein rätselvolles Eiland, eine Oase, einen Blumenteppich mitten in der Mark«. Und diesen Eindruck vermittelt sie auch heute noch.

Friedrich Wilhelm II. hatte diese Insel in der Havel in der Nähe Potsdams, die Kaninchen-werder hieß und auf der Johann Kunkel am Ende des 17. Jahrhunderts eine Kristallglashütte und ein chemisches Laboratorium betrieben hatte, 1793 erworben. Die Abgeschiedenheit entsprach so recht den romantisch-sentimentalen Träumereien des Königs und lud zu ländlichen Festen der Hofgesellschaft ein, die vom Neuen Garten herübergefahren kam. Von der Mätresse des Königs, der Trompetertochter Wilhelmine Encke und späteren Gräfin Lichtenau, stammt die Idee des zwischen 1794 und 1796 von dem Potsdamer Hofzimmermeister Johann Gottlob Daniel Brendel errichteten Schlosses, dessen Außenansicht den Eindruck eines verfallenen römischen Landhauses vermittelt, das im Inneren aber unter lebhafter Anteilnahme des Bauherrn und der Bauherrin mit erlesenem Geschmack dekoriert und eingerichtet worden ist.

Wie im Neuen Garten wurden 1794 am Havelufer ein separater Küchenbau und im Norden, dem Schloß entgegengesetzt, 1795 eine Meierei errichtet. Diese gotisierende künstliche Ruine enthält im Erdgeschoß unter anderem eine Molkenstube und im Obergeschoß einen prachtvoll ausgestatteten gotisie-

Das als Ruine konzipierte Schloß auf der Pfaueninsel

Jagdschloß Glienicke

renden Saal nach einem Entwurf von Philipp Boumann. Jacobsbrunnen, Kastellanhaus und Borkenhäuschen vervollständigen die sentimentale Szenerie auf der von Johann August Eyserbeck und Johann Georg Morsch nur um das Schloß und die Meierei gestalteten, ansonsten jedoch mit dem Eichenmischwald belassenen Insel.

Auch unter dem Nachfolger Friedrich Wilhelms II., Friedrich Wilhelm III. (regierte 1797–1840), erfreute sich die Insel besonders bei der Königin Luise großer Beliebtheit und wurde kurz nach 1800 durch weitere Bauten wie einen Rinderstall bei der Meierei und später unter Schinkel durch ein Kavalierhaus und das Schweizer Haus bereichert. Eine besondere Attraktion war das von Albert Schadow 1829–31 erbaute Palmenhaus, das leider 1880 abbrannte.

Lenné verwandelte gemeinsam mit dem Hofgärtner Joachim Anton Ferdinand Fintelmann nach 1816 die Pfaueninsel in eine weite Parklandschaft mit wertvollen botanischen Gewächsen, Blumen- und Rosengarten sowie zahlreichen Tierkäfigen. Neben Pfauen, die der Insel 1795 den Namen gegeben haben, und anderen Vögeln war im Laufe der Zeit hier ein wahres Tierparadies entstanden, das allerdings nach 1842 aufgelöst wurde und den Grundbestand des späteren Berliner Zoologischen Gartens bildete.

Wie durch ein Wunder sind Landschaft, Bauten und Innenräume der Pfaueninsel weitgehend erhalten geblieben, so daß sich hier wie kaum an einem anderen Ort die Entwicklung der Berlin/Potsdamer Bau- und Gartenkunst zwischen 1790 und 1840 nahezu unversehrt widerspiegelt.

Schloß und Park Glienicke

Auf der linken Havelseite in der Nähe der heutigen Glienicker Brücke hatte sich bereits der Große Kurfürst 1672 ein Jagdschloß errichten lassen, das dann im 19. Jahrhundert wesentlich umgebaut wurde. Weiter nördlich entstand eine Gutsanlage, die Fürst Hardenberg 1814 erwarb und für deren Gestaltung er 1816 den jungen Lenné berief. Zehn Jahre später, 1824, ging das Anwesen in den Besitz von Prinz Karl, einem Bruder des späteren Königs Friedrich Wilhelm IV., über. Auch er beauftragte Lenné mit der weiteren Planung der Parkanlage, die sich am Ufer der Havel bis zur Pfaueninsel erstreckte und bald auch das 1819 errichtete Blockhaus Nikolskoe und die Kirche St. Peter und Paul (1834–37) einbezog.

Für die 1825–28 vorgenommene Umgestaltung des Gutshauses, das bereits unter dem Fürsten Hardenberg Veränderungen erfahren hatte, konnte Karl Friedrich Schinkel gewonnen werden. Auch hier wie vieler Orts in der Potsdamer Landschaft hat das Zusammenwirken des Gartenkünstlers Lenné und des führenden klassizistischen Baumeisters Schinkel zu herausragenden Ergebnissen geführt. Die strenge Gliederung des Schlosses wird geläutert durch die Heiterkeit des Innenhofes, dessen malerische Wirkung durch den 1832 hinzugefügten Turm am Kavalierhaus noch befördert wird. Man spürt dabei zu Recht die künstlerische Hand von Ludwig Persius, der zu Anfang als Bauleiter in Glienicke tätig war, aber sehr bald seinen eigenen Stil ausprägte. Dieser zeichnet sich vor allem durch die Fähigkeit zu malerischer Gruppierung von Baukörpern aus, wie dies auch bei dem nach seinen Entwürfen 1837/38 errichteten Maschinenhaus mit dem angrenzenden Gärtnerhaus deutlich wird. Zu Schinkels Meisterleistung gehört jedoch der Umbau des aus dem 18. Jahrhundert stammenden kleinen Billardhauses zum Kasino an der Havel 1824/25 sowie der kleinen und großen Neugierde an der Chaussee von Berlin nach Potsdam. Park und Bauten, von denen sich viele zum Wasser orientieren, waren am besten von der Glienicker Brücke aus zu betrachten, die Schinkel 1834 errichtete. Ihre flache Bogenkonstruktion fügte sich in die Landschaft ein und ergänzte auf diese Weise das nahezu ideale Bild einer Residenz an der Havel.

Hatte Prinz Karl schon bei der Bautätigkeit von Schinkel und Persius seine Mitsprache zur Geltung gebracht, so setzten sich seine romantisierenden Anschauungen und Leidenschaften vor allem nach dem Tode der beiden Architekten bei deren Nachfolger Ferdinand von

Arnim noch stärker durch. Ein Klosterhof bildet den Rahmen für die Sammlung teilweise recht kostbarer Architekturdetails, die auf Anregungen des Prinzen zurückgehen. Auch bei der Parkgestaltung wurden in den späteren Jahren verstärkt romantische Ideen nicht zuletzt unter der Beratung des Landschaftsmalers August Wilhelm Ferdinand Schirmer verwirklicht.

Der Park Babelsberg

Neben Sanssouci und dem Neuen Garten ist der Park Babelsberg die dritte große Parkanlage Potsdams. Wie Glienicke liegt er jenseits der Havel in einem hügeligen Gelände, an dessen Erwerb Prinz Wilhelm, Bruder des späteren Königs Friedrich Wilhelm IV. und nach 1861 selbst König und nach 1871 sogar Kaiser, seit 1826 interessiert war. Dieser Wunsch entsprach auch den Vorstellungen Peter Joseph Lennés, der bereits den nahen Park Glienicke für den Prinzen Karl gestaltet hatte und in einer neuen Parkanlage auf dem Babelsberg einen weiteren Schritt zur Verschönerung der Insel Potsdam sah. König Friedrich Wilhelm III. lehnte dieses Ansinnen jedoch zunächst ab, und erst 1833 willigte er in den Geländeerwerb und den Bau eines Schlosses ein. Dazu hatten Kronprinz Friedrich Wilhelm (IV.) und Persius erste Skizzen nach eigenhändigen Angaben der Bauherrin, der Prinzessin Augusta, angefertigt; schließlich erhielt Schinkel den Auftrag für den Schloßbau, der schon in den Vorplanungen als englisch-gotisches Landschloß gedacht war. Obwohl sich Schinkel, nicht zuletzt beeinflußt durch seine Englandreise 1824, an englischen Vorbildern, vor allem an den Stichwerken Reptons, orientierte, merkt man doch den Klassizisten Schinkel, der die einzelnen Baukörper spannungsreich und in der Gruppierung ausgeglichen anordnet. Der Bau begann im Frühjahr 1834 und war im Oktober des darauffolgenden Jahres in der Hälfte des Projektes abgeschlossen.

Erst 1844 wurde nach Entwürfen von Persius weitergebaut, allerdings hatten die Anforderungen einer größeren höfischen Repräsentation eine wesentliche Veränderung des Schinkelschen Entwurfs zur Folge. Namentlich der von Persius eingefügte Tanzsaal brachte eine neue Akzentuierung, zählt aber zu den prächtigsten neugotischen Innenräumen der Zeit. Abgeschlossen wurde der Schloßbau – wiederum modifiziert durch Johann Heinrich Strack – erst 1849. In den Folgejahren wurde der Park durch weitere Bauten wie das Kleine Schloß am Ufer der Havel (1841/42), die Küche (1844/49), den Flatowturm (1853), das Matrosenhaus (1868) und nicht zuletzt durch die Berliner Gerichtslaube (1871/72) bereichert. Für den Fortgang der gartenkünstlerischen Arbeit war vor allem die Errichtung des Maschinenhauses (1842/44) an der Havel wichtig. Nun konnte der Park die Bewässerung erhalten, die für das Anwachsen der vielen Neupflanzungen notwendig war. Lenné, der anfangs die Gestaltung des Parkes vorantrieb, blieb nicht zuletzt durch den Wassermangel ohne den erhofften Erfolg. Zudem waren die finanziellen Mittel für das Anlegen des Parkes gering und versiegten nach 1839 gänzlich.

Man hielt Ausschau nach einem anderen Gestalter und fand ihn in Fürst Hermann von Pückler-Muskau. Prinzessin Augusta kannte den Fürsten aus dessen Weimarer Adjutantenzeit, und durch sein 1834 erschienenes Buch ›Andeutungen über die Landschaftsgärtnerei‹ sowie die Gestaltung seines Anwesens in Muskau selbst gehörte er bereits zu den berühmten Gartenkünstlern der Zeit. Er wurde deshalb, nachdem er einen Bericht über die Tätigkeit Lennés in Babelsberg gegeben hatte, nach 1843 mit der weiteren Parkgestaltung beauftragt. Das nun funktionierende Wassersy-

Schloß Babelsberg

Tanzsaal im Schloß Babelsberg

Schloß Sacrow

turen. Auch die Erweiterungen in Richtung des Ortes Nowawes tragen seine Handschrift. Freie Wiesen, Flächen, auf die man von hohen Aussichtspunkten blickt und die gleichzeitig die Sicht auf die Stadt Potsdam und deren Umgebung mit den belvedereartigen Bauten auf den Bergen ermöglichen, wechseln mit immer neuen Blickpunkten und Perspektiven bei einem Spaziergang durch die Weite des Parkes. Es ist besonders das hügelige Gelände, das die Babelsberger Anlage von allen anderen Potsdamer Parks unterscheidet und ihr in der unmittelbaren Beziehung zum Wasser und nicht zuletzt durch ihre vornehmlich gotisch geprägte Architektur einen besonderen Charakter verleiht.

Schloß und Park Sacrow

Schon in seiner Kronprinzenzeit hatte König Wilhelm (IV.) gemeinsam mit Peter Joseph Lenné sein ganzes Ansinnen darauf gerichtet, den 1833 entworfenen Verschönerungsplan umzusetzen, und das ging wohl am besten, wenn er selbst beziehungsweise seine Brüder das notwendige Gelände erwarben. Vor allem die in der Nähe von Nikolskoe und jenseits des Flusses gelegenen Ländereien des Dorfes Sacrow eigneten sich vorzüglich zur Abrundung der Gartenanlagen an der Havel. Nachdem die Bemühungen Friedrich Wilhelms III. 1828 an den zu hohen Forderungen der Besitzer gescheitert waren, konnte Friedrich Wilhelm IV. 1840 das Terrain erwerben und Lenné mit der Parkgestaltung beauftragen. Den zentralen Orientierungspunkt bildete ein aus dem 18. Jahrhundert stammendes, von Persius 1843 umgebautes Gutshaus, das später dem Pfarrer der nahen Heilandskirche als Wohnung diente. Von hier aus gestaltete Lenné vier fächerförmige Sichten auf ausgewählte Punkte der Stadt Potsdam sowie auf den Babelsberger und den Glienicker Park.

Ein wichtiger architektonischer Akzent in Sacrow war die »Heilandskirche am Port«, die Persius nach Skizzen des Kronprinzen bis 1844 verwirklichte. Gedacht war ein italienisierender Kirchenbau mit freistehendem Glockenturm, dazu ein Pfarr- und Schulhaus, dessen Bau freilich unterblieb, später aber bei der Friedenskirche in Sanssouci realisiert werden konnte. Der im Hinblick auf die Wirkung in der Landschaft gewählte Standort läßt die Kirche vor allem vom Wasser her besonders reizvoll erscheinen. Nach romantischer Vorstellung als Zufluchtsstätte der Fischer im Sturm gedacht, wird die angestrebte malerische Wirkung vor allem durch den intensiv vorgeschobenen Bau

stem schuf für ihn ungleich bessere Voraussetzungen als für Lenné. Pückler ließ jedoch dessen Wegeführung sowie den großen, vom Schloß bis zur Havel herunterreichenden Wiesenhang und den Pleasureground bestehen. Doch prägte er gerade diesen Gartenbereich durch besondere Bepflanzungen, Blumenbeete, Fontänen, Plastiken und Kleinarchitek-

mit der sich dadurch ergebenden Spiegelung im Wasser hervorgerufen.

Sacrow ist durch die Grenzziehung 1961 und die nachfolgende Nutzung vor allem in den Parkteilen bis zur Unkenntlichkeit entstellt worden. Behutsame denkmalpflegerische Maßnahmen werden jedoch die Schönheiten wiedererwecken können und deutlich machen, daß auch dieser Park zu Recht ein integraler Bestandteil der Potsdamer Kulturlandschaft und damit der UNESCO-Welterbeliste ist.

Die Sacrower Heilandskirche am Jungfernsee

Thomas Veser

Das Dessau-Wörlitzer Gartenreich
Verbindung des Schönen mit dem Nützlichen

»Hier ist's jetzt unendlich schön. Mich hat's gestern Abend, wie wir durch die Seen, Kanäle und Wäldchen schlichen, sehr gerührt, wie die Götter dem Fürsten erlaubt haben, einen Traum um sich herum zu schaffen. Es ist, wenn man durchzieht, wie ein Märchen, das einem vorgetragen wird, und hat ganz den Charakter der Elysischen Felder.In der sachtesten Mannigfaltigkeit fließt eins in das andere, keine Höhe zieht das Aug' und das Verlangen auf einen einzigen Punkt, man streicht herum ohne zu fragen wo man ausgegangen ist und hinkommt. Das Buschwerk ist in seiner schönsten Jugend, und das Ganze hat die reinste Lieblichkeit.«

Goethe an Charlotte von Stein, Wörlitz 14. Mai 1778

England hatte schon auf den jungen Fürsten eine magische Faszinationskraft ausgeübt. Als aufgeklärter Herrscher bewunderte Leopold III. Fridrich Franz von Anhalt-Dessau (1740–1817) die richtungweisenden Wirtschaftsreformen, die das Land zum Blühen brachten. Englands fortschrittliche Politik gipfelte schließlich in einer parlamentarischen Regierungsform. Das erlaubte dem erfolgreichen Bürgertum, selbstbewußt seine Ideale zu leben, während die politische Macht weitgehend beim Adel blieb. Fürst Franz begeisterte sich bei seinen Englandbesuchen auch für das neuartige Schönheitsideal, das im Landschaftsgarten zum Ausdruck kam. Bildende Künste, Architektur und Gartenbaukunst traten dort in eine ausgeglichene Wechselbeziehung. Sein ursprünglicher Plan, nach England überzusiedeln, sollte am Widerstand des Preußenkönigs Friedrich II. scheitern. Und so blieb Franz seinem Fürstentum an Elbe und Mulde treu und verwandelte es nach englischem Vorbild tatkräftig in einen weltoffenen Musterstaat mit liberalen Anklängen.

Als einer der bedeutendsten Reformer seiner Epoche führte der Herrscher seit 1758 das Manufaktursystem und technische Neuerungen ein. Er modernisierte Bildungs- und Gesundheitswesen seines Kleinstaates, in dem etwa 36 000 Menschen lebten. Fürst Franz wollte in seinem Fürstentum durch wirtschaftliche Verbesserungen die soziale Not lindern und dank einer reformierten Pädagogik dem religiösen Toleranzgedanken zum Durchbruch verhelfen. Dabei spielten zeitgenössische Philosophen der Aufklärung eine Schlüsselrolle. Johann Bernhard Basedow (1724–1790), der als Pädagoge in Dessau lehrte, plädierte für den überkonfessionellen Religionsunterricht und die staatliche Schulaufsicht. Ideen des Schweizer Philosophen und Theologen Johann Kaspar Lavater (1741–1801) sowie von Christian Fürchtegott Gellert (1715–1769), der das Tugendideal der Aufklärung in den Vordergrund stellte, beeinflußten das Denken des Fürsten ebenfalls. Johann Joachim Winckelmann, der sich als Begründer der modernen Archäologie und der vergleichenden Kunstgeschichte der griechischen Kunst gewidmet hatte, wirkte am Hof sogar ein halbes Jahr lang als Lehrer des Fürsten und des mit ihm befreundeten Baumeisters Friedrich Wilhelm von Erdmannsdorff (1736–1800). Winckelmanns

Antikenrezeption sollte bei der Verwirklichung des fürstlichen Lebenswerkes eine zentrale Rolle spielen.

»Vater Franz«, wie der Fürst später genannt wurde, setzte sein humanistisches Reformprogramm durch eine Reihe von Landschaftsgärten nach englischer Manier optisch in Szene. Mit Friedrich Wilhelm von Erdmannsdorff schuf er in einem Zeitraum von knapp vier Jahrzehnten die erste großräumige Landschaftsgestaltung auf dem Kontinent.

Als sein homogenes Gartenreich vollendet war, bedeckte es das gesamte, etwa 600 Quadratkilometer große Fürstentum. Intensiv gartenkünstlerisch oder architektonisch geprägte und miteinander verbundene Landschaftsparks bilden den Mittelpunkt seines Gartenreichs, das aus acht Kerngebieten bestand. An ihren Rändern gehen sie in weniger stark beeinflußte und naturnah erhaltene Landschaften, in Kulturland oder Siedlungen über. Durch Sicht- und Funktionsachsen wurden Parks, landwirtschaftliche Mustergüter, Schlösser und Schaubauten zueinander in Beziehung gesetzt. Ein Netz von Alleen verband die Kerngebiete miteinander, ihre Entfernungen betrugen jeweils etwa eine halbe Stunde auf dem Pferd. Wer durch das Gartenreich ritt, fand in regelmäßigen Abständen Rast- und Übernachtungsmöglichkeiten vor. Von den einst 600 Quadratkilometern des Gartenreichs blieben etwa 142 Quadratkilometer erhalten, sie stehen unter Denkmalschutz.

Fürst Franz wollte mehr als einfach nur die Landschaft verschönern, es ging ihm um eine Verbindung des »Schönen mit dem Nützlichen«. Dieser Intention folgend, vollzog er einen Bruch mit der vorangegangenen Epoche: Dienten Bauwerke in Barockgärten nur als Kulissen, die das Auge erfreuen sollten, wurden die Bauernhöfe in seinen Landschaftsgärten tatsächlich genutzt. Dort führte man den Besuchern moderne Agrarmethoden vor, die der Herrscher in England kennengelernt hatte. In den sogenannten »Verbesserungsbewegungen« waren Bauern, Gärtner, Handwerker, Kaufleute und Intellektuelle umfassend verbunden. Zu den bahnbrechenden Erfindungen während der englischen Agrarrevolution zählten Mähmaschinen, Getreideputzmühlen und Dreschmaschinen. Sie wurden in den fürstlichen Pachtdomänen musterhaft vorgeführt. Ganz im Sinne

Rousseau-Insel im Wörlitzer Park

Das Nymphäum mit der Statue des sich salbenden Athleten und Goethes Brief an Charlotte von Stein, 14. Mai 1778

Jean-Jacques Rousseaus, wonach der Landwirtschaft auch eine pädagogische Rolle zukommt, ließ Fürst Franz die Wirkungsweise der neuen Agrartechniken darstellen und integrierte damit Ästhetik und Bildung in sein Gartenreich. Eine von Pappeln gesäumte Nachbildung des Rousseauschen Grabmals, das sich in Ermenonville bei Paris befindet, erinnert auf der Rousseau-Insel an den Schweizer Philosophen und Pädagogen. Überall im Gartenreich kommt der unstillbare Drang der Aufklärung nach technischen Neuheiten zum Ausdruck. Rund 50 Brükken, die im gesamten Gebiet erbaut wurden, illustrierten die fortwährende Verbesserung der Brückenbautechnik. Anhand neuer Pumpen und verbesserter Wasserleitungen wurde dargestellt, wie sich Kulturen bequemer und wirkungsvoller bewässern lassen. Staunend stand die Welt 1817 vor dem Gesamtkunstwerk, das Christoph Martin Wieland (1733–1813) als »Stolz und Vorbild des 18. Jahrhunderts« rühmte. Damit die volkspädagogischen Bildungsabsichten umgesetzt werden konnten, hatte man bewußt auf Mauern und Zäune verzichtet. Bis heute ist das Gartenreich ganzjährig von allen Seiten frei zugänglich. Selbst einzelne Baudenkmäler standen dem Publikum offen. Bis dahin hatte nirgends in Europa ein Herrscher seine Idealvorstellungen konsequenter umgesetzt als der Fürst von Dessau-Anhalt. Von dort aus sollte sich sein Modell zu Beginn des bürgerlichen Zeitalters schnell über die Grenzen des Kleinstaates ausbreiten.

Fast vier Jahrzehnte schrieb der Fürst maßgeblich ein Stück mitteleuropäischer Kulturgeschichte mit. Auf subtile Weise hatte Franz damit einen Gegenentwurf zum mächtigen Nachbarn Preußen geschaffen: Dominierte in Anhalt-Dessau der Landschaftsgarten mit dezidierter Betonung des Klassizismus als Baustil der Aufklärung, blieb das absolutistische Königreich weiterhin dem Barock verhaftet.

Noch heute lassen sich alle landschaftsgestalterischen Formen und Baustilrichtungen der damaligen Zeit beim Durchwandern des Gartenreichs wie aus einer Enzyklopädie herauslesen. Sämtliche Bauwerke, Denkmäler und Skulpturen bringen sentimentale Gefühlswerte zum Ausdruck. Sollte mit antiken Ruinen die Vergangenheit beschworen werden, so symbolisierten Bauernhäuser Schlichtheit. Eremitagen standen für Einsamkeit, und chinesische Tempel dienten als Sinnbild für die Ferne.

Das Gartenreich läßt sich geographisch in drei Abschnitte einteilen. Im Westen erstreckt sich der zum Teil wiederhergestellte Garten Großkühnau mit Schloß Kühnau. Hierzu gehören als architektonische Elemente die byzantinische Kirche, das Jadgschloß Haideburg und das Weinbergschlößchen. Dann folgt das Georgium mit Landhaus, Rotunde und Römischen Ruinen. Schloß Georgium, 1780 von Prinz Johann Georg, einem Bruder des Fürsten, als Antwort auf Wörlitz erbaut, besitzt seit 1959 erlesene Kunstwerke der Gemälde- und Graphiksammlungen anhaltischer Fürstenhäuser. Klassizistische Skulpturen, die wirkungsvoll in die Naturszenerie hineinkomponiert wurden, zieren den Georgenpark. Dieser zweitgrößte Englische Garten geht allmählich in den bis an die Elbeufer heranreichenden, relativ intakten Beckerbruch über.

Nordöstlich von Dessau, in dessen Erdmannsdorff-Friedhof die Toten ungeachtet ihrer gesellschaftlichen Stellung gleichberechtigt zur letzten Ruhe gebettet wurden, erstreckt sich der mittlere Abschnitt des Gartenreiches. Fürst Franz ließ dort seiner Frau Luise von Brandenburg-Schwedt (1750–1811) zu Ehren eine kleine Gartenanlage mit klassizistischen und neugotischen Baudenkmälern gestalten. Von Erdmannsdorff zwischen 1774 und 1778 fertiggestellt, besticht das klassizistische Schloß

Luisium sowohl innen als auch außen durch ausgewogene Proportionen. Während Malereien, Reliefs und Pilaster aus grünem Stuckmarmor dem Festsaal im Erdgeschoß eine strenge Note verleihen, lassen feine Stuckdekorationen Räume und Kabinette im Obergeschoß elegant-heiter erscheinen. Im neugotischen Stil wurde das mittlerweile restaurierte und als Ferienhaus benutzte Schlangenhaus gestaltet. Noch heute bei Hochwasser als Deich wirksam, dient der Kuppenwall mit dem Gebiet um den Leiner See als natürliches Bindeglied zwischen den Ziergärten und Parks von Dessau und Wörlitz. Ein umfassender Baumbestand charakterisiert die Landschaft auf dem Sieglitzer Berg. Einst fürstliches Jagdrevier, kommt dem im 18. Jahrhundert wiederhergestellten und gestalterisch veränderten Tiergarten die Funktion eines Übergangs zu den landwirtschaftlich genutzten Bereichen zu.

Im südlichsten Areal des Tiergartens liegen die Möster-Wiesen, wo auf einer Fläche von zehn Hektar die für das 18. Jahrhundert typischen Obstpflanzungen angelegt wurden. Fel-

der und Deiche sowie Windturm und Landjägerhaus bei den Dörfern Mildensee und Waldensee sind gleichfalls Bestandteile des Gartenreichs. Überall entlang den Deichen im Gartenreich schuf Erdmannsdorff seine typischen Wachhäuser, die neben ihrer ästhetischen Wirkung dazu dienten, bei Hochwassergefahr Deich und Flußstand im Auge zu behalten. Eines dieser landschaftsprägenden Baudenkmäler ist einem kleinen Römerkastell nachgebildet. Als optische Bezugspunkte treten im ganzen Gebiet Kirchen in Erscheinung, die entweder neu erbaut oder nach dem Geschmack des Fürsten neugotisch umgestaltet wurden.

Neben den Wörlitzer Anlagen und den Ortschaften Schönitz, Riesigk mit seinem palladianischen Mehrzweckbau von Erdmannsdorff gehören Stadt und Schloß Oranienbaum sowie das Mosigkauer Schloß zum Gartenreich. Außerhalb liegende Elemente sind der Bauernhof auf dem Münsterberg, der die ökonomische Funktion des Agrarlandes darstellt, und die palladianische Schule von Griesen. Durch eine breite Weidefläche optisch von der Stadt abgesetzt, symbolisiert das Baudenkmal die erzieherische Botschaft der Aufklärungszeit. Zunächst als letzte Ruhestätte des Fürsten gedacht, entstand 1773 der künstliche Hügel Drehberg, den Erdmannsdorff mit einer kreisförmigen Wallanlage umgab. Als Mausoleum nie genutzt, wurde der klassizistische Tempel später abgetragen.

Goethe besuchte das Gartenreich Ende des 18. Jahrhunderts gleich achtmal. Der Dichter erkannte in der fürstlichen Schöpfung den »Charakter elysischer Felder« und beurteilte die Leistungen des Landesvaters in »Dichtung und Wahrheit« so: »Alles sprach zu Gunsten eines Fürsten, der, indem er durch sein Beispiel den Übrigen vorleuchtete, Dienern und Untertanen ein goldenes Zeitalter versprach.« Nach vergleichbaren Prinzipien ließ Goethe auch in Thüringen Landschaftsgärten, darunter den Ilm-Park, anlegen.

Als ökonomische Grundlage für sein Vorhaben diente Fürst Franz ein reiches Erbe, das er im wesentlichen seinem Großvater Leopold I. (1676–1747) verdankte. Der »alte Dessauer«, wie ihn die Bewohner nannten, bewies eine Vorliebe für derbe Scherze, die er gerne an seinen Untertanen ausließ. Später oft zum »Altmeister des preußischen Heeres« verklärt, verbesserte Leopold I. jedoch auch Verwaltung und Landwirtschaft. Geschickt hatte er die Verarmung des Kleinadels ausgenutzt und ihnen nach und nach Ländereien abgekauft. So entstand ein umfangreicher Grundbesitz, der durch Trockenlegung von Sumpfflächen in den Elbauen und durch Deichbau noch anwuchs. Franz, der zum einzigen Großgrundbesitzer im

Stuckdecke im Schloß Georgium, Dessau

Deckenverzierung im Schloß Luisium, Dessau

Schloß Luisium

Schloß Georgium

Statue der Flora im Georgenpark

Schloß Georgium

Floratempel

Venustempel im Wörlitzer Park

Venezianische Fassade des Gotischen Hauses

Eingangsfront des Gotischen
Hauses

Fürstentum aufstieg, maß der Militärpolitik
seines Großvaters einen deutlich geringeren
Stellenwert bei. Er förderte als feinsinniger
Mäzen viel lieber die Künste, Literatur und
Musik. Von einer ersten Englandreise 1764
zurückgekehrt, leitete Franz zunächst gestalterische Eingriffe in die Landschaft rund um
das 1698 erbaute Wörlitzer Barockschloß ein.
Neben Erdmannsdorff wählte der Landesherr,
der bei der Planung selbst aktiv mitwirkte,
Gartenbaumeister Johann Ludwig Schoch d. Ä.
(1728–1793) und dessen Sohn Johann Georg
Gottlieb Schoch d. J. (1753–1826). Georg Christoph Hesekiel (1732–1818) übernahm die Aufgaben des Baudirektors, und Georg Friedrich
von Raumer wurde mit der Landwirtschaft
beauftragt; Deichbau und Uferbefestigungen
vertraute Fürst Franz Oberförster Leopold
Wöbke an. Gemeinsam schufen sie auf einer
Düne die Wörlitzer Anlagen, deren fünf Elemente – Schloßgarten, Schochs Garten, Wei-

denheger, Neumarks Garten und die Neuen
Anlagen – durch Wasserflächen und Kanäle
voneinander getrennt lagen. Die einzigen verbindenden Elemente bildeten Brücken und
Fähren und vor allem Sichtbeziehungen.

In den Wörlitzer Anlagen haben die Gestalter am längsten gearbeitet, dort hat der Fürst
auch oft gewohnt. Gleichzeitig bilden sie den
gestalterischen Höhepunkt des Gartenreiches.
Nach dem Vorbild der englisch-palladianischen
Gartenarchitektur, die der Fürst in Stourhead
(Grafschaft Wiltshire) bewundert hatte, entstand der zierliche Englische Sitz. Daneben ließ
Franz den Schwanenteich mit Zugbrücke anlegen. Die Barockanlage mit ihrer zentralen Auf-
fahrt und den gestutzten Heckenbosketts blieb
zunächst unangetastet. Als Schloßgarten und
Neumarks Garten auf der größten Insel im
Wörlitzer See neu konzipiert wurden, tasteten
sich die Gestalter noch etwas zaghaft an das
neue Ideal heran.

Franz beschränkte sich darauf, das neue Naturgefühl des heranbrechenden bürgerlichen Zeitalters vor allem durch die Anlage geschlungener Wege mit Sitzmöglichkeiten anzudeuten. Im Gegensatz zur Barockzeit bevorzugte man nun eine möglichst unregelmäßige, »wild« wirkende Natur. Sie wurde in den Landschaftsgärten nach englischem Stil nur leicht verändert, um dadurch malerische Effekte hervorzurufen. Als Vorlagen dienten zeitgenössische Landschaftsgemälde, vor allem von Nicolas Poussin und Salvatore Rosa. Die kleinteiligen und leicht rokokohaft wirkenden Schöpfungen, die den ersten Wörlitzer Stil prägen, wurden durch zwei Hochwasser 1770 und 1771 in weiten Teilen zerstört.

Schochs Insel und der Weidenheger kennzeichnen den zweiten Wörlitzer Stil. Schochs Garten ist eine Abfolge räumlich intensiv gestalteter Gartenräume. Lange und schmale Sichtbeziehungen vermitteln beim Durchwandern Landschaftsszenen, die sich ständig verändern. Die dritte Stilrichtung läßt sich in den Neuen Anlagen ablesen. Sie entstanden von 1790 an als östliche Erweiterung. Von Galeriepflanzungen eingefaßte Nutzflächen und Gewässer vermitteln den Neuen Anlagen ein aufgelockertes und naturnäheres Erscheinungsbild. Nach einem zweiten Besuch in England überwand Franz seine Zaghaftigkeit und ließ das Barockschloß mit der Kaplanei kurzentschlossen niederreißen. An seiner Stelle schuf Erdmannsdorff von 1769 bis 1773 als Sitz für das Fürstenehepaar das dreigeschossige Englische Landhaus, einen Portikus-Bau mit Kuppellaterne, der in weiten Teilen noch stark an den englischen Palladianismus erinnert.

Mit dem englischen Landhaus erhielt Mitteleuropa das erste frühklassizistische Baudenkmal, das gerne mit einer englischen Fabrikantenvilla verglichen wurde. Vier vorgezogene korinthische Säulen mit Dreiecksgiebelkrönung bildeten den Hauptschmuck. »Die Verzierungen überraschen durch ihre Neuheit, Pracht schimmert nirgends. Ein zauberischer Reiz ist über das ganze verbreitet«, hielt der mit Erdmannsdorff befreundete August Rode 1801 fest. Die auf das 18. Jahrhundert zurückgehende Innenausstattung mit Bibliothek, Glyptothek sowie den Sammlungen von antiken Plastiken, Gemälden und Wedgwoodporzellan blieb überwiegend erhalten. Barock-klassizistisch und neugotisch gestaltete Fassaden charakterisieren das Küchengebäude mit angebautem Sommersaal. Der dort eingerichtete Ionische Speisesaal war einstmals farbig ausgestaltet. Über einen unterirdischen Gang wurde der Wirtschaftsteil mit dem Schloß verbunden.

Als bestimmendes Baudenkmal entwarfen Fürst Franz, Hesekiel und Erdmannsdorff in

Schochs Garten das Gotische Haus (1773–1813). Während die zum Kanal ausgerichtete Front der Fassade einer venezianischen Kirche nachgestaltet ist, wurde für die Gartenseite das Formengut der englischen Tudorgotik herangezogen. Als frühestes und herausragendstes Beispiel für die neugotische Baukunst war das Gotische Haus, das Franz oft als privaten Wohnraum benutzte, nach dem Vorbild von Horace Walpoles

Speisesaal in Schloß Wörlitz

Schweizerische Glasfenster im Gotischen Haus. Ihr Ankauf erfolgte auf Anregung Lavaters.

Schloß Wörlitz, Südseite

pittoreskem Landhaus »Strawberry Hill« errichtet worden.

Rund um das Gotische Haus legte Franz die Grundlagen für eine Musterlandwirtschaft, die später in wesentlich größerem Umfang in den Neuen Anlagen praktiziert wurde. Dort wurden der Anbau von Obst, Getreide, Klee, Raps und Flachs sowie die Technik des Fruchtwechsels dargestellt. Außerdem wuchsen dort früher Maulbeerbäume, die man für die geplante, dann aber doch nicht begonnene Seidenraupenzucht benötigte. Im Gartensaal, der bis 1799 im Winter auch als Treibhaus diente, gediehen nichtwinterresistente Gewächse, wie Feigen, Lorbeeren und Zitrusfrüchte. Auf den Wiesen rund um das Haus grasten einst Rinder, Schafe und Ziegen. Als »freie Menschen« in einer künstlich und künstlerisch gestalteten Naturlandschaft gehörten in diese malerische Szenerie auch pflügende Bauern, Hirten und Schnitterinnen, die das reife Korn ernteten. Im Hintergrund erzeugten antike Heiligtümer ein an den Süden erinnerndes Stimmungsbild. Nahe des Italieni-

schen Bauernhauses, das Hesekiel 1792/93 auf Anregung von Herzog Carl August von Weimar errichtet hatte, sollte eine Pappelallee Zypressen vortäuschen und auf diese Weise dem Panorama einen meridionalen Charakter verleihen.

Zu den herausragenden Baudenkmälern mit Bezug zur Antike gehört der Venustempel, den der bekannte Archäologe und Reisende Carl August Boettiger als »schönstes und regelmäßigstes Gebäude im ganzen Park« bezeichnet hat. Unter dem zehnsäuligen Sandsteinmonopteros, in dessen Innerem ein Gipsabdruck der Venus von Medici untergebracht wurde, verlaufen Grottenbauwerke, die Vulkan, Aeolus und Neptun gewidmet wurden. Die für Feuer, Wind und Wasser stehenden Gottheiten weisen einen Bezug zum Freimaurertum auf, da die Läuterung der Freimaurer traditionellerweise durch diese Elemente erfolgt. In der Musterwirtschaft beim Gotischen Haus widmete sich Fürst Franz der Pomologie (Obstforschung), um diesen landwirtschaftlichen Zweig zu verbessern. Dies hatte nicht zuletzt einen praktischen Grund,

Blick über den Wörlitzer See
auf das Pantheon

setzte sich doch der dreizehnte Teil seiner Einnahmen aus den Pachtzinsen seiner Domänen in Dessau-Anhalt zusammen. Und auch ein weiteres Ziel verfolgte der Fürst beim Bau des Gotischen Hauses. Durch seinen Rückgriff auf den neugotischen Stil, der gegen 1720 in England in Mode gekommen war, bekräftigte Franz als erster deutscher Territorialfürst seinen politischen Willen, an der Souveränität über das kleine, nach wie vor zum Reich gehörende Gebiet festzuhalten. Heute befindet sich in den Räumen des Gotischen Hauses eine bemerkenswerte Sammlung von überwiegend aus der Schweiz stammenden Glasgemälden, die vom späten 15. bis zum 17. Jahrhundert verfertigt wurden.

Allein in den Wörlitzer Anlagen befinden sich 19 Brücken, von der einfachen Kettenkonstruktion bis zur Replik der gußeisernen Coalbrookdale-Brücke, die seit 1779 kühn den Fluß Severn überspannt. Auch diese Werke entsprachen der Forderung, Schönes mit Nützlichem zu verbinden. Und so gestaltete man die 1788

erbaute und später verbreitete Friederikenbrücke im Stil der italienischen Renaissance, für die 1811 in Betrieb genommene klassizistische Wolfsbrücke stand ein venezianisches Vorbild Pate.

Pädagogische Absichten verfolgte der Landesvater auch mit dem Bibliothekspavillon. Dort fanden Besucher naturwissenschaftliche Quellen und Nachschlagewerke vor. Und im Südseepavillon hatte man eine ethnographische Sammlung mit Objekten aus diesem Teil der Welt eingerichtet. Unter dem Kettenbrückenfelsen erbaute man in der Romantischen Partie aus Raseneisenstein eine Einsiedelei mit Wohnraum und Betplatz. Aschengefäße und Knochenreste, die sich damals dort befanden, sollten den Schauder der Besucher provozieren.

Wie eindrucksvoll die aufklärerische Grundhaltung in den Gartenbildern ihren Niederschlag gefunden hat, läßt sich beim Blick auf Synagoge und Kirche nachvollziehen. Der Sichtfächer war so gelegt worden, daß die beiden entfernt liegenden Baudenkmäler gleich-

Luftaufnahme der Gesamtanlage von Schloß Mosigkau, Dessau

Rokoko-Gartenfront von Schloß Mosigkau

Gartensaal in Schloß Mosigkau mit Gemäldegalerie

Schloß Oranienbaum
mit Delphinbrunnen

berechtigt nebeneinander zu stehen scheinen. Dabei bilden die Wiesenflächen der Schochschen Insel und das jenseits des Wörlitzer Sees erkennbare Stimmungsbild mit dem Nymphäum den Kontrast. Eindrucksvoller hätte man das Toleranzdenken der Aufklärungszeit kaum in ein Gartenbild übertragen können.

Pädagogische Absichten lagen nicht zuletzt auch dem 1783/84 vollendeten Labyrinth zugrunde. Im Gegensatz zum Barockzeitalter, als der Irrweg ausschließlich höfischer Kurzweil diente, war das Labyrinth in den Wörlitzer Anlagen als Allegorie auf das menschliche Leben gedacht. Wer sich in dieses Labyrinth mit den in Rundbogennischen untergebrachten Gelehrtenbüsten begab und damit rechnete, daß der ersehnte Ausgang stets dort liegt, wo ihm Sonnenlicht entgegenstrahlt, stieß unerwartet auf das Abbild der Venus Lamia, wie die in ein kindermordendes Monstrum verwandelte Gottheit in der römischen Mythologie genannt wird. Sie stand für den Irrweg. Dagegen führte ein im Dunkeln liegender Pfad direkt in das himmlische Elysium. Fürst Franz verstand dieses Labyrinth letztlich auch als Allegorie auf sein eigenes Leben.

Erdmannsdorffs Tod 1800 bedeutete für ihn einen schweren Schlag. »Ihm verdanke ich, ihm verdankt das Land die Ausführung und Vollendung meist alles dessen, was da ist«, würdigte Franz den verstorbenen Freund, dem er zum Gedenken den Warnungsaltar errichten ließ. »Wanderer, schütze Natur und Kunst und schone ihre Werke«, lautet die Inschrift auf dem Denkmal. Nachdem auch der Landesvater 17 Jahre später die Augen für immer geschlossen hatte, beließ man die Anlagen zunächst unangetastet. Alle späteren Zusätze blieben für den Gehalt der Gesamtkomposition folgenlos.

Aber schon ein Jahrzehnt darauf empfand man die fürstlichen Gärten als unzeitgemäß. Die bekanntesten Landschaftsgestalter der damaligen Zeit, darunter Friedrich Ludwig von Sckell, Peter Joseph Lenné und Fürst Hermann von Pückler-Muskau wiesen nützlichen Parkkomponenten, wie etwa Obstpflanzungen, nur noch eine Randrolle zu; kurzlebige Pyramidenpappeln, die als gepflanzte Stimmungsbilder das Aussehen des gesamten Gartenreichs prägten, wurden nicht mehr nachgepflanzt. Sie dienten den mitteleuropäischen Gestaltern als Ersatz für die italienischen Zypressen. An ihre Stelle traten Neuzüchtungen und Besonderheiten aus den Wörlitzer Baumschulen. Da sich der Geschmack gewandelt hatte, entschied man sich für andere Gehölze, die gerade als modisch

Chinesischer Garten mit Teehaus im Park von Schloß Oranienbaum

empfunden wurden. Birken und Trauerweiden bestimmten das Bild. Nach 1871 prägten Nadelholzgewächse den Baumgarten um das Gotische Haus. Anstelle von Nutzobst hielten Zieräpfel und Zierkirschen Einzug. Vorschläge, den alten Baumbestand durch Fällungen auszulichten und zu verjüngen, lehnte die fürstliche Verwaltung ab.

Mit Beginn der zwanziger Jahre des vorigen Jahrhunderts begann die Denkmalpflege der Anlagen. Schon damals gab es keine Zweifel an der überregionalen Bedeutung der Gesamtanlage: »Wörlitz ist keine lokale Größe, nicht einmal nur eine deutsche, es ist eine europäische, eine Weltangelegenheit«, hielt der Kunsthistoriker Wilhelm van Kempen 1925 fest. Gartendirektor Hans Hallervorden (1872–1968) umschrieb im gleichen Jahr das angestrebte Ziel so: Es gelte, die Gärten allmählich wieder dem historischen Erscheinungsbild anzugleichen und ihre Eigenart dadurch allen Kreisen der Besucher ins Bewußtsein zu bringen. Seit Fertigstellung der Autobahn (1937/38) und einer Eisenbahnverbindung zum mittlerweile abgeschalteten Kohlekraftwerk in Vockerode ist das historische Gartenreich in Teile zerschnitten. Und nur wenige Meter von der Rousseau-Insel entfernt verläuft durch eine der reizvollsten

und repräsentativsten Abschnitte des Gartenreichs nach wie vor die Bundesstraße 107.

Während der DDR-Zeit waren die Gärten zwar offiziell als nationales Kulturerbe ersten Ranges eingestuft worden. Dennoch hatten die landwirtschaftlich genutzten Teile des Gartenreichs Schäden erlitten, weil Abgrenzungen zwischen den Feldern aufgehoben und große Viehställe erbaut worden waren. Die Mitte der neunziger Jahre des vorigen Jahrhunderts beschlossene Stillegung des Kraftwerks hat dazu beigetragen, den Park ökologisch zu stabilisieren. Geographisch gehört das Gartenreich zum Biosphärenreservat Mittlere Elbe. Während der DDR-Jahre wurde dem Gartenreich als »Denkmal der zentralen Liste« ein gewichtiger Platz zugewiesen. Und Hallervordens Anliegen aus der Zwischenkriegszeit wurden in der »denkmalpflegerischen Rahmenzielstellung« von 1982 wieder aufgenommen. Nach und nach sollten die Raumkompositionen des 18. Jahrhunderts mit ihren langen und schmalen Sichtbeziehungen restauriert und die Stilrichtungen herausgearbeitet werden. Dabei war man auch bemüht, den ursprünglichen Pflanzenbestand zu rekultivieren. Diese Freilegearbeiten erforderten hohen Pflegeaufwand und konnten nur während der Wintermonate ausgeführt werden. Dennoch

Weiße oder chinesische Brücke im Wörlitzer Park ▷

Amaliengrotte

vermochte man bis zur Wende einen beacht-
lichen Teil der Aufgaben zu bewältigen. Seit
1997 ist die Kulturstiftung Dessau-Wörlitz mit
finanzieller Unterstützung des Bundes und
des Landes Sachsen-Anhalt für sechs historische Einzelstätten und fünf Exklaven auf einer
Fläche von rund 209 Hektar zuständig. Ferner
kümmert sich die Stiftung um knapp sechs Dutzend Baudenkmäler, bei deren Pflege nach Ex-
perteneinschätzung erheblicher Nachholbedarf
besteht.

Mit einem Beitrag der Niederlande begannen
1998 die Restaurationsarbeiten am Barockschloß Oranienbaum. Die Urgroßmutter von
Fürst Franz, Prinzessin Henrietta Catharina aus
dem Hause Oranien-Nassau, hatte den Architekten Cornelis Ryckwaert 1683 mit dem Bau
der Residenz beauftragt. Auf regelmäßigem
Grundriß erbaut und auf das Schloß hin ausgerichtet, ist die Stadt Oranienbaum hierzulande
eines der seltenen Beispiele für einen Residenz-
ort nach niederländischem Muster. In seinem 28

Hektar großen Park, den der Fürst 1797 am
Rande verändern ließ, befindet sich auch Europas einziger, in seiner ursprünglichen Form erhaltener englisch-chinesischer Garten mit Pa-
gode und Teehaus. Große Bedeutung besaß
auch die 1812 modernisierte Orangerie; Gar-
tengestaltung und Architektur bilden auch in
Oranienbaum ein Gesamtkunstwerk. Bis auf
die neue Wasserschale aus Sandstein entspricht
der renovierte Delphinbrunnen im Parterre
dem historischen Vorbild. Die stark zerfallene
Treppe am Haupteingang wurde in Einzelteile
zerlegt und ebenfalls weitgehend originalgetreu
wieder zusammengesetzt. Zu den wertvollsten
Räumen zählen der mit niederländischen Fliesen verzierte Sommerspeisesaal und der Nordflügel mit seinen Goldledertapeten. Ryckwaerts
Meisterleistung wird nach Abschluß der Arbeiten als Museum zugänglich sein. Schloß Mosigkau und sein Garten gehören hingegen zu den
wenigen, noch weitgehend erhaltenen Rokoko-
Ensembles in diesem Teil Deutschlands.

Noch heute besitzt das fürstliche Gartenreich nach Einschätzung der UNESCO größtenteils ein authentisches Erscheinungsbild, das über alle Zweifel erhaben ist. Bei der laufenden Restaurierung liegt das Hauptgewicht auf der Wiederherstellung der historischen Infrastruktur zwischen den einzelnen Gärten. Um das Gartenreich beim Durchwandern als Gesamterlebnis in Erinnerung zu bewahren, müssen Wege, Deiche und Wiesen nach dem ursprünglichen Plan wiederhergestellt werden. Längst verschwundene Sitzgelegenheiten an den historisch markanten Punkten des Wegesystems hat man durch Repliken ersetzt. Sichtbeziehungen werden wiederhergestellt, und historische Pflanzenarten kehren an ihre ursprünglichen Orte zurück. Nicht angemessene Baumarten, die in der Vergangenheit angepflanzt wurden, weil sie weniger Pflegeaufwand erforderten, weichen den historisch verbürgten Arten. Im gesamten Bereich hat man inzwischen 180 Eichenquartiere zu je neun Bäumen gepflanzt. Auf der Fohlenweide haben fünf Eichenquartiere dem Landschaftsgarten sein altes Erscheinungsbild zurückgegeben. Überalterte Bestände an Eßkastanien vor dem Luisium sind mittlerweile durch junge Exemplare ersetzt worden.

Westlich des Landschaftsgartens hatte Fürst Franz zwischen 1779 und 1781 nach Art der englischen »ornamented farms« ein Gestüt gegründet. Heute zählen wieder Pferde, Schafe und Ziegen zum gemischten Tierbestand. Wenigstens an dieser einen Stelle erhält der Besucher eine Vorstellung vom malerischen arkadischen Landschaftsbild des 18. Jahrhunderts. Für Fürst Franz und seine gleichgesinnten Freunde symbolisierte die ursprünglich auf dem Peloponnes liegende Landschaft Arkadien ländliche Idylle, gute Sitten und Frieden.

Das Bronzedenkmal des Fürsten, das 1963 aus Dessau an die Wolfsbrücke vor Schochs Garten gebracht wurde, um die drohende Einschmelzung zu verhindern, steht nun wieder vor der Johanniskirche. Und auch die Statue des »alten Dessauer«, der damals aus dem gleichen Grund aus Dessau abtransportiert worden war, erhebt sich ebenfalls wieder vor der Marienkirche. Als größtes und kostenintensivstes Projekt wird gegenwärtig die künstliche Insel Stein mitsamt ihren 1794 vollendeten Baudenkmälern renoviert. Dort befinden sich künstliche Höhlen, darunter die aus Natur- und Backsteinen errichtete Grotte der römischen Quellnymphe Egeria, ein Freilichttheater und die Nachbildung der berühmten Villa Hamilton. Ihr Original, das Fürst Franz und sein Baumeister auf Einladung des englischen Hausherrn Lord Hamilton bei einer Italienreise kennenlernten, steht in Neapel am Fuße des Vesuv. Zu den wichtigsten Werken der Kunstsammlung in der nachgebildeten Villa zählen Gouachen mit Antikendarstellungen, die Erdmannsdorffs Zeichenlehrer Charles-Louis Clérisseau schuf. Sie spielten nicht nur in der Entwicklung des europäischen, sondern auch für den anhaltischen Klassizismus eine wichtige Rolle.

Die Sammlung besaß auch eine pyrotechnische Anlage, mit der Vulkanausbrüche simuliert werden konnten. Damit realisierte der Fürst die Vorstellungen des englischen Gartenbaukünstlers William Chambers, der gefordert hatte, Vulkane, Wasserflächen und abwechslungsreiche Gartenpartien mit Bauwerken verschiedener Stilrichtungen in Beziehung zu setzen. Wenn die dringlichen Renovierungsarbeiten abgeschlossen sind, wird bei Freilichtaufführungen wieder bengalisches Feuer die Szenerie erleuchten und Rauch aus dem Schlund des Miniaturvulkans entweichen – und damit an das goldene Zeitalter des kleinen Musterstaates erinnern.

Monument mit einer Originalsäule aus Pompeji

Thomas Steinfeld

Weimar – Kulturstadt der deutschen Klassik

Mehr als zehn Jahre lang war die alte Stadt eine große Baustelle. Nach der Wende wurde Weimar, seit Dezember 1998 eine der Stätten des Weltkulturerbes und im Jahr darauf die Kulturstadt Europas, vom ersten Pflasterstein bis zur letzten Regentraufe renoviert, und alle Besucher wußten davon eine Handwerkergeschichte zu erzählen. Und immer weiter wurde gebaut: Erst im Frühjahr 2001 war die Renovierung des Archivgebäudes am Beethovenplatz, einem der schönsten Gebäude der Weimarer Neorenaissance, abgeschlossen, und die gründliche Sanierung der Herzogin-Anna-Amalia-Bibliothek mitsamt dem Bau eines neuen Magazins unter dem Platz der Demokratie steht noch bevor. Aber seit dem Festjahr 1999 ist nicht mehr zu übersehen, daß hier, unabhängig von aller kulturellen Betriebsamkeit, etwas glücken wird – und schon geglückt ist. Etwas Altes ist wiedergekommen, und etwas Neues ist zurückgekehrt. Aus Weimar ist nicht das lebendige Kunstwerk geworden, auf das die Arrangeure des lokalen Kulturbetriebs vielleicht immer noch hoffen. Hier wurde aber auch keine historische Innenstadt in eine geschichtstümelnde Puppenstube verwandelt. Eher hat man eine zweihundert Jahre alte, aber doch zeitlose Form zu beständiger Gegenwart aufgeputzt. Etwas Drittes ist hier entstanden: eine Provinz in der Vergangenheit, die doch sehr von heute ist – und ein Zwischenreich zwischen dem Westen und dem Osten.

Am ersten Tag des Festjahres 1999 wurde das restaurierte Landesmuseum eröffnet, und daß es ausgerechnet dieses Haus war, mit dem sich das kernsanierte Weimar präsentierte, ist von weitreichender Bedeutung. Denn dieses Museum ist kein Gebäude der Goethezeit. Der Neorenaissancebau, der zuerst 1869 eingeweiht wurde, hatte ursprünglich dazu gedient, einen großen Teil der großherzoglichen Gemäldesammlung aufzunehmen – vor allem die Malerei der nachklassizistischen und spätromantischen Kunst, als Vorbild für die vielen ortsansässigen Künstler. Die nach einem Entwurf Bettina von Arnims geschaffene Kolossalskulptur eines olympisch sitzenden Goethe stand – und steht wieder – in ihrem Treppenhaus. Im Krieg von einer Luftmine beschädigt, hatte dieses Gebäude fünf Jahrzehnte lang als Ruine mitten in der Stadt gelegen: Das Schieferdach war verschwunden, die Fenster waren zugemauert, und die Heizungsanlage hatte dem Wiederaufbau des Nationaltheaters gedient. Jetzt gibt es das Museum wieder, in seiner alten, schlichten, wunderbar kleinstädtischen Gestalt. Gezeigt wird nun darin die in den neunziger Jahren erworbene Sammlung Maenz. Aber auch wenn man daran zweifelt, ob Weimar unbedingt das erste und bislang einzige Museum für die zeitgenössische Kunst des Westens in den neuen Bundesländern besitzen muß, so ist das Haus doch von seltener Schönheit – und wird, sehr passend, im Jahr 2003 die Ausstellung zum hundertjährigen Jubiläum des Amtsantritts von Harry Graf Kessler als Direktor des großherzoglichen Museums für Kunst und Kunstgewerbe beherbergen.

Das Landesmuseum liegt in der Nordstadt, auf halbem Weg zwischen dem Bahnhof und dem Weimar der Klassik, dort, wo der Hang des Ettersbergs den Boden des Weimarer Beckens erreicht. Unzählige Male ist dieser Weg beschrieben worden, und obwohl es abwärts geht mit allen Attributen einer Erweckung zum Höheren: »Ja – das ist das Geheimnis von Weimar«, schrieb der wilhelminische Dramatiker Ernst von Wildenbruch im Jahr 1903 über diesen magischen Weg. Und um dieselbe Zeit erinnerte sich der zum Mystiker gewandelte ehemalige Naturalist Johannes Schlaf: »Als ich vom Bahnhof die Freitreppe zum sonnigen Vorplatz und zur Sophienstraße hinabstieg, hatte ich ein reflektorisches Aufatmen.« Alle scheinen damals dasselbe beseelte Gefühl gehabt zu haben, ganz gleich, ob sie deutschnational, esoterisch oder europäisch gesinnt waren, ob sie dem Jugendstil, der Heimatkunst oder dem Neoklassizismus anhingen. Und so heißt es auch bei Harry Graf Kessler, dem großen Jugendstilförderer, der 1902 nach Weimar berufen wurde, um in der thüringischen Provinz die Kultur mit dem technisch fortgeschrittenen Handwerk zu verbinden: »Als ich die Stufen des Bahnhofs in Weimar hinabstieg, empfand ich die Bewegung aller jener Intellektuellen, die wie ich zum ersten Mal Weimarer Boden berührten.«

Viele Jahre lang war es kein Vergnügen, diesen Weg zu gehen. Vom zuerst 1846 errichteten und 1912 völlig rekonstruierten Bahnhof aus führte er durch eine Allee, die von verfallenden historischen Häusern gesäumt war, dann schritt man an der Ruine des Museums vorbei,

Deutsches Nationaltheater mit dem Denkmal Goethes und Schillers und schließlich hatte man das gigantische Geviert des sogenannten Gauforums zu passieren, das kurz vor dem Zweiten Weltkrieg als Sitz des Reichsstatthalters in Thüringen errichtet wurde und dem nicht nur der Park im Asbachgrund, sondern über hundert historische Wohnhäuser, ein ganzer Stadtteil, zum Opfer gefallen waren. Erst danach, das ebenso öde wie hohe Studentenwohnheim im Blick, erreichte man das alte Weimar. Auch das Gauforum steht heute noch in seiner niederschmetternd grauen Monumentalität. Aber der Weg scheint kürzer und angenehmer geworden zu sein, seitdem die Häuser an der Carl-August-Allee restauriert sind und die Straße mit Bäumen geschmückt ist.

Als Johann Wolfgang Goethe im November 1775 nach Weimar kam, gab es hier ungleich weniger zu sehen: eine kleine Stadt, fast noch ein Dorf, mit schlammigen Gassen, durch die morgens und abends das Vieh getrieben wurde; eine alles andere als vermögende Fürstenfamilie, die sich durch ihre Ausgaben für eine politisch sinnlose militärische Repräsentation fast ruiniert hätte. Sie lebte nicht einmal in ihrem Schloß, sondern im sogenannten Fürstenhaus schräg gegenüber, denn ihre eigentliche Wohnung war im Jahr zuvor abgebrannt: die aufgeklärte, aus Wolfenbüttel stammende und der Bildung gegenüber aufgeschlossene Herzoginmutter Anna Amalia und ihr Sohn Carl August, nicht ohne Talent, aber launisch und unzuverlässig; schließlich Christoph Martin Wieland, der in ganz Deutschland, ja in Europa als Dichter und Gelehrter bekannte Erzieher des jungen Fürsten.

Aus dieser eher dürftigen Ausgangslage entwickelte sich eine der erstaunlichsten Karrieren nicht nur eines Dichters, sondern auch einer Stadt. Die Aufklärung wurde hier im Amt verankert, und sie prägte sich tief in die Gestalt des Gemeinwesens ein. Wie sehr und auf welche Art, das kann man heute noch sehen, wenn man vor dem Fürstenhaus auf dem Platz der Demokratie steht und den Hang hinunterschaut: rechts das grüne Schloß, die heutige Herzogin-Anna-Amalia-Bibliothek, eine der großen Universalbibliotheken des 18. Jahrhunderts. Dahinter, schon fast am Fluß, das Reithaus. Unten das neue Schloß und daneben der Park mit seinen sich sanft dahinschwingenden Wiesen und den jahrhundertealten Bäumen. Dieser offene Übergang, das langsame Hinüberwachsen des Parks in die Stadt, ist unter Goethes Regie zustande gekommen, als die Schlösser von ihren zahlreichen Neben- und Wirtschaftsgebäuden befreit wurden, als die Stadtmauer an dieser Stelle niedergelegt und der Park geschaffen wurde, dessen Pflanzen Goethe zum Teil einzeln anliefern ließ. Dieses Fließen zwischen Stadt, Schlössern und Park gehört zum Schönsten, was Weimar zu

bieten hat – und man muß nicht einmal Eintritt dafür zahlen. Seit Beginn des 20. Jahrhunderts schließt ein Querbau das neue Schloß zum Park hin ab, aber man muß sich die Anlage als offenes Geviert vorstellen. So war sie geplant gewesen, als Teil eines zur Landschaft gewordenen Lebensideals.

Goethe ist erst für die Nachwelt zum hauptberuflichen Dichter geworden. Für seine Zeitgenossen war er, der bei seinem Umzug nach Weimar nur den empfindsamen Briefroman »Die Leiden des jungen Werthers« und das wilde Theaterstück »Götz von Berlichingen« veröffentlicht hatte, zuerst ein Genie der Vermittlung. Innerhalb von wenigen Jahren war es ihm gelungen, die geographischen, sozialen und intellektuellen Nachteile eines Lebens in der tiefen Provinz auszugleichen. Er verwandelte den Weimarer Hof in einen Mittelpunkt des europäischen Geisteslebens. Davon ist viel bewahrt: die von ihm geleitete Herzogliche Bibliothek zum Beispiel, deren erhaltenes Ausleihbuch eine von vielen gemeinsam getragene Bildungsanstrengung dokumentiert; die eigenen, großen Sammlungen von Zeichnungen und Skulpturen, Gemälden, Drucken, Majoliken und Mineralien; die pädagogischen Einrichtungen, die Zeichenschule und die Bürgerschule; das Schillerhaus und das unter seiner Regie im klassizistischen Stil wiedererrichtete Schloß. Schließlich das Wohnhaus des Händlers, Publizisten und Fabrikanten Friedrich Justin Bertuch dazu, das heute das Stadtmuseum beherbergt. Bertuch war der Krämer der deutschen Klassik, der Mann, der auch mit Hilfe seines »Journals des Luxus und der Moden« aus ihren Idealen kleine und große Handelswaren zu machen verstand und diese in ganz Deutschland vertrieb.

Doch die größte Attraktion der Stadt ist nach wie vor Goethe selbst. Aber sie erschließt sich nicht leicht, und das bekommt Weimar nach dem Jahr als Kulturstadt Europas zu spüren. Denn die Zahl der Besucher ist sehr zurückgegangen, sogar im Haus am Frauenplan. Der Kreis der Deutschen, die wegen Goethe verreisen möchten, ist offenbar durchaus begrenzt. Die meisten von ihnen dürften schon einmal dagewesen sein und sind über die großartige Treppe in die Wohnung des Dichters hinaufgestiegen, haben das Junozimmer bestaunt, die Schlichtheit des Arbeitszimmers bewundert und der Geschichte vom Fischbecken unter dem Hofpflaster gelauscht. Gewiß, die Führungen durch dieses Haus gehören zum Vortrefflichsten, was man an Museumsführung erleben kann. Doch um länger bleiben zu wollen, müßte man sich vertiefen, müßte mehr und anderes erleben können als einen Rundgang durch dieses Haus.

Das Herder-Denkmal an der Stadtkirche St. Peter und Paul

Das Goethehaus am Frauenplan, Gartenseite

Das neue, im Frühjahr 1999 eröffnete Nationalmuseum ist ein erfolgreicher Versuch, aus dieser Enge herauszufinden. Im alten Gebäude war, ganz im Sinne der sozialistischen Kulturpolitik, das »klassische Erbe« ausgestellt und Goethes Leben und Werk in 14 Stationen dargestellt. Jetzt ist Goethe nicht mehr allein der Mittelpunkt. Der ganze Raum der deutschen Klassik wird nun ausgemessen, der Dichter in das Netz von Beziehungen zurückgestellt, aus dem ihn im späten 19. Jahrhundert eine deutsche Philologie herausriß, die ihn neben Schiller zum größten deutschen Geisteshelden werden ließ. Der Beamte und der Zeichner, der Sammler und der Naturwissenschaftler erscheinen wieder in der Rolle, die sie in seinem Leben spielten, ebenso wie die Gefährten Herder, Merck, Knebel und Zelter, die Kollegen Müller und Wieland, die Herzoginmutter und der befreundete Fürst im benachbarten Gotha. Wie man die Fixierung auf den einen – oder die beiden – Helden in Weimar aufgegeben hat, so die Beschränkung auf die eine Stadt, ja sogar nur auf den Kern dieser Stadt.

Weimar ist heute mit 60 000 Einwohnern zehnmal so groß wie zur Zeit der Ankunft Goethes. Aber Weimar ist dennoch kleiner geworden. Liest man die Tagebücher Goethes, vor allem aus den ersten zehn Jahren, so sieht man den Hof und seinen Minister unaufhörlich unterwegs, von Schloß Ettersburg, wo Goethe an der »Iphigenie« schrieb und später Hans Christian Andersen wohnte, zu den Bergwerken nach Ilmenau, von der Strumpfwirkerei in Apolda – zu klassischen Zeiten eine der wichtigsten Einnahmequellen des kleinen Staates – bis zu den Dornburger Schlössern, wo Goethe über den Tod seines Herzogs hinwegzukommen suchte, vom Gut der Familie Stein in Kochberg zum Gärtnerbetrieb in Belvedere, einem lebendigen Stück Italien in der rauhen Luft des Nordens. Jena, die Universität der fünf kleinen thüringisch-sächsischen Fürstentümer, war das gelehrte Gegenstück zur höfisch musischen Residenz. Und Weimar war damals nur ein Knoten in einem viel weiter gespannten Netz – erst recht, wenn man die intellektuellen Fixpunkte berücksichtigt: Paris, Rom, Berlin oder Dresden. Diese Vielfalt erkennt man heute in der Ausstellung des Nationalmuseums wieder.

Doch das touristische Interesse an Weimar konzentriert sich immer noch auf ein kleines

Das nach italienischem Vorbild von Goethe selbst entworfene Treppenhaus

Goethes Bibliothek

Schloß Ettersburg   Goethes Gartenhaus im Park an der Ilm

VDMIA

Gebiet, das man, ohne die allfälligen Besichti-
gungen, in zwei Stunden leicht durchlaufen hat:
Das Goethehaus am Frauenplan, der Marktplatz, das Schillerhaus an der früheren Esplana-
de, das Schloß, der Historische Friedhof mit der
Fürstengruft, der Park an der Ilm mit Goethes
Gartenhaus, die Stadtkirche St. Peter und Paul
mit dem von Lucas Cranach, Vater und Sohn,
geschaffenen Altarbild. Erst bei einem längeren
Aufenthalt oder bei wiederholten Besuchen
nimmt man wahr, daß auch dieses Interesse an
der Stadt eine unnötige Einengung ist: Goethe
lebte hier zwar immerhin 75 Jahre, aber viele sind
ihm gefolgt, die sein Erbe anzutreten hofften,
indem sie die Kultur des Ortes erneuern oder
ihr etwas hinzufügen wollten: Franz Liszt und
Hans Christian Andersen, Harry Graf Kessler,
Henry van de Velde und Walter Gropius. Sie
alle haben Bauwerke hinterlassen, Kunst- und
Gebrauchsgegenstände, Erinnerungen aller Art.
Ein Gang nach Belvedere, eine Runde durch
das Südviertel, der Weg zwischen der Altstadt
und dem Bahnhof öffnet auch den Zugang
zu anderen, jüngeren Schichten der Weimarer
Geschichte – bis hin zum Bahnbetriebswerk,
das mitsamt Wasserturm, Drehscheibe und Lok-
schuppen aus der Zeit der Dampfeisenbahn erhalten ist, oder zur großen Fabrikationshalle des
Zimmermeisters Karl Friedrich Otto Hetzer,
der kurz vor dem Zweiten Weltkrieg den Stahl-
bau in den Holzbau rückübersetzte, indem er
Profilträger aus Leimholz entwickelte.

Man wird ähnliche Relikte auch in anderen
Städten finden. Nur blicken sie den Besucher
in Weimar so unzerstört und geradlinig an
wie nirgendwo sonst. Die Gründe dafür hat
Goethe schon 1782 in seinem berühmten Ge-
dicht zum Tod des Tischlers Johann Martin Mie-
ding genannt: »Wie Bethlehem in Juda, / klein
und groß«. Weimar ist zum einen über zwei
Jahrhunderte so wohlhabend gewesen, daß Generationen von Künstlern und Gelehrten hier
ihr Leben in gesicherten Verhältnissen verbrin-
gen konnten, und doch arm genug, um sich mit
Hingabe an jeden einzelnen von ihnen zu erinnern und ihrer aller Hinterlassenschaften sorgfältig zu bewahren. Weimar ist seit zweihundert
Jahren Kulturstadt, und es wurde dazu, lange
bevor es diesen Titel überhaupt gab. Als Herzogin Anna Amalia im Jahr 1772 den Publizisten
Christoph Martin Wieland zum Erzieher ihres
Sohnes gemacht hatte und Goethe vier Jahre
später hinzukam, war eine Entscheidung gefallen, die man nur noch vollziehen mußte. Dieser
thüringische Kleinstaat wollte sich auf dem
Gebiet der Kultur repräsentieren und erhalten.
Es ist keine Übertreibung zu behaupten, daß
Goethe der Erfinder einer deutschen Kulturpolitik war. Von hier aus zieht sich eine Linie
bis zum heutigen Tag.

Im klassischen Weimar war für ein paar Jahre
das Deutschland des inneren Streits, der konfessionellen und territorialen Konflikte, die
das Land seit dem Dreißigjährigen Krieg be-

herrscht hatten, überwunden worden. Auf diesem Fundament ruhte die im späten 19. Jahrhundert so erfolgreiche Fiktion der Bildungsnation, des »Luftreiches«, in dem das deutsche Volk angeblich zu Hause gewesen sein und das in Weimar seine Hauptstadt gehabt haben soll. Mit der Gründung der deutschen Nation im Jahr 1871 verwandelte sich daher Goethes Weimar, rückblickend, in den Ursprung der politischen Einheit. Von dort aber war es bis zur ideologischen Vereinnahmung nicht mehr weit. Weimar sei, so schrieb 1937 Hanns Johst, der Präsident der Reichsschrifttumskammer, »Symbol jener Sehnsucht nach dem Reich der Deutschen, das uns heute wahre Wirklichkeit wurde«. Dieses Reich hat mitten in der Stadt das »Gauforum«, vor allem aber das Lager Buchenwald auf dem Ettersberg, nicht weit vom Schloß, hinterlassen. Mehr als fünfzigtausend Menschen starben hier bis zum Ende des Zweiten Weltkriegs, die meisten von ihnen wurden ermordet, viele arbeiteten sich zu Tode. Das Lager war in böser Absicht an diesen Ort verlegt worden: Hier, in inmittelbarer Nähe zur Stadt der deutschen Klassik, sollte die Volksgemeinschaft demonstrieren, wie sie sich gegen ihre »Feinde« zu behaupten wußte. Im sogenannten »Speziallager Nr. 2«, das von August 1945 bis zum Februar 1950 unter Leitung des Volkskommissariats für Innere Angelegenheiten (NKWD) bestand, wurde das Lager fortgeführt – mit ehemaligen Funktionären der nationalsozialistischen Partei, aber auch mit Häftlingen, die oft nur durch pauschale Denunziationen in Verdacht geraten waren. Etwa zehntausend von ihnen starben an Entkräftung, an Hungerödemen und Tuberkulose.

Heute spricht man gern vom doppelten Charakter der Stadt, von der lichten und der finsteren Seite, der guten und der bösen, so als eigne sich dieser Ort als Metapher für eine ganze Nation. Weimar soll Deutschland sein, seine Hoffnung und sein Schrecken, und die Kulturpolitiker werden nicht müde, die Formel des Schriftstellers Jorge Semprún, einst Häftling im Konzentrationslager, vom »Janusgesicht« dieser Stadt zu wiederholen. Aber wer dieses Gegenüber nicht nur wahrnimmt, nicht nur erkennt, sondern beschwört, der gründet seine Botschaft auf der Infamie der Nationalsozialisten, Weimar den Stempel des Terrors aufzudrücken. Darüber hinaus steckt in der Rede vom doppelten Charakter der Stadt ein historischer Irrtum. Denn Weimar, die geweihte Stadt, ist eine Erfindung des späten 19. Jahrhunderts, als man aus dem bescheidenen Ort in der Provinz der Goethezeit das leuchtende Symbol einer Kultur in unmittelbarer Nachbarschaft der Macht werden ließ. Wer sich heute darauf beruft, spielt

eine Übertreibung, eine symbolische Überhöhung gegen die andere aus. Und das ist falsch. Man muß Weimar sein Maß wiederfinden lassen, denn seine Größe liegt im Kleinen.

Zur sonderbaren Kontinuität in der Kulturgeschichte Weimars sei noch etwas anderes hinzugefügt: So wie es für Goethes Nachlaß ein unerwartetes und unerwartbares Glück war, daß seine Enkel eine solche Scheu vor dem Erbe hatten, daß es fünfzig Jahre verstauben konnte, bis es komplett und fast unbeschadet das Zeitalter der Philologie und der Denkmalpflege erreichte, so haben auch die fast fünfzig Jahre der Deutschen Demokratischen Republik weit mehr zur Erhaltung des Bestands beigetragen, als durch sie zerstört wurde. Nicht nur wurde mit den 1953 gegründeten »Nationalen Forschungs- und Gedenkstätten der klassischen deutschen Literatur in Weimar« (NFG) eine Institution geschaffen, die über ausreichende Mittel verfügte, das »klassische Erbe« zu pflegen. Zugleich konservierte die Armut der DDR viele Gebäude und Anlagen überhaupt erst in dem Maße, daß ihre Restaurierung nach der Wende möglich wurde. Einiges ging freilich zugrunde, wie das alte Rathaus, von dem heute nur noch die Fassade erhalten ist, auch das Hotel Erbprinz am Markt, wo Johann Sebastian Bach gewohnt hatte und das noch 1989 wegen Baufälligkeit abgerissen wurde. Aber welche Kulturschätze sind in den fünfziger und sechziger Jahren im Westen, in der Bundesrepublik zerstört worden, weil man im Modernen eben nur den Fortschritt erkennen wollte!

Herzogin-Anna-Amalia-Bibliothek

Rokokosaal in der Herzogin-Anna-Amalia-Bibliothek ▷

Treppenhaus im Goethe-Schiller-Archiv ▷▷

Schillerhaus

Schillers Arbeitszimmer

Weimar ist Kulturstadt auch deswegen, weil hier seit der deutschen Klassik kaum etwas anderes hevorgebracht wurde als die Güter der Kultur. Friedrich Justin Bertuch hatte Goethes Stehstuhl aus dem Gartenhaus nachbauen lassen, Henry van de Velde hatte Korbflechter und Schreiner mit maschinellen Fertigungstechniken vertraut machen sollen, aber die Industrie ist in Weimar nie eingezogen, mit Ausnahme der 1898 gergründeten Waggonfabrik. Hier wurden während des Nationalsozialismus, auch mit Zwangsarbeitern und Häftlingen aus dem Konzentrationslager Buchenwald, Waffen hergestellt, danach im volkseigenen Betrieb Traktoren und Mähdrescher.

Ansonsten war Weimar eine kleine Residenzstadt, mit dem Hof und der Staatsverwaltung als größtem Arbeitgeber. Langsam nur wichen die Ackerbürger des 18. Jahrhunderts den Beamten und Pensionären des späten 19. – und vor allem waren es diese, die um die Jahrhundertwende ihrer Stadt das wohlhabend bürgerliche, fast patrizische Gepräge gaben, das noch heute ganze Straßenzüge im Norden und Südwesten des alten Weimar bestimmt. Friedrich Nietzsche verbrachte die letzten Jahre seines Lebens in einer solchen Villa – auch wenn er sie kaum noch wahrgenommen haben dürfte. Der Historismus, darin vor allem die italienisch inspirierte Neorenaissance, und der Jugendstil gaben diesen Vierteln ihr Gesicht, und so hat Weimar etwas von einer Rentnerstadt des späten deutschen Kaiserreichs behalten – und das nicht zum Nachteil.

Ein Denkmal der Kultur wird Weimar bleiben. Aber Gucken und Wahrnehmen sind zweierlei. Wie bei jedem Kunstwerk – ob Roman, Gemälde oder Schloß – hat nur der etwas von diesem Denkmal, der einiges darüber weiß. Ohne Bildung, ohne rückwärtsblickende Anstrengung ist Weimar heute nicht mehr zu haben. Goethe und Schiller stehen für jeden sichtbar auf dem Sockel der Verehrung. Das Klassische aber ist eine Aufgabe, kein Zustand – und das nicht, weil es darum ginge, den Geist des Humanismus wieder lebendig werden zu lassen, sondern weil ein großer Teil des Klassischen in Bildung besteht: »ein von der wissenschaftlichen Anschauung der Welt abgeleitetes, vermitteltes, mit der Wirklichkeit ganz übereinstimmendes, aber mit ihr nicht identisches Bewußtsein, weil es wesentlich um die Differenz zu ihr und ihr Defizit weiß«, wie der österreichische Schriftsteller Robert Menasse erklärt.

334   THOMAS STEINFELD

Weimar würde, wenn man es auf diese Weise ernst nehmen könnte, zum Fluchtpunkt einer Bildungsanstrengung, die der Stadt selbst gilt und sie miterschafft. Eine solche Perspektive würde die Größenverhältnisse zurechtrücken, sie würde das Geflecht der Gestalten und Werke in ihren mannigfaltigen Bedeutungen wieder auseinanderziehen, das sich in zweihundert Jahren zu einem »Mythos Weimar« verdichtet hat, sie würde die Musik, die Architektur, den Gartenbau und die Bildende Kunst in Weimar wieder gegenüber der Literatur ins Recht setzen, die allein die Erinnerung zu beherrschen scheint; und sie würde Weimar wieder in das Netz von Beziehungen stellen, so wie sie historisch gegeben waren – ein thüringischer Hof neben Rudolstadt, Gera oder Meiningen. Ein vom Trubel und von der permanenten symbolischen Selbstüberforderung befreites Weimar aber wäre kein Mythos mehr, sondern ein Ort in einer sehr zivilen Provinz der Vergangenheit. Ein besseres Kulturerbe der Menschheit kann es nicht geben.

Liszts Wohnhaus   Nietzsche-Gedenkstätte ▷

Bibliothekszimmer im Nietzsche-Archiv nach dem Entwurf von Henry van de Velde

Hans Müller

Die Wartburg – Geschichte und Auslegung

Es ließe sich trefflich darüber streiten, wem die Wartburg ihren Rang als ein Denkmal und Zeugnis deutscher, ja europäischer Geschichte verdankt, dem Dichter und Minister am Weimarer Hof Johann Wolfgang von Goethe und seinem kunstbegeisterten Herzog Carl August, oder dem Gießener Architekturprofessor und Kunst-Historisten Hugo von Ritgen, auf dessen von romantischer Geschichtssicht geprägten Ideen die heutige Burggestalt fußt. Gewiß zeigte sich zu jener Zeit die mittelalterliche Wart-

burg in wenig attraktivem Zustand, aber jeden der drei Entdecker ihrer Historie und Bedeutung bewegte die Vorstellung, die Geschichte in einem möglichst kompletten Burgbild wiederzuerwecken. Sie haben dabei durchaus die Maßstäbe erkannt, welche die erhalten gebliebenen mittelalterlichen Bauteile und Bildwerke für eine Restauration der Burg als Ganzes setzten, und sie suchten sich diesen anzupassen. Man mag es als glücklichen Umstand betrachten, daß für die Ausgestaltung der erhalten ge-

Der Palas mit der Sandstein-skulptur des Löwen (Mitte 19. Jahrhundert), dem Wappentier der Thüringer Landgrafen, auf dem Giebel. Im Vordergrund das historische Ritterbad

Der Rittersaal im Erdgeschoß des Palas. Auf der gedrungenen Mittelsäule das Adlerkapitell

bliebenen, vor allem aber für die erneuerten Räume der spätromantische Maler Moritz von Schwind gewonnen wurde. Seine künstlerische Auffassung entsprang und entsprach damaligem Zeitgeist und dessen romantisch-historischer Prägung. So geben diese monumentalen Fresken märchenhaft erzählerisch – und vielleicht gerade darum so populär versteh- und nachfühlbar – die Geschichte der Wartburg wieder. In diesem Sinne kommen sie durchaus der mittelalterlichen Bildsprache nahe, welche den des Schriftlesens noch weitgehend Unkundigen vergangenes Geschehen vor Augen führen sollte.

Eben solches historisches Geschehen auf der Wartburg und um sie herum trug zu ihrer Wiederherstellung und zu der daraus folgenden Berühmtheit bei. Das verlieh der Burg ihre bis heute fortbestehende Anziehungskraft. Belegte Geschichte und eine romantisch umsponnene Sagenwelt – wie sie sich um viele Burgen, Schlösser und Geschichtsspolien rankt – durchdringen auch hier das Überkommene. Der Reformator Martin Luther und die mittelalterlichen Minnesänger gehören zur realen Historie, wie die Legenden um die Landgrafen, den Sängerkrieg und die heiliggesprochene Landgräfin

Elisabeth die geschichtliche Interpretation weiterbeförderten.

Nicht allein die Geschichtsvorstellung und deren romantisierende Auslegung, auch die politischen Widersprüche des frühen 19. Jahrhunderts mit ihren – zugegeben gleichfalls romantisch idealistischen – politischen Zeitforderungen trugen zur Wartburgbegeisterung und -restaurierung im 19. Jahrhundert bei. Das nationale Ereignis der Zusammenkunft der deutschen Burschenschaften am 18. Oktober 1817 hier auf der Burg lieferte ein Großteil der Intentionen für das Nationaldenkmal Wartburg. Vor allem aber ermöglichte neben dem erwachenden Bewußtsein für eine geeinte deutsche Nation die hohe Intellektualität des Weimarer Herzogshauses mit seinem klassischen geistigen und künstlerischen Umfeld wie auch seinen finanziellen Möglichkeiten die Verwirklichung dieser Denkmalidee.

In einer ganz anderen Kunstform, der musikalisch-dramatischen, spiegelt sich noch vor dem eigentlichen Beginn der Burgerneuerung die Emotionalität der Wartburgbegeisterung: 1845 stellte Richard Wagner mit seiner Oper *Tannhäuser* den legendären Sängerkrieg ins

gen neben Fabelwesen, Adlern und anderen Tiergestalten den Löwen als landgräfliches Wappentier und allgemeines Machtsymbol. Allein von seinem Umfang her stellte sich damit der Palas als ein für die romanische Epoche geradezu kaiserliches Gebäude dar, welches den staufischen Saalbauten in keiner Weise nachsteht. Waren aber solche Räume bewohnbar? Es gab mehrere Kamine zur Beheizung, und Spuren deuten sogar auf das Vorhandensein einer Fußbodenheizung hin. Dennoch muß das Gebäude auf eine zeitlich eingegrenzte Nutzung hin angelegt worden sein, zumal die Fenster wohl ohne Verglasung blieben. War der Palas auf der Wartburg also bereits unter Ludwig II. vor allem als ein Repräsentationsbau gedacht, und lebte der landgräfliche Hof in seinem sogenannten festen Haus in Eisenach, von dem jedoch kaum etwas überkommen ist? Oder bezog man in unwirtlicher Jahreszeit gar die Runneburg, wo es gleichfalls bereits eine Fußbodenheizung gab? Zwar bleiben diese Fragen bislang unbeantwortet, mit großer Wahrscheinlichkeit aber hatte die Wartburg im sicheren Hinterland der landgräflichen Besitzungen schon für Ludwig II. inzwischen mehr machtpolitische Bedeutung als strategischen Rang.

Vom Eisenacher Hof nahm die Epoche der deutschen mittelalterlichen Klassik einen ihrer Ausgänge. Die Kreuzzüge begleiteten sie, und mit diesen gelangten Namen, Legenden und Zeugnisse der antiken Welt auch bis zu den mittelalterlichen Territorialfürsten. Die blieben zwar Haudegen, waren aber eben auch kenntnishungrig, und sie verstanden – wohl zumindest partiell – sogar die Schriftsprache. Hermann I. dürfte zu diesen im heutigen Verständnis als Gebildete geltenden Leuten zu zählen sein. Wie sonst hätte er sich mittelalterlich französische und antike Schriften übersetzen lassen? Und nur so konnte sein Hof weithin in den Ruf eines intellektuellen Ortes gelangen und Treffpunkt der Literaten jener Zeit werden, als die man die größtenteils dem Ritterstand angehörenden Minnesänger sehen darf. Man folgte also hier ganz dem klassischen Troubadour-Ritus anderer europäischer Höfe des 12. Jahrhunderts.

Glaubhaft bezeugt sind die Aufenthalte Heinrichs von Veldecke, Walthers von der Vogelweide und Wolframs von Eschenbach am landgräflichen Hofe Hermanns I. Später, um 1314, porträtierte ihn die Heidelberger Liederhandschrift nachgerade kaiserhaft inmitten der Sängerschar.

Der Sängersaal, der im romantisch-historischen Geist des 19. Jahrhunderts der Sage vom »Sängerkrieg« ein Denkmal setzt. Im Hintergrund der »Minnesängerschrank«

Rampenlicht der Theatralik seines Jahrhunderts. Damit schuf er nicht nur eine Begleitmusik zu dem national-revolutionären und kulturkonservatorischen Vorhaben, vielmehr schloß er in dieses sein musikalisches Anliegen unmittelbar ein.

Mehrere Generationen von Geschichtsforschern und Baukundigen, Konservatoren und Burghauptmännern trugen die Restaurierung und den Erhalt der Wartburg. Ihre Arbeiten sind ebenso zum Zeitspiegel geworden wie damit die Burg selbst. Bis in deren Gründungsjahre reichen die historischen und archäologischen Perspektiven. Sie reflektieren die Ausbreitung der romanischen Kunst des ausgehenden 12. und frühen 13. Jahrhunderts vom französischen und rheinischen Raum in die mitteldeutschen Landschaften in gleichem Maße, wie sie die kunstgeschichtliche Sicht und die romantisch-historisierende Baukunst des 19. Jahrhunderts offerieren. Frühes literarisch-musikalisches Gestalten, der Minnesang, erblühte wie an den Höfen der Babenberger in Wien oder Heinrichs VII. auch hier am thüringisch-landgräflichen Sitz; Luther schrieb ein bedeutendes Kapitel deutscher Sprach- und europäischer Religionsgeschichte auf der Wartburg.

In der Burgsicherung und -erneuerung schließlich veranschaulichen sich nicht minder das Aufkeimen und die Fortentwicklung, ja der Wandel des Gedankens von Denkmalschutz und Denkmalpflege. Als ein Teil des Weltkulturerbes zählt auch heute die Wartburg zu deren ständig umsorgten Gegenständen.

Die frühe mittelalterliche Burg

Weithin sichtbar ragt die Wartburg auf einer Felskuppe südlich der Stadt Eisenach empor. Dort oben galt sie von Anbeginn an in erster Linie als Zeichen einer jungen und sich durchsetzenden Herrschaft. Am Beginn des zweiten nachchristlichen Jahrtausends trachtete der Territorialadel immer stärker danach, sich gegenüber dem Kaisertum im Heiligen Römischen Reich zu verselbständigen. Zu den fürstlichen »Oppositionskräften« gehörte auch der aus der Maingegend stammende Ludwig mit dem Barte. Seine Schauenburg errichtete er nahe dem heutigen Friedrichroda. In seinem Sohn gleichen Namens hatte er einen handfesten Nachfolger, der beiseite räumte, was ihm im Wege stand – wie den sächsischen Pfalzgrafen Friedrich III. von Goseck. Dafür kam er auf den Giebichenstein in Halle, soll sich dieser Haft jedoch durch einen kühnen Sprung entzogen haben. Das trug ihm den Namen Ludwig der Springer ein. Genau in dieses Bild paßt die Geschichte

Doppelkapitell des Palas. Über den runden Säulenschäften der Doppelsäule entfalten sich kelchartig die Kapitelle und enden nach oben in einem quadratischen Block. Die skulpturale Ausgestaltung der Kapitelle im Hochrelief folgt einer ornamentalen Symmetrie aus floralen und figuralen Elementen

Säulenkapitell im Landgrafenzimmer mit Adlern und floralem Wandschmuck

◁ Stützenwechsel im Arkadengang

der Wartburggründung, die er auf fremdem Gebiet vornahm. Als ihm dazu das Recht verweigert wurde, ließ er der Sage nach Erde von seinem Land hierher bringen, um die Behauptung zu belegen, die Burg stünde auf seinem eigenen Boden. Bleibt auch der Wahrheitsgehalt solcher Erzählung unsicher, dürfte sich doch mit der Burggründung das Bestreben Ludwigs zur Sicherung seines eigenen Herrschaftsbereichs bestätigen, wie er sie an dessen Ostflanke mit der Gründung der Neuenburg hoch über dem Unstruttal gleichermaßen vornahm. Die Wartburg markierte nun die westliche Grenze und verschaffte ihm zugleich den Überblick über den mittelalterlichen Haupthandelsweg der Via regia zwischen Straßburg und Leipzig, welcher hier entlangführte.

1080 ist die Wartburg zum ersten Male in der Chronik des Sachsenkrieges erwähnt. Dabei dürfte es sich um eine noch recht einfache Befestigung des Felsplateaus gehandelt haben, denn archäologische Forschungen erbrachten keinen Nachweis jener Burg.

1123 erheiratete Ludwig des Springers gleichnamiger Sohn mit der Tochter Gisos IV. zugleich die Herrschaft über dessen hessische Gebiete, und der fränkische König Lothar III. ernannte die Ludowinger nicht ganz uneigennützig zu Landgrafen. Mit dem Ende seiner Königsmacht nahmen die Ludowinger rasch Kontakt zu den Staufern auf. Wiederum geschah dies durch Heirat, nun Ludwigs II. mit einer Halbschwester Friedrichs I. Barbarossa. Solcher Machtgewinn blieb nicht ohne Feindschaften aus den Reihen benachbarter Territorialherren. So unterstreicht die Legende um den Schmied von Ruhla den Wunsch nach Schlagkraft: Der soll beim Schmieden des landgräflichen Schwertes mit jedem Hammerschwung »Landgraf werde hart wie dieses Eisen« gerufen haben. Weniger die Sage als wohl eher seine eigene Entschlossenheit brachte Ludwig den Beinamen der Eiserne ein.

In seine Zeit fällt wohl auch die erste steinerne Befestigung der Wartburg. Später, unter dem Landgrafen Hermann I., erfolgte der Ausbau der Neuenburg. Den rund 150 Kilometer weiten Weg zwischen beiden Burgen halbierte für den reisenden landgräflichen Hof die Runneburg in Weißensee, die dritte der thüringischen Landgrafenburgen. Zugleich nahm von hier der kurze Weg zum Staufersitz am Kyffhäuser seinen Ausgang, eine wichtige Verbindung zur Sicherung der landgräflichen Herrschaftsinteressen. In Eisenach selbst und damit unmittelbar an der Via regia bestand gleichfalls ein landgräfliches Quartier, was auf den im Gang befindlichen Ausbau und damit eine nur begrenzte Nutzbarkeit der Wartburg hindeutet.

Das Landgrafenzimmer mit dem Bilderfries von Moritz von Schwind, der die Sage um die Begegnung Ludwigs II. mit dem Schmied aus Ruhla illustriert

Die Wartburg – ein landgräfliches Kulturzentrum

Unter dem Landgrafen Ludwig II. vollzog sich seit etwa 1155 der Ausbau der Wartburg für eine prachtvolle Hofhaltung. Er begleitete die Zeit der Ausprägung einer neuen Lebensform und Lebenhaltung des Rittertums; Hofhaltung und repräsentatives Kulturleben des Adels kamen zu dieser Zeit königlichem Gepräge fast gleich. In Frankreich entstanden die *Romans courtois*, jene höfischen Romane des Chrétien von Troyes, und in den deutschen Landen erblühte die Kunst der ritterlichen Lyrik, der Minnesang. Verstärkt nahm auch die Bildkunst, denken wir an die Buchmalerei, intellektuelle Inhalte auf und reflektierte nun sichtbar das höfische Geschehen.

Der Reichstag zu Gelnhausen verfügte 1180 die Auflösung der sächsischen Herrschaft Heinrichs des Löwen. Nun wurde Ludwigs III. Bruder Hermann I. mit der Pfalzgrafschaft Sachsen belehnt. Vorher schon waren mit dem Tod von Ludwigs zweitem Bruder Heinrich Raspe III. dessen hessische Gebiete an Ludwig III. übergegangen. 1190, mit Ludwigs Tod, übernahm Hermann I. als Bruder und Nachfolger die drei Fürstentümer Thüringen, Hessen und Sachsen: Die ludowingischen Landgrafen waren damit auf dem Gipfelpunkt ihrer Macht angelangt.

Um 1155 hatten Steinmetzen aus einer rheinischen Bauhütte auf der Wartburg den romanischen Palas zu errichten begonnen – ein aufwendiger Bau, denn Sandstein für die Fassaden und die dekorativen Glieder mußte herbeigeschafft werden, und für die Säulen benutzten die Steinmetzen gar Kalksinter, den sie aus Abbrüchen römischer Bauwerke im Rheinischen zur Wartburg befördern ließen. Als Repräsentationsgebäude konzipiert, trägt der Bau diesem Charakter nicht nur äußerlich Rechnung durch die hofseitig zwischen den beiden mächtigen Endblöcken eingefügten schmückenden Arkaden und Laufgänge vor den Hauptgeschossen. Großen Palastanlagen vergleichbar waren auch die breite Innentreppe und die Kaminheizung in allen Räumen. Nördlich flankieren den Speisesaal der Rittersaal und südlich die Elisabethkemenate, das einstige Frauengemach. Ungewöhnlich viel Platz bietet der darüberliegende Sängersaal. Jüngste dendrochronologische Untersuchungen haben bestätigt, daß die Eichen für die Deckenbalken über dem Speisesaal etwa 1162 geschlagen worden sind.

Bereits Ludwig II. ließ ein weiteres Geschoß eigens für den nun die ganze Innenfläche des Gebäudes einnehmenden Festsaal errichten und sparte dabei nicht mit Bauzier und prächtiger Raumdekoration. Säulen und Kapitelle tru-

ranken sich gleichermaßen die Legenden; Richard Wagner hat sie für seine Oper aufgegriffen. Stattgefunden haben dürften diese theatralisch-literarischen höfischen Lobpreisungen in der Tat in Eisenach bei Hofe, vielleicht sogar auf der Wartburg.

Die heilige Elisabeth

Die politischen Wirrnisse am Beginn des 13. Jahrhunderts mit den Auseinandersetzungen zwischen Welfen und Staufern, ja selbst das Eingreifen des Papstes überstand Hermann I. mit geschicktem Taktieren und Wechseln auf die jeweils für ihn günstige Seite. Der vielgepriesene Mäzen erwies sich ebenso als ein beachtenswerter Politiker! Und als solcher verstand er auch die Vorbereitung der landgräflichen Nachfolge. Für seinen gleichnamigen Sohn suchte er – bestrebt um die Ausweitung des Herrschaftsgebietes – die Tochter des Ungarn-Königs Andreas II. aus. Nach erfolgreicher Werbung ließ er das vierjährige Kind Elisabeth an seinen Eisenacher Hof bringen, wo die Kinderverlobung stattfand. Doch Hermann starb 1216 zwei Monate vor seinem landgräflichen Vater.

Erst mit seiner Volljährigkeit konnte Hermanns Bruder Ludwig das landgräfliche Amt übernehmen. Und nun entspann sich – glaubt man der Sage – zwischen ihm und der blutjungen Elisabeth eine innige Beziehung. Die Wartburgfresken beschreiben die Hochzeit Elisabeths mit dem jungen Ludwig IV. im Jahre 1221. Sie gebar ihm drei Kinder: einen Sohn Hermann, der 19-jährig starb, die Tochter Sophie, die als Gemahlin Heinrichs von Brabant später in den Streit um das ludowingische Erbe eingreifen sollte, und Gertrud, die Äbtissin im Kloster Altenberg wurde. Soweit die historischen Tatsachen.

Weniger belegbar und sogar widersprüchlich sind die Legenden um Elisabeth. Sie kehrte sich um der karitativen Tätigkeit willen vom schillernden Hofleben ab, ein überraschender Schritt in der weltzugewandten höfischen Umgebung. Doch er deutet auf ihre tiefreligiöse Ausrichtung seit frühestem Kindesalter hin, und es stellt sich die Frage, ob und durch wen solche am Hofe geschah.

Zu jener Zeit traten die Unterschiede zwischen der üppigen Hofhaltung und dem sozialen Elend markant hervor. Berührte dies allein die sensible Landgräfin? Oder zeichnet sich das Austragen von Widersprüchen zwischen kirchlicher Lehre und weltoffenem Hofleben, Kaiser und Fürsten hier ab? Der Landgraf selbst könnte Elisabeth beigestanden haben, und für seine ritterliche Haltung spricht seine

Legendenszene aus den Glasmosaiken in der Elisabethkemenate. Dargestellt ist die Verlobung des jungen Landgrafensohnes mit Elisabeth, der ungarischen Prinzessin

Der Sängerkrieg auf der Wartburg, Fresko von Moritz von Schwind, 1854

Bezeichnend aber ebenso jene Geschichte um die Eneit-Handschrift Heinrichs von Veldecke: Der Bruder des Landgrafen Ludwig III., Heinrich Raspe III., soll sie auf der Hochzeit Ludwigs mit der Gräfin Margareta von Cleve 1174 gestohlen haben. Danach lud der Landgraf den Sänger auf die Neuenburg ein, um ihn hier die Schrift vollenden zu lassen: Viele Mittel waren um des höfischen Ruhmes willen recht! Um den legendären Sängerkrieg auf der Wartburg – die Bezeichnung stammt von einem thüringischen Chronisten aus dem Jahre 1421 –

Elisabethkemenate mit prächtigen Glasmosaiken nach Entwürfen von August Oetken, eingefügt 1902 – 1906

Der über 30 Meter lange Festsaal aus dem 12. Jahrhundert

DER·HL·LUDWIG·FINDET·DIE·BRODE·UNTER·ST·
ELISABETHS·MANTEL·IN·ROSEN·VERWANDELT·

Das Ende der landgräflichen Burg

Die Ausbauarbeiten auf der mittelalterlichen Burg begleiteten noch das Ende der ludowingischen Herrschaft. Nach dem Tode Ludwigs IV. war dessen Bruder Heinrich Raspe IV. mehr um den Fortbestand der Herrschaft als um eine glänzende Hofhaltung bemüht. Selbst kinderlos, überlebte er Elisabeths und Ludwigs Sohn Hermann II., für den er das Landgrafenamt verwaltet hatte; und er blieb der landgräflichen Anpassung an die jeweils vorteilhafte Machtkonstellation treu! So wechselte er zwischen kaiserlicher Gefolgschaft und Anschluß an die päpstliche Politik, wurde zunächst kaiserlicher Reichsprokurator, dann vom Papst und den erzbischöflichen Würdenträgern zum deutschen König gewählt – das allerdings nur für wenige Monate. Dann endete 1247 sein Leben und mit ihm das Geschlecht der ludowingischen Landgrafen.

Seit 1155 waren die heute stehenden Bauten auf der Burg errichtet worden, zunächst der Palas, die Befestigungswerke und schließlich Mitte des 13. Jahrhunderts deren Ausbauten mit dem Tor. Mehr Mittelalterliches ist nicht feststellbar, nachdem ein Brand 1317/18 große Teile der Wartburg zerstört hatte.

Mit dem Tode Heinrich Raspes IV. gelangte das landgräfliche Gebiet unter wettinische Hoheit, was jahrzehntelange Besitzstreitigkeiten nach sich zog; erst 1310 erfolgte die Anerkennung der Wettiner als Landgrafen von Thüringen. Abermalige territorialfürstliche Rangeleien begleiteten das Ende des Mittelalters und fanden schließlich 1485 mit der Leipziger Teilung in die albertinische und die ernestinische Herrschaft einen Abschluß. Die Wartburg aber hatte damit ihren einstigen Rang verloren. Nach dem großen Brand baute man die Wartburg ab etwa 1320 neu aus. Zunächst ersetzte der Einbau der Palaskapelle die ältere Kirche. Der Burgzugang mit dem Torhaus erfuhr eine gründliche Erneuerung, und an ihn anschließend gewannen Ritterhaus und Vogtei neue Gestalt. Deren Fachwerkaufbauten kamen 1478 bis 1480 hinzu. Gleichzeitig entstanden auf den bis zu 1,2 Meter dicken Wehrmauern des vorderen Burghofs, die in die Zeit um 1200 zurückreichen, die Fachwerkaufbauten für neue Wehrgänge. Der östliche wird als Elisabethengang, der westliche, wohl durch den späteren Dirnitzbau verkürzte als Margarethengang bezeichnet. Aus dem Mittelalter blieb als einziger der Turm an der Südwestecke des Haupthofs erhalten – möglicherweise schmückte ursprünglich ein Turm auch das Torhaus. Am Beginn des 16. Jahrhunderts erfuhr der Südturm eine Erneuerung, und 1540 diente er als Verlies für den Wie-

Im Arkadengang des ersten Obergeschosses malte Moritz von Schwind 1854 Szenen aus der Legendenvita der heiligen Elisabeth, hier die Legende des Rosenwunders

Teilnahme als einziger Reichsfürst am kaiserlichen Kreuzzug 1227. Er kehrte nicht zurück, und alsbald verließ auch Elisabeth zusammen mit ihrem Beichtvater den landgräflichen Hof – ob freiwillig oder vertrieben, bleibt offen. In der Tat aber dürfte Elisabeth eine der eigenwilligsten Frauengestalten des Mittelalters gewesen sein. In Marburg, wo sie Aufnahme fand, verstarb sie 1231. Nur vier Jahre später ist sie heiliggesprochen worden – und das im Zusammenhang mit dem kirchlichen Aufruf gegen die sinnenfrohe Offenheit des Rittertums. Das Bündnis von Kirche und Kaiser gegen die Territorialfürsten trat damit deutlich zutage – genau wie in der Beteiligung Friedrichs II. an Elisabeths Grablegung.

dertäufer Fritz Erbe, der tief im Turminneren mehrere Jahre bis zu seinem Tode eingekerkert blieb. Unmittelbar nebenan befindet sich die Zisterne, einziges Wasserreservoir und damit ein wichtiger und stets beachteter Versorgungsbau auf der Burg.

Luther und die Studenten auf der Wartburg

1521 rückte die Wartburg in ein neues historisches Licht. Der Mönch Martin Luther fand hier am 4. Mai unter dem Schutz des sächsischen Kurfürsten Friedrich des Weisen Zuflucht, nachdem ihn der Reichstag zu Worms mit dem kaiserlichen Bann belegt hatte. Als Junker Jörg verblieb Luther für fast ein Jahr auf der Burg. Von hier aus ließ der Kurfürst durch seine Boten die Schriften des Reformators verbreiten, die *Wartburgpostille* und 13 weitere Skripten zur Beichte, zum Mönchsgelübde und anderen damals brisanten Themen. Vor allem aber mit der Übertragung des Neuen Testaments in die Sprache seiner Zeit schuf Luther die Grundlage für die Herausbildung einer einheitlichen deutschen Schriftsprache. Die Wartburg und ihre Lutherstube wurden damit zu einer nicht nur protestantischen Pilgerstätte.

Diesen Ort der mutigen Worte des Reformators erkoren 1817 die Studenten der Universität Jena für eine Zusammenkunft der eben gegrün-

Ludwigs Abschied von Elisabeth und sein Aufbruch zum Kreuzzug

Heiligsprechung und Beisetzung Elisabeths am 1. Mai 1236

deten Burschenschaften. Zwei Jahre zuvor hatten sie die erste dieser studentischen Vereinigungen ins Leben gerufen. Während der Befreiungskriege marschierte die akademische Jugend vornan. Jetzt verlieh sie erstmals den Forderungen nach nationaler Einigkeit und Freiheit eigenen Ausdruck. Der vierte Jahrestag der Völkerschlacht bei Leipzig und das Jahr der 300. Wiederkehr des Reformationsbeginns sollten den großen ideellen und historischen Bogen dafür schlagen. Am 18. Oktober zogen die Burschenschafter von 13 protestantischen Universitäten auf die Wartburg. Wenngleich sich der Weimarer Herzog als Schirmherr der Jenenser Universität dem Wartburgfest nicht entgegenstellte, sah sein Minister Goethe dem politischen Voranpreschen »seiner jungen Brauseköpfe« – und damit der ersten bürgerlichen Oppositionsbewegung in deutschen Landen – doch eher mit gemischten Gefühlen zu. In Eisenach setzte man später den Burschenschaften gegenüber der Wartburg ein Denkmal. Das Hambacher Fest von 1832 und ein neuerliches Wartburgfest 1848 sollten dessen Berechtigung bestätigen.

Wiederentdeckung und Erneuerung

Im Verlauf der Jahrhunderte war die Wartburg in einen immer schlechteren Zustand geraten. Ihr Umbau zur Festung war Mitte des 16. Jahrhunderts verworfen worden, und für die nur kleine Burgbesatzung bestand kaum Bedarf an baulichen Erneuerungen. Das 17. Jahrhundert vermerkte noch einen runden Bergfried, ein Zeughaus und Handmühlen. Diese standen an der Stelle der heutigen Dirnitz. Als Johann Wolfgang von Goethe 1777 die Wartburg zum ersten Male besuchte, fand er deren eindrücklichstes Gebäude, den Palas, als »öden Kasten mit ungeheurem Dach und kleinen Fenstern« und in dessen Innerem »eine unbeschreibliche Unbehaglichkeit« vor. Dennoch begeisterte er sich und seinen Herzog – weniger ob der Burgarchitektur als vielmehr der herrlichen landschaftlichen Situation – für dieses »Denkmal des Altertums«, als welches die Wartburg bereits 1756 bezeichnet worden war. Zu jener Zeit bildete die Burg auch ein Lager für Waffen und anderes kriegerisches Material, in dem die Rüstkammer der Wartburg ihren Ursprung hat. 1801 verbrachte man weitere alte Waffen und Rüstungen aus Weimarer Schlössern auf die Wartburg, 1820 in den dazu dort fertiggestellten eigenen Zeughausbau. Bis 1945 bildete die Rüstkammer »einen Schatz deutscher Waffenschmiedekunst«, wie ihr Katalog von 1912 feststellte. Leider verblieb kaum etwas davon auf

der Wartburg, denn nach dem Zweiten Weltkrieg ereilte sie das Schicksal mancher deutschen Kunstwerke: Das Inventar der Rüstkammer wurde von den alliierten Siegermächten beschlagnahmt und – in diesem Falle durch die sowjetischen Truppen – abtransportiert. Seither gelten die prächtigen Harnische und Waffen als verschollen.

1815 hatte Goethe vorgeschlagen, ein Museum für die mittelalterlichen Bildwerke auf der Wartburg einzurichten, und der Eisenacher Baurat Friedrich Wilhelm Sältzer bemühte sich seit 1838 gemeinsam mit dem Burgkommandanten Bernhard von Arnswald um die bauliche Bestandsaufnahme.

Gleichzeitig wuchs das Interesse an einer restauratorischen Erneuerung der Wartburg. Eben noch Altertümlichkeiten, galten jetzt historische Bauwerke als Bedeutungsinsignien auch für Königs- und Fürstenhäuser. Die Neuentdeckung der mittelalterlichen Baukunst – die Vollendung des Kölner Doms und die Restaurierung der Marienburg stehen in den deutschen Landen dafür – förderte die Burgenbegeisterung gleichermaßen wie die Einrichtung von Museen und Neubauten für große historische Sammlungen – dies vor allem in und bei den Residenzorten. Die Architekten Georg Friedrich Ziebland – er hatte das Schloß Hohenschwangau entworfen – und der preußische Hofkonservator Ferdinand von Quast – durch Friedrich Wilhelm IV. empfohlen – bemühten sich mit Restaurierungs- und Neuentwürfen um die Wartburg. 1846 verwarf indes ein Architektentag in Gotha mit Gottfried Semper an der Spitze deren Pläne. Vielmehr gab man Entwürfen des Gießener Professors Hugo von Ritgen den Vorzug. Als Schüler Georg Mollers, des Entdeckers der mittelalterlichen Fassadenpläne für den Kölner Dom, bewies er Gespür für die überkommenen romanischen Bauteile der Wartburg und schlug eine phantasiegetragene aber dennoch behutsame Burgrestaurierung vor. So fußt auch seine historisierende Erneuerung des Palas mit den romantisch dekorativen Gestaltungen der Räume des Sängersaales, der Kapelle und der Elisabethkemenate auf vorgefundenen mittelalterlichen Details. Ähnlich verliehen Ritgen, vor allem aber der mit Moritz von Schwind gemeinsam hier wirkende Dekorationsmaler Rudolf Hofmann den Palasräumen sowie Michael Welter dem Festsaal im Obergeschoß ihre künstlerische Gestalt.

Der klassizistischen künstlerischen Herkunft entwachsend, krönte Schwind mit den Wartburgfresken seine romantisch-erzählerische Bildsprache. Von ihm selbst in Märchen- und Sagenillustrationen nachgerade volkstümlich verbreitet, dann in unzähligen Buch- und Zeit-

Historienmalerei zur legendären Herkunft der Ludowinger an der Südseite des Festsaals von Michael Welter

REGEM·TUAM·IN·MEDIO·CORDIS·MEI· SITIOIT·ANIMA·MEA·AD·DEUM·FORTEM·VIUUM·

H·LUDEWICUS· XIX· HERMANUS·I· XIX· SA·ELISABETA·

Kapelle, die Landgraf Friedrich der Freidige im ersten Obergeschoß des Palas zu Beginn des 14. Jahrhunderts angrenzend an den Sängersaal einfügen ließ. Die Fragmente der Wandmalerei mit der Darstellung von sechs Aposteln stammen aus der Zeit um 1320

schriftenillustrationen des späteren 19. Jahrhunderts stilistisch popularisiert, lieferten solche Bilder »Geschichten zur Geschichte«. Einprägsam transponierten sie Märchenhaftes in beinahe zeitreal Vorstellbares. Aus der damit einhergehenden heldischen Überhöhung von Gestalten und Handlung erwuchs letztendlich eine Art nationalhistorische Bedeutsamkeit von Bild und Bildgeschehen gleichermaßen. So beeinflußten Schwinds Darstellungen – in besonderem Maße die auf der Wartburg – unmittelbar auch die Opernbilder und Opernfiguren Richard Wagners bis weit über beider eigene Zeit hinaus. In den Festsaal hatte man eine niedrige Flachdecke eingezogen, wodurch dessen Proportionen stark gedrückt wurden. Mit der Restaurierung öffnete man nun den Raum bis in das Dach hinein und verlieh ihm neue Großartigkeit. Hier wirken der farbliche Reiz der Dekoration und die Erzählfreudigkeit der Bilder bis heute fort und vermitteln – wie die Schwindfresken – vom Zeitgeist der Mitte des 19. Jahrhunderts geprägte Eindrücke der mittelalterlichen Wartburg.

Der junge Carl Alexander, Erbgroßherzog von Sachsen-Weimar und Eisenach, Träger der Restaurierung, fand für die Wartburgbegeisterung vor allem in seiner Mutter, der russischen Zarentochter Maria Pawlowna, eine Stütze. Ihr Vermögen floß in die Erneuerung der Wartburg

ein und hat diese zu einem guten Teil überhaupt ermöglicht. Die Torhalle zwischen den beiden Burghöfen mit der Neuen Kemenate an der Ostseite und der Dirnitz im Westen entstand bis 1867 völlig neu, etwa zeitgleich konnte der 1853 begonnene und 30 Meter hohe quadratische Bergfried fertiggestellt werden. In seinen oberen Teil brachte man den großen Behälter für die 1887 eingerichtete Wasserversorgung der Wartburg unter, welche nun die Zisterne überflüssig werden ließ. Über ein Leitungssystem gelangt das Wasser vom 200 Meter höheren Ruhlaer Berg zur Wartburg. So markiert der signifikante Turm nicht nur einen hier wohl vorhanden gewesenen Bergfried, er wurde auch zur Umkleidung der betriebstechnischen Anlagen für die Wasserversorgung des Wartburgareals.

Gegenüber dem Palas trifft man auf das Lagerhaus der Burg, Gadem genannt, das mit seinem Fachwerkaufbau 1877 zum landesherrlichen Gästehaus umgestaltet worden ist. Dem Jahrhundertende und damit auch jener Erneuerungsphase der Wartburg kommt das Ritterbad vor der südlichen Palasfront nahe. Hugo von Ritgen ließ hier seine Phantasie mehr als bei seinen anderen Restaurierungen spielen, zumal er sich nicht unmittelbar auf vorhanden gewesene Baulichkeiten stützen konnte. Nur das Zugangsportal vom Erdgeschoß des Palas aus ist noch spätmittelalterlich.

Lutherstube, auf dem Fußboden der Walwirbel, den der Reformator als Fußstütze benutzte. Das Zimmer, das dem Schutzbefohlenen des Kurfürsten zehn Monate als Zufluchtsstätte diente, wurde schon im ausgehenden 16. Jahrhundert zum Wallfahrtsort

Die erste Hälfte des 20. Jahrhunderts, eingeschlossen die Zeit des Nationalsozialisimus, überstand die Wartburg baulich nahezu schadlos, sieht man davon ab, daß das Kreuz vom Bergfried entfernt worden war – 1938 zunächst nur für wenige Tage, 1944 jedoch endgültig. Bereits 1946 konnte es durch ein neues ersetzt werden. Von 1952 an widmete man vor allem der statischen Sicherung des Palas die denkmalpflegerische Aufmerksamkeit. Dessen hölzerne Decken erforderten das Einbringen einer Stahlbetonkonstruktion, um die hohen Belastungen aufnehmen zu können. Erst danach ließen sich die späteren Vermauerungen im Inneren und provisorische Abstützungen entfernen. Vor allem aber hat man reromanisiert und Scheinoriginale zurückgebaut. Bauliche Sicherungen zwangen zum Verzicht auf das Gebäude für die schmalen Stiegen zwischen Landgrafenhaus, Kemenate und Bergfried. An seine Stelle trat 1954 das neue Treppenhaus. Mit dem Einzug einer Zwischendecke konnte der Rüstsaal in der Dirnitz besser für die museale Nutzung erschlossen werden. Schließlich sind bis Ende der sechziger Jahre alle Fachwerkkonstruktionen im nördlichen Burghof restauriert und mit Putz an den Ausfachungen versehen worden.

In den beiden großen Sälen der oberen Geschosse des Palas erfuhren die Dekorationsmalereien aus dem 19. Jahrhundert ihre erste umfassende Restaurierung überhaupt. Dagegen hatte es bei den Schwindfresken schon kurz nach ihrer Vollendung mehrfacher Sicherungen bedurft, denn schon bald zeigten sich an ihnen Feuchtigkeitsschäden. Bis in unsere Tage galt und gilt ihnen immer wieder erhöhte restauratorische Aufmerksamkeit. Schließlich sollte auch das Ritterbad restauriert werden.

Zum Bestand der Wartburg gehören seit der Neuentdeckung des Baudenkmals die umfangreichen Kunstsammlungen. Mittelalterliches sowie künstlerisch geformtes Mobiliar und Gebrauchsgegenstände aus dem weimarischen Herzogshaus, die schon früh zur Wartburg verbrachte Gemäldesammlung mit einer Reihe eindrucksvoller Cranach-Porträts sowie Münzen und Medaillen prägen diese museale Schatzkammer.

Beinahe komplett restauriert zeigt sich heute das äußere Architekturbild der Wartburg. Ihre überkommenen Mauern, Räume und deren Ausgestaltung und Bildwerke sind Glanzlichter deutscher und europäischer Geschichte. Nicht minder gehören zu ihnen die späteren Hinzufügungen, Ausbauten und deren Inneres – vornan die Lutherstube und das 1867 wie der Erker des Harsdörfschen Hauses an der Südwand der Vogtei aus Nürnberg translozierte Pirckheimerstübchen. Sie sind Zeiten-Zeugnisse von höchstem kulturgeschichtlichen Rang.

Henning Ritter

Gründungsideen
der Berliner Museumsinsel

Um 1800 entstehen überall in Europa die Museen, die wir noch heute aufsuchen, um uns mit der Kunst vergangener Zeiten und Völker vertraut zu machen. Überall entstehen sie aus sehr unterschiedlichen Voraussetzungen – aus alten fürstlichen, aus aristokratischen und neuen bürgerlichen Sammlungen, durch Zusammenziehung verstreuter Objekte, durch Kunstraub und Kunstkauf. Überall werden die Museen als neuartige Einrichtungen erfahren, und es ist selbstverständlich, daß sie öffentlich sind. Die Werke, die in diese Museen einziehen, werden als verwandelte erlebt, sie sind etwas anderes, als sie an den Orten ihrer früheren Aufstellung waren, in Kirchen, Klöstern, Schlössern, Adelspalästen oder Bürgerhäusern. Nachdem wir die Verwandlung unserer Wahrnehmung der Kunst durch die technischen Reproduktionen und die Abbildungswerke erlebt haben, würden wir sagen, daß es sich um eine Medienrevolution handelte: Die Präsentation der Kunst im Museum und das parallel dazu aufblühende Ausstellungswesen haben die Kunst der Vergangenheit zu etwas tiefgreifend anderem gemacht, als sie es an den Orten ihrer ursprünglichen Aufstellung und in den Kabinetten der alten Sammler war. Diese Verwandlung der alten Kunst in Museumskunst hat diverse Antriebe gehabt, die aus verschiedenen Richtungen zum gleichen Ziel führten: zum Museum Alter Meister.

Der Weg zum öffentlichen Museum Alter Meister zeichnete sich an verschiedenen Orten schon einige Jahrzehnte vor der Revolution ab. Das Museum war eine Tendenz des Zeitalters: Öffnung für das Publikum, Neuordnung der Sammlungen, Scheidung von Gemälden, Skulpturen, Graphik, klassifizierende Gliederung nach Zeiten, nach Schulen oder in einer Kombination beider. Der Beitrag der Französischen Revolution war zunächst scheinbar ein hemmender. Denn das von ganz Europa verfolgte Schauspiel des Terrors schloß auch Kunstzerstörungen ein. Der »Vandalismus«, wie das in der Revolution geprägte Wort lautete, hatte in wüstem Treiben die Denkmäler des Ancien régime, die Zeichen der überwundenen politischen Ordnung, aber auch die kirchlichen Monumente des Mittelalters angegriffen und zerstört. In der Kampagne gegen den Vandalismus entstand ein neuartiges Bewußtsein der Zeugnisse der Vergangenheit. Für sie wurde damals ein neuer Begriff geprägt: »patrimoine nationale«, nationales Erbe. Die Werke der Vergangenheit wurden als gemeinsamer Besitz der Nation reklamiert und unter deren Schutz gestellt. Sie mußten von der Nation neu angeeignet werden: Sie wurden umfassend klassifiziert, zum Objekt gelehrten Studi-

Das Alte Museum und die
Alte Nationalgalerie bei Nacht

ums und des Unterrichts für breite Schichten der Bevölkerung. Sie wurden auch Gegenstand umfassender konservatorischer Bemühungen. Die moderne Denkmalpflege, die Kunstgeschichte, eine Kunstpädagogik und eine Ästhetik der freien Kunstbetrachtung entstanden gleichzeitig und aufeinander abgestimmt. Diese Resultate der Revolution in Paris waren auch den Männern vertraut, die in Berlin bei der Gründung des Alten Museums die entscheidende Rolle spielten: Karl Friedrich Schinkel, Gustav Friedrich Waagen, Wilhelm von Humboldt.

Nachdem 1823 in Berlin die Entscheidung gefallen war, ein selbständiges, das heißt von der Kunstakademie und den königlichen Sammlungen unabhängiges Museum am Lustgarten zu errichten, reiste Schinkel, der als Architekt auch für die Einrichtung verantwortlich war, im königlichen Auftrag nach Paris, um dort vor allem den Louvre zu studieren. In seinem Bericht über die »Verschönerungen des Museums« (24. Oktober 1826) hielt er fest, daß er seine Überlegungen »nach dem Vorgange von Paris« angestellt habe. Geplant wurde nach diesem Muster eine Abteilung von Gemälden und von Skulpturen, ein Antikenkabinett, eine Abteilung Kupferstiche und Handzeichnungen, außerdem eine Kunstbibliothek. Schon der erste Entwurf eines »Museums«, den der junge Schinkel im Umkreis von Friedrich Gilly gezeichnet hatte – ein frei in der Landschaft gelegenes Museum mit Bibliothek, mit zwei Rotunden und Innenhöfen – hatte sich an einem höchst aktuellen Pariser Vorbild orientiert, dem »Musée des monuments français«. Alexandre Lenoir hatte es im Kloster der Kleinen Augustiner aus eigenem Antrieb geschaffen, um seinen Auftrag, die aus enteigneten Klöstern und Kirchen stammenden heimatlos gewordenen Werke vor allem des Mittelalters zu verwahren und vor Angriffen und Zerstörungen zu schützen. Dieses 1793 eröffnete Museum enthielt einen Skulpturengarten, der den Namen »Elysée« trug und in dem die neue Bildsprache der Revolutionsfeste und die Naturverklärung à la Rousseau eine wirkungsstarke Verbindung eingingen. An diesem Vorbild orientierte sich Karl Friedrich Schinkel, er hat das Musée des monuments français wohl aus Zeichnungen Friedrich Gillys gekannt, die dieser 1797 aus Paris mitgebracht hatte. Was Schinkel damals entwarf – im übrigen in Lage und Auffassung nicht unähnlich der Dulwich Gallery von John Soane, dem außerhalb der Stadt gelegenen ersten selbständigen Londoner Kunstmuseum –, formulierte schon den Kerngedanken des Alten Museums: ein selbständiges, allein der Darbietung von Kunstwerken dienendes Gebäude mit einer Bibliothek. Auch sie wird in Schinkels Plan des Alten Museums enthalten sein, als Ausdruck des Kerngedankens der Berliner Museumsgründung, »Genuß und Belehrung« miteinander zu verbinden.

So lautet die Formel, die Wilhelm von Humboldt mit einem nachdrücklichen Akzent auf »Genuß« versehen hat, nachdem ihm kurz vor Abschluß der Vorbereitungsarbeiten für das Museum am Lustgarten der Vorsitz der Einrichtungskommission übertragen worden war. Humboldt hatte in Paris die Ereignisse am Schauplatz selbst miterlebt, und seine Tagebücher zeigen ihn stärker ästhetisch als politisch interessiert. Vor allem aber gehörte er zu den aufmerksamen Besuchern des Museums von Alexandre Lenoir, das auf ihn einen ähnlich starken Eindruck machte wie auf Jules Michelet, den großen romantischen Historiker der Revolution und Frankreichs, der seine Entdeckung der Welt der Vergangenheit auf die Besuche in Lenoirs Museum wie auf ein Erleuchtungserlebnis zurückgeführt hat. Humboldt hat sein Geschichtserlebnis im Musée des monuments français in drei langen Briefen an Goethe von Oktober 1799 geschildert: »Der Aufseher Lenoir«, berichtet Humboldt, habe die Kunstwerke, »die bisher in Kirchen, öffentlichen Gebäuden und Plätzen zerstreut standen und die es möglich gewesen ist, den Händen der mutwilligen Zerstörung während der Revolution zu entreißen«, in der Enge des Raumes »nach der Zeitfolge geordnet, und es ist in der Tat der einzige Anblick, in wenigen Sälen die Fortschritte der Kunst mehrere Jahrhunderte hindurch verfolgen zu können«. Die Sammlung dieser entwurzelten Werke »in chronologischer Folge aufzustellen« bewirkte eine völlige Verwandlung der Werke, schuf einen neuen Kunstgenuß, bot eine neue Art von Belehrung und regte zu neuen Fragen an die Vergangenheit an. Wie Humboldt deutlich sah, entstand aus dem Schutz, den die gefährdeten Werke im Museum fanden, ein neues Kunstbewußtsein: »Sobald sie aufhörten, als historische Denkmäler oder als Gegenstände religiöser Ehrfurcht geachtet zu werden, konnte nur der Schutz der Kunst sie vor künftigen Mißhandlungen sichern, und bei der jetzigen Einrichtung gewinnt man noch außerdem den Vorteil, alles auf einmal zu übersehen.«

Für die neuartige Wirkung von Kunstwerken war also entscheidend, daß sie in zeitlicher Folge dargeboten wurden. Dieser Grundsatz war schon der Grundsatz der Kunstgeschichtsschreibung Winckelmanns gewesen, er setzte sich in Europa seitdem allmählich durch und war auch in Berlin führend. Die Kunstgeschichte nach Stilen und Zeiten, die in Italien am konsequentesten von Luigi Lanzi praktiziert worden war, wurde in Berlin durch Gustav Waagen vertreten, der den neuen Typus des Kenners verkörperte. Die Geschichte der Kunst nach Zeiten und Stilen bedeutete auch einen tiefen Einschnitt im Verhalten zum Kunstwerk und den Zeugnissen der Vergangenheit. Denn das Werk eines Künstlers, das man bis dahin in einer eigenen abgehobenen Region von Meisterwerken gesehen hatte, war nun zugleich ein historisches Zeugnis, ein Moment der Kunstentwicklung und der Ästhetik. Diese doppelte Bedeutung haben Kunstwerke für uns bis heute behalten, wobei wechselnde Akzente auf die historische und ästhetische Qualität der Kunst gesetzt werden. Die Gemäldegalerie in Schinkels Altem Museum war 1830 bei ihrer Eröffnung diejenige Kunstsammlung in Europa, in der die neue historisch-ästhetische Auffassung der Kunst am konsequentesten durchgeführt wurde. Und in unmittelbarer Nachbarschaft des Museums, am Kupfergraben, formulierte Hegel die dem modernen Museumsgedanken kongeniale philosophische Ästhetik, die er in den Jahren, als das Museum am Lustgarten geplant wurde, in seinen Vorlesungen vortrug. Mit der engen Verbindung einer umfassenden Theorie der Kunst und ihrer musealen Verwirklichung war Berlin im Jahre 1830 ein Zentrum des modernen Kunstbewußtseins: Hegels Philosophie und Ästhetik, Wilhelm von Humboldts Universitätsgründung und Schinkels Altes Museum repräsentierten drei wesentliche kulturelle Tendenzen des Zeitalters.

Die Bedeutung dieses Augenblicks ist in den Dokumenten aus der Gründungsphase leicht abzulesen. Selten sind administrative Überlegungen auf so hohem gedanklichen Niveau formuliert worden, wobei zwischen Schinkel, Waagen und von Humboldt trotz tiefgehender Differenzen der Prägung und der Absichten ein substantielles Einverständnis in kürzester Zeit zu Entschlüssen zu kommen erlaubte. In dem von Schinkel und Waagen am 26. Juni 1828 vorgelegten Bericht wurden die Aufgaben des Museums in einer eindrucksvollen Formel umrissen: »Im Publikum den Sinn für bildende Kunst, als einem der wichtigsten Zweige menschlicher Kultur, wo er noch schlummert, zu wecken, wo er schon erwacht ist, ihm würdige Nahrung und Gelegenheit zu immer feinerer Ausbildung zu verschaffen.« An zweiter Stelle wird das Studium der Künstler genannt, danach das »Interesse der Kunstgelehrten« und zuletzt »die größere Erleichterung kunsthistorischer Kenntnisse für jedermann«. Zwischen Kunstgenuß und Belehrung, die bei der ersten Annäherung an die Kunst zusammenwirkten, war im übrigen eine gewisse Spannung zu bemerken. Denn es heißt ausdrücklich: »Es soll indes hiermit nicht gesagt werden, daß sich das ästhetische mit dem historischen Interesse nicht in einem gewissen Grade verbinden ließe, wenn nur immer der Grundsatz festgehalten wird: erst erfreuen, dann belehren.« Schon an diesem Anfang ist im Didaktischen eine Gefährdung des Museumsgedankens erkannt worden. Wilhelm von Humboldts Grundsatz »Erst erfreuen, dann belehren« war das liberale Bekenntnis der preußischen Kulturpolitik.

Der kunsthistorische und der kennerschaftliche Zugang, die in den Grundsätzen gegenüber dem Publikum und den Benutzern der Sammlungen hintangestellt wurden, hatten im übrigen für die Einrichtung der Gemäldegalerie den Vorrang. Gustav Friedrich Waagen, der 1823 zunächst als Gehilfe der Museumskommission nach Berlin geholt wurde, übernahm mit der Zeit in ihr die führende Rolle. Neben dem im Hintergrund wirkenden Karl Friedrich von Rumohr, dem Verfasser der »Italienischen Forschungen«, eines bahnbrechenden Werkes der neuen Kunstgeschichtsschreibung, war Waagen für Jahrzehnte in Europa der führende Vertreter jener historischen Kunstkennerschaft, die die Künstler der Vergangenheit im Zusammenhang ihrer Schulen erforschte und nach individuellen und Schulmerkmalen beurteilte. Mit kennerschaftlichen und historischen Kriterien wurde die Grenze des Wissenswürdigen in der europäischen Malerei in wenigen Jahrzehnten weit in die Vergangenheit zurückgeschoben und überall von den sogenannten Meisterwerken auf Schulen und kleinere Meister ausgedehnt. In der Absicht, die Kunstwerke »in einem historischen Zusammenhang aufzufassen« (Waagen), ging man hinter die klassischen Epochen der Malerei zurück, suchte deren Vorstufen auf und gewann einen universalen Begriff von der Kunst als eines bildenden Elements der Menschheitsgeschichte. Waagen sah die Aufgabe der Kunstgeschichte darin, »die Offenbarungen des göttlichen Geistes in der Form der Kunst in ihren eigentümlichen Gestaltungen bei den verschiedenen Völkern, in ihren Veränderungen zu den verschiedenen Zeiten, in ihren mannigfaltigen und bedeutenden Einwirkungen auf die Menschheit zu verfolgen«.

Nach diesen Gesichtspunkten wurde die Berliner Gemäldesammlung ausgestellt. Der Betrachter sollte in die Kunstwahrnehmung nach Zeiten und Schulen eingeübt werden. Daraus ergab sich der Grundriß der Hängung der Gemälde: die Trennung der niederländisch-deutschen von der italienischen Malerei und ihre Präsentation in einer ununterbrochenen chronologischen Folge von Räumen, in denen einzelne regionale Schulen synchron gehängt wurden. Es waren exemplarische Entwicklungen, die hier gezeigt wurden. Sie standen in engem Zusammenhang mit der europäischen Geschmacksgeschichte der Zeit. Das Hauptproblem bestand in der historisch und ästhetisch »richtigen« Verbindung von primären und sekundären Werken. In Berlin wurde bei der anfänglichen Hängung ein Modell gewählt, das man insofern als demokratisch bezeichnen kann, als die Hauptwerke auf den mit unterschiedlichen Formaten ganz gefüllten Wänden nicht eigens hervorgehoben wurden: Sie sollten in den Schulzusammenhängen ihre Rolle bei der Entwicklung der Kunstproduktion demonstrieren. Ein gewisser Widerstand gegen dieses neue Schema der Gemäldehängung kam von Wilhelm von Humboldt und seiner liberalen Auffassung eines unreglementierten Kunstgenusses. Er sprach sich in den Verhandlungen der Kommission gegen die Tendenz aus, das »chronologisch-synchronistische« Schema so konsequent durchzuführen, daß die Unterschiede der Qualität vernachlässigt würden. Das Museum, so meinte er, müsse »vorzüglich das wahrhaft Schöne in sich aufnehmen«, es seien »die großen und sich natürlich zuerst darbietenden Gegenstände der Kunst, an welche sich das natürliche Gefühl zunächst wendet und an denen es sich bis auf einen gewissen Punkt, frei von aller Gelehrsamkeit und selbst noch von tieferen Studien, prüfen kann«.

Die Voraussetzungen für diese immer noch moderne Auffassung des Museums, die mit den fortschrittlichsten Tendenzen in Europa übereinkam, mußten allerdings nicht nur gedanklich, sondern auch ganz handgreiflich geschaffen werden. Während der Louvre seine Strahlkraft in der napoleonischen Zeit durch den französischen Kunstraub in Italien, Belgien, Spanien, Deutschland gewonnen hatte und dadurch zu einem Anziehungspunkt für Touristen aus allen Ländern Europas geworden war, mußte Preußen seine Pläne auf der Grundlage eines eher bescheidenen königlichen Kunstbesitzes verwirklichen. Es blieb nur übrig, auf dem Kunstmarkt eine ausreichende Menge von Bildern zu erwerben, um den Gang der italienischen und niederländisch-deutschen Kunstgeschichte demonstrieren zu können. Zwei Sammlungen, die für das Museum erworben wurden, sind bis heute namentlich bekannt geblieben: die Sammlung Giustiniani und die Sammlung Solly. Letztere war für das, was das Museum leisten sollte, besonders bedeutsam, weil der Sammler, ein in Berlin lebender englischer Holzhändler, excessiv viel und höchst Verschiedenes sammelte, das nicht leicht zu bewerten war. Er ließ sich unter anderem auch von Waagen beraten und sammelte, damals eine Pioniertat, auch Bilder des italienischen Trecento und der Frührenaissance sowie niederländische und deutsche Malerei des 15. Jahrhunderts. Es waren mehr als 9000 Bilder, die der preußische Staat erwarb, darunter Werke von Botticelli, Cranach, Andrea del Castagno, Rogier van der Weyden und Flügel des Genter Altares. Mit etwa 900 Bildern aus der Sammlung Solly, die der Qualitätsprüfung standhielten, und den italienischen Gemälden der Sammlung Giustiniani ließ sich die Gemäldegalerie in der historisch-ästhetischen Hängung einigermaßen füllen, ehe Wilhelm Bode durch seine energischen Aktivitäten spektakuläre Erwerbungen für die Galerie auf dem europäischen Markt der Alten Meister tätigte.

Eine andere Voraussetzung für die Verwandlung Berlins in ein europäisches Kunstzentrum, das mit anderen Metropolen jedenfalls geistig in Wettbewerb treten konnte, wird oft übersehen. Obwohl die Berliner Museumspläne in die neunziger Jahre zurückreichen, erhielten sie einen ganz unerwarteten Antrieb durch die Erfahrung des französischen Kunstraubes und durch die Rückführung der Kunstschätze nach dem Sturz Napoleons. Die Beschlagnahme der Kunstwerke durch Vivant Denon im Jahre 1807 war eine Lektion in modernem Kunstsinn und Kunstkennerschaft gewesen. Daß das »Auge Napoleons« neben Gemälden von Rubens und van Dyck 16 Bilder von Cranach mitnahm, daß er die Watteaus in der königlichen Sammlung verschmähte, sich aber mit Spürsinn auf die Fährte von Hans Memlings Altar der Danziger Marienkirche setzte, gab Anlaß zu denken. Das Kunstbewußtsein wurde durch diese Erfahrung zweifellos gefördert, zumal man dann in Paris sehen konnte, was die Einbeziehung der Werke in eine große, einzigartige Sammlung bedeutete. Als die geraubten Kunstwerke zurückkehrten, wurden 59 Gemälde, darunter der Danziger Altar, in einer Ausstellung gezeigt. Dies war die Urstiftung des Museumsgedankens in Berlin. Die Kunstwerke waren, wie man es in Frankreich zuerst begriffen hatte, Teil des »nationalen Erbes«, ein vaterländisches Erbe. Sie hatten an der Verwandlung durch das Pariser Museum teilgenommen und forderten nun, als Kunstwerke geachtet und geschützt, dem Publikum dauerhaft zugänglich gemacht zu werden. Als Wilhelm von Humboldt in Paris wehmütiger Zeuge der Auflösung des Louvre durch die Rückgabe der geraubten Kunstschätze wurde, tröstete er sich mit dem Gedanken, daß jedes einzelne Kunstwerk an seinem Bestimmungsort ein bildendes Verhältnis zur Kunst anregen könne.

Zu den Neuerungen, mit denen das Kunstmuseum in die Welt trat, gehörte der Ausschluß der Reproduktionen. Die Gipssammlungen und Gemäldekopien wurden von den antiken Originalen oder Nachbildungen getrennt, obwohl gerade diese Nachbildungen am besten zu demonstrieren erlaubten, was das Museum erreichen sollte: eine zusammenhängende Anschauung von der Stilentwicklung der wichtigsten Kunstperioden. Sie vertraten das belehrende Element des neuen Museums, während im Originalwerk Genuß mit Belehrung zusammentraf. Die Nachbildungen nahmen ihren Weg in die Kunstakademie, in universitäre Lehrsammlungen, aber auch in die neuen kulturgeschichtlichen Museen. Zu ihnen muß man auch das unter Friedrich Wilhelm IV. von Stüler errichtete Neue Museum zählen, das Gipsabgüsse und Nachbildungen aller Art aufnahm. Die Trennung von Original und Kopie wurde also 1842 revidiert. Die Gipsabgüsse kehrten aus der Kunstakademie ins Neue Museum zurück, wo sie das Hauptgeschoß mit den Werken der klassischen Periode einnahmen. Die Abgüsse hatten eine Schlüsselrolle bei der Verwirklichung des Museumsgedankens, den das Neue Museum formulierte, einer kulturgeschichtlichen Sammlung aus dem Geist der Romantik und des Historismus. Das Untergeschoß nahm die ägyptische Kunst, die ethnographischen Sammlungen und die sogenannten vaterländischen Altertümer auf. Der Besucher durchlief die Menschheitsgeschichte von der Frühzeit über die klassische Periode bis zur romantischen und zeitgenössischen Kunst. Dabei blieb für die Periodisierung der Kunst die Ästhetik Hegels maßgebend. Um die Epochenbilder zu vervollständigen und die historische Phantasie zu beleben, wurden Abgüsse ergänzend hinzugenommen. Das Museum war mit seinen Dekorationen, die die Epochen der Menschheitsgeschichte veranschaulichten, ein Kunstwerk der Romantik und des frühen Historismus.

Wilhelm von Kaulbachs Fresken im Treppenhaus boten mit ihrer Darstellung historischer Ereignisse aus der Kulturgeschichte der Menschheit die Einstimmung für ein Museum, das eher der Verzauberung diente als dem ästhetischen Verhalten zur Kunst. Die Dekoration und die von ihr erzeugte Stimmung hüllten die Kunstwerke ein, die Grenzen zwischen Original und Nachbildung verschwammen, und die nachbildende und ergänzende Phantasie konkurrierte mit den ausgestellten Originalwerken. Die Dekorationen hatten aber auch einen wissenschaftlichen Anspruch, etwa die von dem Ägyptologen Lepsius entworfenen ägyptischen Säle, deren Tempel und Grabräume authentische kulturhistorische Zeugnisse repräsentieren sollten. Das Neue Museum wurde so zu einem Museumskunstwerk. In seiner originalen Gestalt wäre es aus unserer Sicht weniger ein Museum der Kulturgeschichte der Menschheit als ein kulturgeschichtliches Zeugnis seiner Zeit. In das Neue Museum fand viel von dem wieder Eingang, was durch die »ästhetische Unterscheidung« des Alten Museums ausgesondert worden war. Es war die Wiederkehr der vom ästhetischen Museum überwundenen Kunstkammer, geordnet nach Kulturen und Epochen. Der ästhetische Purismus des Alten Museums wurde hier aus romantischem Geist revidiert.

Das moderne Kunstmuseum, das im Alten Museum in reinster Form verwirklicht wurde, wies die Aufgabe zurück, die zeitgenössische Kunst zu sammeln und zu fördern. Waagen lehnte jede Mischung alter und zeitgenössischer Malerei ab, und Humboldts Empfehlung, ein Werk des David-Schülers Gérard aufzunehmen, blieb ohne Echo. Bei den Skulpturen wurde die Grenze weniger scharf gezogen. So ließ die Einrichtungskommission zu, zeitgenössische Skulpturen zusammen mit antiken Werken aufzustellen. Ein ent-

Das Haupttreppenhaus des
Neuen Museums – Blick von
Osten auf die Korenhalle,
Aquarell von Hedwig Schultz-
Voelker, um 1910.
Staatliche Museen zu Berlin
Preußischer Kulturbesitz,
Kupferstichkabinett

sprechender Vorschlag für die Gemäldegalerie wäre undenkbar gewesen. Wilhelm von
Humboldt begründete dies mit dem unterschiedlichen Verhältnis von Malerei und Skulptur zur Antike: »Nur das Moderne, was dem einfachen, naturwahren und rein künstlerischen Sinne des Altertums widerstrebt, muß mit Strenge zurückgewiesen werden, aber
das Große, was jeder Zeit angehört, wenn auch nicht jede es sich anzueignen gewußt hat,
schließt damit einen schönen und freiwilligen Bund.« An eine Anwendung dieses Grund-
satzes auf die Malerei der Zeit war offenbar nicht gedacht. Anders bei der Skulptur: »Die
vorzüglichen Bildhauer unserer Zeit haben gezeigt, daß sie es verstehen, sich in den Grenzen der antiken Kunst zu bewegen, ohne sich diese Grenzen zu einengenden Schranken
werden zu lassen.« Die Hoffnung auf eine Kunst, die sich dem klassischen Ideal anschließen würde, war offenbar noch nicht erloschen, obwohl die Trennung in der Malerei schon
als eine endgültige erfahren wurde. Die Alten Meister hatten sich von der zeitgenössischen Malerei getrennt, und das Museum war der institutionelle Ausdruck dieses Bruchs
zwischen der Kunst der Vergangenheit und der Gegenwart.

Mit der Zurückweisung der zeitgenössischen Kunst hatte sich auch die Bedeutung des Museums für die Ausbildung der Künstler abgeschwächt. Schinkel und Waagen hatten 1828 in ihrem Bericht für das Museum die Interessen der Künstler erst an dritter Stelle genannt. Aufträge für Künstler hatte das Alte Museum – mit Ausnahme der früh wieder entfernten Fresken von Schinkel in der Säulenhalle und im Treppenhaus – nicht zu vergeben, während das Neue Museum mit seinen kulturgeschichtlichen Fresken und Ausschmückungen wenigstens in begrenztem Umfang zu einem Auftraggeber für zeitgenössische Künstler wurde. Das Vorbild dafür war die Münchener Glyptothek für die neuerworbenen Äginetischen Skulpturen, wo der Nazarener Cornelius einen großen Saal mit Wandgemälden ausgemalt hatte. Auf dieser Linie lag auch der Berliner Auftrag an Wilhelm von Kaulbach, im Treppenhaus des Neuen Museums einen Freskenzyklus zur Menschheitsgeschichte zu malen, dessen Thema den geschichtsphilosophischen und didaktischen Ideen der Berliner Museumsgründung verbunden blieb, auch wenn Kaulbach ihn im Geist des Historismus und der neuen Kulturgeschichte ausführte. Der Bruch zwischen zeitgenössischer und historischer Kunst konnte auf diese Weise aber nicht geschlossen werden. In den späteren Bauten der Museumsinsel, vor allem in dem von Wilhelm von Bode eingerichteten Kaiser-Friedrich-Museum werden solche Versuche, die zeitgenössische Kunst zu integrieren, nicht mehr unternommen. Der Versuch einer Synthese von zeitgenössischer und vergangener Kunst, der in dem Museumskunstwerk des Neuen Museums unternommen worden war, blieb für die Museen alter Kunst folgenlos. Das Neue Museum war, wie seine Ausschmückung zeigt, seiner Idee nach ein kulturgeschichtliches Museum, das die Kunst aller Zeiten und Völker in einer einheitlichen Erzählung zu integrieren versprach. Als die ethnographischen Teile der Sammlung in ein eigenes Völkerkundemuseum abwanderten, war der Traum von einem Museum der Menschheit ausgeträumt.

Vor allem aber war die Idee, die Gegenwart mit der Vergangenheit im Museum zusammenzuführen, gescheitert. Überall in Europa schlugen die Museen alter und zeitgenössischer Kunst getrennte Wege ein, wobei die Museen alter Kunst vorangingen und die der zeitgenössischen Kunst folgten. Das Vorbild war wiederum Frankreich, wo 1818 in Paris für die Gegenwartskunst und als eine Art Warteraum vor dem Eintritt einiger hervorragender Werke in den Louvre das Musée du Luxembourg gegründet wurde. Während der Gesichtspunkt der Repräsentation nationaler Kunst hier noch keine Rolle spielte, wurde nach 1848 die zeitgenössische Kunst, wo sie in einem öffentlichen Museum gesammelt werden sollte, immer auch im Sinne einer Selbstdarstellung der Nation verstanden. Daraus ergab sich in Berlin die Forderung, eine deutsche Nationalgalerie einzurichten. Sie erhielt 1871 die Inschrift »Der deutschen Kunst«, obwohl das Museum für den weiteren Zweck geschaffen worden war, Kunst der Gegenwart zu sammeln und auszustellen. Stülers Bau der Nationalgalerie war, einen Gedanken Friedrich Wilhelms IV. aufnehmend, ein Tempelbau, umgeben von einem Forum und abgeschlossen durch Säulengänge. Der hohe Sockel von Treppen mit dem sich darauf erhebenden Museumstempel zitierte den Entwurf Friedrich Gillys für das Denkmal Friedrichs des Großen und symbolisierte so die Verschmelzung von Kunstmuseum und Nationaldenkmal. Die kunstpolitischen Konflikte, von denen die Geschichte der Berliner Nationalgalerie überschattet werden sollte, waren eine fast unausweichliche Folge der doppelten Aufgabe, sowohl der Gegenwartskunst wie der nationalen Repräsentation zu dienen. Dies führte zu dem berühmten Eklat durch Hugo von Tschudis Ankauf impressionistischer Gemälde. Bezeichnend ist auch, daß es bald nach der Eröffnung der Nationalgalerie Pläne für einen Neubau für zeitgenössische Kunst gab, während die Nationalgalerie in ein Museum der Zeit Friedrich Wilhelms IV. umgewandelt werden sollte. Es hätte sich dann also noch einmal, wie beim Neuen Museum, die Idee des kulturgeschichtlichen Museums gegen das reine Kunstmuseum durchgesetzt. Die zeitgenössische Kunst, die in den fürstlichen Sammlungen des Barock ein selbstverständlicher, von der älteren Kunst nicht abgetrennter Teil gewesen war, fand schließlich auch in Berlin den Weg in eigene Museen mit einem besonderen Sammlungs- und Ausstellungsstil. Auf der Museumsinsel hat sich die zeitgenössische Kunst nur für kurze Zeit behauptet. Ihre Schauplätze wurden die Akademie der Künste, das Kronprinzenpalais und Ausstellungen.

Andres Lepik

Die Berliner Museumsinsel

Im Jahre 1999 nahm die UNESCO die Berliner Museumsinsel in die Liste des Weltkulturerbes auf. Damit wurde dieses weltweit einzigartige Ensemble von fünf Museumsbauten unter Schutz gestellt, das heute zu den bedeutendsten Erbstücken Preußens gehört. Nicht allein der historischen Bedeutung ihrer Bauten sowie der darin ausgestellten kunsthistorisch und archäologisch einzigartigen Sammlungen wegen verdient die Museumsinsel diese besondere Hervorhebung. Es ist vielmehr eine zusätzliche Dimension, die sie über andere große Museumskomplexe der Welt hinaushebt. Mit der Museumsinsel realisiert sich der Anspruch des Historismus, die neugeschaffene Institution des öffentlichen Museums in Form eines eigenständigen Bauwerks zu realisieren und als geistigen Schlußstein in die Mitte der Stadt zu setzen. Das hochgesteckte bildungspolitische Ziel des preußischen Königreichs bleibt darin trotz veränderter gesellschaftlicher und politischer Vorzeichen noch heute lebendig erfahrbar. Die Vision Friedrich Wilhelms IV., das Areal vom Lustgarten bis zur Inselspitze zu einer »Freistätte der Künste und Wissenschaften« umzuschaffen, hat sich über zwei Jahrhunderte hinweg als dauerhaft fruchtbar erwiesen.

Nach Süden zum Lustgarten, dem Schloßplatz und der Paradestraße Unter den Linden hin ausgerichtet, beginnt der Gesamtkomplex historisch und städtebaulich mit Karl Friedrich Schinkels Altem Museum. Nach Norden hin schließen das Neue Museum, die Alte Nationalgalerie, das Pergamonmuseum und, bis zum Zusammenfluß von Kupfergraben und Spreekanal an der Spitze der Insel, das Bode-Museum an. Dieses über einhundert Jahre gewachsene architektonische Ensemble wird bis heute, und nur mit Ausnahme einer Unterbrechung von wenigen Jahren durch die Beschädigungen im Zweiten Weltkrieg, mit beständig wachsendem Zuspruch des Publikums seiner genuinen Aufgabe entsprechend genutzt. In der komplexen Entstehungs-, Bau- und Sammlungsgeschichte gründen damit sowohl der historische Auftrag der Museumsinsel als auch ihr hoher Anspruch für die Zukunft. Kaum ein Museum kann ohne Wachstum und Veränderung dauerhaft bestehen, und gerade der dauerhafte Erfolg der Museumsidee als Bildungs- und Erlebnisort

Luftbild der
Berliner Museumsinsel

Roßbändiger auf dem Dach des Alten Museums

bedingt ihre kontinuierliche Weiterentwicklung. Umso konsequenter war es, daß bei der Aufnahme der Museumsinsel in die Liste des Weltkulturerbes auch der notwendigen zukünftigen Entwicklung auf der Grundlage des im gleichen Jahre beschlossenen »Masterplans Museumsinsel« Rechnung getragen wurde. Dieser Masterplan wurde als gemeinsamer Ansatz jener Architekten entwickelt, die seit 1994 mit der Instandsetzung der Einzelbauten befaßt waren, und leitet die bereits begonnene Wiederherstellung und Weiterentwicklung der Museumsinsel als eine in sich geschlossene und dennoch dynamische Einheit.

Vom Einzelbau zum Gesamtkunstwerk

Das Alte Museum

Es war eher ein spätes Erwachen, als sich Preußen entschloß, ein öffentliches Museum zu bauen. Hessen hatte mit dem Fridericianum in Kassel (1769–77) und Bayern mit der Glyptothek in München (1816–30) bereits je ein

Altes Museum

Gebäude errichtet, die als öffentlich zugängliche Kunstsammlungen an repräsentativer Stelle angelegt waren. Obwohl die Museumsidee zwar auch in Preußen bereits zuvor diskutiert worden war, erging erst 1809, nach Gründung der Berliner Universität, der Auftrag an Wilhelm von Humboldt, eine öffentliche Kunstsammlung vorzubereiten. 1820, nach den Befreiungskriegen, wurde der Gedanke dann weiterverfolgt und eine Museumskommission unter Vorsitz des Staatskanzlers Fürst von Hardenberg mit Beteiligung der Mitglieder Alois Hirt, Karl Friedrich Schinkel, Wilhelm von Schadow und Daniel Rauch eingesetzt. Schinkel war es auch, der gegen den ersten Vorschlag Hirts, das Museum in der Akademie unterzubringen, einen eigenen Bau durchsetzte. Zugleich plädierte Schinkel bei Friedrich Wilhelm III. für die Plazierung des geplanten Museums am nördlichen Rand des Lustgartens.

Das Konzept eines eigenständigen, öffentlich zugänglichen Museumsbaus geht in seinen geistigen Grundlagen unmittelbar auf Wilhelm von Humboldt zurück, der sich nachhaltig dafür einsetzte, dem geplanten Museum als Bildungseinrichtung einen wirkungsvollen Auftritt zu verleihen. Die Entscheidung für den Standort am Lustgarten war dabei von einer gewichtigen städtebaulichen, aber auch symbolischen Bedeutung, deren Konsequenzen große Tragweite besaßen. Denn mit dem Abschluß des Lustgartens nach Norden durch ein Museumsgebäude war gegenüber dem königlichen Schloß und neben Dom und Zeughaus ein architektonisches Zeichen für die hohe Bewertung der öffentlichen Bildung durch Kunst gesetzt. Die Lage des Alten Museums war der Schlüssel für die nachfolgende Erweiterung nach Norden auf die spätere Museumsinsel. Denn nur in diese Richtung war eine Erweiterung überhaupt denkbar. Die städtebauliche Erschließung der Museumsinsel von der Paradestraße Unter den Linden her wurde jedoch durch den Querriegel des Alten Museums für spätere Zeiten beträchtlich erschwert.

Wie die Wissenschaften ihren öffentlichen Freiraum in Form der benachbarten Universität erhielten, so bekam nun auch die bildende Kunst mit dem Bau des Alten Museums ein dauerhaftes Podium. Die Idee der ästhetischen Erziehung der Allgemeinheit durch die Kunst fand hier ihren unmittelbaren architektonischen Ausdruck und wurde dem Gebäude in der Giebelinschrift als universaler Auftrag weithin sichtbar eingeschrieben: »Studio antiquitatis omnigenae et artium liberalium« – dem Studium der Antiken und Künste aller Welt gewidmet. Die besondere Rolle, die der Präsentation von Kunst mit diesem Bau zugemessen

wurde, spiegelt sich nicht nur in der städtebaulich exponierten Lage, sondern auch in seiner architektonischen Formensprache: Eindeutig determinierte Würdezeichen wie die monumentale Säulenordnung, Kuppel und Freitreppe kamen für den neuen Bautyp Museum zur Anwendung.

Schinkels 1830 eröffnetes Altes Museum zählt neben seiner Neuen Wache zu den bedeutendsten Beispielen klassizistischer Architektur in Deutschland. Mit der klar gegliederten äußeren Form, seiner übersichtlichen Struktur und der beispielhaften Wegführung der Besucher im Inneren ist es eines der reifsten Werke des Baumeisters. Die von Humboldt geforderte Öffnung der Kunst für das Publikum ist mit der weitgespannten Säulenvorhalle aus 18 kannellierten ionischen Säulen in deutlicher Form als preußisch-elegante Antwort auf die »architecture parlante« der französischen Revolutionsarchitekten beispielhaft ausgedrückt. Mit dem hinter die Kolonnadenreihe des Eingangs eingestellten doppelläufigen Treppenhaus, das ein

Kolonnadenreihe am Eingang des Alten Museums

Blicke in das Neue Museum während der Ausstellung
›Masterplan Museumsinsel Berlin – Ein europäisches Projekt‹, 2000

einzigartiges Zwischenreich von Außen und Innen herstellt, und der schlichten Fassadengestalt an den übrigen Seiten schuf Schinkel Lösungen, die sich zwar in der Einzelform auf antike Vorbilder beziehen lassen, in ihrer Anordnung und Gesamtform aber völlig neue und persönliche Schöpfungen waren. Die zentrale Rotunde, mit ihren antiken Großskulpturen als Raum der inneren Sammlung und Einstimmung auf die Kunstbetrachtung gedacht, demonstriert mit dem Rückgriff auf das Pantheon in Rom auch im Inneren sowohl das bildungspolitische Ziel wie auch den weihevollen Anspruch des ganzen Baus. Schinkel selbst bezeichnete die Rotunde als das »Heiligthum, … in dem das Kostbarste bewahrt wird«.

Neues Museum

Der Bau des Alten Museums war noch ganz als Solitär geplant und ausgeführt. Doch mit dem Erfolg der Museumsidee in Berlin selbst und parallel auch an anderen Orten zeigte sich schon bald die Notwendigkeit der räumlichen Erweiterung. Die Aufmerksamkeit der Öffentlichkeit ließ es wünschenswert erscheinen, noch weitere Kunstwerke, die in den Schlössern aufbewahrt waren, wie auch jene Kunstsammlungen, die inzwischen angekauft wurden, ebenfalls zur Präsentation zu bringen. Bereits bei Eröffnung des Alten Museums war deutlich, daß das Raumangebot nicht ausreichte, schon der früheste Katalog der Gemälde von 1830 umfaßte 1200 Gemälde. Der erste Generaldirektor der Königlichen Museen richtete daher eine Denkschrift über die Notwendigkeit der Erweiterung an König Friedrich Wilhelm IV., auf die jener im Jahre 1841 mit der bekannten Ordre antwortete, die »ganze Spreeinsel hinter dem Museum zu einer Freistätte für die Kunst und Wissenschaft umzuschaffen…«. Der den Künsten intensiv zugeneigte König legte damit den Grundstein zu jenem umfassenden Gesamtkonzept eines Universalmuseums, das in seinen Grundzügen bis heute verbindlich ist. Dieser erste Gesamtplan wurde von Friedrich August Stüler nach den Wünschen von Friedrich Wilhelm IV. als Idealplan festgehalten und beinhaltete die Anlage eines weitläufigen und aus mehreren Einzelgebäuden und Höfen bestehenden Kultur- und Wissenschaftsforums.

Erster Schritt zur Realisierung dieses ausgreifenden Projektes war die Errichtung des Neuen Museums durch Friedrich August Stüler selbst. Stüler plante einen langgestreckten, schmalen Bau, der sich als Erweiterungsbau des von Schinkel vorgegebenen Alten Museums der vorgesehenen Gesamtanlage äußerlich unterordnete. Seine Erschließung war von Osten, von einem Kolonnadenhof her, angelegt. Das Neue

Museum erhielt drei Ausstellungsgeschosse gegenüber den nur zwei Etagen des Alten Museums und wurde im Unterschied dazu auch etwas höher gebaut. Dies bedingte bereits die ersten strukturellen Probleme in der Präsentation, die sich in der Zukunft fortsetzten. Denn als Erweiterung eines Einzelbaus selbst wieder als Solitär geplant, sollte das Neue Museum dennoch unmittelbar mit dem Vorgängerbau räumlich verbunden werden. Die Lösung wurde in einem Brückenbau gefunden, der vom Alten zum Neuen Museum über die spätere Bodestraße in die obere Ausstellungsebene führte. Der in Schinkels Grundriß vorgegebene, in sich geschlossene Rundgang durch das Alte Museum war damit allerdings auf einer Ebene durchbrochen.

Ähnlich wie schon beim Bau des Alten Museums erwies sich jedoch auch beim Bau des Neuen Museums der lehmige Baugrund an dieser Stelle als äußerst ungünstig. Auch hier war eine Pfahlrostgründung die einzige Möglichkeit, um eine zuverlässige Tragfähigkeit des Fundamentes herzustellen. 1843 fand die Grundsteinlegung statt, 1846 war der Außenbau abgeschlossen, und 1859 wurde das Museum eröffnet. Der Bauprozeß war für die damalige Zeit höchst fortschrittlich, da erstmals Dampfkraft und eine eigens angelegte Eisenbahnlinie zum Einsatz kamen, um den Bau nach den neuesten technischen Methoden auszuführen. Durch die Verwendung eiserner, vorgefertigter Tragkonstruktionen, die hier erstmals an einem Kulturbau zur Anwendung gelangten, wurde das Neue Museum zur »Inkunabel einer neuen preußischen Konstruktionskunst im Zeichen der Industrialisierung« (Werner Lorenz).

Während sich das Neue Museum in seiner äußeren Gestalt gegenüber dem Alten Museum eher respektvoll zurückhaltend zeigte, bot es im Inneren reich inszenierte Raumwirkungen, Höhepunkt war die über alle drei Geschosse offene Haupttreppenhalle. An der aufwendigen Innenausstattung beteiligten sich die wichtigsten Maler des Berliner Spätklassizismus. Die Fertigstellung der Fresken im Treppenhaus durch den Münchner Maler Wilhelm von Kaulbach dauerte bis 1866. Die räumliche Aufteilung der Sammlungen im Neuen Museum sah zunächst vor, die ägyptischen und nordischen Altertümer sowie das »ethnographische Cabinet« im Untergeschoß unterzubringen, während das gesamte Hauptgeschoß den Gipsabgüssen nach der Antike diente. Im Obergeschoß befanden sich die Sammlung der Handzeichnungen, Miniaturen und Kunstdrucke (die Bestände des späteren Kupferstichkabinetts) sowie eine Modellsammlung der Bauwerke des Mittelalters.

Die Alte Nationalgalerie

In der zweiten Hälfte des 19. Jahrhunderts erhob sich auch in Preußen die Forderung nach Gründung einer Nationalgalerie als Sammlung zeitgenössischer Kunst, wie sie in anderen europäischen Ländern bereits erfolgt war. Mit dem Vermächtnis des Konsuls Johann Heinrich Wilhelm Wagener, der 1861 seine 262 Bilder umfassende Sammlung zeitgenössischer Malerei dem Preußischen Prinzregenten übereignete, war der Grundstein für eine solche Nationalgalerie und damit auch den nächsten Museumsbau auf der Museumsinsel gelegt. Der Gesamtplan Stülers von 1841 sah für die Museumsinsel im Bereich östlich des Neuen Museums, innerhalb des weiten Kolonnadenhofes, bereits ein tempelartiges Fest- und Aulagebäude vor, das jedoch nicht zur Ausführung gelangt war. Ein von Friedrich Wilhelm IV. skizzierter, auf einen hohen Sockel gestellter Pseudoperipteros wurde als Grundform für die neu zu errichtende Nationalgalerie bestimmt. 1862–65 entwarf Stüler die Pläne dazu, und nach seinem Tod im folgenden Jahr begannen die Bauarbeiten unter Leitung von Johann Heinrich Strack, einem weiteren Schinkel-Schüler und Freund Stülers, dem auch die konkretere Gestaltung der Innenausstattung übertragen wurde. 1876 konnte die Nationalgalerie eröffnet werden.

Mit der Idee des hoch aufgesockelten Tempels – die formalen Bezüge zu Gillys Denkmalsentwurf für Friedrich II. (1797) und zu Leo von Klenzes Walhalla in Donaustauf (1831–42) sind offensichtlich – kam nach der behutsamen Erweiterung des Alten Museums durch das Neue Museum eine grundlegend neue Bauidee zum Tragen. Die Nationalgalerie verläßt in ih-

Rotunde in der Alten Nationalgalerie

Eingangsfront
der Alten Nationalgalerie

rer auftrumpfenden Gestalt den durch Schinkel vorgezeichneten Weg. Das von Schinkel mit eleganten Mitteln neu formulierte Thema des Kunst-Tempels wird in der Nationalgalerie wieder wörtlich genommen und übersteigert, wobei die Tempelform für die Nutzung als Museum insgesamt nicht sehr geeignet ist. Die komplexe Treppenidee des Alten Museums, wirkungsvoll und doch zurückhaltend nach innen gekehrt, war schon im Neuen Museum stark überhöht und dramatisiert worden. In der Nationalgalerie erhebt sich das Treppenmotiv sowohl durch eine monumentale Außentreppe wie auch durch die prunkvolle innere Treppe beinahe zum Selbstzweck. Weithin sichtbar wurde das inhaltliche Programm des Baus 1871 am Gebälk der südlichen Giebelfront eingeschrieben: »Der Deutschen Kunst MDCCCLXXI« – zugleich ein deutliches Signal für die während der Bauzeit vollzogene Einigung der deutschen Nation durch die Reichsgründung. Die übergreifende, humanistische Bildungsidee, wie sie am Alten Museum durch das Konzept von Humboldt und die architektonische Gestaltung Schinkels ausgedrückt war, verschob sich hier merkbar in Richtung einer patriotischen Kunstpolitik. Zur Jahrhundertwende, mit den Direktoren Hugo von Tschudi und Ludwig Justi, wandelte sich die Nationalgalerie mit ihrer Sammlungspolitik dann doch immer mehr zu einer übernational ausgerichteten Institution.

Das Bode-Museum (Kaiser-Friedrich-Museum)
Mit seiner intensiven Sammeltätigkeit knüpfte Wilhelm von Bode, seit 1872 Assistent an der Skulpturenabteilung und dabei auch für die Gemäldegalerie zuständig, an die bedeutendsten europäischen Sammlungen seiner Zeit wie Paris, London und Wien an. Bodes breitgefächerte Erwerbungspolitik hatte zwar ihren Schwerpunkt in der Kunst der italienischen Renaissance, doch seine Interessensbereiche reichten weit darüber hinaus. Er begründete auch die Abteilungen für islamische und ostasiatische Kunst. Aufgrund seiner zahlreichen Ankäufe, die von einem wesentlich gesteigerten Etat unterstützt wurden, war bald abzusehen, daß auch die Räume des Alten Museums für die Präsentation nicht mehr ausreichen würden. 1890, als Bode zum Direktor der Gemäldegalerie berufen wurde, hatten die Staatlichen Museen bereits vorsorglich das Gelände nördlich der zwischen 1875 und 1882 errichteten Stadtbahn gekauft. Obwohl anfangs geplant war, diese Bahnstrecke in einer Art Tunnel verschwinden zu lassen, blieb es dann doch bei der offenen Streckenführung. Sie durchschneidet bis heute schmerzlich das langgestreckte Gelände der Museumsinsel in ihrem oberen Drittel. Der 1896 durch Bode angeregte Kaiser-Friedrich-Museumsverein, dem einflußreiche Berliner Persönlichkeiten unter Vorsitz des Kaisers angehörten, sammelte Gelder für die

Errichtung des gleichnamigen Museums und wurde für Bode zu einem entscheidenden Instrument für den weiteren Ausbau der Sammlungen.

Kaiser Wilhelm II. gab den Planungsauftrag für das neu zu errichtende Museum an Oberbaurat Ernst von Ihne, einen der bekanntesten Vertreter des sogenannten »Wilhelminischen Barock«. Mit dem Bau wurde 1898 begonnen, seine Einweihung fand 1904 statt. Der Bauplatz an der Zungenspitze der Museumsinsel brachte für die Anlage eines gleichmäßigen Grundrisses aber ebenso Schwierigkeiten wie für die Frage der Zugänglichkeit. Erst durch die Errichtung von zwei neuen Brücken konnte die gewünschte Eingangslösung von der nördlichen Spitze her ermöglicht werden. Das Kaiser-Friedrich-Museum wandte damit den Vorgängerbauten den Rücken zu. Auf der Inselspitze wurde dem Eingang gegenüber das Reiterdenkmal Kaiser Friedrichs III. aufgestellt.

Ihne gruppierte das enorme Bauvolumen als einen Dreiflügelbau um mehrere Innenhöfe, die auch die ausreichende Belichtung durch Seiten-licht bieten sollten. Die Obergeschoßsäle wurden für die Gemäldegalerie reserviert und erhielten Oberlichtdecken, im Erdgeschoß zeigte man die Skulpturensammlung, und nachträglich wurden zum Kupfergraben noch die Räume des Münzkabinetts eingerichtet. Das sakrale Kuppelmotiv, im Alten Museum nur in der introvertierten Rotunde von innen erfahrbar, wurde am Kaiser-Friedrich-Museum gleich mit zwei Kuppeln als dominantes Herrschaftszeichen wieder selbstbewußt nach außen gekehrt. Dementsprechend wirkt auch die Dekorationssprache der monumentalen Pilaster, Halbsäulen und Fensterrahmungen am Außenbau gegenüber den Vorgängerbauten stark überzeichnet. Das Motiv der großen Treppenanlage im Inneren wurde hier gleich mit zwei opulent ausgestatteten Treppenhäusern, einem größeren an der Spitze und einem kleineren zur Bahntrasse hin noch einmal aufgegriffen und effektvoll dramatisiert. Doch die Wegeführung durch die Sammlungsräume im Inneren war hier im Vergleich zu den Vorgängerbauten am wenigsten gelungen.

Bode-Museum

Da die architektonische Gestalt des Museumsbaus von Bode nicht unmittelbar beeinflußt werden konnte, setzte er seine Ideen vor allem bei der Innenausstattung durch. Neben Vorschlägen zur Lichtführung und Proportionierung der Räume brachte Bode hier sein Konzept einer integrierten Präsentation von Kunstwerken unter Einbeziehung originaler Ausstattungsteile ein. Originale Decken, Kamine, Türgewände, Gobelins und Möbel wurden dazu eingesetzt, um Bilder und Skulpturen in eine möglichst authentische Gesamtwirkung ihrer Entstehungszeit einzubetten. Als Präsentationskonzept der sogenannten »period rooms« machte Bode damit bei Sammlern und Museen weltweit Schule.

Pergamonmuseum

Mit der Gründung des deutschen Kaiserreichs 1871 übernahmen die Berliner Museen die Rolle von Nationalmuseen. Zu gleicher Zeit begann auch die Epoche der großen, von hier aus organisierten archäologischen Ausgrabungen in Griechenland und Vorderasien. Durch die Funde der Berliner Museen auf dem Burgberg von Pergamon (1878–86) gelangten beispielsweise große Teile des einzigartigen Altarmonuments nach Berlin, die schon allein aufgrund ihrer Bedeutung und Dimension nach einem eigenen Ort der Präsentation verlangten. Bereits in einem Wettbewerb von 1884 zur Gesamtbebauung der Museumsinsel war die Aufstellung des Pergamonaltars in einem eigenen Gebäude vorgesehen, dessen Bau wurde jedoch zunächst für die Errichtung des Kaiser-Friedrich-Museums zurückgestellt. Von 1897 bis 1901 wurde dann zunächst ein erster Bau für die Aufstellung des Pergamonaltars errichtet, der jedoch aus baulichen Mängeln schon 1908 wieder abgerissen werden mußte.

Wilhelm von Bode legte 1907, unmittelbar nach seiner Berufung zum Generaldirektor der Museen, eine Denkschrift vor, in der er Erweiterungsbauten auf der Museumsinsel für die ägyptische, die vorderasiatische, die Antikensammlung wie auch für ein Deutsches Museum forderte. Als Architekt setzte Bode Alfred Messel durch, der vor der Aufgabe stand, in die Lücken zwischen Kaiser-Friedrich-Museum im Norden und Neuem Museum im Süden, zwischen Nationalgalerie im Osten und Kupfergraben im Westen zusätzlich noch ein gewaltiges Bauvolumen und Raumprogramm einzufügen. Mit dem Entwurf eines nach Westen offenen Dreiflügelbaus zwischen der Bahntrasse und dem Neuen Museum gelang es Messel, die

meisten der gestellten Forderungen zu erfüllen. Der rechte Flügel war für die Orientalische Sammlung, der linke für das »Deutsche Museum« bestimmt, während der Mittelteil die aufwendige Inszenierung des Pergamonaltars vorsah. Messel plante auch die beiden Schaufassaden an den Flügelköpfen mit den monumentalen Tempelgiebeln, in denen noch einmal das Motiv des Kunst-Tempels im Gewand des Historismus wiederkehrt.

Messel blieb die Vollendung seines ambitioniertesten Werkes vorenthalten, er starb schon 1909. Der Stadtbaurat Ludwig Hoffmann übernahm daraufhin die Bauleitung und brachte noch einige Änderungen am Messel-Plan ein, darunter auch die Einfügung eines vollen Untergeschosses. Damit wurde der Bau um fünf Meter erhöht, und die Ausrichtung an den Geschoß- und Firsthöhen der Nachbarbauten, auf die Messel Wert gelegt hatte, unterblieb. Auch die von Messel geplanten Kolonnaden wurden nicht ausgeführt, die beide Kopfbauten verbinden sollten und dem Innenhof eine geschlossene Form verliehen hätten. Die Fertigstellung des letzten großen Baus auf der Museumsinsel zog sich noch lange hin. Ein Grund waren die an dieser Stelle noch schwierigeren Arbeiten an der Fundamentierung, ein

anderer der Ausbruch des Ersten Weltkriegs. Die Einweihung des Pergamonmuseums fand daher erst 1930, zur Hundertjahrfeier der Staatlichen Museen, statt. Damit war die Museumsinsel in ihrem heutigen Bestand abgeschlossen.

Zerstörung und Wiederaufbau: Der Zweite Weltkrieg und die Folgen

Während des Zweiten Weltkriegs erlitt das Neue Museum bei einem Großangriff in der Nacht vom 23. zum 24. November 1943 schwere Schäden. Der Dachstuhl über dem Mittelbau brannte ab, und Feuer vernichtete die Kaulbachfresken; der nordwestliche Gebäudeteil wurde ebenso zerstört wie der Brückenbau zwischen Altem und Neuem Museum. Die Nationalgalerie erfuhr ab 1944 schwere Beschädigungen, mehrere Granat- und Bombentreffer zerstörten das Dach, die Treppenhalle, die große Freitreppe und mehrere Innenräume. Das Alte Museum brannte am 30. April 1945 fast vollständig aus, und auch das Pergamonmuseum nahm durch die Luftangriffe schweren Schaden. Das Bode-Museum wurde fast zur Hälfte zerstört und stand 1949 daher bereits auf der Abrißliste. Die Museumsinsel glich einer

›Der große Altar von Pergamon‹, entstanden um 164–156 v. Chr., Rekonstruktion der Westseite im Pergamonmuseum, Antikensammlung Staatliche Museen zu Berlin Preußischer Kulturbesitz

Ruinenlandschaft, an eine baldige Rückkehr der zum großen Teil in Bergwerken und Flaktürmen ausgelagerten Bestände war zunächst nicht zu denken. Und trotz der Sicherung vieler Kunstwerke gab es doch zahlreiche Beschädigungen und Verluste, vor allem an jenen Großskulpturen und Architekturwerken, die, wie die Mschatta-Fassade des Islamischen Museums, das Markttor von Milet und einige ägyptische Großskulpturen, nicht bewegt werden konnten. Darüber hinaus wurden aber auch erhebliche Teile der ausgelagerten Werke durch Brand vernichtet oder schwer beschädigt.

Die Sicherungs- und Wiederaufbaumaßnahmen auf der Museumsinsel setzten zwar schon bald nach Kriegsende ein, konnten aber nur schrittweise vorangehen. Als erstes eröffnete 1949 die Nationalgalerie mit zehn Ausstellungsräumen, 1950 war auch die zweite Ausstellungsebene wiederhergestellt. Die Regierung der neugegründeten DDR engagierte sich bald für die Rekonstruktion der Museumsinsel und legte ein Wiederaufbauprogramm vor, das sich vor allem auf die Nationalgalerie, das Pergamonmuseum und das Kaiser-Friedrich-Museum bezog, letzteres wurde 1956 in »Bode-Museum« umbenannt.

Erst mit der teilweisen Rückführung der durch die Rote Armee als Kriegsbeute verschleppten Kunstwerke erhielten ab 1958 auch die verschiedenen Sammlungen der Museumsinsel langsam wieder einen Teil ihres alten Glanzes. Doch nicht alle Werke kehrten an den Ursprungsort zurück, einen Teil behielt die Sowjetunion in verstecktem Gewahrsam und erklärte sie nach der politischen Wende 1996 per Gesetzbeschluß zum russischen Staatseigentum. Die im Westen ausgelagerten Bestände wurden nach der Teilung der Stadt durch den Mauerbau in den neugeschaffenen Museumsquartieren in Dahlem und später am Kulturforum in neuen Gebäuden ausgestellt.

1966 konnte das Alte Museum wieder geöffnet werden, in seinem Inneren hatte es jedoch gegenüber der ursprünglichen Gestalt einschneidende Änderungen erfahren. Die Ausstellungsräume wurden zwar in ihren alten Proportionen, aber ohne die zahlreichen Säulen ausgestattet, und im Nordsaal wurde eine neue Treppe eingezogen. Die Wiederherstellung des Bode-Museums zog sich noch bis 1987 hin, in seinem Inneren waren sowohl die Gemäldegalerie, die Skulpturensammlung, die frühchristlich-byzantinische Sammlung wie auch das Münzkabinett, Ausstellungen des Ägyptischen Museums und des Museums für Vor-und Frühgeschichte untergebracht. 1985 faßte die DDR-Regierung auf Grundlage einer neuen inhaltlichen Gesamtkonzeption für die Museumsinsel

den Beschluß zur Generalrekonstruktion und zum Wiederaufbau des Neuen Museums. Obwohl erste denkmalpflegerische und bautechnische Überlegungen schon in den siebziger Jahren getroffen wurden, war das stark zerstörte Neue Museum bis dahin ungeschützt der Witterung ausgesetzt. Der Grundstein für den Wiederaufbau wurde am 1. September 1989 gelegt, knapp zwei Monate vor der deutschen Wiedervereinigung.

Nach der Wende: der Weg zum Masterplan

Schon kurz nach der Wende trafen sich die Museumsdirektoren der Staatlichen Museen (Ost) und der Staatlichen Museen zu Berlin (West), um die Wiedervereinigung der Museen vorzubereiten, die unter dem institutionellen Mantel der Stiftung Preußischer Kulturbesitz schon bald danach vollzogen werden konnte. Die Wiedervereinigung der in Ost und West getrennt aufgestellten Kunstwerke der durch den Krieg geteilten Museumsbestände zog sich dagegen hin, weil die baulichen Vorraussetzungen für die Zusammenführung nicht überall gegeben waren.

Schon 1992 wurde dem Architekturbüro hg Merz aus Stuttgart und Berlin der Auftrag erteilt, die Planung der Generalinstandsetzung der Alten Nationalgalerie aufzunehmen. Neben der Beseitigung der erheblichen, teils noch auf Kriegseinwirkung zurückzuführenden Schäden mußte hier eine größere Ausstellungsfläche für die wiedervereinigten Bestände geschaffen werden, darunter auch die Bilder aus der Galerie der Romantik, die bis 2001 im Charlottenburger Schloß ihre provisorische Ausstellung hatten.

Die vordringlichste Entscheidung nach der Wende galt jedoch der Wiederherstellung des Neuen Museums, für das 1993 ein beschränkter Realisierungswettbewerb ausgeschrieben wurde. Das Ergebnis brachte eine intensive Diskussion über die konzeptionellen Perspektiven für die gesamte Museumsinsel in Gang. Erst nach einer Überarbeitung der Wettbewerbsergebnisse konnte 1997 der englische Architekt David Chipperfield als Sieger bestimmt werden. Die weitere Planung auf der Insel führte daraufhin zum Entschluß, ein zusätzliches Gebäude für die zentralen Servicefunktionen (Shops, Restaurants etc.) westlich des Neuen Museums zu errichten. Für den letzten freien Bauplatz auf dem angestammten Gelände der Museumsinsel galt es, einen Schlußstein zu finden, der hier mit Respekt zum gewachsenen Bestand eine zeit- und funktionsgerechte Lösung für die Zukunft ermöglicht.

1997 wurde auch der Auftrag für die Generalsanierung des Bode-Museums an die Arbeitsgemeinschaft Heinz Tesar, Wien und Christoph Fischer, Berlin vergeben. Im Mai 1998 gewann das Büro Hilmer + Sattler + Albrecht den Wettbewerb für die Generalinstandsetzung des Alten Museums, das zunächst teilweise provisorisch instand gesetzt wurde, um wenigstens im ersten Ausstellungsgeschoß die zurückgeführte Sammlung der griechischen Plastik wieder zeigen zu können.

Der Generaldirektor der Staatlichen Museen Wolf-Dieter Dube spannte 1998 die an den Einzelbauten der Museumsinsel tätigen Architekten in ein Team und forderte sie auf, die bislang nicht ausreichend konzipierte städtebauliche und museumsfunktionale Gesamterschließung gemeinsam und in Absprache mit den Direktoren der Sammlungen zu projektieren. Das Ergebnis dieser Anstrengung ist der »Masterplan Museumsinsel«, der 1999 im Stiftungsrat der Stiftung Preußischer Kulturbesitz als Grundlage aller weiteren Planungen auf der Museumsinsel beschlossen wurde. Im Kern beinhaltet er die übergreifende Verknüpfung der auf der Museumsinsel vertretenen Sammlungen in einer als Einheit erfahrbaren Wegeführung. Unter Beibehaltung der jeweils individuellen Zugänge der Einzelbauten soll mit einer Erschließung durch das zentrale Eingangsgebäude die Möglichkeit gegeben werden, vom Alten Museum über das Neue Museum und das Pergamonmuseum bis hin zum Bode-Museum den Besuch der Museumsinsel in einer durchgehenden Wegstrecke vollführen zu können. Dies ist langfristig dann möglich, wenn sekundäre Funktionen des Museums wie Depots, Werkstätten, Restaurierung und wissenschaftliche Büros auf das Gelände der Friedrich-Engels-Kaserne westlich des Bode-Museums verlagert werden. Nach ihrem Auszug wird die Erdgeschoßebene (Ebene »0«) all dieser Bauten überwiegend frei, die dann für die geplante Durchquerung der Sammlungen genutzt werden kann. Die Einzelbauten bleiben in ihrer architektonischen Besonderheit im Äußeren und Inneren erfahrbar, und die Nachteile der Brückenbauten, mit denen früher versucht wurde, die Gebäude zu verflechten, sind damit überwunden.

Die Museumsinsel bildet in ihrer gewachsenen Vielfalt die Erfolgsgeschichte einer bildungspolitischen Vision ab, die über die Zeiten hinweg in immer neuer Gestalt Ausdruck fand. Der Anspruch, mit dem die Museumsinsel von ihrer Gründung her antrat, das Europäische und das Außereuropäische, die bildenden Künste mithin in all ihren Darstellungsformen von der Vorgeschichte bis zur Gegenwart einer öffentlichen Anschauung und dem wissenschaftlichen Studium zuzuführen, war der Motor sowohl für ihr inneres und äußeres Wachstum wie auch für ihren ungebrochenen Erfolg. Architektur und Sammlungen waren von Anfang an durch die baulichen Erweiterungen aus eigenem Antrieb und durch die historischen Zeitläufte auch über lange Strecken unfreiwillig einer andauernden Reorganisation unterworfen. Die Folgen des Zweiten Weltkriegs und der Teilung Deutschlands haben dabei die kontinuierliche Weiterentwicklung entscheidend gestört und Wunden geschlagen, die bis heute nicht völlig verheilt sind. Der Masterplan Museumsinsel bietet die Grundlage dazu, einerseits neue Wege für die Zukunft zu öffnen, um der Museumsinsel auch weiterhin dynamisches Wachstum zu garantieren, andererseits aber auch die Geschichte der Museumsinsel selbst mit einzubeziehen. Dem Studium und der Bewahrung des Weltkulturerbes bei ihrer Gründung geweiht, hat sich die Berliner Museumsinsel nunmehr selbst in den Rang eines solchen erhoben. Dies bedeutet ihr sowohl Verpflichtung für die eigene Geschichte als auch Anspruch für die Zukunft.

Ausstellung ›Masterplan Museumsinsel Berlin – Ein europäisches Projekt‹, 2000 im Neuen Museum

Georg Skalecki

Alte Völklinger Hütte

Der tiefgreifende Strukturwandel und der schrittweise erfolgte Niedergang der Schwerindustrie in den letzten Jahren sind Erscheinungen des Übergangs in einen neuen Zeitabschnitt, nachdem eine Phase industrieller Prägung von fast zwei Jahrhunderten zu Ende gegangen ist. Unsere gesamte Gesellschaft – auch in vermeintlich ländlichen Gebieten – ist davon beeinflußt worden, da diese Industrialisierung und mit ihr der Handel und die Verkehrssituationen nicht nur äußerlich erkennbar Landschaften und Orte verändert, sondern auch tief in die gesellschaftlichen Strukturen und Lebensbedingungen eingegriffen haben. Unsere heutige moderne Gesellschaft mit ihren sozialen Errungenschaften, ihrem Wohlstand, ihrer Mobilität und Weltoffenheit, aber auch ihren sozialen Problemen ist die Folge der Industrialisierung im 19. und 20. Jahrhundert. Dieser Zeitraum hat die Welt stärker verändert als alle

Epochen zuvor. Die Spuren der Lebensbedingungen vor- und frühgeschichtlicher Kulturen, die Zeugnisse der Kirchengeschichte und der Herrschaftsordnung des Mittelalters oder des Feudalwesens vom 16. bis zum 18. Jahrhundert – Dome und Klöster, Burgen und Schlösser – sind für uns allesamt wichtige Dokumente menschlicher Geschichte und als materialisiertes und damit erlebbares Gedächtnis Bestandteil unserer Geschichtsschreibung. Da Geschichtsschreibung nie aufhört, müssen wir uns aber auch jüngeren Objekten, das heißt Zeugnissen der Industriegeschichte zuwenden.

Ein wichtiges Industrierevier Mitteleuropas war das Saarland, das als industrieller Kernraum zusammen mit dem lothringischen Kohle- und Erzabbaugebiet und dem südluxemburgischen Industrierevier über zahlreiche aussagekräftige Zeugnisse der Industriegeschichte und ihrer gesellschaftlichen Auswir-

Die Hochofenanlage der Alten
Völklinger Hütte

kungen verfügt. Daher ist diese Region besonders geeignet, den Zeitraum der Industrialisierung exemplarisch zu dokumentieren. Die Alte Völklinger Hütte ragt aus den denkmalgeschützten Zeugnissen dieser Region heraus, da sie wegen ihrer Monumentalität, Komplexität und Vollständigkeit den Ablauf einer Roheisenerzeugung in seiner Gesamtheit hervorragend darstellen kann. Aus diesem Grund hat die UNESCO die Völklinger Hütte als erstes reines Industriedenkmal in die Liste der Weltkulturdenkmäler aufgenommen.

Die Geschichte des Saarlandes ist seit jeher untrennbar mit der Industrie verbunden. Die Bodenschätze und deren Möglichkeiten waren schon vor der eigentlichen Industrialisierung in bescheidenem Maße nutzbar gemacht worden. Die Römer hatten bereits kleine Eisenschmelzen betrieben, und im Mittelalter fanden Kohlenabbau und Eisenverhüttung in bescheidenem Umfang statt. Bis ins 20. Jahrhundert hinein existierten hier noch fünf große Hütten. Die frühesten urkundlich belegten Spuren einer Hüttenanlage größeren Stils datieren 1593, als in Neunkirchen Ofenplatten schon industriell gegossen wurden. Dieses Neunkircher Eisenwerk war unter fürstlicher Regie von Pächtern betrieben worden. Nach der Französischen Re-

volution übernahmen die Gebrüder Stumm 1806 die Anlage und bauten sie in kurzer Zeit zu einem der bedeutendsten Stahlwerke des Deutschen Reichs aus. In den 1860er Jahren waren hier fünf Hochöfen und eine dampfbetriebene Walzstraße in Betrieb. Weitere innovative Veränderungen am Anfang des 20. Jahrhunderts – so der Einsatz von Gasgebläsemaschinen – ließen die Kapazitäten und die Bedeutung des Neunkircher Eisenwerks weiter ansteigen. Die Strukturkrise der Stahlindustrie traf Neunkirchen jedoch schon früh. 1982 wurde der Roheisenbereich stillgelegt. Die Industriedenkmalpflege, zu diesem Zeitpunkt noch eine relativ junge Disziplin, erkannte die besondere herausragende Bedeutung der historischen Anlagen im Neunkircher Eisenwerk und stellte wesentliche Teile unter Denkmalschutz. Der öffentliche und politische Druck, diese brachgefallene Industriefläche, die sich wie ein Keil in die Neunkircher Innenstadt schob, anderweitig zu nutzen, war jedoch so groß, daß es der saarländischen Denkmalpflege nicht gelang, die Bedeutung wirkungsvoll zu vermitteln und genügend Befürworter für ihren Erhalt zu gewinnen. Wichtige Teile der Neunkircher Anlage wurden, gegen das Veto der Denkmalpflege, abgebrochen.

Nach dem Verlust von Neunkirchen blieben noch vier große saarländische Hüttenwerke zur Begutachtung übrig. Die bereits 1690 gegründete Hütte in Dillingen/Saar besitzt jedoch wegen Zerstörungen im Zweiten Weltkrieg keine historischen Teile. 1756 war das Gründungsjahr der Halberger Hütte in Saarbrücken-Brebach, die allerdings mehrmals modernisiert worden war und daher auch nur wenig historische Substanz aufweist. Die viertälteste Hütte, die 1856 von einem luxemburgisch-belgischen Konsortium gegründete Anlage in Saarbrücken-Burbach, ist bereits 1978 stillgelegt und sofort in den wesentlichen Teilen abgebrochen worden. Die Roheisenproduktion der Völklinger Hütte arbeitete dagegen bis zur Mitte der achtziger Jahre unverändert. Noch vor der Stillegung ist deshalb von der Denkmalpflege eine Inventarisation durchgeführt worden, die erstaunliches zu Tage förderte.

Die Völklinger Hütte ist das jüngste saarländische Hüttenwerk. 1873 wurde sie von dem aus Köln stammenden Hütteningenieur Julius Buch gegründet, der zwischenzeitlich auf der Burbacher Hütte in Saarbrücken tätig war und dort Erfahrungen gesammelt hatte. Die Wahl des Standorts war gut bedacht. Zwischen einem Bogen der soeben kanalisierten Saar, nahe der Schleuse, und der gerade fertiggestellten Eisenbahn waren gute Verkehrsbedingungen gegeben. In einem kleinen Puddelofenwerk wurde aus Luxemburg importiertes Roheisen aufbereitet und weiterverarbeitet. Jedoch mußte dieses Werk wegen Unrentabilität schon 1879 wieder schließen. 1881 kauften die Gebrüder Röchling, die in Saarbrücken im Kohlenhandel und im Bankwesen tätig waren, das Werk und bauten es mit enormen Investitionen und unternehmerischem Geschick rasch aus. Sogleich wurde ein erster Hochofen errichtet, der 1882 den Betrieb aufnahm. Schrittweise baute man weitere Hochöfen, und 1893 bestanden bereits fünf (1903 kam ein sechster hinzu), die, nebeneinander aufgereiht und miteinander verbunden, bis heute den Anblick wesentlich bestimmen. Der Umstand, daß man sich weitgehend unabhängig vom Rohstoffmarkt gemacht hatte, begünstigte die Entwicklung des Werkes, das schon 1890 der größte Eisenträgerhersteller Deutschlands war. Der Erwerb von Kohlegruben und besonders von Erzgruben im annektierten Lothringen, die Schaffung einer eigenen Erzbahn, die aus Diedenhofen (Thionville) das Erz nach Völklingen transportierte, und die Errichtung einer eigenen Kokerei 1897, unmittelbar neben den Hochöfen, waren wichtige Schritte. Im Jahr 1900 setzte man auch erstmals im großen Stil Gasgebläsemaschinen ein. Diese wurden durch das am Hochofen anfallende Ab-

fallprodukt Gichtgas betrieben und bliesen zur Optimierung der Verbrennung Luft in die Glut. Für diese Maschinen wurde eigens eine große Maschinenhalle erbaut, in der zeitweilig bis zu neun Gasgebläse arbeiteten. 1911 verbesserte man die Versorgung der Hochöfen, indem man zunächst die oberen Einlässe, die Gicht, durch eine durchgehende Bühne zusammenfaßte und diese dann durch zwei Schrägaufzüge mit der Erzvorbereitung und der Kokerei verband. Das System funktionierte mit elektrisch betriebe-

Kompressor und Schwungrad einer Großgasmaschine

Trockengasreinigung

nen, selbstlaufenden Hängewagen. Ebenfalls 1911 wurde als weitere Pionierleistung erstmals im Großeinsatz die Trockengasreinigung eingeführt. Das Verfahren mit Tuchfiltern erwies sich im Vergleich zu den bisherigen Naßreinigungen als kostengünstiger. Der letzte große Entwicklungsschritt war der Bau einer Sinteranlage. Zwischen den Weltkriegen, als das abgetrennte Saargebiet dem Völkerbund unterstand, hatte das private Unternehmen Schwierigkeiten, genügend französische Erze zu erhalten. Deshalb bemühte man sich um eine verbesserte Ausnutzung der ohnehin minderwertigen lothringischen Minette-Erze. Dazu wurde 1928 eine große Bandsinteranlage errichtet, die neben die Rohstoffbunker und die Hochofengruppe eingepaßt werden mußte. Die Völklinger Sinteranlage war die weltweit größte Anlage ihrer Art.

Zu diesem Zeitpunkt hatte das Werk eine Ausbauphase erreicht, die sich bis zur Stillegung 1986 kaum mehr veränderte. Nur der Austausch von Verschleißteilen wurde betrieben. Nach dem Zweiten Weltkrieg blieb der Pioniergeist der Gründerväter der Hütte aus, das Werk veraltete und war nicht mehr wettbewerbsfähig. Damit erhielt sich aber andererseits ein Werk, das im wesentlichen den technischen Stand der Roheisenerzeugung während des 19. und frühen 20. Jahrhunderts an originalen Teilen anschaulich werden läßt. Die besondere Komplexität und Übersichtlichkeit der Gesamtanlage sowie die Fülle an technikgeschichtlichen Meilensteinen heben die Völklinger Hütte besonders heraus. Zum besseren Verständnis des Ablaufs einer historischen Roheisenerzeugung ist es sinnvoll, die Alte Völklinger Hütte im ehemaligen Produktionsablauf zu besichtigen. Alle Erläuterungen und auch die heutigen Besucherwege folgen diesem Grundsatz.

Von der Haupteisenbahnlinie Saarbrücken – Trier erfolgte in zweifacher Hinsicht die Erschließung der Hütte. Der Alte Bahnhof, eine Art Entree zur Hütte, wurde von Tausenden von Pendlern – in der Hochphase arbeiteten hier 17 000 Menschen – benutzt. Gleichzeitig zweigten hier die Gleise ab, über die ein Teil der Rohstoffe – ein zweiter Teil kam über die Saar – angeliefert wurde. Von Nordwesten führen zwei Gleise ins Werk, das Kohlegleis, das bis zur Kokerei reicht, und das Erzgleis, das zu den Erzsilos leitet. Hier wurde das angelieferte Erz zunächst zwischengelagert, bis es für den Hochofenprozeß vorbereitet wurde. Um wegen des erschwerten Zugangs zum Rohstoffmarkt nach dem Ersten Weltkrieg die Ausnutzung des Erzes zu steigern und den Koksverbrauch zu reduzieren, wurde ab 1928 die lothringische Minette in Völklingen gesintert. Die Erzbunker und die Stationen der Sinteranlage waren über Förderbänder miteinander verbunden. Zunächst zerkleinerte man in der Erzbrechanlage das Roherz. Angereichert mit dem angefallenen Erzstaub wurden die zerkleinerten Erze bei einer Temperatur von 1000 bis 1200 °C auf einem Sinterband (Dwight-Lloyd-Verfahren) zu einem Sinterkuchen zusammengebacken und danach zu gleichmäßigen Körnern gebrochen. Dieses stückige Sintergut wurde im Sinterkühler heruntergekühlt und danach im Bunker unterhalb der Hochofengruppe zwischengelagert. Da 1928 die Sinteranlage in das schon bestehende Werk auf engstem Raum eingepaßt werden mußte, ist sie mit ihren Transportbändern und verschiedenen Arbeitsebenen ein ausgesprochen kompliziertes und komplexes Gebilde.

Am Fuße der Hochofengruppe neben der Sinteranlage wurde die Beschickung der Hochöfen vorbereitet. Die Organisation der Beschickung durch ein mechanisches und automatisiertes Transportsystem war eine wichtige Verbesserung. 1911 wurde bei der Leipziger Firma Bleichert ein kombiniertes Hänge- und Seilbahnsystem in Auftrag gegeben. Es wurde elektrisch betrieben, die Hängewagen liefen mit kleinen Elektromotoren auf der Ebene selbständig. Um den Höhenunterschied zur Gichtbühne zu überwinden, wurden sie in einen Seilzug eingeklinkt, der sie über eine Schrägbrücke nach oben beförderte. Am Fuß des Schrägaufzugs stellte man die Ladungen für die Hochöfen (eine Charge bestand aus ca. 15 bis 17 Wagen) zusammen. Das System erwies sich als ausgesprochen funktional und zuverlässig. Unter der großen Schrägbrücke errichtete man 1914 das Hochofenbüro, von dem aus der gesamte Hochofenprozeß gesteuert wurde, das aber auch als Aufenthalts- und Pausenraum für die Belegschaft diente.

In das 1911 installierte Hängebahnsystem wurde auch der zweite Strang der Rohstoffvorbereitung einbezogen. Bereits seit 1897 bestand auf der Rückseite der Hochofengruppe eine eigene Hüttenkokerei. Der aus Saarkohle gewonnene Koks besitzt keine hohe Druckfestigkeit. Deshalb ist ein längerer Transport in großen Wagen und ein mehrfaches Umladen zu vermeiden. Aus der Gründungszeit stammt noch der große runde Kohleturm als Rohstofflager. Nach mehreren Vergrößerungen und Verbesserungen sind heute noch zwei Koksofenbatterien von 1935/36 erhalten. Von der Rückseite wurde mit einer auf Schienen laufenden Stampf- und Ausdrückmaschine jede einzelne schmale Kammer der Koksöfen befüllt. Unter Luftabschluß – wobei das Abdichten der Kammertüren zum Teil von Hand geschah – garte bei 1200 °C die Kohle in etwa 16 Stunden zu

Koks. Der glühende Koks wurde dann auf der anderen Seite der Batterien auf eine Freifläche gedrückt, mit Wasser abgelöscht und direkt im Koksschrägaufzug zur Gichtbühne transportiert. Die in der Kokerei entstehenden Abfallprodukte Teer, Benzol und Koksgas fanden anderweitige Verwendung.

Damit waren die Rohstoffe vorbereitet, die auf der 27 Meter hohen Gichtbühne bereitstanden, um in einen der sechs aufgereihten Hochöfen in die oberen Öffnungen eingefüllt zu werden. Diese sind durch die sogenannte Gichtglocke verschlossen, eine Abdeckung, die zur Befüllung der Öfen angehoben wurde. Die Hochofengruppe besteht aus sechs in Reihe aufgestellten Hochöfen, die 1881 bis 1916 erbaut worden waren, wobei die letzte Zustellung durchweg in den siebziger Jahren erfolgte. Die Roheisenerzeugung lag zuletzt bei rund 1000 Tonnen pro Tag und pro Ofen. Die Hochöfen sind von einem Gerüst ummantelt, das einerseits die Öfen selbst hält, andererseits die Plattform der Gichtbühne trägt. Damit sind die eigentlichen Öfen von außen kaum erkennbar. Der Hochofenpanzer mußte ständig gekühlt werden. Dies geschah durch herabrieselndes Wasser, das sich über Rieselkästen verteilte. Am Fuß der Hochöfen erfolgte schließlich der Abstich. Die mit einem Tongemischpfropfen verschlossene Öffnung wurde mit einer Maschine aufgebohrt, das flüssige Roheisen trat aus, wurde dann über eine Rinne in bereitstehende Kübelwagen gefüllt und zur Weiterverarbeitung transportiert. Die Schlacke, die auf dem Roheisen schwamm, wurde vorher in einer eigenen Schlackenrinne abgesondert. Vor der Hochofengruppe sind die 18 Winderhitzer (Cowper) mit insgesamt fünf Schornsteinen angeordnet. Ein Ofen besitzt jeweils drei Cowper, in denen die in der Gasgebläsemaschinenhalle produzierte Druckluft erwärmt wurde. Die Cowper von Hochofen VI stammen aus dem Jahr 1910 und fallen durch die noch genieteten Bleche auf. Die Cowper wurden mit einer Gasbefeuerung aufgeheizt, um dann die durchgeführte Luft zu erwärmen. So wurde im Wechselbetrieb stets ein Winderhitzer aufgewärmt und einem anderen die gespeicherte Wärme wieder entzogen. Der dritte Cowper diente als Ersatz. Die Druckluft wurde in der Gasgebläsemaschinenhalle erzeugt, wo zeitweilig bis zu neun Maschinen arbeiteten, von denen sechs alte sich erhalten haben. Die älteste ist eine MAN 4-Takt-Tandem-Zwillings-Maschine von 1905, daneben existieren zwei gleiche Maschinen von Thyssen aus dem Jahr 1908. Die beiden Maschinen im westlichen Teil der Halle, eine DEMAG von 1914 und eine MAN ebenfalls von 1914, konnten auch auf Stromerzeugung umgestellt

werden, wofür ihre Schwungräder mit einem Elektrogenerator ummantelt sind. Die leistungsfähigste Maschine konnte 62 000 Kubikmeter Luft pro Stunde zum Hochofen blasen. Die Aggregate arbeiteten als normale Verbrennungsmotoren mit Gichtgas und trieben einen Kolbenkompressor an, der die Luft verdichtete. Das als Brennstoff benutzte Gichtgas entstand am Hochofen und wurde dort über Saugrohre abgefangen. Bevor es genutzt werden konnte, mußte es von Staub gereinigt werden. Hierzu installierte man 1911, 1913 und 1925 insgesamt drei Trockengasreinigungen, die die Dinglersche Maschinenfabrik Zweibrücken nach dem Verfahren Halberg-Beth baute. Das Gas wurde dabei durch Baumwollschläuche gesaugt, in die sich der Staub setzte. Dieses einfache und kostengünstige Verfahren fand hier erstmalig in großindustriellem Einsatz Anwendung.

Das gesamte Wassersystem der Hütte wurde von einem zentralen Pumpenhaus (erbaut 1910) und einem Wasserhochbehälter (Baujahr 1917) übernommen. Auch hier kamen gichtgasbetriebene Maschinen als Pumpen zum Einsatz. Der Wasserturm aus Stahlbeton setzt einen weithin sichtbaren Akzent. Für die zahlreichen Instandsetzungsarbeiten, für Neubauten und Umbauten beschäftigte die Hütte bis zu 300 Arbeiter der unterschiedlichsten Handwerksberufe, die nahezu alle Probleme des Werks bewältigen konnten und die Hütte damit weitgehend autark machten. Ab 1907 wurden für diese Handwerker an zentraler Stelle in einer eigenen Straße, der sogenannten Handwerkergasse, Werkstatt- und Lagergebäude errichtet.

Damit sind die wesentlichen Bestandteile des Industriedenkmals Alte Völklinger Hütte benannt. In dieser Vollständigkeit, Einheitlichkeit und Originalität besteht kein vergleichbares Hüttenwerk mehr, das der Nachwelt die Arbeits- und Produktionsabläufe einer historischen Roheisenerzeugung veranschaulichen könnte. Die hier versammelten technikgeschichtlichen Meilensteine steigern diese Bedeutung noch. Mit Blick auf die herausragende Bedeutung der Alten Völklinger Hütte stellt sich die Frage nach ihrer denkmalpflegerischen Behandlung. Vorbildhafte Lösungen, wie mit großtechnischen Anlagen dieser Dimension umzugehen ist, existieren bislang nicht. Also müssen Modelle entwickelt und deren Anwendbarkeit und Folgen für das Denkmal überprüft werden. Für das sogenannte klassische Denkmal gibt es standardmäßige Pflegekonzepte, die auch für die Industriedenkmale grundsätzlich nutzbar sind. Man kann ein Denkmal durch Umnutzung retten, das heißt aus der ursprünglichen Nutzung gefallene Objekte werden einem neuen Gebrauch zugeführt.

Dies ist bei Containerarchitekturen vergleichsweise leicht möglich. So hat die große Gasgebläsemaschinenhalle als Veranstaltungs- und Konzertort bereits eine neue Nutzung gefunden, und die ehemaligen Werkstätten der Handwerkergasse wurden zu Ateliers für bildende Künstler umfunktioniert. Einzelne Silos oder Rohstoffbunker könnten ebenfalls entsprechende neue Nutzungen erhalten. Für andere Bereiche bestehen diese Möglichkeiten nicht, sie können nur – ein zweiter Ansatz – als Monument ihrer selbst zur Anschauung und Wahrnehmung gepflegt werden. Die museale Erschließung für die breite Öffentlichkeit und die entsprechend aufwendige Pflege dieser Teile müssen dann analog zu anderen Monumenten großer historischer oder künstlerischer Bedeu-

tung erfolgen. Das dritte und spektakulärste Umgangsmodell ist das einer »kontrollierten Industrieruine«. Nicht alle Teile dieses komplizierten, filigranen und gigantischen Denkmals, das stark durch Rost gefährdet ist, können vollständig erhalten werden. Teile wird man einem kontrollierten Verfall preisgeben müssen, denn der Erhaltungsaufwand ist kaum zu leisten. So wird sich das Denkmal Alte Völklinger Hütte verändern. Alle drei Modelle müssen hier gemeinsam angewendet werden. Weitere neue Überlegungen zum Umgang mit dem Denkmal sind – vielleicht auch von späteren Generationen – anzustellen, und vielleicht wird man sogar eines Tages feststellen müssen, daß das Weltkulturdenkmal Alte Völklinger Hütte ein Denkmal auf Zeit ist!

Hochofenwand

Literatur

Armin Andrä, Völklinger Großgasmaschinen, (Heimatkundlicher Verein Warndt Hrsg.) Völklingen 1993.

Lucius Burckhardt/Johann Peter Lüth/Georg Skalecki, Alte Völklinger Hütte, Opus 28, Stuttgart 1997 (Fotos: Hans Meyer-Veden).

Franz Peter Flach/Rolf Höhmann, Denkmalpflegerische Bestandsaufnahme des Hochofenwerkes in Völklingen, MS. Darmstadt 1992.

Harald Glaser/Georg Skalecki, Museumsweg Alte Völklinger Hütte, Saarbrücken 1994.

Richard Nutzinger/Hans Boehmer/Otto Johannsen, 50 Jahre Röchling Völklingen, Saarbrücken 1931.

Armin Schmitt (Bearb.)/Staatliches Konservatoramt (Hrsg.), Denkmäler Saarländischer Industriekultur, Saarbrücken 1989.

Johann Peter Lüth/Georg Skalecki, Völklinger Hütte, Bereich Roheisenerzeugung, in: Weltkulturdenkmäler in Deutschland, ICOMOS-Hefte des Deutschen Nationalkomitees 3, München 1994, S. 120 bis 124.

Georg Skalecki, Neunkirchen und Völklingen – zwei Fallbeispiele saarländischer Denkmäler der Eisenverhüttung, in: Deutsche Kunst und Denkmalpflege 48, 1990, S. 106–114.

Rainer Slotta, Technische Denkmäler in der Bundesrepublik Deutschland, Bd. 5 Der Eisenerzbergbau, Teil 3 Die Hochofenwerke, Bochum 1988.

Koksbatterie in der Kokerei

Magdalena Droste

Das Bauhaus in Weimar und Dessau
Lebensentwürfe für den neuen Menschen

Wie selbstverständlich verbindet sich der Begriff »Bauhaus« mit dem Namen des Gründers Walter Gropius. Wer allerdings auf der Suche nach dem Weltkulturerbe »Bauhaus« Weimar besucht, findet kein bauliches Zeugnis des Architekten. Die Schulgebäude, in denen das Bauhaus in seinen ersten Jahren zwischen 1919 und 1925 arbeitete, hat der Jugendstilarchitekt Henry van de Velde entworfen. Das »Haus am Horn«, 1923 als Musterhaus des Bauhauses vorgestellt, trägt die Namen des Malers Georg Muche und des Architekten Adolf Meyer, die beide damals am Bauhaus arbeiteten.

Nur zwei kleinere Objekte tragen Gropius' Namen. Eine von ihm entworfene Bronzetafel am Nationaltheater weist darauf hin, daß hier 1919 die Deutsche Nationalversammlung die Weimarer Verfassung beschloß. Aus ihr sollte die erste deutsche Republik hervorgehen, die nach diesem Tagungsort Weimarer Republik hieß. 1921 entwarf Gropius das Märzgefallenendenkmal, das auf dem Weimarer Friedhof an die ersten Toten im Kampf für diese Republik erinnert. Dennoch kann aus solchen zufällig scheinenden Spuren so etwas wie ein historisches Koordinatennetz entstehen, in dem sich das frühe Bauhaus verorten läßt.

Als van de Velde 1915 als Ausländer das kriegführende Deutschland verlassen mußte, blieb seine Stelle jahrelang vakant, bis es 1919 Walter Gropius gelang, in der politischen Umbruchsituation am Ende des Ersten Weltkriegs nicht nur die Kunstgewerbeschule zu übernehmen, sondern gleich auch die am Ort befindliche Akademie. Beide Schulen vereinigte er unter dem selbsterfundenen Titel »Bauhaus«.

Das von Van de Velde entworfene Hauptgebäude des Bauhauses in Weimar

Schon mit diesem Namen hatte Gropius der Schule ein Programm gegeben, das er in einem Manifest emphatisch erläuterte und in ganz Deutschland verschickte. Dessen expressionistisches Pathos traf nach dem verlorenen Weltkrieg den Aufbruch- und Aufbauwillen der jungen Generation, die die tradierten Institutionen als verstaubt und überholt empfand. Hier waren Idealismus, Gemeinwollen und Zukunftserwartung angesprochen, die in Lyonel Feiningers Kathedrale auf dem Holzschnitt des Bauhaus-Manifests ihr Symbol fanden.

Unter der Führung der Architektur wollte Gropius Künstler und Handwerker gemeinsam ausbilden. Demütig sollten sie als Lehrlinge beginnen, um über die Gesellenreife Meister zu werden. Erst die Symbiose von künstlerischer und handwerklicher Ausbildung, so glaubte Gropius, könne einen neuen Typ Künstler schaffen, der den Zukunftsaufgaben gewachsen sei. Deshalb konzipierte Gropius die Schule auf der Basis von Werkstätten und ergänzte diese um theoretischen Unterricht. Zu den wichtigen Grundsatzentscheidungen von Gropius gehörte die Auswahl der Lehrkräfte, anfangs »Meister« genannt.

Zuerst kam Lyonel Feininger zur Kunstschule Bauhaus, es folgten Johannes Itten, Lothar Schreyer, Gerhard Marcks, Paul Klee, Wassily Kandinsky, Georg Muche, Oskar Schlemmer und László Moholy-Nagy. Teilweise betreuten sie als »Meister der Form« die Werkstätten, gaben aber auch theoretischen Unterricht, Paul Klee beispielsweise die »bildnerische Formlehre«, Kandinsky analytisches Zeichnen und Farbenlehre. Als erste Stufe der Ausbildung mußte der Studierende den von Johannes Itten eingerichteten Vorkurs absolvieren. Hier wurde er auf Eignung getestet und erlernte ebenfalls gestalterische Grundlagen.

Die sich hier entwickelnde Didaktik des Unterrichts für Architekten und Designer ist heute so selbstverständlich, daß ihre Tragweite fast in Vergessenheit geraten ist. Die Studierenden mußten nicht mehr den Formenkanon der Vergangenheit erlernen – Stilkunde, Abzeichnen von Gipsköpfen und Vorlagen –, sondern erfuhren und erlebten Material, Grundformen, Grundfarben. Diese elementare Didaktik löste einen Kunstunterricht ab, der das Formvokabular der Vergangenheit trainiert hatte, und polte damit das Bauhaus in Richtung Zukunft. Mit einem radikalen Schnitt war so die Traditionslinie unterbrochen. Vergangenheit und Geschichte wurden nicht als lebendiger Teil der Gegenwart vermittelt, auf den es aufzubauen galt, sondern als das schlechte Alte, das man überwinden mußte. Diese Haltung ist nur zu verstehen aus dem Zeitgeist nach dem verlorenen Welt-

krieg. Erst in der Weimarer Republik, die das Kaiserreich als überholt betrachtete und an deren Gründung Gropius' Tafel erinnert, konnte diese Haltung an Boden gewinnen. Es dauerte bis weit nach 1945, ehe man über die Folgen dieser Verleugnung der Historie nachzudenken begann und sie auch als Verlust begriff.

Nach dem erfolgreich absolvierten Vorkurs hatten die Studierenden die Wahl zwischen Werkstätten für Metall, Holz, Glas, Keramik, Stein, Textil. Eine Bühnenklasse – völlig unüblich für eine Kunstschule –, seit 1922 von Oskar Schlemmer geleitet, vervollständigte die in ihrer Konzeption so radikal moderne Kunstschule Bauhaus.

Bald wurde »Funktion« zum Schlüsselwort jeder Diskussion über Gestaltung. In den anfangs entstandenen Objekten fanden Funktionen und elementare Grundformen zu einer neuen Synthese. Heute gehören die kugelförmige Teekanne von Marianne Brandt, die Leuchte aus Zylinder, Halbkugel und Kreisfläche von Karl Jucker und Wilhelm Wagenfeld sowie der rechtwinklige Lattenstuhl von Marcel Breuer zu den Inkunabeln der modernen Designgeschichte. Ebenso wichtig wie dieser neue Ansatz bei der Produktentwicklung war die Erziehung auf das noch undefinierte neue Berufsbild des Designers, die hier ihren Anfang nahm. Die Studierenden wurden nicht zu Künstlern erzogen, die nach Selbstverwirklichung suchten, sondern verstanden sich als Gestalter im Dienst einer Aufgabe.

Das lokale Weimar kritisierte das Bauhaus als zu radikal, eine Kritik, die sich die Bauhäusler wahrscheinlich zur Ehre anrechneten. 1922 aber polemisierte der niederländische Künstler Theo van Doesburg gegen das Bauhaus und bemängelte eine gewisse Rückständigkeit. Trotzdem war er so vom »Experiment Bauhaus« fasziniert, daß er 1922 seinen Wohnsitz nach Weimar verlegte und für die Studierenden Kurse anbot, die diese auch besuchten. Durch diesen Einfluß erhielt das Bauhaus noch einmal fruchtbarste Impulse. Eine neue dynamische Raumauffassung brach sich jetzt Bahn, in der Positiv- und Negativwerte lebendig aufeinander bezogen wurden, und löste die klobigen Grundformen ab. Die konstruktive Formensprache der de Stijl-Künstler, die vom Ausgleich zwischen Horizontal – Vertikal und von den Grundfarben dominiert war, erleichterte dem Bauhaus die Lösung gestalterischer Aufgaben, weil mit diesem damals völlig neuen Formvokabular jede Subjektivität scheinbar ausgeschlossen war.

Gropius selbst hatte in seinem Märzgefallenendenkmal noch einen expressionistischen Blitz zum Himmel fahren lassen – die klaren

Das von Gropius in Weimar gebaute Haus am Horn.
Außenansicht und Blick in Küche und Kinderzimmer

Das Bauhaus in Dessau

Raumkörper für die im gleichen Jahr enstandenen ersten Projekte für die Bauhaussiedlung sind nicht ohne Doesburgs analytische »Grundelemente der Architektur« denkbar. Auch in der programmatischen Ausrichtung vollzog Gropius eine Wende, die ebenso dem Einfluß des de Stijl wie dem Zeitgeist geschuldet ist. 1919 war Gropius mit der Leitidee angetreten, »Kunst und Handwerk« zu versöhnen. 1922 hieß die neue Devise: »Kunst und Technik –

eine neue Einheit«. Diese Absage an das romantische Bauhaus, diese bewußte Hinwendung zu Industrie und Technik, fand ihre erste Realisation im sogenannten »Versuchshaus«. Das Musterhaus »Am Horn«, 1923 fertiggestellt, entstand anläßlich einer ersten Rechenschaftsausstellung, die das Land vom Bauhaus gefordert hatte.

Das Versuchshaus wurde als ideales bürgerliches Einfamilienhaus konzipiert, zu beschei-

den, um Villa zu heißen, für ein einfaches Wohnhaus wiederum zu unkonventionell. Ein zentraler Wohnraum, der nur durch ein Oberlicht und
eine Nische Licht erhält, bildet den Mittelpunkt
des Hauses. Um ihn herum legen sich kranzför-
mig Küche, Kinderzimmer, Bad und zwei
Schlafzimmer. Flure gab es nicht, dafür öffneten
sich an drei Seiten des Wohnraums Türen. Man
benutzte nur neueste Baumaterialien, stattete
das Haus mit der damals noch seltenen Elektrik

für Küche und Waschmaschine aus. An der Mö-
blierung arbeiteten alle Werkstätten mit. Trotz
seiner bescheidenen architektonischen Qualitä-
ten bleibt der Würfelbau, lange entstellt, umgebaut und erweitert, doch das wichtigste Manifest des Weimarer Bauhauses. Zum erstenmal
wurde hier Wohnen als durchfunktionalisierter
Prozeß organisiert, zum erstenmal der Wille zur
Technik realisiert und zum erstenmal war jeder
Gegenstand des Hauses von funktionaler, orna-

Werkstättentrakt

Blick auf das Bauhaus von Südwesten

Ateliertrakt

mentloser Modernität. Hier trat das Bauhaus als Gestalter auf, realisierte und propagierte zum erstenmal Ideen, die heute als selbstverständlich gelten. Das Bauhaus als Lebensentwurf für den modernen Menschen – in diesem Musterhaus war er mit all seinen Schwächen, Einseitigkeiten und Stärken präsent. Eine umfassende Restaurierung steht noch aus.

Die romantisch-expressiven Schlacken waren endgültig abgeworfen. In einer großen Syntheseleistung hatte das Weimarer Bauhaus Ideen der de Stijl-Künstler integriert, ohne deren extreme Einseitigkeiten zu übernehmen, man hatte Le Corbusiers Wohnmaschine studiert, hatte von der russischen Avantgarde gelernt und die Malerei Ittens, Klees und Kandinskys konsequent in den Dienst der Gestaltung gestellt. Ein groß angelegtes Graphikprojekt, »Neue Europäische Graphik«, und eine ebenso international konzipierte Publikationsreihe »Bauhausbücher« können noch einmal vor Augen führen, mit welchem Selbstbewußtsein sich diese kleine Schule in einer konservativen Kleinstadt als geistiger Schnittpunkt der Moderne definierte.

Den rechtsgerichteten Kräften gelang es schließlich 1924, dem Bauhaus die Geldmittel zu kürzen; doch bevor eine Schließung erfolgte, suchte sich das Bauhaus selbst einen neuen Standort und fand ihn in der Industriestadt Dessau. Heute identifiziert sich die Stadt Weimar mit dem kulturellen Erbe des Bauhauses. Die Universität nennt sich »Bauhaus-Universität«, eine Gropius-Professur ist eingerichtet. Die Schulgebäude van de Veldes, in denen Oskar Schlemmer 1923 einige Wände schmückte und in denen Herbert Bayer ein Treppenhaus mit Grundformen und -farben dekorierte, sind jüngst restauriert worden. Das Landesmuseum hat die klassizistische Kunsthalle gegenüber dem Theater in ein Bauhaus-Museum verwandelt.

Die eindrucksvolleren baulichen Zeugnisse des Bauhauses aber stehen heute in Dessau. Die Stadt hatte sich nicht ganz uneigennützig für das Bauhaus entschieden. Insbesondere versprach man sich Lösungen für die Wohnungsnot. Zuerst aber kam man dem Bauhaus entgegen, und Gropius konnte auf Kosten der Stadt ein neues Schulgebäude sowie Wohnhäuser für die Meister errichten. Noch heute erhebt sich das Schulgebäude höchst eindrucksvoll mit seiner klaren Glasfassade inmitten der niedrigen Wohnbebauung. Nur wenige hundert Meter entfernt wohnten die Familien Klee und Kandinsky, Muche und Schlemmer, Feininger und Moholy-Nagy in Doppelhäusern, während Gropius ein Einzelhaus bezog.

Grundriß und Luftaufnahmen zeigen, daß Gropius den Bauhaus-Komplex aus drei unter-

schiedlich proportionierten L-förmigen Baukörpern zusammenfügte. Der nördliche Bau wurde von der Gewerblichen Berufsschule genutzt. Ein zweigeschossiger aufgestelzter Verbindungsgang, der eine Straße überquerte, führte in südwestlicher Richtung zum verglasten Werkstättenflügel, nach Nordosten zum fünfgeschossigen Atelierhaus für die Studierenden. Im Flachbau zwischen Atelierhaus und Werkstattflügel befand sich eine »Festebene« mit Aula, Bühne und Mensa.

Gropius hatte damit den traditionellen geschlossenen Baukörper aufgegeben, und statt dessen eine von allen Ansichten aus horizontalvertikal gestaltete, raumgreifende Gliederung geschaffen. Dominierend und bis heute für den ersten Eindruck bestimmend, blieb aber die Glasfassade des Werkstättenflügels, in der Leichtigkeit und Transparenz die kubische Schwere aufheben. Symbol dafür ist die gläserne Gebäudeecke.

Das Weimarer Versuchshaus war von dem Kritiker Max Osborn noch als »bös ungemütlich« zurückgewiesen worden, das Bauhausgebäude und die 1926 fertiggestellte Siedlung für die Bauhausmeister fanden dagegen breite Zustimmung. Von den drei Doppelwohnhäusern ist das Wohnhaus Feininger/Muche, von dem nur noch die ehemals von Feininger bewohnte Hälfte erhalten ist, bisher als einziges restauriert. Das Einzelwohnhaus Gropius steht nicht mehr. Auch diese Häuser waren Demonstrationsobjekte: Architektur ist Ausdruck und Hülle für die Modernisierung des Lebens. Die Grundrisse der Doppelhäuser sind spiegelbildlich gedreht, für Gropius war das eine Veranschaulichung seiner Idee von der individuellen Variation eines einmal entwickelten Grundrisses. So sind schon die Grundrisse umgesetzte Rationalisierung. Die großzügig geschnittenen Häuser besaßen Atelier, Eßzimmer mit Durchreiche zur Küche, Mädchenzimmer sowie Terrassen und Balkons. Licht, Luft und Sonne sollten Teil des Wohnens sein.

Das Bauhausgebäude und die Siedlung der Meisterhäuser trugen Flachdächer und waren in strahlendem Weiß verputzt, wozu Glas-und Fensterflächen kontrastierten. Einzelne Baukörper waren spannungsvoll zueinander in Beziehung gesetzt oder durchdrangen sich. Gropius betonte stets, daß jede Form aus der Funktion heraus ermittelt sei, aber tatsächlich waren die einzelnen Elemente – wie Fenster, Baukörper, Putzflächen – in konstruktiver Ästhetik überhöht. Die spröde Eleganz des ganzen Ensembles ließ das Weimarer Musterhaus weit hinter sich.

Das Bauhausgebäude ist nicht nur Gropius' wichtigster Bau, es gehört auch zu den Inkuna-

Blick aus dem Treppenhaus im Nordflügel

Ausstattung im Treppenhaus

Blick vom Treppenhaus auf den Werkstättentrakt

Flur

Treppenaufgänge

Aula

Feininger-Haus:
Farbgestaltung im Treppenhaus

beln des Neuen Bauens in Deutschland und wurde direkt nach seiner Fertigstellung wegen dieser »Verwirklichung des modernen Bauwillens in aller Kühnheit und Ungewöhnlichkeit« (Adolf Behne) gewürdigt. Beispielhaft ist hier das »Pathos der Moderne« den neuen Baumaterialien abgewonnen. Hier sind die zukunftsweisenden Grundideen des Bauhauses zum strahlenden ästhetischen Symbol geworden: die Bejahung der Technik, des Fortschritts, der Zukunft; der Glaube an die Erlösung durch Form und Funktion, an die Gestaltung als lebensverändernde Kraft.

Auch Gropius' Nachfolger als Bauhausdirektor ab 1928, der Schweizer Architekt Hannes Meyer, hat in Dessau gebaut, doch seinen bei-

Feininger-Haus: Atelier, ▷
Außenansicht und Wohnzimmer
von Julia Feininger

den Mehrfamilienhäusern blieb der Zugang zum Weltkulturerbe versagt. Diese in Ziegel errichteten Laubenganghäuser erfüllten perfekt die Bedürfnisse von Minimalwohnungen, aber ihnen – und auch der Gropius-Siedlung Dessau Törten – fehlt der Glanz der ästhetischen Steigerung. Der konsequente Funktionalist Meyer stellte das Bauhaus unter die Devise »Volksbedarf statt Luxusbedarf« und führte Kunst und Wissenschaft als die beiden Pole ein, zwischen denen Gestalter und Architekt sich orientieren sollten. Dieser Ansatz veränderte das Bauhaus völlig – er konnte aber keine Früchte tragen, da Meyer im August 1930 von der Stadt entlassen wurde. Die regierende Koalition fürchtete um ihre Wiederwahl, da Meyers Kurs die Stadt politisiert hatte.

Meyer hatte das Bauhaus in mehrfacher Hinsicht revolutioniert: Er orientierte das Denken auf Gemeinschaft, soziale Fragen, Wissenschaft, Politik, Umwelt und Natur. Er war der erste Leiter der Bauabteilung, womit die Schule endlich ihr Herz erhielt. Er führte für die Produktion in den Werkstätten Standards ein und intensivierte Industriekontakte. Grundformen und Farben fielen weg als Ausgangspunkte der Gestaltung, denn der Funktionsbegriff wurde radikal neu diskutiert. Bis heute aber stempelt sein linkes Engagement Meyer zu einem Ausgestoßenen unter den Modernen. Meyers komplexer Ansatz wurde erst in den fünfziger Jahren von der Hochschule für Gestaltung Ulm aufgenommen, die allerdings die Kunst aus dem Gestaltungsprozeß ausschließen wollte.

Meyers Nachfolger, Ludwig Mies van der Rohe, führte keinen dieser Ansätze fort, sondern verwandelte das Bauhaus in eine Architekturschule, in der Architektur zur Kunst wurde. Auch Mies' bewußt unpolitischer Kurs bewahrte das Bauhaus nicht davor, zum Gegenstand der Politik zu werden. Im Oktober 1932 wurde es in Dessau geschlossen, im April 1933 versiegelten die Nazis die als Privatinstitut in Berlin weitergeführte Schule. Die Wiedereröffnung wurde unter politisch unannehmbare Bedingungen gestellt. Hierauf reagierten die verbleibenden Bauhausmeister schließlich mit der Selbstauflösung.

Heute wissen wir, daß dieser unspektakuläre Akt der Auftakt für den weltweiten Siegeszug des Bauhauses war. Das Bauhaus wurde und ist bis heute Synonym für die moderne Architektur und Lebensumwelt. Skeptisch geworden gegenüber allzu totalen Visionen und Glückversprechen betrachten wir nicht ohne Wehmut den gläubigen Enthusiasmus, mit dem damals der neue Mensch für die neue Gesellschaft durch Kunst erzogen werden sollte und die Modernisierung ihren Anfang nahm.

Michael Höllwarth

Eozäne Fossilfundstätte Grube Messel
Das erste Naturdenkmal des Welterbes in Deutschland

In Fachkreisen ist die Grube Messel seit langem berühmt; immer wieder erstaunen die bis in kleinste Details erhaltenen Strukturen der im Messeler Ölschiefer gefundenen Tiere und Pflanzen. Obwohl fast 50 Millionen Jahre alt, sind die Skelette der Urpferdchen und anderer Wirbeltiere, die Farben der Chitinpanzer von Insekten oder die eingebetteten Blätter von Seerosen und Lorbeergewächsen des umgebenden Urwalds so gut erhalten, als wären sie erst vor kurzem im Ölschiefer eingebettet worden.

Es gab Pläne, dieses Kleinod der Paläontologie zur Mülldeponie umzuwandeln, die jedoch auf heftigen Widerstand der Bevölkerung und zahlreicher Wissenschaftler stießen. Plötzlich wurde die Fossilfundstätte Messel über die Wissenschaft hinaus in breiten Bevölkerungsschichten bekannt. Der Höhepunkt dieser Entwicklung war das Ende der Deponiepläne und die Aufnahme einer der bedeutendsten Fossilfundstätten in die UNESCO-World Heritage List als erstes deutsches Weltnaturerbe am 5. Dezember 1995.

Entdeckung der Grube Messel und ihre industrielle Nutzung

Etwa im Jahr 1859 wurde im Bereich der heutigen Grube Messel in den obersten Bodenschichten Raseneisenerz entdeckt, mit der Vergabe der Abbaurechte wurden weitere Erkundungen durchgeführt. Dabei stellte sich heraus, daß das Erzvorkommen verschwindend gering war, daß aber in tieferen Bodenschichten »Braunkohle« gefunden wurde. Diese »Braunkohle« war allerdings als Brennmaterial wegen ihres geringen Heizwertes und hohen Schlackengehalts ungeeignet.

Schließlich übernahm der von dem Frankfurter Bankier Cäsar Straus gegründete Bergbaubetrieb »Gewerkschaft Messel« die Grube in der Absicht, die dort gefundene »Braunkohle« zu verschwelen und daraus Teer und andere Mineralölprodukte zu erzeugen. In den Krisenjahren nach dem Ersten Weltkrieg beschlossen die Gewerken (= Aktionäre) der Gewerkschaft Messel, sich einem größeren Konsortium anzugliedern. Durch Kooperation mit der Riebeck-

schen Montan-Union in Halle gelangte die ehemalige Gewerkschaft Messel in die Fusion der deutschen Großchemie zum IG-Farben-Konzern. Dadurch floß viel technisches Know-how in den Betrieb. Die Einrichtungen zur Raffinerie wurden erneuert und vieles andere mehr. Immer gleich blieben jedoch als Kern des Werkes die Messeler Schwelöfen zur Mineralproduktion. Sie wurden zwar im Verlauf der Produktionsphase auf 32 Öfen erweitert, aber das Bauprinzip veränderte sich nicht.

Nach 1945 gelangte das »Paraffin- und Mineralölwerk Messel« als Teil des IG-Farben-Konzerns unter amerikanische Verwaltung, und obwohl 1954 wieder eine deutsche »Paraffin- und Mineralölwerk Messel GmbH« gegründet wurde, war das Ende der Produktion in Messel bereits in Sicht. Überall wurden neue Ölquellen entdeckt, die flüssiges Erdöl zutage förderten, erste Umweltgesetze hätten weitreichende Investitionen erfordert, die Arbeiter wanderten teilweise in »sauberere« Betriebe ab. So wundert es nicht, daß der Betrieb zunehmend an Rentabilität verlor und schließlich geschlossen werden mußte.

Entstehung des Messeler Ölschiefers

Zu Beginn der Erdneuzeit vor rund 60 Millionen Jahren kündigten sich in Europa gewaltige tektonische Veränderungen der Erdkruste an. Diese Erdkrustenbewegungen wurden durch den Zusammenprall des afrikanischen und europäischen Kontinents verursacht, die zum Bau der Alpen (und anderer alpider Gebirge) geführt, und schließlich auch in unserem Raum ein wohl bereits aus dem Erdaltertum stammendes Grabenbruchsystem reaktiviert haben. Der Rheingraben sinkt seit dieser Zeit kontinuierlich in die Tiefe. Dabei entstanden in der frühen Erdneuzeit vor rund 50 Millionen Jahren, im Zeitalter des »Eozän«, zahlreiche Süßwasserseen.

Alljährliche Massenentwicklungen von Algen in diesen Seen führten dazu, daß bei deren Absterben in tieferen Schichten dieser Seen der Sauerstoff vollständig verbraucht wurde. Alle Organismen, die in diese lebensfeindliche Umwelt gelangten, verendeten sofort (wie zum Beispiel Fische, die aus den umgebenden Flüssen in den Messel See einschwammen). Bereits tote Tiere und abgestorbene Pflanzen, die in den See eindrifteten, konnten nicht weiter abgebaut werden. So blieben diese Organismen im zähen sauerstofffreien Schlamm dieses Sees erhalten und sind mit »Haut und Haaren«, die Tiere sogar häufig mitsamt ihrem Magen- oder Darminhalt überliefert. Diese Grabgemeinschaft des tertiären Sees von Messel erzählt uns heute viele Details des damaligen Ökosystems: Nahrungsketten können aufgeschlüsselt werden, und man erkennt die Aufteilung des Lebensraums unter den einzelnen Tier- und Pflanzenarten. Die Grube Messel ist ein Bilderbuch zur Erdgeschichte: Man kann es aufblättern und sich das Leben vor 50 Millionen Jahren anschaulich vor Augen führen.

Für den Kenner ist dies besonders aus folgendem Grund interessant: Im gesamten Erdmittelalter beherrschten die Saurier unsere Erde. Die Säugetiere, deren Entstehung sicher bis in das Ende des Erdaltertums zurückreicht, vermochten diese Konkurrenz nicht zu überwinden. Erst nachdem am Ende der Kreidezeit die Saurier ausgestorben waren, konnte die Evolution der Säugetiere richtig beginnen. Und wenige Jahrmillionen nach diesem Wendepunkt bildete sich eine Fossilfundstätte wie Messel, die diese Zeit einmalig dokumentiert.

Der tertiäre Messeler See hätte uns nichts überliefert, wenn – wie im übrigen Rheingrabenbruch bis heute – die abwärts gerichtete Tektonik weiter fortgeschritten und der Fossilienschatz in kaum erreichbare Tiefen verschwunden wäre. Aber noch eine Voraussetzung erwies sich als wichtig in Messel: In den tertiären Messel See mündeten zwei Flüsse. Sie konnten als träge Urwaldflüsse lediglich feinste Tone während der jährlichen Regenzeiten mitschleppen. Aber auf diese Weise wurden zwischen die Algenschichten immer wieder Tonlagen eingebaut, die zur Schieferung und letztlich zur Erhaltung der Fossilien geführt haben. Ein weiterer wichtiger Faktor hierfür war das Ende der Absenkung des Seegrundes nach ca. ein bis zwei Millionen Jahren. Diese Zeit läßt sich aus der gut erhaltenen Schichtung des Messeler Ölschiefers in dunklere und hellere Schichten, die sozusagen einen »Kalender« darstellen, ableiten. Die dünnsten Schichten des Ölschiefers, seine »Jahresringe«, sind etwa 0,1 bis 0,2 mm stark. Daraus ergibt sich die Zeitberechnung für die Ablagerung des rund 190 Meter mächtigen Ölschiefervorkommens.

Während sich in der Anfangszeit des Ölschieferabbaus der Begriff »Braunkohle« gehalten hat, bezeichneten die Bergleute das Ma-

terial als »Ölschiefer« wegen der schiefrigen Struktur des Gesteins. Da hier toniges Material in eine Ablagerung von Algenschlamm eingebettet wurde, spricht man heute von »bituminösem Tonstein«. Wie man aus Untersuchungen weiß, stammen die bituminösen Anteile überwiegend aus langkettigen Kohlenwasserstoffen, die in die Zellwände von einzelligen Algen eingelagert waren. Der bituminöse Tonstein enthält also kein Erdöl, sondern Kerogen, eine feste Vorform des Erdöls. Das Rohöl entsteht bei der Verschwelung des Ölschiefers.

Das geologische Umfeld

Die Grube Messel liegt zentral im Messeler Hügelland, etwa acht Kilometer östlich von Darmstadt und ca. 20 Kilometer südlich von Frankfurt. Dieses Hügelland ist überwiegend von Wald bedeckt. Der flache Nord-Süd-gerichtete Höhenrücken erreicht in der Umgebung von Messel eine Höhe von 160 bis 220 Metern. Die Geologen bezeichnen diese aufgewölbte Landschaft als »Sprendlinger Horst«. Im Untergrund liegen die kristallinen Gesteine des auslaufenden Odenwaldes, die dem Erdaltertum angehören. Diese sind fast vollständig von Ablagerungen und vulkanischen Bildungen aus dem jüngsten Abschnitt des Erdaltertums, der Permzeit, überdeckt. Die Ablagerungen besitzen heute noch eine Mächtigkeit bis zu einigen Metern. Während der Erdneuzeit, im Tertiär, kam es immer wieder zum Ausbruch von Vulkanen auch im Umfeld der heutigen Grube Messel. In erdgeschichtlich jüngster Zeit, seit etwa fünf Millionen Jahren, wurde der Odenwald herausgehoben und das heutige Geländerelief ausgebildet.

Der klimatische Lebensraum vor 49 Millionen Jahren

Im Mittleren Eozän, vor 49 Millionen Jahren, waren weite Gebiete Mitteleuropas von zum Teil flachen Meeren bedeckt. Der Raum Messel gehört allerdings zum Mitteleuropäischen Festland. Das Klima war tropisch-subtropisch und feuchtwarm – wie fast überall im frühen Tertiär. Entsprechend bedeckte ein ausgedehnter tropischer Regenwald das Festland. In diesem Urwald entstand der tertiäre Messel See. Die Umgebung des Sees war weitgehend eben und wurde von trägen Urwaldflüssen durchzogen. Dieses Szenario ergibt sich aus den Fossilfunden der Grube Messel: So bezeugen zum Beispiel Funde von Alligatoren und Palmen das warm-feuchte Klima.

Die Schichtung des Ölschiefers

Blick auf die Fossilfundstätte
Grube Messel

Todesfalle für Fische –
der tertiäre Messel See

Fische sind die häufigsten Wirbeltierfunde in der Grube Messel. Dies ist nicht verwunderlich, handelt es sich doch um ein ausgedehntes Gewässersystem im tertiären Urwald. Dennoch haben die Fische nicht im lebensfeindlichen Messel See gelebt, sondern in den umgebenden Flüssen. Von hier sind sie in den zumindest in tieferen Schichten sauerstoffreien See eingeschwommen und dann erstickt. Unmittelbar nach ihrem Tode wurden sie in den zähen Schlamm des Sees eingebettet, sonst hätten die bei ihrer Zersetzung freiwerdenden Gase sie an die Oberfläche getrieben, wo sie dann in ihre Einzelteile zerfallen wären. So aber finden wir zumeist vollständige Skelette.

Mit Ausnahme eines Aalfundes sind alle Fische im Ölschiefer der Grube Messel Raubfische. Am häufigsten werden der Schlammfisch, *Cyclurus kehreri* und der Knochenhecht, *Atractosteus strausi*, in 20 bis 30 cm großen Exemplaren gefunden. Seltener sind Funde von Barschen. Hierher gehören der Wolfsbarsch, *Palaeoperca proxima*, und der Flußbarsch, *Amphiperca multiformis*. Beide erreichten Längen um 20 cm und waren vermutlich Kleintierfresser. Noch kleiner ist der »Ur-Knochenzüngler«, *Thaumaturus intermedia*, der maximal 10 cm groß wurde.

Aber nicht nur das Artenspektrum der Fische ist von Interesse, aus den Funden konnte auch der tertiäre Lebensraum näher ermittelt wer-

den. So findet man die beiden Barscharten vorzugsweise im Nord-Osten der Fossilfundstätte, während der Knochenzüngler vor allem im Nord-Westen der Grube zutage tritt. Daraus leitet man die Einmündung von zwei Flüssen in den Messel See ab (hierfür gibt es noch weitere Hinweise). Auch wird bei der Bergung der fossilen Fische immer die Lage im Ölschiefer eingemessen. Auf diese Art konnten an Hand des recht häufigen Schlammfischs die Strömungsverhältnisse des tertiären Sees rekonstruiert werden.

Noch etwas erzählen uns die Funde: Die beiden großen Raubfische (Schlammfisch und Knochenhecht) haben ihre nächsten heute noch lebenden Verwandten in Nordamerika. Als Süßwasserfische konnten sie zweifellos nicht über einen Ozean eingewandert sein. Es muß also im Eozän (oder zumindest kurz zuvor) noch eine Landbrücke zwischen Amerika und Europa bestanden haben. Darauf weisen auch Verwandtschaftsverhältnisse bei den übrigen Tiergruppen hin (zum Beispiel bei den Alligatoren).

Reptilien zu Wasser und zu Lande –
Krokodile, Schildkröten, Eidechsen

Im Gegensatz zu den wenigen Funden von Lurchen sind Reptilien in der Messel-Grabgemeinschaft häufiger vertreten. Nahezu in jeder Grabungsperiode werden zum Beispiel Schildkröten gefunden. Hierher gehören landlebende

Formen wie die Sumpfschildkröte, *Ocadia sp.,* oder im Wasser lebende Arten wie die Weichschildkröte, *Allaeochelys crassesculptata,* und die Wasserschildkröte, *Trionyx.* Während die Landschildkröten stark verkürzte Finger aufweisen, sind diese bei See- und Meeresschildkröten zu kräftigen Paddeln verlängert. Dieses bis heute unveränderte Merkmal besitzen auch die Messel-Schildkröten und erlauben somit direkte Vergleiche mit heute lebenden Arten. Schwierig ist die Beantwortung der Frage, ob die Schildkröten tatsächlich im Messel See gelebt haben. Wenn man die Lebensraumansprüche der heute existenten Vertreter berücksichtigt, ist anzunehmen, daß die Tiere bereits tot in den See eingetragen wurden.

Von den Krokodilen sind in Messel sechs Gattungen vertreten, wovon der Alligator *Diplocynodon darwini* am häufigsten gefunden wird. Hier kann man sich durchaus vorstellen, daß diese Alligatoren im Messel See gelebt haben. Der erste Alligator wurde im Messeler Ölschiefer bereits 1876 geborgen und gab so Aufschluß über das eozäne Klima. Auch heute noch benötigen die Alligatoren feucht-warmes Klima. Hervorragend erhaltene vollständige Skelette weisen Längen bis 1,50 m auf. Die kleinsten Fundstücke sind rund 14 cm lang und stammen von sehr jungen Tieren. Im Mageninhalt eines Alligators fand man Schuppen des Knochenhechts: Die Alligatoren waren also damals wie heute Fisch- und Fleischfresser. Furchterregende Größe erreichte das Krokodil *Asiatosuchus germanicus* mit 4 m Länge und einem kräftigen, der Fortbewegung im Wasser dienenden Schwanz.

Im Gegensatz zu den im Messeler Fundmaterial häufig vertretenen wasserlebenden Reptilien sind die landlebenden Gruppen der Eidechsen und Schlangen seltener. Man hat Blindschleichen, waranartige und leguanartige Echsen, aber auch zu unseren Eidechsen gehörende Tiere gefunden. Früheste Nachweise von Schlangen gibt es erst vor 70 Millionen Jahren aus der Oberkreide. In der Erdneuzeit erleben sie eine mächtige Entwicklung. Die meisten der Messel-Schlangen gehören zu den Riesenschlangen (Boidae). Giftschlangen treten erst im jüngeren Tertiär auf.

Vögel um den Messel See

Im Tertiär besitzen die Vögel bereits alle Merkmale, die auch die heutigen Vögel aufweisen. Die Messeler Vogelfauna bietet eine große Artenvielfalt, deren Vertreter zahlreichen Familien angehören: Straußenvögel, Greifvögel, Hühnervögel, Ibisse, Diatrymas, Messelrallen,

Flamingos, Eulen, Segler und Spechte. Leider ist aus einigen Familien jeweils nur ein Exemplar bekannt. Von *Diatryma* existiert nur ein Hohlform-Ausguß eines Oberschenkelknochens. Dieser flugunfähige Vogel wurde bis 1,75 m groß und besaß einen mächtigen Schnabel. Seine Verwandten lebten bis zu ihrer Ausrottung im 17. Jahrhundert durch weiße Siedler in Nordamerika. So kann man auf weitere Grabungen gespannt sein, die unsere Kenntnisse zur Vogelwelt des Tertiärs und damit auch zur Stammesgeschichte unserer heutigen Vögel ergänzen werden. Erstaunlich ist bei vielen Funden die Erhaltung des Federkleides.

Säugetiere – Rückschau auf die eigene Vergangenheit

Wenn auch für die Wissenschaft jeder Fund aus der Grube Messel einen Mosaikstein bei der Erforschung der Evolution von Pflanzen und Tieren darstellt, so faszinieren doch immer wieder die Vielfalt und der Erhaltungszustand der Messeler Säugetiere. Zwar täuscht die Grabgemeinschaft »Messeler Ölschiefer« eine dichtere Population vor, als sie möglicherweise an Land existiert hat, aber gerade die relative Häufigkeit der Säugetierfunde – ihre meist vollständige Skeletterhaltung, Überlieferung der Behaarung und des Mageninhalts – macht uns die beginnende Eroberung der nach dem Aussterben der Saurier freiwerdenden ökologischen Nischen deutlich. Anhand der Funde sind wir nicht nur in der Lage, das Aussehen und die Größe der Tiere, sondern auch ihre Lebensweise, ihre Nahrung und ihre Aufteilung der Lebensräume in und um den tertiären See zu rekonstruieren.

Fledermäuse sind die häufigsten Säugetierfunde im Ölschiefer – derzeit liegen mehrere hundert Funde vor. Die Flugfähigkeit der Messel-Fledermäuse war bereits voll entwickelt, wie man aus den Skeletten mit Hauterhaltung sieht. Auch der Mageninhalt konnte analysiert werden: Man fand Schuppen von Nachtschmetterlingen. Folglich mußte auch bereits das Ultraschall-Ortungssystem für das nachtaktive Jagen vorhanden sein. Mit Hilfe von Röntgenuntersuchungen des dafür verantwortlichen Innenohrs ließen sich bei den einzelnen Arten unterschiedlich wirksame Ortungssysteme feststellen. »Moderne« Formen existierten neben »archaischen«. Je nach Ausstattung des Flugapparates und des Ultraschall-Ortungssystems teilten sich die Arten den tertiären Lebensraum auf. So konnte zum Beispiel die Fledermaus *Palaeochiropteryx* im dichten Urwald auf Jagd gehen, während die größte Messeler Fledermaus *Hassianycteris* über den Baumwipfeln

Barsch

Kleiner Frosch mit Hauterhaltung

Kleiner Vogel mit Federkleid

der Urwaldriesen ihre Beute suchte. Alle zu- sammen haben sie vermutlich auch über dem offenen See gejagt, sind dabei gelegentlich ver- unglückt, manchmal fossilisiert worden und uns damit erhalten geblieben. Wie auch der in Messel gefundene Ameisenbär und das Schup- pentier besetzten die Fledermäuse bereits da- mals dieselben ökologischen Nischen wie ihre heutigen Verwandten.

Für alle Säugetiergruppen gibt es in Messel Belege, sogar eine Beutelratte wurde gefunden. Besonderes Interesse finden die Insektenfres- ser, wird ihnen doch eine fundamentale Rolle als Wurzelgruppe für die höheren Säugetiere zugesprochen. Hierzu gehören die Igelver- wandten der Gattungen *Macrocranion* und *Pholidoceras. Macrocranion* war dem Dunkel des Urwalds angepaßt mit Tasthaaren, gutem Geruchssinn, relativ kleinen Augen, aber gro- ßen Ohren, wie sich aus der Hauterhaltung er- sehen läßt. In seinem Magen fanden sich neben Insektenresten auch Fischreste. Er ging also ge- legentlich auch im Wasser auf Jagd. Etwas ab- seits dieser Gruppe steht der flinke Spurtjäger *Leptictidium,* der eine Gesamtlänge von 75 cm erreichte und mit langen kräftigen Hinterbei- nen flink laufen konnte. Diese Gattung ist nur im Alttertiär nachzuweisen. Sie starb am Ende des Eozän aus.

Aus der großen Gruppe der Nagetiere sei das große Nagetier *Ailuravus macrurus* erwähnt, das mit scharfen Krallen an Fingern und Zehen und einem langen buschigen Schwanz an das Baumleben angepaßt war. Dieses Tier war of- fensichtlich ein reiner Vegetarier, wie die Un- tersuchung des Mageninhalts ergab. Die mit nur 20 cm Größe wesentlich kleinere »Messelmaus« *Massilamys* lebte ähnlich wie heutige Kletter- ratten ebenfalls auf Bäumen.

Zur Gruppe der Urhuftiere gehört das eben- falls baumlebende *Kopidodon macrognathus.* Mit seinen behuften, als Kletterorgan ausgebil- deten Fingern und Zehen und mit seinem bu- schigen Schwanz war es optimal an die Umwelt angepaßt. Als Vertreter der Paarhufer wurde das »Urschwein« *Messelobunodon schaeferi* ge- funden. In seinem Mageninhalt fand man Fall- laub (von dem das Tier bestimmt nicht leben konnte), aber auch Pilzsporen. Daraus kann man ableiten, daß das Urschwein wie seine heu- tigen Verwandten im Boden nach Nahrung ge- wühlt hat.

Raubtiere sind aus einem funktionierenden Ökosystem nicht wegzudenken. Es ist deshalb verwunderlich, daß man bislang nur wenige Exemplare gefunden hat. Möglicherweise ver- unglückten die Raubtiere seltener und gelang- ten so nicht in den See. Da aber erst seit 1975 sy- stematisch wissenschaftlich gegraben wird,

Krokodil

noch nicht benanntes Urraub-
tier

Kleiner Insektenfresser

Pferde Laubfresser waren und auch Früchte wie Weinbeeren nicht verschmäht haben. Daß die Urpferde Laubfresser waren, hatten Paläontologen bereits im 19. Jahrhundert vermutet. Den exakten Beweis aber lieferten die Funde aus Messel, als mit dem Raster-Elektronen-Mikroskop die Strukturen der Blätter aus dem Mageninhalt des Urpferdes dargestellt werden konnten.

Gegenüber den heutigen Pferden waren die Messeler Urpferdchen reine Zwerge: das Kleine Messeler Urpferdchen erreichte 35 cm, das Große Messeler Urpferdchen 50 cm Schulterhöhe. An den Vorderbeinen hatten sie je vier und an den Hinterbeinen je drei Hufe. Sie waren somit an das sumpfige und dicht bewachsene Gelände eines tropischen Urwalds angepaßt. Bislang wurde auch ein einziger Fund eines Tapirs geborgen. Seine Nachfahren haben ebenfalls noch das urtümliche Merkmal der Vielhufigkeit und leben in ähnlichen Klimazonen.

Primatenfunde aus Messel

Die Evolution des Menschen beginnt sich erst vor etwa vier Millionen Jahren zu manifestieren. In Messel allerdings fand man Vertreter der Primaten, der Herrentiere, zu denen auch der Mensch gehört. Es handelt sich um den Halbaffen *Europolemur koenigswaldi*, von dem bisher einige Exemplare gefunden werden konnten. Hier wartet man bei den Grabungen noch auf ein vollständig erhaltenes Exemplar – möglichst mit Hauterhaltung und Mageninhalt.

Pflanzenwelt des Ölschiefers –
im Schatten der Säugetiere

Zahlreiche Pflanzenreste erscheinen bei jeder Grabungsaktion in der Grube Messel: überwiegend Blätter, oft noch vollständig, als ob sie gestern gefallen wären. Vertreten sind vor allem Pflanzenfamilien, die auch heute noch vorzugsweise in den Tropen auftreten. An den wenigen flacheren Stellen des ansonsten steil abfallenden Ufers wuchsen auch Seerosen, deren Blätter häufig erhalten blieben. Ansonsten gehören die Blätter zu den Bäumen des umgebenden Waldes: Kastanien, Lorbeer, Buchenartige und viele mehr.

Erstaunlicherweise hat man in der Grube Messel kaum fossiles Holz gefunden, während in der wenige Kilometer entfernten Lagerstätte der Messeler Schichten (Grube Prinz von Hessen) stark verkieseltes Holz geborgen werden konnte.

könnten auch hier noch weitere Funde zu erwarten sein.

Weltweit bekannt –
die Messeler Urpferdchen

Bekannt wurde die Grube Messel insbesondere durch die Urpferdchen-Funde. Bereits 1911 wurde das erste Urpferdchen-Skelett entdeckt, seither sind noch über 70 hinzugekommen, viele – wie in Messel üblich – mit vollständiger Skeletterhaltung, viele mit Fell und Mageninhalt. Bei dem Kleinen Messeler Urpferdchen *(Propalaeotherium parvulum)* wurde erstmals bei einem Messel-Fossil Mageninhalt untersucht. Dabei stellte sich heraus, daß die ersten

Insekten –
farbenprächtige Einschlüsse im schwarzen Ölschiefer

Besondere Freude bereitet bei der Suche nach Fossilien im Ölschiefer der gar nicht seltene Fund von farbenprächtigen Insektenresten. Oft ist es nur eine blauschimmernde Flügeldecke, manchmal ein ganzer Käfer. Die Farben leuchten wie vor 50 Millionen Jahren, lassen sich aber leider derzeit nicht so konservieren, daß man sie öffentlichkeitswirksam ausstellen könnte.

Bergung der Fossilien –
ein schwieriges Kapitel

Der Ölschiefer enthält in bergfrischem Zustand ca. 40 Prozent Wasser. Wird er aus dem Verbund herausgenommen, trocknet er rasch aus und schiefert in dünnste Schichten auf. Damit sind aber auch die fossilen Reste zerstört. Obwohl bereits zu Beginn der Erkundungsarbeiten im letzten Jahrhundert Fossilien gefunden wurden, war es nie möglich, die Stücke so zu präparieren, daß sie in Museen ausgestellt werden konnten. Erst in den sechziger und siebziger Jahren unseres Jahrhunderts wurden mit der Einführung von Kunstharz in die Präparationstechnik neue Wege beschritten, die inzwischen noch wesentlich verfeinert werden konnten.

Bei der Grabung werden ca. ein Meter große und 20 cm dicke Blöcke aus dem Ölschieferverband gelöst und anschließend mit dem Messer in feinste Schichten aufgespalten. Findet sich ein Fossil zwischen den Ölschieferschichten, muß es bis zur Präparation feucht gehalten werden. Bei der Präparation wird das Fossil vollständig in Kunstharz umgebettet.

Käfer- und Pflanzenfunde aus der Grube Messel

Neben der fast immer vollständigen Skeletterhaltung ist die Überlieferung von Weichteilen eine Besonderheit der Messeler Fossilien. Früher wurden Hautschatten, Feder- und Fellerhaltung, Mageninhalt nicht erkannt und wegpräpariert. Doch gerade diese Erhaltung ermöglicht uns in besonderem Maße die Rekonstruktion der Lebensweise und des Zusammenlebens jener Tiere und Pflanzen. Inzwischen weiß man, daß die Weichteilerhaltung von fossilisierten Bakterien herrührt, die an die Stellen der ehemaligen Hautschatten, Felle, Federn usw. getreten sind.

Die Funde aus der Grube Messel sind im *Fossilien- und Heimatmuseum in Messel,* im *Senckenberg-Museum Frankfurt/Main,* im *Landesmuseum Darmstadt* und im *Landesmuseum Karlsruhe* ausgestellt. Die Grube Messel selbst ist nur mit Führung zu betreten.

Über die Autoren

Detlev Arens, geboren 1948 in Siegen/Westf., promovierte mit einer Arbeit über Arthur Schnitzler zum Dr. phil.; lebt heute als freier Autor in Köln.

Günter Bachmann, geboren 1951, Dipl.-Ing., seit 1982 tätig bei der Staatlichen Hochbauverwaltung Baden-Württemberg, verantwortlicher Projektleiter für denkmalpflegerische Maßnahmen in der Region Nordschwarzwald, u. a. Kloster Maulbronn, Formulierung des UNESCO-Antrages.

Hermann Bauer, geboren 1929, war von 1959–64 Assistent bei Hans Sedlmayr am Kunsthistorischen Institut der Universität München. Seit 1974 dort Ordinarius für Mittlere und Neuere Kunstgeschichte Bayerns.

Christian Beutler, geboren 1923, lehrte als Professor für Kunstgeschichte an der Universität Frankfurt am Main und an der Hochschule für Bildende Künste in Hamburg. Seine Froschungen galten den künstlerischen Grundlagen der europäischen Kultur.

Tilmann Breuer, geboren 1931, promovierte bei Hans Sedlmayr in München. Seit 1957 fast ununterbrochen tätig am Bayerischen Landesamt für Denkmalpflege, seit 1964 mit der denkmalkundlichen Inventarisation der Stadt Bamberg beschäftigt, 1972–97 Leiter der Abteilung Inventarisation der Bau- und Kunstdenkmale.

Hans Caspary, Dr. phil., geboren 1935, arbeitet als Oberkonservator am Landesamt für Denkmalpflege Rheinland-Pfalz, Leitung des Referats Inventarisation. Seit 1983 Delegierter der Bundesrepublik Deutschland beim UNESCO-Komitee für das Kultur- und Naturerbe der Welt.

Heinz Cüppers, geboren 1929, studierte Klassische Archäologie, Alte Geschichte, Landeskunde und Altphilologie. Seit 1962 am Rheinischen Landesmuseum Trier mit der Neuaufstellung der Sammlungen und Ausgrabungen von Trier befaßt. Seit 1977 Direktor der Archäologischen Denkmalpflege des Amtes Trier und beim Landesamt für Denkmalpflege Rheinland-Pfalz (in Mainz).

Magdalena Droste, geboren 1948, promovierte 1977 bei Martin Warnke in Marburg. Nach langjähriger Tätigkeit am Bauhaus-Archiv Berlin, Museum für Gestaltung, hat sie seit 1997 den Lehrstuhl für Kunstgeschichte an der Technischen Universität Cottbus.

Peter Findeisen, geboren 1941 in Leipzig, studierte 1960 an der Universität Leipzig Kunstgeschichte und klassische Archäologie. Habilitation 1990. Seit 1965 als Kunsthistoriker an den Denkmalämtern von Sachsen-Anhalt und Baden-Württemberg tätig, in Halle am Landesamt für Denkmalpflege seit 1997 als Leiter der Abteilung Inventarisation und Bauforschung.

Bernhard Gallistl, geboren 1948 in Altenmarkt/Bayern. Studium der Klassischen Philologie und Religionsgeschichte; Promotion in Zürich zum Dr. phil. Heute als Wissenschaftlicher Angestellter an der Dombibliothek Hildesheim tätig.

Hans-Joachim Giersberg, geboren 1938 in Liegnitz/Schlesien, studierte Kunstgeschichte, Geschichte und Völkerkunde; Promotion in Berlin zum Dr. phil. Seit 1964 bei den Staatlichen (seit 1991 Stiftung) Schlössern und Gärten Potsdam-Sanssouci als wissenschaftlicher Mitarbeiter für Plastik tätig, ab 1978 Direktor der Schlösser, seit 1991 Generaldirektor der Stiftung.

G. Ulrich Großmann, geboren 1953, studierte Kunstgeschichte, Archäologie, Volkskunde und Mineralogie - Petrologie in Marburg und Würzburg. Er war u. a. Kustos am Westfälischen Freilichtmuseum Detmold, Gründungsdirektor des Weserrenaissance-Museums Schloß Brake in Lemgo und leitet seit 1994 als Generaldirektor das Germanische Nationalmuseum in Nürnberg.

Walter Haas, geboren 1928 in Nürnberg, 1948–55 Architekturstudium an der Technischen Hochschule Stuttgart, 1958–61 Bauaufnahme am Speyerer Dom als Freier Mitarbeiter der Rheinland-Pfälzischen Denkmalpflege. Seit 1978 Professur für Baugeschichte an der Technischen Hochschule Darmstadt.

Wilfried Hansmann, geboren 1940 in Hufen bei Waldbröl. Studium der Kunstgeschichte, Geschichte, Germanistik und Volkskunde an der Universität Bonn. Tätig als Hauptkonservator im Rheinischen Amt für Denkmalpflege, Pulheim – Abtei Brauweiler. Zahlreiche Veröffentlichungen zur Kunst des Barock.

Michael Höllwarth, geboren 1944 in Tübingen. Studium der Biologie und Chemie an der Technischen Universität Stuttgart. Seit 1974 bei der Stadt Darmstadt, zunächst als wissenschaftlicher Mitarbeiter des städtischen Instituts für Naturschutz, dann dessen Leiter, heute Leiter des Umweltamtes der Stadt Darmstadt, im Fossilien- und Heimatmuseum Messel zuständig für die Präsentation der Fossilien aus Messel.

Christian Graf von Krockow, geboren 1927 in Rumbski, Kreis Stolp in Pommern. 1961 Professor für Politikwissenschaft in Göttingen, 1965 in Saarbrücken, 1968 in Frankfurt am Main. 1981 Honorarprofessor an der Universität Göttingen, 1982–83 ›Fellow‹ am Wissenschaftskolleg zu Berlin. Seit 1969 freier Schriftsteller mit zahlreichen Veröffentlichungen unter anderem über die Geschichte Preußens und zu Friedrich dem Großen.

Andres Lepik arbeitet als wissenschaftlicher Referent an der Generaldirektion der Staatlichen Museen zu Berlin. Nach einem Studium der Kunstgeschichte und Germanistik in Augsburg promovierte er über Architekturmodelle in der Renaissance an der Bibliotheca Hertziana in Rom.

Christoph Machat, geboren 1946 in Schäßburg/Siebenbürgen/Rumänien. Studium der Kunstgeschichte, Archäologie und osteuropäischen Geschichte an der Kunstakademie Bukarest und der Universität Köln. Seit 1980 in der rheinischen Denkmalpflege tätig. Als Generalsekretär des Internationalen Komitees für ländliche Architektur von ICOMOS unter anderem Gutachter für das Welterbekomitee der UNESCO.

Hans Müller, geboren 1933, studierte Kunstgeschichte, klassische Archäologie und Ethnologie mit Promotionsabschluß, arbeitete als Verlagslektor, 1961 Lehrauftrag an der Berliner Humboldt-Universität, seit 1965 zwei Jahrzehnte im Institut für Denkmalpflege Berlin (Ost) tätig, danach im Museumswesen. Seit 1990 im politischen Leben (Berliner Abgeordnetenhaus), bis 1998 beim Bundesinnenministerium (Kultur). Publikationen zu Kunst- und Baugeschichte, Eisenbahn und Technikhistorie.

Henning Ritter, geboren 1943 in Seiffersdorf/Schlesien, ist Redakteur im Feuilleton der Frankfurter Allgemeinen Zeitung, verantwortlich für »Geisteswissenschaften«. Zuletzt veröffentlichte er eine Übersetzung von Montesquieus *Mes Pensées* (Carl Hanser, München) und Aufsätze zur Kunst der Moderne (*Die Fassaden am East River,* Edition Suhrkamp, Frankfurt). Der kulturwissenschaftliche Fachbereich der Universität Hamburg verlieh ihm im Oktober 2000 die Ehrendoktorwürde.

Franz Ronig, geboren 1927 in Troisdorf, studierte 1948–54 Philosophie und Theologie am Priesterseminar und der Theologischen Fakultät Trier sowie Kunstgeschichte, Archäologie, Geschichte und Bibliotheksgeschichte in Saarbrücken, Bonn und Köln mit Promotionsabschluß. Seit 1988 Vorsitzender des Landesbeirats für Denkmalpflege in Rheinland-Pfalz. Seit 1994 Domkapitular.

Bernhard Roseneck, geboren 1950 in Schwerin, Studium mit Promotion an der Technischen Universität Berlin. Seit 1981 als Bezirkskonservator beim Niedersächsischen Institut für Denkmalpflege, Außenstelle Braunschweig tätig. Seit 1994 Honorarprofessur an der Universität Göttingen.

Paul Schnitzer, geboren 1934 in Lorsch. Studium der Theologie, Geschichte, Politik. Oberstudienrat a. D., Vorsitzender des Heimat- und Kulturvereins Lorsch und der Arbeitsgemeinschaft der Geschichts- und Heimatvereine im Kreis Bergstraße; Mitglied der Hessischen Historischen Kommission und des Denkmalbeirates des Kreises Bergstraße.

Friedrich Schorlemmer, geboren 1944, studierte Theologie in Halle/Saale. Wurde Studentenpfarrer in Merseburg und wirkt seit 1978 in der Lutherstadt Wittenberg, zunächst als Dozent am dortigen Predigerseminar und Prediger an der Schloßkirche, und seit 1992 als Studienleiter an der Evangelischen Akademie Sachsen-Anhalt. Mitglied der Deutschen UNESCO-Kommission und Vizepräsident des PEN.

Georg Skalecki, geboren 1959, Studium der Kunstgeschichte, Klassischen Archäologie, Vor- und Frühgeschichte und Geschichte mit Promotion über ein architekturgeschichtliches Thema. Seit 1988 in der saarländischen Denkmalpflege tätig, dort Referatsleiter für Inventarisation und Bauforschung sowie zuständig für Grundsatzfragen und Sonderobjekte. Nebenamtlicher Lehrbeauftragter an der Universität Saarbrücken.

Thomas Steinfeld, geboren 1954, studierte Germanistik und Musikwissenschaften in Marburg und Berlin. Danach Sprachlehrer in Schweden, Lektor für deutsche Sprache an der University of Calgary und Gastprofessor für Germanistik an der University de Montréal. 1990–1993 Verlagslektor und Lehrbeauftragter für Literaturwissenschaft in Stuttgart, darauf Feuilletonredakteur der Frankfurter Allgemeinen Zeitung. Seit Mitte 2001 Leitender Redakteur der Süddeutschen Zeitung.

Thomas Veser, geboren 1957 in Rheinfelden/Baden. Studium der Romanistik und Geschichte an der Universität Basel. Seit 1986 berufliche Tätigkeit als Zeitschriftenredakteur und Buchautor bei verschiedenen Verlagshäusern. Mehrere Publikationen zum Welterbe der UNESCO in den Jahren 1996 bis 2000.

Register

Adalbert Friedrich Marcus, Arzt in
Bamberg 166
Adhemar, Jean 229
Adler, Friedrich 191
Adolf von Nassau 112
Aelmis, Jan 267, 272
Agnes, Königin in Frankreich 158
Agritius, Bischof in Trier 21, 24
Albana 20, 24, 36
Albero von Mountreuil, Erzbischof in
Trier 25, 39
Alberthaler, Johann 209
Alberti, Leon Battista 165
Albertus Magnus 132
Albrecht von Habsburg, König 112
Alexander der Große 248
Alexander, Papst 73
Alkuin 83
Altfrid, Bischof in Hildesheim 91
Ambrosius, Bischof in Mailand 21, 45
Andechs-Dießen, Grafen von 217
Andersen, Hans Christian 325, 330
Andrä, Armin 382
Andreas II., König in Ungarn 161, 348
Anna Amalia, Herzogin in Sachsen-
Weimar 321, 322, 330, 331
Anstett, Peter 146
Antonius, Eremit 44, 45
Anwander, Johann Baptist 165
Arbogast 20
Arnim, Bettina von 321
Arnim, Ferdinand von 296f.
Arnold, Erzbischof in Trier 140
Arnswald, Bernhard von 352
Arnulf von Kärnten, Kaiser 50
Artario, Giuseppe 262, 271
Asam, Cosmas Damian 208, 210, 211
Asam, Egid Quirin 208, 211
Athanasius der Große, Patriarch in Ale-
xandrien 21, 44
August der Starke, König in Sachsen
274
August Graf von Limburg-Styrum 119
Augusta, Gemahlin Kaiser Wilhelms I.
297
Augustus, röm. Kaiser 16
Auvera, Johann Wolfgang van der 241,
243, 248, 250
Azelin, Bischof in Hildesheim 118

Bach, Johann Sebastian 331
Bachmann, Erich 250
Balderich, Bischof in Speyer 126
Balduin I., König in Jerusalem 121
Balduin von Luxemburg 27
Bang, Diderich 62
Barelli, Agostino 208
Basedow, Johann Bernhard 300
Bayer, Herbert 392
Beatrix von Burgund, Gemahlin
Friedrichs I. Barbarossa 112, 247
Beauhearnais, Josephine 69, 71
Beer, Franz 208

Beer, Michael 207, 209
Behn, Friedrich 68
Benckert, Johann Peter 284
Benedikt von Nursia 46f.
Benno, Bischof in Osnabrück 118
Berdolet, Marc Antoine 69
Bergengruen, Werner 63
Bernhard von Clairvaux 140
Bernini, Giovanni Lorenzo 40, 261
Bernward, Bischof in Hildesheim 9,
89–104, 106, 107, 112, 114, 118
Bertha, Gemahlin Kaiser Heinrichs IV.
112
Berthold, Patriarch von Aquileia 158
Bertuch, Friedrich Justin 332, 334
Bickel, Ilse 146
Billieux, Joseph 264, 265, 266
Bischoff, Bernhard 66
Bismarck, Otto Fürst von 278
Blondel, François 229
Blumenhagen, Wilhelm 149
Blunt, A. 227
Bode, Wilhelm von 360, 363, 370, 372
Böhm, Gottfried 42
Boehmer, Hans 382
Böll, Heinrich 127
Boettiger, Carl August 312
Böttinger, Ignaz Tobias 166, 167
Boffrand, Germain 241
Boisserée, Sulpiz 126
Boleslaw I. Chrobry, König in Polen
157
Boleslaw III., König in Polen 158
Bonifatius, Abt in Fulda 48, 62
Boockmann, Hartmut 76
Bora, Katharina von 185, 189
Borromini, Francesco 261
Bossi, Antonio 241, 243, 244, 246, 247,
248, 250
Bossi, Lodovico 243, 246
Bossi, Materno 249
Botticelli, Sandro 360
Boumann, Philipp 297
Brandt, Marianne 385
Braunfels, Wolfgang 64, 75, 146
Brendel, Johann Gottlob Daniel 295
Breuer, Marcel 385
Brilli, Joseph Anton 267
Buch, Julius 379
Buchkremer, J. 69, 72
Büring, Johann Gottfried 285, 287
Büttner, Frank 250
Bugenhagen, Johannes 184, 190
Burckhard, Lucius 382
Byss, Johann Rudolph 248, 250

Caesar, Gaius Iulius, röm. Kaiser 13
Caracalla, röm. Kaiser 17
Carausius, röm. Kaiser 19
Carl Alexander, Herzog in Sachsen-
Weimar 354
Carl August, Herzog in Sachsen-Weimar
312, 322, 325, 338, 352
Carl Caspar von der Leyen, Kurfürst und
Erzbischof in Trier 40
Carlone, Carlo 255, 263, 264

Carpiceci, Alberto 95
Castagno, Andrea del 360
Castelli, Carl Anton 249
Castelli, Johann Peter 249
Chambers, William 319
Chipperfield, David 374
Christo (Christo Jawatscheff) 176
Christoph Ernst von Guttenberg, Abt in
Bamberg 165
Chrodegang, Erzbischof in Metz 48
Ciampini, Zeichner 86
Clasen, Carl-Wilhelm 146
Claus von Gotha 170
Clemen, Paul 264, 273
Clemens August von Bayern, Kurfürst
und Erzbischof in Köln 261–273
Clemens VI., Papst 71
Clérisseau, Charles-Louis 319
Clodius Albinus 17, 32
Coke, Lady Mary 266
Colbert, Jean-Baptiste 228, 229
Colmar, Jean Louis, Bischof in Mainz
119
Columban, Abt in Bobbio 46
Comaschi, Familie von Barockbau-
meistern 208
Constantius Chlorus, weström. Kaiser
19, 21, 24
Corbusier, Le 392
Cornelius, Peter 363
Cotte, Robert de 241
Cranach d.Ä., Lucas 328–330,
355, 360
Cranach d.J., Lucas 328–330
Crispus, Sohn Konstantins des Großen
21
Cuvilliés, François de 261, 266, 269
Cyrillus, Bischof in Trier 24

Dante Alighieri 50
David, Jacques-Louis 362
Dehn, Georg 248
Delorme, Philibert 227
Demeter, Johann 250
Denon, Vivant 360
Dientzenhofer, Christoph 208, 209
Dientzenhofer, Georg 165, 166, 208, 209
Dientzenhofer, Johann 165, 166, 208,
209, 241
Dientzerhofer, Leonhard 165, 166, 208,
209
Dießen-Andechs, Grafen von 158
Dieter, Abt in Maulbronn 139
Diether von Isenburg, Erzbischof in
Mainz 66
Diokletian, röm. Kaiser 19
Dörrenberg, Irmgard 146
Doesburg, Theo van 385, 388
Domitian, röm. Kaiser 17
Dube, Wolf-Dietrich 375
Dürer, Albrecht 133
Dyck, Anthonis van 285, 360

Ebenhech, Georg Franz 284
Eckert, Georg 243, 250
Eckher, Bischof in Freising 210

Umschlagvorderseite: Schloß Sanssouci, Potsdam
Umschlagrückseite: Wartburg in Eisenach
                    Floratempel im Wörlitzer Park
                    Deutsches Nationaltheater mit dem Denkmal
                    Goethes und Schillers in Weimar
                    alle Fotos: Florian Monheim, Meerbusch
Frontispiz   Schloß Augustusburg, Brühl
                    Foto: Heinpeter Schreiber, Köln

Die Deutsche Bibliothek – CIP-Einheitsaufnahme

Unser Weltkulturerbe / Kunst in Deutschland unter dem Schutz der Unesco / hrsg.
von Hans Christian Hoffmann ... Mit Beitr. von Detlev Arens ... - Köln : DuMont, 2001
  ISBN 3-7701-5699-4

© 2001 DuMont Buchverlag, Köln
Alle Rechte vorbehalten
Inhaltliche Konzeption und Redaktion: Karin Thomas

Umschlaggestaltung: Groothuis & Consorten
Reproduktionen: Daiber, Sigmaringendorf und Litho Köcher, Köln
Druck: Rasch, Bramsche
Buchbinderische Verarbeitung: Bramscher Buchbinder Betriebe

Printed in Germany ISBN 3–7701–5699–4

Fotonachweis